Mats Schönauer | Moritz Tschermak

Ohne Rücksicht auf Verluste

Mats Schönauer | Moritz Tschermak

Ohne Rücksicht auf Verluste

Wie **BILD**
mit **Angst** und **Hass**
die Gesellschaft spaltet

Mit einem Nachwort
von Kevin Kühnert

Kiepenheuer & Witsch

Verlag Kiepenheuer & Witsch, FSC® N001512

1. Auflage 2021

© 2021, Verlag Kiepenheuer & Witsch, Köln
Alle Rechte vorbehalten
Covergestaltung: FAVORITBUERO, München
Covermotiv: © Farid Celt / Shutterstock.com
Gesetzt aus der Minion und Helvetica
Emojis unverändert von googlefonts/noto-emoji
(https://github.com/googlefonts/noto-emoji/), © 2019
Google Inc. Licensed under the Apache License,
Version 2.0 (http://www.apache.org/licenses/LICENSE-2.0)
Satz: Buch-Werkstatt GmbH, Bad Aibling
Druck und Bindung: CPI books GmbH, Leck
ISBN 978-3-462-05354-8

Inhalt

»Die dunkelsten Zeiten der *Bild*«   7
Einleitung

1. »Keine Gnade mit den Griechen!«   15
Bild und ihre Feindbilder

2. »Frieden schaffen mit Atomwaffen!«   35
Bild unter Julian Reichelt

**3. »Schicken Sie uns Ihre
Urlaubsfotos aus der Flammenhölle!«**   57
Bild und ihre Leser

4. »WIR sind jetzt eure APO!«   77
Bild und Politik

5. »Wer klaut, darf bleiben!«   97
Bild und Migration

6. »Das wird man ja wohl noch sagen dürfen«   121
Bild und Rechtspopulisten

**7. »Wie soll man bei so einem Urteil
nicht wütend werden?«**   141
Bild und die Justiz

8. »Bei ihr ist nicht nur der
Kühlschrank prall gefüllt«   **159**
Bild und Frauen

9. »Karibik-Klaus lacht uns alle aus«   **173**
Bild und Hartz IV

10. Aber der Sportteil!   **187**
Bild und Sport

11. »Erste Videos aus der
Terror-Nacht von Wien!«   **203**
Bild und ihre TV-Pläne

12. »Die toten Kinder von Winnenden«   **221**
Bild und ihre Opfer

13. »Wie sie damit schlafen können,
ist mir ein Rätsel«   **255**
Interview mit einem Betroffenen

14. »Verbissen-verkniffene
Das-darf-man-nicht-Ayatollahs«   **261**
Bild und die Kritik

»Neue Schmutzkampagne bei der SPD!«   **279**
Ein Nachwort von Kevin Kühnert

Dank   **295**

Anmerkungen   **297**

»Die dunkelsten Zeiten der *Bild*«

Einleitung

Nur wenige Stunden nachdem er vom plötzlichen Tod seines Schwiegervaters erfahren hat, bekommt Günther Jauch im Dezember 2019 einen Anruf. Es ist die *Bild*-Zeitung. Der Reporter spricht sein Beileid aus und will Jauch zu dem Vorfall befragen, doch der blockt sofort ab: Zu privaten Dingen äußere er sich grundsätzlich nicht.

Jauch meldet sich direkt bei seinem Medienanwalt Christian Schertz, der noch am selben Abend dem *Bild*-Reporter in einem Telefonat wiederholt deutlich macht, dass die Familie seines Mandanten nicht wolle, dass über derart Privates berichtet wird, und dass es eine eklatante Verletzung ihrer Privatsphäre sei, wenn *Bild* sich darüber hinwegsetze. Der Reporter erklärt, dass er das an die Chefredaktion weitergebe und er davon ausgehe, dass *Bild*-Chef Julian Reichelt dies respektieren werde.

Zwei Tage später füllt die Geschichte fast die Hälfte der *Bild*-Titelseite:»Todes-Drama bei Familie Jauch – Traurige Weihnachten für den TV-Liebling«.[1] Im Artikel beschreibt *Bild* detailliert, wo, wann und unter welchen Umständen der Schwiegervater gestorben ist, wann der Notarzt eintraf, wann der Leichenwagen vorfuhr, wann und von wem der Totenschein ausgestellt wurde. Außerdem wird geschildert, wo genau der Mann gelebt hatte und wo seine Familie sich aufhielt, wenn sie ihn besuchte. Und nachdem die *Bild*-Autoren all diese Details aus dem Privatleben des Verstorbenen ausgebreitet haben, merken sie noch an, dass er »viel Wert auf Privatsphäre« gelegt habe.

Auch online berichtet *Bild.de* ganz oben auf der Startseite über das »Todes-Drama bei Familie Jauch«. Einzelheiten gibt es aber nur für zahlende Nutzer: »Lesen Sie mit BILDplus, was in der Familie des TV-Stars passiert ist«.[2]

Das Vorgehen der *Bild*-Medien bestürzt die Familie so sehr, dass Günther Jauch persönlich einen Brief an Julian Reichelt verfasst. Der darauf folgende Schriftwechsel, der uns vorliegt, ist ein eindrucksvolles Beispiel dafür, wie die *Bild*-Zeitung fast 70 Jahre nach ihrer Gründung immer noch das Leid von Menschen vergrößert und Profit daraus schlägt. Aber auch dafür, wie sehr sich *Bild* in den vergangenen Jahren verändert hat. Und für das, was maßgeblich zu dieser Veränderung beigetragen hat: das System Julian Reichelt.

Zunächst schickt Anwalt Schertz am Tag des Erscheinens der *Bild*-Titelseite eine Abmahnung an den Axel-Springer-Verlag. Es gehe niemanden etwas an, heißt es darin, ob ein Angehöriger der Familie verstorben sei. *Bild* habe »einen privaten Schicksalsschlag zur Auflagensteigerung« genutzt, »um die Sensationsgier der Leser zu befriedigen«. Der Verlag wird aufgefordert, den Artikel unverzüglich offline zu nehmen. Doch der Artikel bleibt online.

Deutliche Worte findet dann auch Günther Jauch, der in einem Brief an Chefredakteur Reichelt schreibt, dass die Familie explizit darum gebeten habe, nicht über den Vorfall zu berichten:

> Das hat Sie offensichtlich nicht daran gehindert, heute mit dem »Todes-Drama bei Familie Jauch« aufzumachen und um den bigotten Zusatz »Traurige Weihnachten für den TV-Liebling« zu ergänzen. Mit Verlaub: Ich verbringe kein trauriges Weihnachten, aber insbesondere meine Frau und unsere Kinder sind über Ihre Berichterstattung traurig, entsetzt und sehr wütend.
>
> Mit dieser Art widerlichen Voyeurismus knüpfen Sie an die dunkelsten Zeiten der BILD an, die ich inzwischen für überwunden hielt.

Er fragt, ob Reichelt »auch nur ansatzweise in ähnlicher Weise ›journalistisch‹ tätig geworden« wäre, wenn sich ein vergleichbarer Fall in der Familie von Verlegerin Friede Springer oder im Umfeld von Mathias Döpfner, dem Vorstandsvorsitzenden des Axel-Springer-Verlages, ereignet hätte. Und fügt hinzu:

> Anscheinend fehlt Ihnen und Ihren Kolleginnen und Kollegen das Gefühl für das, was man altmodisch mal mit dem Begriff Anstand und einer inneren Gewissheit, was sich gehört und was nicht, umschrieben hat.

Am nächsten Morgen schickt Reichelt eine Antwort per E-Mail. Er dankt Jauch für dessen Zeilen, die ihn »sehr betroffen« gemacht hätten, und schreibt unter anderem:

> Ich kann Ihre Emotionalität bei dem Thema natürlich verstehen, auch wenn mir der Vergleich mit Friede Springer oder Mathias Döpfner aufgrund ihrer herausragenden Bekanntheit nicht ganz passend erscheint, aber vor dem Hintergrund der Ereignisse, die Sie gerade beschäftigen, verbietet sich eine solche Vergleichbarkeitsdebatte.

Der Frage, ob er bei Springer oder Döpfner ähnlich verfahren würde, weicht Reichelt also aus, weil sich eine Vergleichbarkeitsdebatte aus Pietätsgründen verbiete. Nur wenige Sätze später stellt er dann aber doch Vergleiche an: Er habe »lange darüber nachgedacht« und sei zu dem Schluss gekommen, dass er »in ähnlich gelagerten Fällen (Beckenbauer, Becker o. ä.) genau so gehandelt« hätte.

Natürlich habe er, schreibt Reichelt, kein Recht, Jauch die »Empörung über unsere Berichterstattung abzusprechen«. Zwei Punkte seien ihm dabei aber wichtig. Erstens: »Was öffentlich geschieht und einen der berühmtesten Menschen unseres Landes betrifft, ist aus meiner Sicht öffentlich, zumal hier nichts Ehrenrühriges enthüllt oder verbreitet wurde.« Die Öffentlichkeit, behauptet Reichelt, finde ihre Grenzen, »auch wenn wir das bedauern mögen, eben nicht in den jeweiligen Ereignissen, sondern in der Abgeschlossenheit von Räumen«. Damit spielt er vermutlich darauf an, dass der Schwiegervater an einem öffentlichen Ort (einer Hotellobby) gestorben ist, und *Bild* daher umso mehr das Recht habe, darüber zu berichten. Aber das stimmt nicht. Nicht alles, was außerhalb abgeschlossener Räume passiert, darf automatisch Teil der Berichterstattung werden. Die Rechtsprechung macht das immer wieder deutlich, unlängst beispielsweise der Bundesgerichtshof, der im September 2020 urteilte, dass Fotos, die eine Prominente vor einem Scheidungstermin auf dem Weg in ein Gericht zeigten, nicht hätten gedruckt werden dürfen. Die Richter erklärten, dass »nicht alles, wofür sich die Menschen aus Langeweile, Neugier und Sensationslust interessieren«, auch von Medien veröffentlicht werden dürfe. »Privatheit« erfordere »nicht notwendig eine durch räumliche Abgeschiedenheit geprägte Situation«, vielmehr könne sie »auch außerhalb örtlicher Abgeschiedenheit entstehen«.[3] (Das Urteil richtete sich übrigens gegen: *Bild.*)

Vielmehr müssen sich Medien in solchen Fällen fragen: Brauchen die Leser diese Information, um sich auf vernünftige Weise eine eigene Meinung bilden und eine Entscheidung treffen zu können? Und ist dieses öffentliche Informationsinteresse so überragend, dass der Schutz der Privatsphäre zurücktreten muss?[4]

Oder konkret gefragt: Ist es für die Öffentlichkeit wirklich so wichtig zu erfahren, ob, wo und wie der Schwiegervater von Günther Jauch gestorben ist? Und zwar dermaßen wichtig, dass die Veröffentlichung einen Eingriff in die Persönlichkeitsrechte einer Familie rechtfertigt, die ihr Privatleben seit Jahren so sehr schützt, dass sie nicht mal die Namen der Kinder veröffentlicht sehen will?

In der Vergangenheit hat *Bild* ähnliche Fragen, zumindest bezogen auf Günther Jauch, klar mit Nein beantwortet: Lange Zeit respektierte die Redaktion seinen Wunsch auf Privatsphäre. Bis Julian Reichelt kam.

Der schreibt in seinem Antwortbrief an Jauch noch über einen zweiten Punkt, der ihm wichtig sei:

Sie sprechen mir in Ihrem Brief den Anstand ab, was ich aufgrund eines einzigen Vorfalls, von dem man auch noch selbst betroffen ist, ein sehr harsches und nicht gerade objektives Urteil finde. Ich denke auch, dass Sie da falsch liegen. Sie schreiben, dass BILD aus Ihrer Sicht in »dunkelste Zeiten« zurück gefallen ist. Ich kann Ihnen versichern, das Gegenteil ist der Fall: Ich bin jederzeit bereit, auf Berichterstattung über Dinge, die als privat empfunden werden, zu verzichten, wenn man mich darum bittet.

Da wird *Bild* also ausdrücklich darum gebeten, nicht über Privates zu berichten, und als sie dann doch über Privates berichtet, behauptet ihr Chef, dass er nicht über Privates berichte, wenn man ihn darum bitte.

Das Landgericht Köln jedenfalls erlässt wenig später eine einstweilige Verfügung, in der dem Axel-Springer-Verlag unter Androhung eines Ordnungsgeldes von bis zu 250 000 Euro verboten wird, über den Tod des Schwiegervaters zu berichten: Die Berichterstattung stelle einen rechtswidrigen Eingriff in die Privatsphäre dar. Gegen diese Entscheidung könnte der Verlag anschließend vorgehen. Wenn Julian Reichelt tatsächlich so überzeugt ist, dass die Berichterstattung völlig in Ordnung war, könnte er vor Gericht ziehen und dort seine Argumente darlegen. Doch stattdessen erklärt ein Axel-Springer-Justiziar kurz darauf, dass der Verlag die einstweilige Verfügung als endgültige Regelung anerkenne, was bedeutet, dass er auf einen Rechtsstreit verzichtet.

Nach der gerichtlichen Anordnung nimmt *Bild.de* den Artikel schließlich offline.

45 Jahre nach Wallraffs »Aufmacher«

Ganz unabhängig vom Fall Jauch lehnt Julian Reichelt *Bild*-Kritik grundsätzlich schon deshalb ab, weil die Kritiker gar keine Ahnung hätten, wovon sie überhaupt reden, wie er 2019 in einem Podcast sagt:

> Es gehört ja zum Selbstverständnis von *Bild*-Kritikern, *Bild* niemals zu lesen. […] Bevor diese Leute Gefahr laufen, dass ihr Weltbild in irgendeiner Weise an der Realität oder gar an Fakten zerschellen könnte, blenden sie die lieber aus.[5]

Wir lesen *Bild* jeden Tag. Für die Seite *Bildblog.de*[6] beobachten wir die Berichterstattung der *Bild*-Medien – das heißt die der *Bild*-Zeitung, der *Bild am Sonntag,* des Online-Portals *Bild.de* und neuerdings auch von *Bild-TV* – seit fast zehn Jahren. In dieser Zeit haben wir Tausende von *Bild*-Geschichten nachrecherchiert und mit unzähligen Betroffenen und Experten gesprochen, um zu verstehen, wie die *Bild*-Redaktion arbeitet, welche Techniken und Tricks sie anwendet, wie sie Politik macht, wie sie Kampagnen fährt und was sie mit ihrer Berichterstattung auslöst und anrichtet. All diese Erfahrungen aus den vergangenen Jahren, aber auch viele neue Erkenntnisse, die wir über die letzten Monate gesammelt haben, sind in dieses Buch eingeflossen. Dazu zählen auch Gespräche mit Menschen, die bei *Bild* arbeiten oder gearbeitet haben. Aus Furcht vor Repressalien haben diese darum gebeten, nicht namentlich im Buch zu erscheinen.

Wir haben auch mehrere Dutzend Fragen an Julian Reichelt und den Pressesprecher der *Bild*-Zeitung geschickt sowie einige Fragen an Mathias Döpfner und Friede Springer. Wir haben keine Antwort bekommen.

»Das Weltbild der meisten *Bild*-Kritiker«, sagt Julian Reichelt, beruhe »auf einem rund 45 Jahre alten Buch« von Günter Wallraff (das 1977 unter dem Titel »Der Aufmacher« erschien; Wallraff hatte dafür unter dem Decknamen »Hans Esser« undercover in einer *Bild*-Redaktion recherchiert und ihre skrupellosen Methoden aufgedeckt[7]). Seitdem, so Reichelt, sei »nicht wahnsinnig viel an Fakten und Reflexion und Recherche« dazugekommen. Auch das stimmt nicht; in den vergangenen Jahrzehnten haben sich insbesondere Journalisten und Wissenschaftler immer wieder ausführlich mit *Bild* beschäftigt.[8] Seit Wallraffs Enthüllungen sind damit durchaus Fakten, Reflexion und Recherche hinzugekommen. Auch weil sich die *Bild*-Kritik in dieser Zeit gewandelt hat. Falschmeldungen oder irreführende Geschichten von *Bild* lassen sich heutzutage viel schneller entlarven, etwa weil sich Betroffene in Sozialen Medien Gehör verschaffen können, um zu erzählen, was *Bild* in der Berichterstattung verschwiegen hat[9], oder um zu dokumentieren, wie sich *Bild*-Reporter bei der Recherche verhalten haben.[10] Auch lassen sich Behauptungen, die *Bild* in die Welt setzt, dank des Internets in vielen Fällen relativ einfach überprüfen. Heute braucht es also oft keinen Hans Esser mehr, um zu sehen, wie die *Bild*-Zeitung arbeitet. Man muss nur genau hinschauen, dann ist deutlich zu erkennen, mit welchen Strategien sie Ängste schürt, wie sie Ausländerfeinden permanent in die Karten spielt. Wie sie gezielt demokratische Institutionen torpediert. Wie sie Rechtspopulisten in den Bundestag verholfen hat. Wie sie den Ruf unschuldiger Menschen zerstört. Wie sie die Akzeptanz von Politik, Staat und Justiz gefährdet. Wie sie Feindbilder füttert, gesellschaftliche Debatten vergiftet und geistige Brände legt. Wie sie die schwersten Momente im Leben vieler Menschen *noch* schwerer macht.

Solche Dinge wollen wir in diesem Buch dokumentieren. Denn obwohl schon lange bekannt sein müsste, wie unsauber und manipulativ *Bild* arbeitet, ist sie auch heute noch die mächtigste Medienstimme dieses Landes. Nach wie vor schreiben etliche seriöse Journalisten ungeprüft von ihr ab, wird sie immer noch von Politikern und einflussreichen Personen gelesen, die sich zu reflexhaften Kommentaren und Reaktionen hinreißen lassen. Trotz sinkender Printauflage erreicht sie, auch durch den Ausbau des Onlinegeschäfts und die Erschließung neuer Verbreitungskanäle, weiterhin Millionen von Menschen, die ihr Tag für Tag Aufmerksamkeit und Glauben schenken. Was umso schwerer wiegt, da sie unter der Leitung von Julian Reichelt wieder brutaler geworden ist, verbohrter, tendenziöser, menschenverachtender – und damit an ihre, wie Günther Jauch es formuliert, dunkelsten Zeiten anknüpft, die viele schon für überwunden hielten.

1.

»Keine Gnade mit den Griechen!«

Bild und ihre Feindbilder

Ein sonniger Sonntagnachmittag im Jahr 1976. Frühlingsanfang im Bayerischen Wald. Auf einer Wiese am Waldrand spielen fünf Kinder Fangen, als plötzlich ein Wolf vor ihnen steht. Er gehört zu einem Rudel, das zwei Monate zuvor aus einem Gehege des Nationalparks geflohen ist, verängstigt vom Lärm eines Schneeräumkommandos.[1] Während das Tier sie beschnuppert, bleiben die Kinder ganz ruhig, wie sie es gelernt haben. Doch plötzlich bekommt das jüngste Panik, dreht sich um und rennt los. Der Wolf – Experten vermuten später, dass er mitspielen wollte – beißt dem flüchtenden Jungen ins Gesäß und zerrt an seiner Hose. Erst als eines der älteren Kinder mit einem Stock auf den Wolf einschlägt, lässt er los und verschwindet. Der kleine Junge bekommt einen ordentlichen Schreck, bleibt aber körperlich weitgehend unversehrt. Eigentlich habe er »nix gemerkt«, wird er später sagen. Seine Hose sei zwar zerfetzt gewesen, erinnern sich auch die anderen Kinder, doch die Bisswunde nicht schlimm, es habe nicht mal Blut gegeben.[2]

Am Tag darauf bringt *Bild* die Geschichte groß auf der Titelseite. Dort wird sie jedoch ein wenig anders erzählt: Ein Junge sei von »zwei riesigen grauen Wölfen« angefallen und »schwer verletzt worden!«. Erst drei andere Kinder »und ein Spaziergänger, der zufällig vorbeikam«, hätten die »Bestien« in »letzter Sekunde durch lautes

Schreien verjagen« können. Der Junge sei »stark blutend« ins Krankenhaus gebracht worden, wo man ihm »die klaffenden Bißwunden« genäht habe.[3]

Nun mag die Berichterstattung über Wölfe ein auf den ersten Blick vergleichsweise banaler Teil des *Bild*-Universums sein, doch schaut man etwas genauer hin, bietet sie interessante Einblicke in Methoden der *Bild*-Medien, die geeignet sind, um ganze Gruppen von Menschen – oder Tieren – zu dämonisieren und Feindbilder über Jahre hinweg aufrechtzuerhalten.

Von der Titelstory über den »stark blutenden« Jungen im Bayerischen Wald stimmt kaum etwas. Doch sie nährt das Narrativ vom »bösen Wolf«. Sie macht Angst. Und Angst verkauft sich.

Bild-Artikel seien ein »Mosaik von emotional hochbesetzten, aber stereotypisierten Versatzstücken«, stellt eine 1999 veröffentlichte Untersuchung der »Textgestaltung und Verfahren der Emotionalisierung in der *Bild*-Zeitung« fest. Ihre Geschichten seien auf einen »funktional konstanten Code« reduziert: die Erregung von Emotionen.

Aus einem fest strukturierten Baukasten der Emotionen werden Versatzstücke von Emotionen entnommen und zu Stories zusammengesetzt, deren Inhalt an sich schon bedeutungslos geworden ist. Hinter der sensationellen Fassade befinden sich nichts anderes als narrative Stereotypen in Gestalt von rohen Emotionsklötzen. [...] Die Information wird von der Sensation verdrängt.[4]

Gefühle vor Fakten. Das ist ganz besonders in der Berichterstattung über jene zu beobachten, die *Bild* zum Gegner erklärt: Seit 300 Jahren ist in Deutschland kein Fall bekannt geworden, in dem ein Mensch von einem Wolf getötet wurde.[5] Selbst Fische haben mehr Leute auf dem Gewissen.[6] Eine umfassende Studie zu Übergriffen von Wölfen auf Menschen kommt 2002 zu dem Schluss, »dass Wölfe in Bezug auf ihre Größe und ihr räuberisches Potential zu den am wenigsten gefährlichen Tieren gehören«.[7] Und trotzdem lässt *Bild* nicht von ihnen ab. Auch heute, fast 45 Jahre nach den »Bestien« im Bayerischen Wald (die damals übrigens nach langer, hysterischer Hetzjagd – sowohl im Blätter- als auch im echten Wald – allesamt erschossen wurden[8]), wird das Feindbild akribisch gepflegt: Sobald irgendwo in Deutschland ein Schaf gerissen wird, ist *Bild* mit einer panischen Schlagzeile zur Stelle:»Neuer Killer-Wolf im Norden!«[9] oder»Neuer Problemwolf noch viel böser!«[10] oder»Der neue Wolf ist ein Nasenbeißer!«[11]. Hinter einem Einzelfall wird gleich der Beginn einer blutigen Serie vermutet:»Kommt der Problem-Wolf jetzt jede Nacht?«[12].

Im August 2015 empört sich *Bild* über einen besonders spektakulären Fall, den heimtückischen Mord an»Krümel«, einem Chihuahua.»Wölfe haben mein Hündchen gerissen!«, heißt es groß auf der Titelseite der Bundesausgabe, bebildert mit einem großen, zähnefletschenden Wolf.[13]»Mitten in Deutschland!«, heult *Bild.de* auf.[14] Und die Regionalausgabe Hannover fragt:»Wie nahe kommen uns die Nord-Wölfe?«(»Die Antwort ist eindeutig: immer näher!«)[15] Kurz darauf teilt der Niedersächsische Landesbetrieb Wasserwirtschaft, Küsten- und Naturschutz mit, dass Krümel laut Gen-Untersuchungen nicht Wölfen zum Opfer gefallen sei, sondern Hunden.[16]

So hängt *Bild* Wölfen immer wieder Taten an, die sie gar nicht begangen haben.[17] Stellt sich heraus, dass es doch kein Wolf war, bekommt die Leserschaft davon allerdings nicht immer etwas mit, denn eine Korrektur veröffentlicht die Redaktion nur selten. Und wenn, dann wird sie oft so vorgenommen, dass das Feindbild keinen allzu großen Schaden nimmt: Im Fall Krümel versteckt *Bild* die Auflösung, dass es sich in Wahrheit um eine *Hunde*attacke gehandelt hatte, am Ende einer Meldung über … Wölfe; unter der Überschrift, dass es ein neues Wolfsrudel gibt; unter einem Bild von einem Wolfsrudel; neben einem Bild von einem Wolf.[18]

Und immer wieder bringt *Bild* die vermeintliche»Gefahr für den Menschen«[19] ins Spiel:»Was, wenn der erste Mensch angefallen wird? Was, wenn es ein im Wald oder auf der Wiese spielendes Kind trifft?«[20]»Muss der Wolf erst das Rotkäppchen samt Großmutter fressen, bevor er geschossen werden darf?«[21]

Nach einer»Massaker-Nacht«eines Wolfs im Februar 2016 titelt die Dresdner *Bild*-Regionalausgabe:»›Vollmond machte den Killer-Wolf so gierig!‹«[22] Der Einfluss des Vollmondes, zitiert die Redaktion einen»Star-Astrologen«, vervielfache»die Blutrausch-Energie dieser Kreaturen enorm«. Oft suchen sich die *Bild*-Medien noch weitere Alliierte, Feinde ihres Feindes – Jäger, Schäfer, Bauernverbände –, die ihnen empörte Zitate und blutige Fotos liefern. Und *Bild* macht aus ihren Forderungen große Schlagzeilen: »Gebt den Wolf zum Abschuss frei!«[23], »Schützt endlich unsere Tiere!«[24] oder schlicht: »Der Wolf muss weg!«[25]

Und tatsächlich ist die Ausbreitung der Wölfe in Deutschland ja ein Thema, über das diskutiert werden kann. Die Zahl der bei Wolfsangriffen getöteten Nutztiere hat in den vergangenen Jahren deutlich zugenommen.[26] Bauern und Schäfer leiden unter der Situation, nicht wenige sähen den Wolf am liebsten ausgerottet. Auf der anderen Seite: Wolfsschützer, die argumentieren, dass er ebenso Teil des Ökosystems sei wie jedes andere Tier. Dazwischen: Zahlreiche andere Meinungen, die gehört werden wollen. Doch eine sachliche Diskussion ist kaum möglich. Durch die aggressiv einseitige und oft falsche Berichterstattung – auch von anderen Medien – wird eine Annäherung stark erschwert. Informationen werden in Emotionen ertränkt, wichtige Zwischentöne gehen im Geschrei unter. Es gibt nur Schwarz und Weiß. Vor allem Schwarz, wenn man *Bild* glaubt.

Was bleibt also nach so einer Anti-Wolf-Kampagne? Angst, Desinformation, verhärtete Fronten. Viele Verlierer, aber auch vereinzelte Gewinner: *Bild* zum Beispiel. Und die AfD. Vor ein paar Jahren entdeckte die Partei den Wolf als Wahlkampfthema[27] und nutzt seither die medial geschürte Wolfsangst für ihre eigenen politischen Zwecke. Anfang 2018 etwa fordert sie in einem Antrag an den Bundestag öffentlichkeitswirksam »Obergrenzen für Wolfspopulationsdichten« und eine »Beschleunigung von Genehmigungsverfahren zum regulierenden Eingriff in die Wolfspopulation«.[28]

Die Anti-Wolf-Stimmung bleibt nicht ohne Konsequenzen: Laut Dokumentations- und Beratungsstelle des Bundes zum Thema Wolf sind in den vergangenen Jahren immer mehr Tiere illegal getötet worden. Während 2008/2009 insgesamt zwei Fälle verzeichnet wurden, waren es 2018/2019 achtzehn.[29] Über die »Selbstjustiz der Wolf-Gegner« berichtet 2019 auch *Bild* – und fragt scheinbar überrascht: »Woher kommt die tödliche Wut?«[30]

»Stoppt den Terror der Jung-Roten jetzt!«

Viele der Muster, die in der Wolfsberichterstattung zu erkennen sind, tauchen in den *Bild*-Medien auch bei anderen Themen auf. (Kleines Experiment: Lesen Sie einige der letzten Absätze noch mal und ersetzen Sie »Wölfe« durch »Ausländer«.) Negative Details werden fokussiert, übertrieben, mitunter einfach erfunden. Die Sprache ist brachial, der Gegner wird bestialisiert. Ihm werden Dinge untergeschoben, die er gar nicht getan hat. Relativierende Stimmen und entlastende Fakten gehen unter. Fehler werden oft nicht korrigiert. Die Information wird verdrängt; was zählt, ist die Emotion.

»Nackte Zerstörungswut!«, titelt *Bild* im April 1968: »Möbelhaus in Brand gesteckt«.[31] Über dem Foto der verkohlten Trümmer fragt die Redaktion rhetorisch: »Ist das Demonstration? Ist das Diskussion?« Zu dieser Zeit sind in Deutschland die Studentenproteste in vollem Gange; wenige Tage zuvor wurde Rudi Dutschke niedergeschossen, der Wortführer der Studenten, der in der Berichterstattung der Springer-Blätter hart attackiert worden war.

Nun ein »Anschlag auf privates Eigentum«, das Möbelhaus in Gladbeck. Wer ihn verübt hat? Das spricht die Redaktion nicht explizit aus, aus dem Zusammenhang wird jedoch klar: *Bild* macht die Demonstranten verantwortlich. Auf dem Foto auf der Titelseite hält der Ladenbesitzer ein Möbelstück in die Kamera, auf das »BILD« gesprüht wurde. »Für die Brandstifter« sei dieses Wort »eine Art Symbol für das von ihnen gehaßte private Eigentum«, schreibt *Bild* und warnt: »Springer und die Pressefreiheit sind aber nur das erste Angriffsziel der Revolutionäre. Sie wollen unsere gesamte Gesellschaftsordnung zerstören.«

Schon damals unterteilt *Bild* die Welt klar in Gut und Böse. Die Grenze zieht Verleger Axel Springer persönlich: »Spätestens seit Januar 1958 findet man im Redaktions-Konzept auch das politische Engagement des Verlegers, das – zunächst geschickt dosiert – der angeblichen Lesermeinung unterlegt wurde«, schreibt *Spiegel*-Redakteur Peter Jordan 1970 im Buch »Presse und Öffentlichkeit«.[32] Das politische Weltbild Springers sei »durch einen schwarzweißmalenden antikommunistischen Affekt belastet« gewesen, »der auch

19

in *Bild* seinen Niederschlag fand«. So unterscheiden Springer und seine Blätter, wie auch Gudrun Kruip in »Das *Welt-Bild* des Axel Springer Verlags« beschreibt, zu dieser Zeit strikt zwischen »guten (= westlichen) und bösen (= kommunistischen) Ländern« und betreiben zunehmend eine »aggressive Ausgrenzung« all derjenigen, die ihre Weltsicht nicht teilen.[33]

1967 verabschiedet Axel Springer in einer Rede schließlich vier Leitsätze, die fortan für alle journalistischen Mitarbeiter des Hauses gelten sollen (und in aktualisierter Form noch heute gelten[34]): das Eintreten für die deutsche Wiedervereinigung, die Aussöhnung zwischen Juden und Deutschen, die Ablehnung von politischem Extremismus sowie die Bejahung der freien sozialen Marktwirtschaft.[35] Die Interpretation dieser Grundsätze, schreibt Kruip, hätte im Laufe der Zeit jedoch »für fast jedes Thema nur eine akzeptable Meinung« zugelassen. Sie spricht von einer »geistigen und ideellen Erstarrung«, die irgendwann so weit fortgeschritten war, dass Axel Springer selbst in Interviews kaum in der Lage gewesen sei, überhaupt auf Fragen einzugehen. Meist habe er bloß bekannte Versatzstücke abgespult, die sich wortwörtlich wiederholten, um bloß nicht »die klare und eindeutige Linie zu verwässern«.[36]

Eine eindeutige Linie fährt Springers *Bild* auch gegen die protestierenden Studenten der Sechzigerjahre. Im Februar 1968 fordert die Zeitung auf der Titelseite neben einem Foto von Rudi Dutschke: »Stoppt den Terror der Jung-Roten jetzt!«[37] Darunter heißt es:

> Man darf über das, was zur Zeit geschieht, nicht einfach zur Tagesordnung übergehen. Und man darf auch nicht die ganze Dreckarbeit der Polizei und ihren Wasserwerfern überlassen.

»Unsere Jung-Roten«, schreibt *Bild* am Ende, seien »inzwischen so rot, daß sie nur noch rot sehen, und das ist gemeingefährlich und in einem geteilten Land lebensgefährlich. Stoppt ihren Terror jetzt!« Zwei Monate später wird Dutschke von einem Attentäter mit drei Schüssen niedergestreckt. Viele machen *Bild* daraufhin mitverantwortlich für die Tat: »*Bild* schoß mit!« wird zu einer Parole der Protestbewegung.

20

Auf die Berichterstattung von damals zurückblickend, gibt sich der Axel-Springer-Verlag heute selbstkritisch. 2010 öffnet er in einem symbolträchtigen Akt das »Medienarchiv68«, in dem alle Artikel der Springer-Zeitungen aus den Jahren 1966 bis 1968 einsehbar sind (was tatsächlich interessante, erschreckende Einblicke ermöglicht). Zur Eröffnung des Archivs erklärt Mathias Döpfner, Vorstandsvorsitzender des Axel-Springer-Verlags:

Mein persönliches, vorläufiges Fazit: Wenn man genauer hinschaut, ergibt sich ein differenziertes Bild. Die These, das Haus Axel Springer sei eine zentral gelenkte Meinungsmaschine gewesen, welche die Studentenbewegung verhindern wollte, bestätigt sich jedenfalls nicht.[38]

Immer wieder würden Kommentarzeilen wie »Stoppt den Terror der Jung-Roten jetzt« zitiert, klagt Döpfner, dabei habe es ja auch andere Artikel gegeben: Nach dem Attentat auf Rudi Dutschke habe *Bild* schließlich »Millionen bangen mit« getitelt. »Manche Klischees in den Köpfen«, fügt Döpfner hinzu, »erweisen sich auch als Endmoränen einer bis heute wirkungsvollen SED-Propaganda und Stasi-Desinformation.«

»Wenn man genauer hinschaut«, wie Döpfner empfiehlt, sieht man jedoch, dass *Bild* gerade mal vier Tage nach der »Millionen-bangen-mit«-Schlagzeile den Brand des Möbelhauses in Gladbeck auf die Titelseite hob und den Demonstranten zur Last legte – und dabei verschwieg, dass es in Gladbeck gar keine Demonstrationen gegeben hatte. Und wenn man noch genauer hinschaut, findet man heraus, dass die Kriminalpolizei wenige Tage später eine Mitteilung herausgab, in der sie erklärte, dass nicht Demonstranten das Feuer gelegt hätten, sondern ein Einbrecher, aus Versehen, weil ihm ein brennendes Streichholz aus der Hand gefallen war, und dass er die Möbel beschmiert und zerkratzt habe, weil er im Laden kein Geld fand.[39] Die *Bild*-Zeitung vermeldet diese Auflösung später in einem kleinen Kasten auf der letzten Seite. Dass sie die Falschinformation selbst in die Welt gesetzt hatte, lässt sie dabei unerwähnt.[40]

Dieser »groteske Fall von Nachrichtenmanipulation« sei »kein einmaliger Ausrutscher«, schreibt die *Zeit* damals, sondern »symptomatisch für die Berichterstattung der meisten Springer-Blätter in den vergangenen Tagen«.[41] Die Redakteure könnten »das Fälschen nicht lassen«: Allein in einem kurzen Zweispalter habe *Bild* »folgende Unrichtigkeiten und Halbwahrheiten« untergebracht, listet die *Zeit* auf:

> »Immer wieder versuchten Tausende von Demonstranten, die Absperrgitter zu durchbrechen, um in das Rathaus zu gelangen« – nicht ein einziger Versuch, die Absperrgitter zu übersteigen, wurde gemacht.
> »Fensterscheiben gingen zu Bruch« – nämlich unter dem Strahl der Wasserwerfer.
> »Autos wurden umgestürzt« – nicht ein einziger Wagen kam zu Schaden.
> »Randalierer versuchten den Rias zu stürmen.« Tatsächlich wurde eine kleine Gruppe Demonstranten, die sich auf der Eingangstreppe des Funkhauses niedergelassen hatte, von einem »Rädelsführer« über Megaphon zum Verlassen der Treppe aufgefordert; sie folgte sofort.

Über viele Monate prägt *Bild* das Feindbild der Studenten mit solchen Übertreibungen, Verdrehungen und Erfindungen. Im Juni 1967, wenige Tage nachdem der Demonstrant Benno Ohnesorg von einem Polizisten erschossen wurde (eine Tat, die *Bild* zunächst indirekt auch den Demonstranten angehängt hatte[42]), titelt die Zeitung: »Studenten drohen: Wir schießen zurück«[43]. Radikale Studenten hätten bei *Bild* telefonisch angekündigt: »Wenn die Polizei noch einmal auf uns schießt, werden wir zurückfeuern. Wir sind schon dabei, uns zunächst Gaspistolen zu beschaffen.« Einer der Autoren des Artikels erklärt kurz darauf gegenüber dem *Berliner Extra-Dienst*, er »schäme« sich für seine Zeitung: »Das mit dem Zurückschießen hat mit keinem Wort in meinem Artikel gestanden. Das haben die erst in der Redaktion dazugedichtet, um eine knallige Überschrift zu kriegen.«[44]

Die Springer-Zeitungen bezeichnen die Studenten als »Polit-Gammler«, »akademische Linksfaschisten«, »immatrikulierten Mob«, »Radikalinskis« und »Krawall-Radikale«, als »geistig ungewaschen« und »fanatisch«, und im Grunde gehörten sie aus den Universitäten »ausgemerzt«.[45]

Die Radikalisierung der öffentlichen Meinung habe schließlich so weit geführt, schreibt *Spiegel*-Autor Jordan seinerzeit, »daß sogar nicht demonstrierende Studenten auf dem Kurfürstendamm und auf anderen Straßen ohne irgendeinen Anlaß von Passanten öffentlich beschimpft und beleidigt wurden«.[46] Jenen Studenten muss ähnlich zumute gewesen sein wie 45 Jahre später Familie D. aus Düsseldorf. Auch sie wird aufs Übelste beschimpft, obwohl sie niemandem etwas getan hat. Ihr vermeintliches Vergehen: Sie betreibt ein Restaurant. Ein griechisches.

»Griechenland NEIN DANKE !!!!!!!!!!«

»EURE neue griechische Regierung ist dreist, unverschämt und tritt auf wie eine Horde von ungehobelten und manierlosen Pennern. Dieses Pack repräsentiert Griechenland, weil die Mehrheit Eures Volkes diese Leute gewählt hat !« So beginnt ein Brief, der im März 2015 ohne Absender, aber ordentlich frankiert mit 62 Cent, im Briefkasten des Restaurants landet:

> In der Sonne liegen ist doch viel bequemer, insbesondere wenn andere dafür aufkommen ... So geht es nicht !! Wir werden, solange diese Regierung derart schäbig, insbesondere fleißige und sparsame Europäer und Deutsche verunglimpft und beleidigt, ganz sicher keine griechischen Waren mehr kaufen, sondern auch Euren Laden ab sofort nicht mehr betreten !! Verkauft doch Eure Waren besser nicht mehr an die »Scheißdeutschen«, sondern macht Euch auf zurück in Euer korruptes, stinkendfaules und total unfähiges Drecksgriechenland !!

Und als letzten, fett gedruckten Satz: »Griechenland NEIN DANKE !!!!!!!!!«

Als sie den Brief gelesen habe, sei sie geschockt und verängstigt gewesen, erzählt die Restaurantbetreiberin später *Spiegel Online*[47]: Sie habe sich gefragt, was als Nächstes komme. Stehe bald jemand vor der Tür und bedrohe sie, wenn sie abends das Lokal verlasse?

In seinem Brief greift der anonyme Verfasser jene Vorwürfe auf, die von den *Bild*-Medien in den Wochen zuvor nahezu täglich wiederholt wurden. Am 26. Februar etwa druckt *Bild* das Wort »NEIN« – quer über die gesamte Breite der Seite 2 der Bundesausgabe.[48] Darunter die Forderung oder vielmehr der Befehl: »Keine weiteren Milliarden für die gierigen Griechen!« In einem Kommentar daneben schreibt Julian Reichelt, seinerzeit Chef von *Bild.de*, zu der Verlängerung der Finanzhilfen für Griechenland:

> Was am Freitag im Deutschen Bundestag geschehen wird, mag man eigentlich keinem vernünftigen Menschen mehr erklären. Zusammengefasst: Wir überweisen weiter Milliarden nach Griechenland dafür, dass man uns ALLE bisher gebrochenen Versprechen (z. B. Kampf gegen Korruption und Steuerhinterziehung) NOCH MAL verspricht.
> Wir kaufen Griechenland also im wahrsten Sinne des Wortes seine alten Reformlügen mit neuem Geld ab. Und das, obwohl inzwischen JEDER weiß, dass wir unser Geld niemals wiedersehen werden.
> Sind wenigstens die griechischen Politiker, die uns ihr Versprechen geben, glaubwürdiger als ihre Vorgänger?
> NEIN!

Dazu startet *Bild* eine »große Mitmach-Aktion«: Man solle die »NEIN«-Seite hochhalten, ein Selfie damit machen und an die Redaktion schicken. So könne und solle man zeigen, dass man »auch gegen weitere Milliarden-Hilfen für die Griechen« sei.

Solche Lesermobilisierungsaktionen setzt die *Bild*-Zeitung schon seit ihren frühen Jahren immer wieder ein, vor allem gegen ihre Gegner. »Durch Appelle an die Lesermeinung fordert die Redaktion politische Willensbekundungen ihrer Leser heraus, die – obwohl demokratisch verbrämt – bisweilen undemokratische Formen annehmen«, schreibt Peter Jordan 1970. So startet *Bild* etwa nach dem Mauerbau 1961 eine Leserbrief-Aktion gegen jene westdeutschen Theaterintendanten, die weiterhin Stücke des bekennenden Marxisten Bertolt Brecht spielten (»Millionen verfluchen diesen Mann«[49]). »Diese zur Volksabstimmung erhobene Aktion« sei »in wüste Beschimpfungen« ausgeartet, schreibt Jordan. *Bild* sei eben sehr bemüht gewesen, »die ohnehin bewegte deutsche Öffentlichkeit weiter aufzustacheln«.[50]

Um die bewegte deutsche Öffentlichkeit des Jahres 2015 aufzusta-cheln, beginnt *Bild* im Frühjahr damit, die Griechen – die währenddessen durch die Sparvorgaben massenhaft in die Armut getrieben werden – als »Raffke-Griechen« und »Griechen-Raffkes«[51] zu bezeichnen. Damit wird der von *Bild* in den Jahren zuvor eifrig verwendete Begriff der »Pleite-Griechen«[52] abgelöst, denn jetzt haben sie ja Geld: »unser Geld«! Die neu gewählte griechische Regierung nennt *Bild* »Radikalos-Regierung«[53] oder »Griechos Radikalos«[54], aus Finanzminister Varoufakis machen sie wahlweise Finanzminister »Varoutricksis«[55], den »Krawall-Griechen«[56] oder »Griechenlands Radikalo-Naked-Bike-Rider«[57]. (Ein »Naked Bike« ist einfach ein Motorrad ohne Verkleidung, für *Bild* weckt es aber offenbar aufregend-düstere Assoziationen.) Der damalige Politik-Chef Béla Anda etwa schreibt in seinem »Politik-Briefing«:

> Wie lederbejackte Rüpel-Rocker röhren Griechenlands Neo-Premier und sein Posterboy-Finanzminister seit ihrem mit platten Parolen erzielten Wahlsieg durch Brüssel. Ihr Gesetz ist die Straße. Hier sind sie (politisch) groß geworden. Hier ist ihre Hood. Deren Unterstützung wollen die Kawa-Naked-Biker (zumindest Varoufakis hat eine) nicht verlieren.[58]

Vor allem auf Varoufakis, den neuen, linken Finanzminister, schießen sich die *Bild*-Medien ein. Sie engagieren etwa eine Grafologin, die seine Handschrift untersucht und darin »Pathos und Geltungsbedürfnis« feststellt; die Schrift wirke »selbstgefällig« und gehe merkwürdigerweise im »Schlusszug wieder scharf nach links«, das wirke, »als würde er sich selbst wieder durchstreichen, als würde er unbewusst das zuerst Gesagte wieder zurücknehmen«.[59] Wenig später ist *Bild* maßgeblich an einer bizarren Mittelfinger-Diskussion beteiligt, die sich tagelang hinzieht und weltweit für verwundertes Kopfschütteln sorgt.[60] Im Kern geht es um ein Video, in dem Varoufakis, wie *Bild* entrüstet schreibt, »uns den Mittelfinger« zeige.[61] Tatsächlich muss man die Geste im Kontext sehen: Das Video ist mehrere Jahre alt, Varoufakis zu dieser Zeit noch gar kein Minister und die Geste zur Illustration eines hypothetischen Szenarios gedacht, in dem Varoufakis den deutschen Banken den Finger gezeigt *hätte*. Eine ebenso komplizierte wie belanglose Geschichte, die in den *Bild*-Medien auf die Nachricht reduziert wird, Varoufakis habe den Mittelfinger »gen Deutschland« gereckt:

> Keine Krawatte, der Kragen seines Sakkos hochgestellt, Hände in den Hosentaschen: So zeigen die meisten Fotos Yanis Varoufakis. […] Mit einer drastischen Geste – dem gestreckten Mittelfinger – zeigte er in der Vergangenheit auf Deutschland![62]

Die Diffamierungskampagne – die bis heute immer mal wieder aufflammt – beschränkt sich aber nicht bloß auf die Politiker Griechenlands, sondern trifft immer wieder auch *die* Griechen als gesamtes Volk. Seit Beginn der »Pleite-Griechen«-Berichterstattung werden *Bild*-Attacken häufig so formuliert, dass sie sich auf *alle* Griechen beziehen: »So verbrennen *die Griechen* die schönen Euros!«[63] »Wer soll *den Griechen* noch glauben?«[64] »Keine Gnade mit *den Griechen*!«[65] Michalis Pantelouris, Journalist und Sohn eines Griechen, schreibt schon 2010:

> Es wird das Bild gemalt von einer Nation, die in fauler Gier anstatt zu arbeiten lieber die EU ausgenommen hat und jetzt überversorgt und fett am Strand liegt, während in Deutschland hart gearbeitet wird, um ihnen das Geld hinterher zu werfen. Natürlich braucht man keinen Nobelpreis, um zu erkennen, dass es so nicht stimmt. Man braucht gerade mal ein Gehirn.[66]

Aber auch: ein Mindestmaß an Informationen, um sich ein realistisches Bild machen zu können. Doch wie bei den Studenten der 68er, den Wölfen und anderen Feinden ersetzt *Bild* bei *den* Griechen Fakten durch Gefühle. In einer Untersuchung der Griechenland-Berichterstattung deutscher Medien kommt das *Institut für Makroökonomie und Konjunkturforschung* in der Hans-Böckler-Stiftung 2016 zu dem Ergebnis:

> *Bild* berichtete in 81,6 Prozent der Artikel und damit am stärksten negativ über die griechische Regierung, setzte am intensivsten auf Negativis-

mus, war im geringsten Umfang ausgleichend zwischen verschiedenen Positionen, setzte gezielt Akteure mit negativen Positionen gegenüber der Regierung Griechenlands als Zitatgeber ein und stimmte dann in Artikeln am stärksten mit diesen überein. Die Reformagenda wurde zudem bei der Boulevardzeitung *Bild* im geringsten Umfang thematisiert. Es wurde sich nur auf sehr wenige Reformziele konzentriert, wie z. B. die Einführung einer Großvermögenssteuer, die Reform des Rentensystems oder eine Mehrwertsteuerreform. 73 spezifische Reformen wurden hingegen komplett ausgelassen, soviel wie bei keinem anderen Medium.[67]

Ende Februar 2015 ist die Berichterstattung auch im Bundestag ein Thema. Axel Schäfer, damals stellvertretender Vorsitzender der SPD-Fraktion, hält die (von ihm durchgestrichene)»NEIN«-Seite aus der *Bild*-Zeitung zu Beginn seiner Rede hoch und sagte unter Applaus:

> Wir sind hier sicherlich in einer Reihe von Punkten unterschiedlicher Auffassung. Das ist auch gut so, dass wir das diskutieren. Aber in einem Punkt sollten wir uns hier alle […] einig sein: Wir unterstützen keine Kampagnen gegen andere Länder. Wir unterstützen das nicht![68]

»Die *Bild* spricht von den gierigen Griechen«, fügt er später in einem Interview hinzu, »aber wir beleidigen niemals ein Land. Wir gegen die – das gibt es nur im Fußball …«[69]

»Zur Bildung kollektiver Identitäten«, schreibt der Friedensforscher Christoph Weller, »werden häufig Gruppen-Gemeinsamkeiten konstruiert – und damit zugleich Unterschiede zwischen Gruppen überbetont (z. B. im Nationalismus).« Wer solche Wahrnehmungsmuster propagiere, wer die Differenzen zwischen »uns« und »den anderen« übertreibe, trage zur Entstehung von Feindbildern bei.[70]

Die *Bild*-Medien sind voll mit solchen Differenzen, Wir-gegen-die ist eine der Basisemotionen ihrer täglichen Berichterstattung. *Wir* zahlen die Luxus-Renten der Griechen. *Wir* haben zu viele kriminelle Ausländer. *Wir* – das können *wir braven Steuerzahler* sein (»So gibt Merkel *unsere* Steuern aus«[71]) oder *wir Feuerwerksliebhaber*

(»Die Diesel-Hasser wollen *uns* jetzt das Böllern verbieten«[72]), aber in der Regel bedeutet es: wir Deutschen. *Wir* sind Papst. *Unsere* Fußballhelden. *Wir* werden von *den* Wölfen, von *den* Studenten, von *den* Griechen bedroht.

Freund und Feind im Flaschenhals

Doch nicht in allen Fällen, in denen *Bild* einen Gegner ins Visier nimmt und hart attackiert, passiert dies zu Unrecht. Dafür etwa, dass Syriens Machthaber Baschar al-Assad, unter dessen Herrschaft im Bürgerkrieg viele Tausend Menschen getötet wurden, in *Bild* immer wieder als »Teufel«[73] bezeichnet und heftig kritisiert wird, gibt es gute Gründe. Und womöglich persönliche:

> 11.03 Uhr morgens. In einer Gasse von Aleppo, der bürgerkriegsumtosten Stadt in Syrien, spielen Kinder Fußball. […] Sie scherzen, schreien und lachen. […] Plötzlich durchbricht ein schrilles Pfeifen den Morgen. Dann ein Knall, er klingt als sei ein Haus eingestürzt. Brutaler Donnergroll! Ein schwarzer Rauchpilz steigt über die Stadt. Eine Panzergranate ist in der dicht besiedelten syrischen Zwei-Millionen-Metropole eingeschlagen, abgefeuert von Assads Schergen – genau in die Gasse, in der gerade die Kinder gespielt haben: Blut, Schreie. Zehn der Kinder, die gerade hier Fußball gespielt haben, sind sofort tot, die anderen 20 sind schwer verletzt.[74]

Dieser Bericht aus dem Kriegsgebiet ist 2013 erschienen und wurde geschrieben von: »BILD-Reporter Julian Reichelt«. Damals, vor seiner Zeit als Chefredakteur, ist Reichelt häufig in Krisenregionen unterwegs, immer wieder auch in Syrien, wo er Assads »Terrorfeldzug gegen sein eigenes Volk«[75] aus nächster Nähe miterlebt. »Warum hilft die Welt nicht den Kindern von Aleppo?«, fragt er damals und fordert immer wieder, Assad müsse gestoppt werden – »zur Not auch militärisch«[76].

Fünf Jahre später wird Reichelt *Bild*-Chefredakteur und kann seinem Anliegen von nun an noch mehr Gehör verschaffen. So wird beispielsweise im März 2018, was selten passiert, fast die komplette

Bild-Titelseite für ein einziges Thema freigeräumt: den Krieg in Syrien. »Die Welt sieht weg – BILD nicht!«[77], lautet die große Schlagzeile. Dazu zwei Fotos von einem neunjährigen syrischen Mädchen: einmal lebendig, einmal tot (»Alle Welt soll sehen, wie die Menschen in Syrien weiter leiden und sterben«). In einem Kommentar dazu, ebenfalls auf der Titelseite, werden neben »Schlächter Assad« insbesondere »das Schweigen der Welt und das deutsche Schweigen« verurteilt. Der Kommentar ist nicht überschrieben mit »Das meint Julian Reichelt«, sondern mit: »DAS MEINT BILD«.

»Anders als andere Zeitungen, in denen Chefredakteure ihren Redakteuren und Ressortleitern Freiheiten lassen«, schreibt Medienjournalistin Ulrike Simon 2011 (als Kai Diekmann noch *Bild*-Chef ist), »funktioniert *Bild* nach dem Flaschenhals-Prinzip: Alles muss durch das Büro des Chefredakteurs, *Bild* ist das Produkt von Kai Diekmann. *Bild* ist Diekmann.«[78] Heute ist *Bild* Reichelt.

So kann er seine Position heute nutzen, um mit geballter *Bild*-Macht jene Kämpfe fortzuführen, die er schon zu jungen Reporterzeiten begonnen hat. Gegen Baschar al-Assad genauso wie etwa gegen die »irren Mullahs«[79] des Iran oder gegen Russlands Präsidenten Wladimir Putin, der Assad unterstützt und einen »Vernichtungskrieg gegen die syrische Zivilbevölkerung«[80] geführt habe: Bis heute taucht Putin in *Bild*-Medien als »globaler Pate der Finsternis« (O-Ton Reichelt[81]) auf, und wer ihn unterstützt, von ihm unterstützt wird oder auch nur ansatzweise mit ihm zu tun hat, sollte sich auf was gefasst machen. Sogar Lothar Matthäus, seit Ewigkeiten ein guter Freund von *Bild*[82], wird, nachdem er Putin bei der Fußball-Männer-WM 2018 die Hand geschüttelt hatte, mit einem zornigen Kommentar von Reichelt abgestraft: Er »sollte keine blutigen Hände schütteln!«. Damit mache er sich »zum Entschuldiger einer Mordmaschinerie«, zum »Erfüllungsgehilfen der politischen Propagandamission«.[83]

So können Freunde auch schnell mal zu Gegnern werden. Wie Barack Obama, von dessen Amtseinführung Reichelt 2009 noch ganz verzückt berichtet hatte (»Es war die Nacht, in der Washington D. C. mit der Weltgeschichte tanzte. Wild und ausgelassen. Ergriffen und gerührt. Elegant und glamourös!«[84]), der dann aber schnell in

Ungnade fiel, weil er nicht militärisch gegen Assad und Iran vorging. Zu dieser Zeit kann Reichelt das Ende von Obamas Amtszeit kaum erwarten, erklärt bis dahin immer wieder, »warum der US-Präsident seine Koffer packen sollte«[85], und urteilt schließlich: »Obama geht als OHNmächtigster Mann der Welt!«[86]

Andersherum – vom Gegner zum Freund – entwickelt sich das Verhältnis selten, aber es kommt vor. Als Donald Trump 2016 die Wahl zum US-Präsidenten gewinnt, zeigt sich Reichelt zwar froh darüber, dass Obama endlich weg ist, doch er fürchtet Schlimmes: »Wie viel Regime steckt in dieser Regierung? Die Antwort: Beunruhigend viel, auf jeden Fall mehr als je zuvor«[87], schreibt er damals und bezeichnet den Wahlsieg des »Rechts-Außen-Businessmanns« als »Alptraum Trump«[88]. Diese negative Einstellung ändert sich schlagartig im April 2017. Denn endlich tut ein US-Präsident das, was Reichelt sich so lange von Obama gewünscht hatte: Er feuert Raketen. »Seit gestern schläft Schlächter Assad nicht mehr sicher«, schreibt Reichelt nach einem US-Raketenangriff auf einen syrischen Militärflughafen. »Das macht die Welt ein wenig besser. Und auch wenn es vielen nicht in ihr Weltbild passen mag: Das ist Donald Trumps Verdienst.«[89] Fortan nimmt *Bild* den US-Präsidenten immer wieder in Schutz. »Trump ist nicht so dumm, wie seine Kritiker meinen«[90], heißt es dann in *Bild*-Kommentaren zum Beispiel. Und mit jedem Raketenangriff scheint er in der Gunst von *Bild* zu steigen. Als im Januar 2020 ein iranischer Offizier und mindestens acht weitere Menschen durch einen von Trump angeordneten Angriff getötet werden, der Iran als Rache auf US-Truppen im Irak feuert, und Trump hierauf nicht mit Vergeltung reagiert, titelt die *Bild*-Zeitung groß: »Kein Krieg! Danke, Mr. President!«[91] Die Welt habe »vor einer Katastrophe« gestanden, doch Donald Trump habe sie gerettet.

»Wir finden die GUTT«

Mit wie viel Energie und Einfallsreichtum *Bild* für Freunde in die Bresche springt, lässt sich seit mehr als zehn Jahren an der Berichterstattung über einen Mann beobachten, mit dem Julian Reichelt eine

ganz persönliche Geschichte verbindet:»Karl-Theodor Maria Nikolaus Johann Jacob Philipp Wilhelm Franz Joseph Sylvester Freiherr
von und zu Guttenberg«, wie *Bild* ihn nach seiner Ernennung zum
Wirtschaftsminister groß auf der Titelseite nennt, ohne zu merken,
dass einer der Namen frei erfunden ist (Wilhelm; er stammt aus einem manipulierten Wikipedia-Eintrag).[92] Solche Nachlässigkeiten
sollten der Redaktion in Zukunft aber nicht mehr passieren, denn
schnell wird Guttenberg in den *Bild*-Medien zum glänzenden»Ein-
horn der deutschen Politik«[93] erklärt. Ein»Aufklärer und Erneue-
rer«,»attraktiv, bescheiden, voller Power«[94].

Als Verteidigungsminister –»Minister Liebling«[95] – wird Guttenberg bei fast jeder seiner Auslandsreisen von *Bild* begleitet, genauer: vom damaligen *Bild*-Reporter Julian Reichelt, der den Kurs
des»Klartext-Ministers« immer wieder lobt und sich für die deutschen Soldaten freut, die»nun endlich den Minister« hätten,»den
sie verdienen«.[96] (Im Sommer 2010 kommt der Verteidigungsminister dann auch persönlich zur Vorstellung von Reichelts neuem
Buch.[97]) Die Inszenierung des Ministers geht so weit, dass *Bild* ein
exklusives Foto – Guttenberg in»Top-Gun«-Pose vor einem Kampfjet – fast seitenhoch auf die Titelseite druckt und sogar eine 3-D-
Brille dazulegt:»Exklusiv in 3D: Minister Guttenberg fliegt im
Kampfjet«.[98] Immer wieder erscheinen Zeilen wie»Guttenberg auch
in China ein Star«[99] oder»Karl-Theodor und Stephanie zu Guttenberg: Total verschossen auf der Wiesn!«[100] oder»Sind Adelige die
besseren Politiker?«[101]. Ende 2010 träumt *Bild* schon von Kanzler
Guttenberg:»CSU-Chef, Ministerpräsident oder sogar Kanzler …
In welches Amt stürmt Guttenberg 2011?«[102] Als Guttenbergs»hin-
reißende Frau Stephanie«[103] eine Sendung bei *RTL2* moderiert, machen die *Bild*-Medien in großem Stil Werbung dafür, lobpreisen
die Show und ihre Macherin –»Deutschlands heimliche First La-
dy«[104] – wochenlang auf allen Kanälen (»Bravo, Stephanie zu Guttenberg!«,»Respekt, Frau zu Guttenberg!«)[105], und als sie im Dezember 2010 mit ihrem Mann deutsche Truppen in Afghanistan
besucht, erklärt *Bild* auf der Titelseite in großen Lettern:»Wir finden die GUTT! Nörgler, Neider, Niederschreiber: Einfach mal die
Klappe halten!«[106]

Zwei Monate später, an einem Samstagabend, macht es sich der Juraprofessor Andreas Fischer-Lescano mit einem Glas Rotwein vor seinem Computer gemütlich. Auf dem Monitor vor ihm: die Dissertation von Karl-Theodor zu Guttenberg. Er hat die 475 Seiten bereits gelesen, jetzt will er eine Rezension für eine Fachzeitschrift schreiben. Bei einer routinemäßigen Google-Suche merkt er plötzlich, dass einige Passagen der Arbeit wortwörtlich aus anderen Publikationen übernommen wurden.[107]

Vier Tage später titelt die *Süddeutsche Zeitung*: »Plagiatsvorwurf gegen Guttenberg«.[108] Sofort stürzen sich nationale und internationale Medien auf die Enthüllung, nennen Guttenberg den »Lügenbaron«[109]. Rücktrittsforderungen kommen von allen Seiten. *Bild* aber geht mit voller Kraft in den Verteidigungsministerverteidigungsmodus. »Macht keinen guten Mann kaputt. Scheiß auf den Doktor«[110], schreibt *Bild*-Kolumnist Franz Josef Wagner am Tag nach Bekanntwerden der Vorwürfe (obwohl er knapp zwei Jahre zuvor noch gegen jene »Uni-Luschen« gewettert hatte, die sich einen Doktortitel erkaufen: »Sich ein falsches Gehirn einpflanzen zu lassen, muss per Gesetz bestraft werden. Ein Doktortitel ist kein Busen, kein Facelifting und keine Straffung des Popos«[111]). Als Guttenberg kurz darauf verkündet, er wolle im Amt bleiben, titelt *Bild*: »GUT! Guttenberg bleibt!« Was hier geschehe, sei eine »Hetzjagd auf den beliebtesten Minister der Republik«.[112]

Bild-Redakteure treten in Talkshows auf, um dem Minister beizuspringen; Nikolaus Blome, damals Leiter des *Bild*-Hauptstadtbüros (dessen Buch der Minister eigentlich auch vorstellen wollte, bis die Plagiatsaffäre dazwischenkam[113]), wiegelt bei *Hart aber fair* ab: »Der Untergang des Abendlandes fällt aus, trotz dieser Doktorarbeit.« Bei *Maischberger* ringt eine *Bild-am-Sonntag*-Redakteurin, so beschreibt es der *Spiegel* später, »wie eine Ehefrau um Verständnis für den jungen Familienvater, der in siebenjähriger Nachtarbeit seine Doktorarbeit erstellt, dabei ein paar Fehler gemacht und nun als großartiger Minister Ziel einer Kampagne geworden sei. Aber: ›Er ist auch ein Mensch.‹«[114] Der *Spiegel* nennt *Bild* damals die »Leibgarde von Karl-Theodor zu Guttenberg«.[115]

Kurz darauf startet *Bild* eine große Leseraktion. Auf der Titelseite wird dazu aufgerufen, per Telefon und Fax (kostenpflichtig) darüber abzustimmen, ob Guttenberg Minister bleiben oder zurücktreten solle. Auch online kann man abstimmen. Als sich dort eine Mehrheit gegen den Minister abzeichnet, verschwindet die Umfrage von der Seite. Sie erscheint erst wieder, als Journalisten sich nach dem Ergebnis erkundigen – das da lautet: 56 Prozent wollen den Rücktritt; nur 35 Prozent finden, er mache seinen Job gut.[116] Tags darauf titelt Bild:»87 % Ja-Stimmen beim BILD-Entscheid – ›Ja, wir stehen zu Guttenberg!‹«[117] Die Zahl, behauptet die Zeitung, stamme aus dem Telefon- und Fax-Voting; die Online-Umfrage wird gar nicht erwähnt und in den Tiefen der Website versteckt.[118]

Sogar nach dessen Rücktritt ist Bild offenkundig bemüht, Guttenbergs Ansehen zu beschützen: Am Tag nach der Rücktrittserklärung beschreibt Julian Reichelt unter der Überschrift»Ich war mit dem Minister im Krieg« in herzerwärmenden Worten, wie Guttenberg einmal in ein brennendes Flugzeug kletterte, um für seinen Piloten, der Geburtstag hatte, eine Kiste Bier zu holen. Er habe oft von »Pflicht« und »Anstand« gesprochen, und Reichelt könne »bezeugen, dass seine Taten zu seinen Worten passten«.[119]

Bis heute berichten die Bild-Medien (oft exklusiv) über Guttenbergs Projekte[120] und Aussagen[121], lassen ihn Gastkommentare schreiben[122], feiern auf der Wiesn»große Gaudi mit Guttenbergs«[123]. 2017, gerade mal einen Tag nach seinem ersten öffentlichen politischen Auftritt seit der Plagiatsaffäre, bringen sie ihn schon wieder als Kanzler ins Spiel.[124]

So behandelt Bild Freunde.

Feinde hingegen bekommen Dinge untergeschoben, die sie nicht verbrochen haben, ob den Brand in einem Möbelhaus oder den Mord an einem Chihuahua. Mit übertriebenen oder falschen Schlagzeilen werden sie so lange verteufelt, bis sie von Lesern beschimpft, manchmal regelrecht gejagt werden. Zwar werden nicht alle Bild-Gegner gleichermaßen attackiert, aber wenn man einmal ins Visier gerät, kommt man nur schwer wieder raus, es sei denn, man feuert Raketen auf Assad.

Ob ein Mensch, eine Gruppe von Menschen, ein Staat, ein Volk oder ein Tier von Bild als Freund hofiert oder als Feind heruntergeschrieben wird, hängt aber nicht ausschließlich von den Leitsätzen Axel Springers und der politischen Weltsicht Julian Reichelts ab. Dass der Wolf in *Bild* seit Jahrzehnten als Monster gebrandmarkt wird, hat vermutlich weder mit dem einen noch dem anderen zu tun. Manchmal geht es bloß darum, Angst zu machen.

2.

»Frieden schaffen mit Atomwaffen!«

Bild unter Julian Reichelt

»Er hat Fehler gemacht«, sagt Mathias Döpfner, Vorstandsvorsitzender des Axel-Springer-Verlags, im März 2021 in einer Pressemitteilung über Julian Reichelt.[1] Doch bereits im nächsten Satz erklärt er, dass der Vorstand eine Trennung von Reichelt »für unangemessen« halte. Der *Bild*-Chef darf bleiben.

Vorausgegangen war der Pressemitteilung eine interne Untersuchung gegen Reichelt, ein sogenanntes Compliance-Verfahren. Im Kern ging es dabei, wie der Verlag es formuliert, um »Vorwürfe des Machtmissbrauchs im Zusammenhang mit einvernehmlichen Beziehungen zu Mitarbeiterinnen sowie Drogenkonsum am Arbeitsplatz«. Diese Vorwürfe habe Reichelt bestritten. Vorwürfe oder Anhaltspunkte für sexuelle Belästigung oder Nötigung, die von einigen Medien kolportiert worden seien, habe es im Untersuchungsverfahren nicht gegeben. Jedoch habe Reichelt »die Vermischung von beruflichen und privaten Beziehungen eingeräumt«. Es seien »Fehler in der Amts- und Personalführung« festgestellt worden, teilt der Verlag mit.

Es gebe zwar »keinen rechtlichen Handlungsbedarf«, so Döpfner, es bestehe aber »Änderungsbedarf bei der Führungskultur«, darum werde Reichelt fortan jemand zur Seite gestellt: Alexandra Würzbach, bisher Chefredakteurin von *Bild am Sonntag*, werde als gleichberechtigte Vorsitzende mit ihm die *Bild*-Chefredaktionen leiten.

Reichelt werde sich auf die Schwerpunkte *Bild* Print und Digital sowie den TV-Bereich konzentrieren, Würzbach auf *Bild am Sonntag* und das übergreifende Personal- und Redaktionsmanagement.

»Ich weiß, ich habe im Umgang mit Kolleginnen und Kollegen Fehler gemacht«, sagt Reichelt in derselben Pressemitteilung, ohne genau zu erklären, worin diese bestanden.

In den Wochen zuvor waren die Vorwürfe gegen ihn in Medienberichten konkreter beschrieben worden, unter anderem vom *Spiegel*, der die Vorgänge als erstes Medium publik machte[2], und von der *Zeit*, in der es hieß:

> Reichelt soll Mitarbeiterinnen, mit denen er eine intime Beziehung gehabt habe, begünstigt und teilweise später wieder fallen gelassen haben, so lauten jedenfalls die Vorwürfe. […] in einigen Fällen soll es sich um junge, unerfahrene Journalistinnen gehandelt haben.[3]

Als die Vorwürfe bekannt und viele Details öffentlich breitgetreten werden, sagt Journalismus-Professor Tanjev Schultz in der *Frankfurter Rundschau*, er sehe »einen öffentlichen Impuls, jetzt mit Häme und Vorverurteilungen an die Sache heranzugehen«. Aber man müsse sich »vor Selbstradikalisierung schützen, vor Schadenfreude und Häme«. Und:

> Man braucht die aktuellen Vorgänge nicht, um die *Bild*-Zeitung als problematisch einzustufen.[4]

Denn neben dem persönlichen Verhalten von Julian Reichelt gibt es ja noch sein publizistisches.

»FRAGWÜRDIGE METHODEN«

»Schulen und Kitas wegen falscher Corona-Studie dicht«, schreibt *Bild* am 26. Mai 2020 groß auf Seite 1. Im Blatt lautet die Überschrift: »Drosten-Studie über ansteckende Kinder grob falsch«. Es seien »FRAGWÜRDIGE METHODEN« zum Einsatz gekommen.[5] Die *Bild*-Geschichte wird stark kritisiert. Sogar von den Wissenschaftlern, die *Bild* als Kronzeugen gegen den Virologen Christian Drosten im Beitrag anführt. Sie alle distanzieren sich umgehend von dem Bericht. Einer schreibt bei Twitter, dass er »nicht Teil einer Anti-Drosten-Kampagne sein« wolle.[6] Ein anderer stellt klar: »Ich wusste nichts von der Anfrage der *Bild* und distanziere mich von dieser Art Menschen unter Druck zu setzen auf das schärfste.«[7]

Bereits einen Tag zuvor hatte Christian Drosten bei Twitter einen Screenshot einer E-Mail des *Bild*-Autors veröffentlicht.[8] Dieser wollte, dass der Wissenschaftler Fragen zu seiner Studie beantwortet, und räumte dafür lediglich eine Stunde ein. Das Verhalten von *Bild* sorgt für größeres öffentliches Entsetzen – über die Schärfe des Angriffs, den aufgebauten Druck in der Anfrage, das Hochjazzen einer eigentlich vorsichtigen Formulierung des Virologen, das Unverständnis der Redaktion für wissenschaftliche Abläufe und Diskussionen, die falsche Verknüpfung zwischen Drostens Studie und Schulschließungen.[9]

Eineinhalb Wochen später interviewt Mathias Döpfner Julian Reichelt in einem Podcast des Axel-Springer-Verlags.[10] Sie sprechen über die »flächendeckende Empörung«, der *Bild* ausgesetzt sei, die »Wutausbrüche über *Bild* generell, aber ganz besonders über die Berichterstattung von *Bild* über den Virologen Drosten«. Dabei gibt Döpfner Reichelt die Chance, ausgiebig zu erzählen, wie wichtig die Arbeit von *Bild* für die Gesellschaft sei. Er gibt dankbare Stichworte, die Reichelt aufgreifen kann, um den Artikel über Christian Drosten zu verteidigen. Döpfner sagt, er sehe Reichelt als »absoluten Gerechtigkeitsfan«. Der Springer-Vorstandsvorsitzende wirft sich schützend vor den *Bild*-Chef.

Im *Spiegel* sagt Julian Reichelt damals, die Kritik am Drosten-Artikel, insbesondere vom *Spiegel* und der *FAZ*, sei eine »üble Kampagne« gegen die »vollkommen legitime Berichterstattung« von *Bild*.[11]

So perlen solche publizistischen Fehlschläge einfach an ihm ab. Wenn die *Bild*-Medien über einen »Sex-Mob« von Geflüchteten schreiben und sich später herausstellt, dass nichts davon stimmt, sagt Reichelt Sachen wie: »Es fällt mir grundsätzlich leicht, mich zu entschuldigen, wenn wir Fehler gemacht haben«[12], und zieht mit seinem Team weiter zur nächsten Geschichte.[13] Wenn es dem Satiremagazin

Titanic ein Jahr später gelingt, *Bild* gefälschte E-Mails unterzujubeln[14], aus denen die Redaktion eine Kampagne gegen die SPD und den damaligen Juso-Chef Kevin Kühnert bastelt (vgl. Nachwort), sagt Reichelt Sachen wie: »Wichtig ist: Wir sind nicht auf *Titanic* reingefallen.«[15] Wenn *Bild* private Whatsapp-Nachrichten eines Kindes veröffentlicht, dessen fünf Geschwister gerade getötet wurden, und dafür heftig angegangen wird[16], sagt Reichelt Sachen wie: »Der Zorn richtet sich gegen *Bild*, aber eine *Bild*-Geschichte ist das nicht«, und rechtfertigt sich damit, dass andere auch berichtet hätten.[17]

Gestürzt ist Reichelt weder über die eine Sache noch über die anderen. Redet man mit aktuellen oder ehemaligen *Bild*-Mitarbeitern, kommt immer auch die Frage auf: Warum hält der Verlag an Reichelt fest? Man erzählt sich, dass Friede Springer, die Witwe des Verlagsgründers Axel Springer, den *Bild*-Chef nicht sonderlich schätzen soll. Doch der Springer-Vorstandsvorsitzende Mathias Döpfner steht zu ihm. Nach Abschluss des Compliance-Verfahrens im März 2021 sagt er vor der *Bild*-Belegschaft über Reichelt:

> Ich halte die publizistische Rolle, die Julian in den vergangenen Jahren gespielt hat, für extrem richtig und extrem wichtig für dieses Land.[18]

Der inhaltliche Kurs von *Bild* unter Reichelt habe »bei allen Fehlern, die es da in der Vergangenheit gegeben hat«, breiteste Unterstützung im Vorstand, im Aufsichtsrat und in den Shareholder-Committees. Döpfner sagt: »Weiter so!«

Zurück in den Kalten Krieg

Seit Reichelt *Bild*-Chefredakteur ist, hat sich der Kurs des Blattes verändert. Es ist wieder lauter und aggressiver geworden. Politische Themen und Kriminalität dominieren die Titelseite und die wichtigen Seiten 2 und 3. In ihre großen Schlagzeilen gießt *Bild* häufig das, was für Kopfschütteln oder, noch besser, für Wut sorgen kann. »Es wird getrieben und gejagt, mal geht es gegen Hartz-IV-Betrüger, mal gegen ausländische SPD-Mitglieder. Was *Bild* an Auflage verloren hat, macht Reichelt durch Gebrüll wieder wett«, schreiben

Isabell Hülsen und Alexander Kühn im *Spiegel* über den veränderten Stil bei *Bild*. Der neue Chef stehe für einen Boulevardjournalismus,»von dem man dachte, dass er selbst dem Springer-Verlag peinlich geworden sei«. Es scheine, als brauche Reichelt den Konflikt:»Wo keiner ist, zettelt er einen an.«[19]

Ein Blick zurück zeigt, wie sich *Bild* unter Reichelt verändert hat. Im März 2013, Julian Reichelt hat noch keine Führungsposition bei den *Bild*-Medien inne, klingen die großen Schlagzeilen auf der Titelseite unter anderem so:

- Hier fliegt unser Papst in Rente!
- SPRUNG IN DER SCHÜSSEL? Politiker beschließen Unisex-Toilette!
- TV-Star als Ossi-Schlampe beleidigt!
- Arbeitsamt vermittelt Frauen als Huren!
- Verdammter Lungen-Krebs! Dieter Pfaff (65) ist tot.
- RTL kippt Sex-Sendung – Weil ER & SIE Geschwister sind
- Poker-Profi holt 1 Million bei Jauch!
- Wie gerecht sind unsere Löhne? Der große Vergleich von 100 Berufen
- DER NEUE CHINA-PRÄSIDENT XI JINPING – DER NEUE PAPST FRANZISKUS – Wie verändern diese Männer die Welt?
- Kanzlerin Merkel – Altenpfleger haben einen härteren Job als ich!
- So schummeln sich die Stars schlank!
- Hier kauft Jenny Elvers Bier[20]

Promis, TV, Sex – darum dreht sich der voyeuristische *Bild*-Boulevard zu dieser Zeit. Fünf Jahre später sind die *Bild*-Titelgeschichten düsterer, spalterischer, stärker meinungsgetrieben. Schmuddelgeschichten rücken in den Hintergrund, stattdessen geht es jetzt um Politik, Gewalt, den Islam. Im März 2018, Julian Reichelts erstem Monat als Chefredakteur der *Bild*-Zeitung, lauten die Schlagzeilen auf Seite 1 unter anderem:

- Diesel-Chaos – Darum droht jetzt ein Verkehrs-Kollaps
- MILDE FÜR TOTRASER – Oberstes Gericht hebt Mord-Urteil auf
- SCHARIA-GERICHT IM KINDERZIMMER

- 7 JAHRE KRIEG IN SYRIEN – Die Welt sieht weg – BILD nicht!
- Millionen sahen den ARD-Film – Das Leben der Gladbeck-Gangster heute
- Die traurige Wahrheit über Armut in Deutschland – 1,7 Mio. Kinder leben von Hartz IV!
- So pfuscht das Umwelt-Ministerium mit Tausenden Diesel-Toten
- Doc Müller-Wohlfahrt – Sprech-Stunde für die BILD-Leser
- Syrien-Massaker – Nerven-Gift-Anschlag in Europa – Mays Ultimatum ignoriert – WIE WEIT GEHT PUTIN NOCH?
- Der neue Heimat-Minister Seehofer – »Der Islam gehört NICHT zu Deutschland«
- Bis zu 300 % mehr Angriffe – Messer-Angst in Deutschland
- Islamismus-Alarm an Grundschulen – DER ZORN DER ELTERN[21]

Reichelts *Bild* zufolge herrscht ständig Chaos und Angst in Deutschland. Die ideale Titelseite, so die *Spiegel*-Autoren Hülsen und Kühn, bestehe aus: »Hetze gegen, Skandal um, Jagd auf. Und wenn es Wildschweine sind. Stimmung machen, Angst schüren, das volle Programm.«[22]

Julian Reichelt hat einen steilen Aufstieg hinter sich: Als Reporter bei *Bild* angefangen, ab Februar 2014 Chef bei *Bild.de*, im Februar 2017 zusätzlich die Beförderung zum Vorsitzenden aller Chefredaktionen.[23] Damit schwebt er in der Hierarchie über den Chefredakteuren der gedruckten *Bild*, der *Bild am Sonntag* und des regionalen Springer-Boulevardblatts *B.Z.* Chefredakteurin der gedruckten *Bild* ist zu dieser Zeit Tanit Koch. Im März 2018 tritt sie von diesem Posten allerdings zurück, verlässt den Verlag, und Reichelt übernimmt.[24]

Vor Julian Reichelt und vor Tanit Koch prägt Kai Diekmann als *Bild*-Chefredakteur von 2001 bis 2015 die Linie des Blattes.[25] Es gibt nicht wenige, die diese Phase romantisieren, zu einer Zeit von »Smoking und Salon«[26] verklären. Dabei macht *Bild* auch damals Menschen mit erfundenen Schlagzeilen fertig[27], hetzt unter anderem gegen die »Pleite-Griechen«[28] und initiiert weitere groß aufgezogene Kampagnen; zwei der bekanntesten sind wohl jene gegen Moderator Jörg Kachelmann, dessen Persönlichkeitsrechte *Bild* schwer verletzt[29], und gegen Bundespräsident Christian Wulff, den *Bild* mit ihrer Berichterstattung ins Wanken bringt[30]. Personen, die nicht in der Öffentlichkeit stehen und das auch nicht wollen, zerren Diekmann und *Bild* ins Rampenlicht. Sogar Kinder: »Lucy (13) brutal erschlagen – Sie hatte gerade ihren ersten Liebesbrief geschrieben«[31], titelt *Bild* im Mai 2006 (Name von uns geändert). Gerhard Henschel dokumentiert den Fall in seinem Buch »Gossenreport – Betriebsgeheimnisse der *Bild*-Zeitung«:

> Kai Diekmann hatte, wir erinnern uns dunkel, feierlich erklärt, *Bild* behellige niemanden, der sein Privatleben privat lebe. Die Liebesbriefe einer ganz normalen dreizehnjährigen Schülerin, ihr Geschlechtsleben und der Zustand ihres Jungfernhäutchens wären, wenn Diekmann die Wahrheit gesprochen hätte, kein Thema für *Bild*. Und trotzdem informierte *Bild* die Nation am 26. Mai 2006 darüber, dass [Lucy] zwar »schon die Pille« genommen, mit dem festen Freund aber »bisher nur gekuschelt und geknutscht« habe. Dazu gab es ein großes Foto von dem Mädchen und ein gestochen scharfes ihres jüngsten Liebesbriefs zu sehen.[32]

Trotz solcher Geschichten wird *Bild* später als weniger schlimm wahrgenommen; eher als schlüpfriges, buntes Knallblatt mit dem erst aalglatten und später selbstironischen Diekmann an der Spitze. Die *Bild*-Aufreger sind schnell wieder verziehen. So stellt die *Zeit* 2012 nach eingehender Lektüre fest:

> Wenn man *Bild* über Wochen Tag für Tag aufmerksam liest, findet man ein meist zivilisiertes Boulevardblatt, das auf Klatsch und Unterhaltung setzt und oft mit Belanglosigkeiten über Dieter Bohlen und seine Sendung aufmacht. Ob »Deutschland sucht den Superstar« eine Frauenquote brauche, ist so eine Story, die *Bild* wirklich exklusiv hat.

Heute gibt es in *Bild* zwar immer noch große Geschichten über Prominente. Damit diese auf Seite 1 landen, muss es sich aber schon um außerordentliche Neuigkeiten und um große Namen handeln. Vermutlich liegt das auch daran, dass Fans ihren Stars inzwischen bei Instagram viel näher sein können als bei einer *Bild*-Geschichte.

Vor allem aber hat Julian Reichelt einen anderen Fokus gesetzt: Er brachte die Politisierung zurück ins Blatt. Und mit ihr ein Weltbild wie zu Zeiten des Kalten Krieges. USA – gut. China – böse. NATO – gut. Russland – böse. Differenzierungen sind kaum zu erkennen. In *Bild*, wo traditionell noch nie viel Patz für Grautöne war, herrscht jetzt noch mehr Schwarz und Weiß.

Dazu passt eine Neuerung bei den Kommentaren, die Julian Reichelt eingeführt hat: »Das meint BILD«. Wo es zuvor überwiegend Meinungen einzelner Mitarbeiter gab, gibt es jetzt häufiger auch eine einheitliche Blattmeinung. Kritisieren Politiker die Entscheidung der Essener Tafel, vorerst keine weiteren Ausländer mehr aufzunehmen[33], meint *Bild*: »Unsäglich«.

> Das Berliner Regierungsviertel hat mit der Realität im Land zu oft nichts mehr zu tun. Diejenigen, die von Chauffeuren gefahren werden, dreschen auf jene ein, die ehrenamtlich Essen ausfahren.[34]

Zitiert SPD-Politiker Sigmar Gabriel in einem Interview seine kleine Tochter mit der Aussage über seinen Parteigenossen Martin Schulz: »Papa, jetzt hast du doch mehr Zeit mit uns. Das ist doch besser als mit dem Mann mit den Haaren im Gesicht«[35], meint *Bild*: »Erbärmlich!«

> Männer, die für ihre persönlichen Machtkämpfe ihre Töchter benutzen – das ist der Zustand unserer politischen Elite in Deutschland.[36]

Die rechtliche oder politische Situation kann noch so komplex sein – *Bild* weiß genau, wie es ausschaut und wo es langgeht. Über sich selbst sagt Reichelt, er habe einen »klaren Kompass«.[37] Der Chefredakteur marschiert damit voran, die Redaktion hinterher.

Was *Bild* unter Reichelt klar erkennen lässt, ist die Verächtlichmachung des Establishments, »unserer politischen Elite in Deutschland«, die »von Chauffeuren gefahren« wird (Reichelt hat als *Bild*-Chef selbst Zugriff auf mehrere Chauffeure[38]). In einem Kommentar zum Weltwirtschaftsforum, dem »ZIRKUS VON DAVOS«, schreibt er 2018 über »die Mächtigsten und Reichsten der Welt«:

In Davos, dem abgeschottetsten Ort der Erde, warnt Bundeskanzlerin Angela Merkel in ihrer Rede vor was? Genau, »Abschottung«. Es ist ihre erste wahrnehmbare Rede seit der Bundestagswahl vor dem elitärsten Publikum der Welt, während ihre Wähler in Deutschland sie nur noch schweigend kennen und doch gern langsam mal wüssten, wann wir eine Regierung bekommen, wie es in der Flüchtlingskrise weitergehen soll und wie Mieten in unseren Städten bezahlbar bleiben.[39]

Reichelts Kommentar gegen *Die da oben* sei »ein Text ohne Maß und Mitte, einer der Hass und Neid schürt«, schreibt Stefan Winterbauer beim Branchendienst *Meedia*: »Der *Bild*-Chef bedient sich eines Tons, den man sonst von Populisten kennt.«[40]

»Die Alarmstimmung schadet Deutschland«

Während Reichelt gegen das Establishment anschreibt, sind und waren die leitenden *Bild*-Köpfe mit ihren traditionell engen Verknüpfungen zur Macht eigentlich selbst ein Teil davon: In der Amazon-Doku »BILD.Macht.Deutschland?« kann man beobachten, dass Julian Reichelt einen kurzen Draht zum CSU-Vorsitzenden Markus Söder oder Gesundheitsminister Jens Spahn hat.[41] Ruft ihn Sebastian Kurz an, sind der *Bild*-Chef und Österreichs Bundeskanzler per Du.[42] Kai Diekmanns Freundschaft mit Helmut Kohl ging so weit, dass 2002 der eine beim anderen[43] und sechs Jahre später der andere beim einen[44] Trauzeuge war.

Die *Bild*-Redaktion hat lange daran mitgewirkt, den Status quo in Deutschland ganz im Sinne des Konservativismus zu zementieren. Unter Julian Reichelt strebt das Blatt hingegen nach Veränderungen. Allerdings in Richtung Vergangenheit. Ein erkennbares Ziel zum Beispiel: eine CDU wie früher, also weiter rechts. Das bekommt vor allem Angela Merkel zu spüren: »Die Kanzlerin sollte umkehren«.[45] »Merkel bringt die CDU in Lebensgefahr!«[46] Auch das Kommentare, die mit »Das meint BILD« überschrieben sind.

Und auch in der Coronapandemie macht Merkel laut *Bild*-Kommentar so gut wie alles falsch. Nachdem die Bundesregierung warnte, dass steigende Infektionszahlen zu einem zweiten Lockdown führen könnten, »meint BILD« im August 2020: »Die Alarmstimmung schadet Deutschland«.

Nun schlägt die Bundesregierung mit Verweis auf die steigenden Infektionszahlen wieder Alarm. Sie hält eisern an den Corona-Beschränkungen fest und warnt, dass ein zweiter Lockdown unbedingt verhindert werden müsse. Eine Warnung, die eher wie eine Drohung klingt: Der zweite Lockdown kann jederzeit kommen.[47]

Das habe mit der Realität »nichts zu tun«, schreibt *Bild* (hatte es sehr wohl – keine drei Monate später waren die Infektionszahlen so hoch, dass ein zweiter Lockdown nötig war[48]). »Deshalb: Schluss mit der Panikmache! […] Die Alarmstimmung schadet unserem Land.« Bei diesem Urteil der Redaktion spielt das eigene Schaffen offenbar keine besonders große Rolle. In den Tagen und Wochen zuvor lauteten Schlagzeilen der *Bild*-Medien: »Corona-Alarm bei Bochumer Polizei«[49], »Corona-Alarm in Kölner Einkaufsmeile«[50], »Nach Urlaub! Berliner Ehepaar löst Corona-Alarm aus«[51], »Corona-Alarm in Asylbewerberheim«[52], »Corona-Alarm bei UPS«[53], »Corona-Alarm an Berliner Schulen«[54], »Corona-Alarm im Schlachthof«[55].

Bei der Wahl seiner Blattlinie dürfte es Julian Reichelt aber nicht nur um die Auseinandersetzung mit dem auserkorenen Gegner und das Verbreiten der eigenen politischen Überzeugungen gehen. Die zunehmende Politisierung bei *Bild* folgt auch aus der zunehmenden Politisierung der Gesellschaft. Der Chefredakteur erkennt darin offenbar eine wirtschaftliche Chance für die *Bild*-Medien, die zusehen müssen, wie sie sich trotz einbrechender Auflage finanzieren können. Die gesellschaftliche Polarisierung als Geschäftsmodell. Im Interview mit dem Medienmagazin *Horizont* sagt Reichelt:

Früher hieß es, Politik verkaufe nicht. Stimmt nicht. Politik zieht die Menschen an. Wenn es wochenlang um ein paar Sätze des obersten Verfassungsschützers Hans-Georg Maaßen geht, und darüber die Regierungsarbeit liegen bleibt, bewegt das die Menschen.[56]

Bild und Julian Reichelt beobachten genau, in welche Richtung es »die Menschen« bewegt. Denn neben der eindeutigen Einteilung, wer gut und wer böse ist, wer Gewinner und wer Verlierer, basiert ein beachtlicher Teil der Berichterstattung auf Opportunismus. Es handele sich um »einen sich ständig wandelnden Versuch, die Unzufriedenheit der Bevölkerung zu nutzen«, schreibt Thomas Meaney im *Guardian* über Deutschlands größte Zeitung:

> Was die Umwelt betrifft, kann *Bild* an einem Tag den Aufruf Merkels beklagen, die Kohlekraftwerke bis zum Jahr 2038 zu schließen (»Das kostet uns das Kohle-Aus«, lautete eine Schlagzeile über die voraussichtlichen Verluste von Arbeitsplätzen). An einem anderen Tag aber kann man über einem Artikel zu den 200 000 Flügen deutscher Beamter zwischen den Ministerien in Berlin und Bonn lesen: »So verpesten Regierungsbeamte unsere Umwelt«.

Julian Reichel sei ein Opportunist durch und durch, schreibt Meaney: Der *Bild*-Chef wolle Krisen nicht ungenutzt lassen.[57]

Manchmal geht der Plan allerdings nicht auf. Zur »Refugees-Welcome«-Kampagne der *Bild*-Medien, die 2015 unter Kai Diekmann als Print- und Julian Reichelt als Online-Chef initiiert wird, sagt Reichelt später: »Nichts hat uns ganz nachweislich wirtschaftlich in der Reichweite so sehr geschadet wie unsere klare, menschliche, empathische Haltung in der Flüchtlingskrise.«[58] Vom Versuch, auch mal freundlich zu sein, ist so gut wie nichts übrig geblieben.[59] Aus der kurzzeitigen *Bild*-Willkommenskultur wurde eine vor Wut schnaubende Verabschiedungskultur: »Immer wieder KNAST! Abschiebung UNMÖGLICH!«[60], »DIE ABSCHIEBE-TRICKS DER FLÜCHTLINGE«[61], »Sind wir zu dumm zum Abschieben?«[62].

»Reichelt streichelt«

Julian Reichelts journalistisches Großwerk besteht allerdings nicht nur aus der mantraartig wiederholten Forderung nach mehr Abschiebungen, politischer Meinungsmache und gesellschaftlicher Zündelei. Gräbt man sich tief ins *Bild*-Archiv, stößt man auf unerwartete Seiten.

Von zwei Ausflügen zu den Zeitschriften *Park Avenue* (Verlag: Gruner+Jahr) und *InTouch* (Verlag: Bauer) abgesehen, arbeitet Reichelt stets für den Springer-Verlag und für *Bild*. Das passt zur Familiengeschichte: Der Vater war bei *Bild*, die Mutter war bei *Bild*.[63] Verleger Axel Springer sei bei ihnen zu Hause »ein Held« gewesen, Literaturnobelpreisträger und *Bild*-Kritiker Heinrich Böll »ein Feind«, sagt Reichelt.[64] Das Blatt, für das seine Eltern arbeiten, habe damals, als er es als Siebenjähriger zum ersten Mal in den Händen hält, einen »großen Zauber« auf ihn ausgeübt. Mit 17 habe er gewusst, dass er später mal *Bild*-Chef werden will.[65] Im Berufsleben angekommen, steigt Reichelt auf: Vom Praktikanten wird er zum Volontär. Vom Volontär zum Reporter. Vom Reporter zum Chefreporter. Und schließlich zum *Bild*-Chefredakteur. Hunderte Texte schreibt er in dieser Zeit. Zusammengefügt ergeben sie über eintausend DIN-A4-Seiten.

Im Juni 2009 erscheint die große *Bild*-Serie »Einsamer König, ewiges Kind« – geschrieben von Julian Reichelt, veröffentlicht kurz nach Michael Jacksons Tod: »Wie wurde Michael Jackson zu dem Menschen, der er war? Wer war er? Wer wollte er sein? Was wollte er für immer vergessen?«[66] Ein Jahr zuvor schreibt Reichelt auch über Rapper Sido eine mehrteilige Serie: »Der Mensch hinter der Maske«.[67]

In der längst eingestellten *Tier Bild* erzählt der damals 26-jährige Reichelt gefühlvoll von seiner Hündin Zeta. Titel der Kolumne: »Reichelt streichelt«. Als Zeta stirbt, steht im März 2007 in *Bild*: »BILD-Reporter Julian Reichelt über die Trauer, wenn dein Tier stirbt – Ich gehe in den Frühling ohne meinen Hund«. Er schreibt dazu:

Warum ich weiß, dass sie an einem schönen Ort ist? Ich glaube, dass die Liebe der Beweis dafür ist. Biologisch betrachtet könnte ein Hund sich ohne Liebe und nur durch seine Triebe, seinen Instinkt fortpflanzen. Trotzdem haben wir Zetas Liebe jeden Tag gespürt. Sie war ein Stück vom Himmel. Jemand will, dass Lebewesen lieben. Und es muss einen Ort geben, an dem diese Liebe bewahrt wird, wenn man sie nicht mehr anfassen kann.[68]

Auch Privates gibt Reichelt damals ohne Scheu preis:

Ich habe meine Frau wegen Zeta kennengelernt. Für eine BILD-Ge-
schichte suchte ich vor fünf Jahren nach einer jungen Frau mit Hund. Vor
einem Café sah ich die beiden und sprach sie an. Bei unserem ersten ge-
meinsamen Spaziergang wollte ich meine Frau dann mit meiner Hunde-
liebe beeindrucken, und ich warf wie ein Irrer ein Stöckchen, drei Stunden lang.[69]

Die meisten seiner Artikel aber handeln, auch früher schon, nicht von
Liebe, sondern von Elend, Brutalität und Tod. Reichelt reist als Reporter durch die Kriegs- und Krisengebiete dieser Welt. Er ist in Afghanistan, Georgien, Syrien, im Libanon, im Irak. Er beobachtet nach eigener Darstellung nicht nur aus sicherer Entfernung, sondern immer
von ganz nah dran, so nah, dass er sieht, wie um ihn herum die Menschen von Geschossen zerfetzt werden. Die Überschriften seiner (für
Bild-Verhältnisse) langen Reportagen lauten beispielsweise »BILD-
Reporter berichtet aus Israel – ›Ich sah die Raketen einschlagen!‹«[70].
Zwar erscheinen sie immer in typischer Boulevardaufmachung
(»BILD-Reporter auf der Straße des Todes«[71]), dennoch lesen sich
viele von Reichelts damaligen Berichten wie die eines gut informier-
ten, mutigen, gewissenhaften, ja, seriösen Reporters; seine Worte erklären, berühren, erschüttern. Reichelt, so ist immer wieder deutlich zu erkennen, will etwas verändern. Die Welt aufrütteln, den
Blick der Öffentlichkeit auf Ungerechtigkeiten richten. Auch wenn
er sich selbst dafür in Gefahr bringen muss.
»Es heißt immer unter Journalisten, keine Geschichte sei es wert,
dafür zu sterben«, schreibt er 2010, nachdem sein Freund Rupert Hamer, ebenfalls Kriegsreporter, in Afghanistan von einem Sprengsatz
getötet wird. »Das mag stimmen. Aber Rupert Hamer hat seine Arbeit gemacht, damit andere Menschen die Wahrheit über den Krieg
erfahren. Ich glaube nicht, dass das sinnlos ist.«[72] Kaum ein Jahr später stirbt wieder ein Freund, diesmal der Fotograf Chris Hondros.
Reichelt schreibt: »Seine Bilder haben den Menschen die Wahrheit,
den Schrecken des Krieges aufgezwungen. Ohne seine Fotos wäre
die Welt vielleicht nicht besser, aber gleichgültiger wäre sie.«[73]

Von Eisbärbabys zu Atomwaffen

Der Kampf gegen die Gleichgültigkeit ist ein immer wiederkehrendes Motiv aus Reichelts Reportertagen. Während das im Berliner Zoo geborene Eisbärbaby Knut auf allen Kanälen Deutschland verzückt, reist Reichelt im April 2007 in die Arktis zu den wild lebenden, bedrohten Eisbären, um vor den Folgen der Klimaerwärmung zu warnen. In seinem Artikel »Mensch, lass das Reich dieser Tiere nicht schmelzen« schreibt er:

> Durch arktischen Schnee, der unter meinen Polarstiefeln knirscht, stapfe ich auf ein Wunder zu. Das Wunder des Lebens, das der eisigen Kälte trotzt (minus 20 Grad). 100 Meter schwere Schritte, 50 Meter, 10 Meter – und dann stehe ich vor ihnen. Zwei junge Eisbärbabys, die sich ins Fell ihrer Mutter kuscheln. Ich sehe das Blinzeln ihrer schwarzen Augen, die wie kleine Kohlestücke sind. Ich sehe das Zittern ihrer Nasen. Ich sehe, wie sich der Körper ihrer Mutter hebt und senkt. Ich sehe den ganzen überwältigenden Zauber der Natur, der in den Händen des Menschen liegt. Den Zauber, den wir erhalten MÜSSEN.[74]

Für die *Bild*-Serie »Tatort Erde« besucht Julian Reichelt Ende 2007 »Orte, die für das Verbrechen der Menschen an ihrem Planeten stehen«[75], an denen »die Erde brennt, vergiftet wird, unter Müllbergen erstickt«[76]: Manila, Baku, Indien, China. Er kommt zurück mit Berichten über verseuchte Tiere, kranke Kinder, zerstörte Landschaften, er erzählt vom »Albtraum des Überflusses«. Sein immerwährender Appell: »Lesen Sie. Sehen Sie. Handeln Sie!«

Als sich Reichelt zwei Jahre später, Ende 2009, noch einmal mit Eisbären und dem Klima beschäftigt, ist der Ton ein völlig anderer:

> Wir brauchen keine Klimakonferenzen mehr. Es gab genug davon – und sie sind alle gescheitert. Wir haben schon viel zu oft Politikern zugehört, die rührselige Reden über schwitzende Eisbären hielten. Was wir endlich brauchen, ist ein Energie-Gipfel. Eine Konferenz, auf der die besten Forscher der Welt darüber reden, wie wir endlich die Allmacht des Öls

überwinden. Öl ist der größte Klimakiller. Öl ist in vielen Ländern der klebrige Feind der Demokratie. Die mächtigste Waffe der freien Welt hingegen ist ihr Geist. Statt weiter Diktaturen ihr Öl abzukaufen, sollten wir endlich Milliardenbeträge in die Suche nach neuen Energien, in die Forschung, in den Geist investieren. Denn in einer Welt, die kein Öl mehr braucht, ist das Klima besser – und die Diktatoren sind pleite.[77]

Plötzlich will er der Umwelt nicht mehr helfen, um den »Zauber der Natur« zu bewahren, sondern um den Öl-Diktatoren zu schaden. Es ist eines der ersten Male, in denen sich Reichelt so zeigt, wie man ihn als *Bild*-Chef kennt. Zwischen dem stöckchenwerfenden und dem heutigen Julian Reichelt liegen seine Einsätze in der »Kriegshölle von Aleppo«[78], sein »blutiges Libyen-Tagebuch«[79], das »gefährliche Leben als Kriegsreporter«[80]. Julian Reichelt sagt:»Das sind existenzielle Erfahrungen, die einen für immer verändern.«[81] Krieg sei etwas,»das alles andere für immer überlagert«.[82]

Kurz nach dem Öl-Kommentar, im Februar 2010, fordert er:»Frieden schaffen mit Atomwaffen!« Er schreibt Dinge wie:

Es gibt nur ein Szenario, das furchterregender ist als eine Welt, in der es 25 000 Atomsprengköpfe gibt. Eine Welt, in der es nur noch eine Bombe gibt. Eine Bombe, auf der steht:»Mit Grüßen aus Teheran.«[83]

Die»Betonbärte von Teheran«, wie Reichelt die Herrscher des Iran nennt[84], erscheinen vergleichsweise früh als Feinde in seinen Texten. Bei Wladimir Putin dauert es etwas länger. Vor der Affäre um Whistleblower Edward Snowden, der auf seiner Flucht vor den US-Behörden in Russland strandet, taucht Putin kaum in Reichelts Artikeln auf, höchstens mal als unbedeutender Nebendarsteller. Ab Oktober 2013 aber:»NSA-SKANDAL UM EDWARD SNOW-DEN – So spaltet Putin den Westen«.[85] Als Russland im Frühjahr 2014 die Krim annektiert, steigt Putin endgültig zum Hauptdarsteller auf:»KÖNIG PUTIN – Jetzt ist er der mächtigste Mann der Welt! So demütigt er den Westen«, schreibt Reichelt:

Wirklich mächtige Männer brauchen keine Begründung für das, was sie tun. Sie tun es einfach, weil sie es können. So ein Mann ist Putin ... Die Krim-Krise macht klar: Russlands Präsident Wladimir Putin (61) ist der neue mächtigste Mann des Planeten. Ein sagenhafter Aufstieg vom gewichtigen, aber auch oft belächelten Herrscher, der sich oben ohne mit Jagdgewehr zeigte, zum Über-Zaren, vor dem die Welt zittert. PUTIN – der Mann, der sich nimmt, was er will. Der den Westen demütigt.[86]

Bis heute vermuten Julian Reichelt und seine Redaktion hinter so mancher düsteren Machenschaft Wladimir Putin und den Kreml. Als Ende 2018 Daten zahlreicher deutscher Prominenter und Politiker gestohlen und veröffentlicht werden, hat *Bild* schnell einen Verdacht: »Normalerweise ist das eine Methode der Hacker des russischen, auf Cyberkrieg spezialisierten Militärgeheimdienstes GRU.«[87]

BILD-Recherchen zeigen, dass in manchen Datenordnern vor der Veröffentlichung gezielt gelöscht wurde. Bei russischen Geheimdiensten heißt solches Material »Kompromat« – Erpressungs-Material.[88]

Reichelt spricht im Podcast des Medienunternehmers Gabor Steingart über den Fall. Zum möglichen Täter sagt der *Bild*-Chef:

Ich glaube, was relativ klar ist: Das waren nicht ein oder zwei Jungs, die bei Pizza und Cola light im Keller gesessen haben, bisschen Computerspiele, bisschen Youtube und dann bisschen was gehackt haben und das dann aufbereitet haben. Das muss eine größere Struktur gewesen sein.

Was für eine »größere Struktur« Reichelt meint?

Ich glaube nach allem, was wir an Hacks in den letzten Jahren gesehen und erlebt haben, ist das Wahrscheinlichste immer noch, dass es zumindest staatliche Unterstützung, von welcher Seite auch immer, für diesen Hack gab.

Er tippe »auf eine gut zweistellige Zahl von Personen«, die sich damit beschäftigt haben müsse.

Nur ein paar Stunden, nachdem die Podcast-Folge veröffentlicht wurde, teilt das Bundeskriminalamt mit, dass es einen geständigen Tatverdächtigen gebe.[89] Dabei handelt es sich nicht um Dutzende russische Staatshacker, sondern um einen 20-jährigen Schüler, der noch bei seinen Eltern in Mittelhessen wohnt.[90] Wieder ein Fehlschlag, der Reichelt nichts anhaben kann.

Kaltgestellt

Julian Reichelt kann also einfach so weitermachen – im auserwählten Kreise treuer Unterstützer und fleißiger Helfer, die er um sich geschart hat. Der Redakteur beispielsweise, der auf die *Titanic* reingefallen ist, wird später Leiter des Ressorts »Meinung«. Er sei wie der Papagei auf der Schulter des Piraten, sagt uns eine ehemalige *Bild*-Redakteurin. »Für seinen innersten Kreis hat der *Bild*-Boss eine Atmosphäre geschaffen, in der man sich stark fühlt und einander in der Weltsicht bestärkt«, schreibt der *Spiegel*. Die redaktionsinternen Spitznamen von Reichelts Crew seien: »Julians Boygroup«, »Fassbombenkommando«, »Reichelts Kindersoldaten«.[91] Sie ziehen für ihren Förderer in die Schlacht.

In seinem Buch »Kriegsreporter – Ich will von den Menschen erzählen« schreibt Reichelt, dass alle Soldaten eines gemeinsam hätten: »Sie kämpfen für den Mann neben sich. Und es gibt für sie keine größere Niederlage, als diesen Mann fallen zu sehen.«[92] Wer nicht mit Julian Reichelt ins Gefecht ziehen will, wer nicht mit ihm und seiner Gefolgschaft übereinstimmt, muss damit rechnen, fallen gelassen zu werden: Im September 2020 beschwert sich ein Redakteur in einem *Bild*-internen Kanal auf der Online-Arbeitsplattform Slack[93] über einen *Bild.de*-Kommentar. Der kritisierte Text stammt vom Reichelt-treuen Meinungschef und handelt vom ersten TV-Duell im US-Präsidentschaftswahlkampf zwischen Donald Trump und Herausforderer Joe Biden.[94] Der Kritiker schreibt:

Ich muss auch sagen – ja es ist ein Kommentar, aber: Nur um nicht Mainstream zu sein, Biden als den Verlierer darzustellen, halte ich für falsch – und ebenso gefährlich.

Und: Die Aussagen in dem Kommentar sind teils schlichtweg falsch.

Es sei kein Geheimnis, dass er die *Bild*-Berichterstattung über Trump kritisch sehe, so der Redakteur bei Slack: »Ich finde tatsächlich, dass wir gerade in dem Versuch auf Anti-Mainstream zu setzen, Grenzen überschreiten. Ein Fokus auf Trump heißt nicht, seine Lügen und Ausfälle zu relativieren.« Aspekte, die der Redaktion nicht passten, würden mitunter rausgekürzt: »Experten, die Dinge sagen, die wir nicht gut finden, werden teils aus Texten gestrichen.« Ein Text von ihm, »der sich damit beschäftigt, wie Trump mit legalen Mitteln versucht, die Wahl zu beeinflussen«, sei »auf die Liste – darf man nicht publizieren« gesetzt worden. Es habe von ihm mal viele Artikel über die USA gegeben, schreibt der Redakteur, »aber seit diese als zu Trump kritisch eingestuft werden, werden meine Themen (bewusst?) weniger berücksichtigt«.

Ein anderer Redakteur, der in der Amazon-Doku über *Bild* auffallend häufig um Julian Reichelt herumscharwenzelt[95], antwortet, dass er sich »über inhaltliche Kritik und Auseinandersetzungen mit Positionen« freue. Doch: »Fundamentalkritik, die unterschwellig Zensur vorwirft, halte ich für unangemessen. Alles weitere dazu gerne beim Kaffee.« Der Kritiker versucht noch einmal, sich zu verteidigen: »Es geht nicht um Fundamentalkritik und Zensur-Vorwürfe. Wie du schon sagst – Debatte ist wichtig. Aber meinen Post jetzt einfach in so eine Ecke zu stellen, ohne auf eines der Argumente und der Punkte einzugehen, finde ich nicht fair.« Kurze Zeit später wird er von seinem Posten im Politik-Ressort abgezogen und in eine andere Abteilung versetzt. Im Dezember 2020 verlässt er *Bild*.

»Unter Julian Reichelt wird bei *Bild* mehr diskutiert als früher«, sagt der stellvertretende *Bild*-Chefredakteur Paul Ronzheimer in einem Doppel-Interview mit seinem Vorgesetzten Reichelt im Medienmagazin *Horizont*.[96] Auch die Amazon-Dokumentation lässt es so aussehen, als gäbe es bei *Bild* eine lebendige Debattenkultur, die Widerspruch zu Reichelts Positionen problem- und folgenlos zuließe.[97] *Bild*-Mitarbeiter erzählen uns eine andere Geschichte: Es könne passieren, dass Julian Reichelt Mitarbeiter in Konferenzen runtermacht, wenn ihm ihre Meinung nicht passe. Eine ganze Reihe von Personen, darunter langjährige Redakteure, hätten entnervt und von Reichelt zermürbt den Verlag verlassen.

»Julian-Reichelt-Amüsiershow«

Im Januar 2021 soll es laut Aussagen mehrerer *Bild*-Mitarbeiter zwischen Reichelt und einer Springer-Justiziarin kräftig gekracht haben. Sein Vorwurf habe gelautet: durchgehende Illoyalität gegenüber der Marke *Bild*. Die Frau, die schon lange für den Verlag arbeitet, habe, heißt es intern, zuvor einen Tweet retweetet, der sich kritisch mit relativierenden Äußerungen eines *Bild*-Mitarbeiters zum Sturm des Kapitols durch Trump-Anhänger befasst. Sie habe auch früher schon mal *Bild*-kritische und Reichelt-kritische Tweets gelikt. Sie dürfe nun nicht mehr für *Bild* arbeiten. Der *Bild*-Redaktion sei der Kontakt mit ihr verboten worden.

Auch der Abgang der früheren *Bild*-Chefredakteurin Tanit Koch soll in Zusammenhang mit Reichelt gestanden haben: Sie sei »von einem raubeinigen männlichen Konkurrenten aus ihrem Spitzenjob getreten« worden, schreibt Cathrin Gilbert in der *Zeit*: »Der Konkurrent war Julian Reichelt.« Bereits im Dezember 2017 habe er Koch »die Konferenzleitung größtenteils entrissen«, so Gilbert: »Eine Chefredakteurin ohne Autorität in der Konferenz ist wie ein Fußballtrainer ohne Einfluss auf die Aufstellung.«[98] Das Zerwürfnis kann man auch aus Tanit Kochs Abschiedsmail an ihr Team herauslesen:

> Liebe Kolleginnen, liebe Kollegen, ich gebe meinen Posten als *Bild*-Chefredakteurin zum 1. März 2018 auf und verlasse den Verlag. Wenn zwei Menschen professionell nicht harmonieren, lässt sich das eine Zeit lang durch Kompromisse ausgleichen. 2017 war davon geprägt, bis meine Kompromissbereitschaft an ihre Grenzen gelangte.[99]

All diese Geschichten aus der Redaktion zeigen: Man muss parieren – oder unter Julian Reichelt wird das Leben schwer.

Dieses Gefallenmüssen oder Gefallenwollen sei eine der Quellen für verzerrte Berichterstattung, erzählt uns ein Mitglied der

Redaktion. Der erste Moment, an dem eine *Bild*-Geschichte aus seiner Sicht auf die falsche Bahn geraten kann, sei die tägliche Konferenz um 10 Uhr, die er selbst als »Julian-Reichelt-Amüsiershow« erlebt habe. Zuvor, um 9 Uhr, kämen die Redakteure mit ihrem Ressortleiter zusammen und besprächen die Themen des Tages. Der Ressortleiter gehe mit den besten davon in ebenjene 10-Uhr-Konferenz. Dort träfen sich die verschiedenen Ressortleiter mit der Chefredaktion. Alle Themenvorschläge der Ressorts würden durchgegangen. Der Ton sei dabei wenig sachlich, es werde viel gescherzt. Durch diese Atmosphäre entstünden manchmal durchaus gute Ideen, oft aber würden die ursprünglichen Themenvorschläge durch das witzelnde Draufrumkauen entstellt. Komme der Ressortleiter wieder zurück zu seinen Redakteuren und erzähle, was aus ihren Themen geworden ist, passiere es häufig, dass die Geschichten einen neuen Dreh hätten. So weit ein Vorgang, der auch in anderen Redaktionen durchaus vorkommt. Der Unterschied: Bei vielen anderen Medien ordnet sich der neue Dreh den Fakten unter. Bei *Bild*, so der Insider, bekomme der jeweilige Redakteur schon mal den Auftrag, nach Fakten zu suchen, die zur Idee der Konferenz passen.

Problematisch werde es noch einmal ab 16 Uhr, wenn die Redakteure ihre Texte ins System stellen. Am sogenannten Balken wird dann das Blatt gemacht, es wird redigiert, Überschriften werden gesetzt. Regelmäßig würden die Geschichten an diesem Punkt noch mal verformt. Gerade bei den traditionell kurzen Texten in *Bild* könnten schon zwei, drei kleine, aber entscheidende Drehungen reichen, um die Aussage eines Artikels stark zu verändern. Oder es werde eine besonders heftige Schlagzeile gewählt. Ein Redakteur erzählt uns, dass er es selbst erlebt habe, dass Dinge in seine Texte redigiert worden seien, bei denen er anschließend dachte: »Das ist nicht meine Geschichte.«

Mitunter laufe es auch bei Kommentaren von *Bild*-Mitarbeitern so, dass am Ende die Chefredaktion entscheide, was drinsteht, erzählt uns ein Redaktionsmitglied. Wichtige Details würden im Nachhinein noch verändert. Die jeweiligen Autoren würden darunter leiden, wie mit ihrer persönlichen Meinung umgegangen werde. Aber es gehe noch schlimmer: Er erzählt von einem Fall, in dem ein kompletter Kommentar vorgegeben worden sei. Anschließend sei nach einem Mitarbeiter gesucht worden, der seinen Kopf hinhalten müsse – für einen Kommentar, den er nicht geschrieben habe, mit einer Meinung, die eher gefühlte Wahrheiten der Chefredaktion wiedergegeben habe.

Gefahr

Für Julian Reichelt scheint vor allem eine Meinung von Bedeutung: die von Julian Reichelt. Das wird auch außerhalb von *Bild* deutlich: Als Talkshowgast unterbricht er häufig andere Teilnehmer, drängt sich in den Vordergrund, wird persönlich.[100] In seinen Auseinandersetzungen bei Twitter konnte man lange Zeit[101] Reichelts Art zu diskutieren bestaunen: Kampfeslustig feuert er eine Aussage nach der anderen ab, gibt sich wenig Mühe, auf Gegenargumente oder Fakten einzugehen[102], postet zahlreiche Artikel als vermeintliche Belege[103]. Es scheint ihn dabei auch nicht zu stören, wenn der eine Artikel zwar zu seinem zweiten Argument passt, gleichzeitig aber seinem ersten Argument gänzlich widerspricht.[104] Hauptsache: Das Gegenüber zuschütten, bis niemand mehr zuhört und alle erschöpft aufgeben. Im Interview mit *Horizont* sagt Reichelt über sich selbst:

> Meine Strategie ist, so viele Argumente wie möglich unterzubringen, bevor der andere etwas sagt. Das ist die Disziplin, in der ich am ehrgeizigsten bin – selbst dann noch, wenn ich merke, dass ich falsch liege. Das ist eine Schwäche, ein Fehler, denn mir ist bewusst, dass ich mit dieser Intensität andere verschrecke und Widerspruch verhindere.[105]

Dieses Drängen in die Öffentlichkeit in Interviews, bei Twitter, in Talkshows, bei seinen Auftritten bei *CNN*[106] oder bei der *BBC*[107] ist eine Sache. Wenn es um Reichelts Privatleben geht, sieht es völlig anders aus: Der Mann, dessen Beruf unter anderem darin besteht, Privates anderer Menschen in die Öffentlichkeit zu zerren und daraus Schlagzeilen und Profit zu machen, will nicht, dass bestimmte Informationen über ihn bekannt werden. Der *Spiegel* schreibt 2018: »Die Kollegen wissen gerade mal, dass er verheiratet ist. Die Anzahl der Kinder ist ihnen nicht bekannt, ebenso wenig sein derzeitiger Beziehungsstatus.«[108]

Und dann ist da noch die Höhe seines Gehalts als *Bild*-Chef. Als das Medienmagazin *kress* die Gehälter verschiedener Chefredakteure deutscher Zeitungen und Zeitschriften schätzen will, ist Reichelt der Einzige, der das nicht möchte. Sein Argument: Das bringe seine Familie in Gefahr, schließlich könne eine solche Nennung finanziell motivierte Straftaten auslösen.[109] Nach dieser Logik hätten Julian Reichelt und seine Redaktion schon zahlreiche Familien diesem Risiko ausgesetzt: die des Daimler-Vorstandsvorsitzenden (»So viel verdient der Daimler-Boss«[110]), die der Fußballer des HSV (»Die geheime Gehaltsliste des HSV«[111]), die von Sängerin Helene Fischer (»So viel verdient Helene Fischer«[112]), die der Fußballbundesliga-Manager (»Die Gehälter der Bundesliga-Manager«[113]), die der deutschen Handball-Nationalspieler (»Die Gehaltsliste unserer Handball-Stars«[114]), die der deutschen Eishockey-Nationalspieler (»Die Gehaltsliste unserer Eis-Helden«[115]), die der »Tatort«-Kommissare (»Was verdienen die ›Tatort‹-Stars?«[116]), die der TV-Köche (»Wie viel unsere TV-Köche absahnen«[117]), die der Gewerkschaftsführer (»Was kassiert eigentlich ein Gewerkschafts-Boss?«[118]). Kurz gesagt: Nach Julian Reichelts Logik geht von Julian Reichelts *Bild* eine große Gefahr aus.

3.

»Schicken Sie uns Ihre Urlaubsfotos aus der Flammenhölle!«

Bild und ihre Leser

»Ich kann ihnen versichern, daß ich ihnen mit vergnügen und ohne mit der wimper zu zucken, mit einem holzprügel zwischen die augen schlagen könnte«, steht in einer E-Mail, die Arno Frank im März 2006 bekommt. »Und selbst ihr gewimmer könnte mich nicht davon abhalten. Eher würde mir dadurch ihre erbärmlichkeit verdeutlicht werden, und ich würde noch einen freudigen schlag gegen ihr unterkiefer vollziehen, so das dieser von ihrer schädelbasis getrennt würde.«[1] Frank ist damals Redakteur bei der Tageszeitung *taz*. Die Mail ist eine von mehr als eintausend, die an diesem Tag bei ihm ankommen. In vielen davon wünschen ihm die Verfasser »den tod, die pest oder krebs« an den Hals und kündigen an, dass sie ihn »qualvoll leiden lassen«, »mit ganzer Kraft« auf ihn einschlagen oder ihn »mit Blut einreiben und ihn mit meinen Tieren in einen engen Raum sperren« werden. In der *taz*-Redaktion klingelt das Telefon über Stunden fast ununterbrochen. Die Drohanrufe und hasserfüllten Mails kommen von Lesern. Aber nicht von Lesern der *taz*.

Tags zuvor hatte Frank in einem Artikel ausführlich geschildert, wie er sich einmal in Indien nicht anders zu helfen wusste, als eine sterbende Hündin, die von einem Motorradfahrer schwer verletzt worden war, eigenhändig zu töten, um ihr Leid zu beenden. Am Tag, an dem der Text in der *taz* erscheint, ruft ein Reporter der *Bild*-Zeitung an, »um mit mir ein wenig zu plaudern«, wie Frank später schildert. »Nett klang er, jung und verständnisvoll.« Er fragt, ob er die böse Post von Tierfreunden haben könne, die doch sicher eingetroffen sei, doch Frank lehnt ab, »weil *taz*-Leserbriefe eben *taz*-Leserbriefe sind und redaktionell nicht so gut in die *Bild*-Zeitung passen«.[2]

Einen Tag später füllt die Geschichte fast eine Seite in der Bundesausgabe der *Bild*-Zeitung: »Das bizarre Protokoll einer Hunde-Tötung«, lautet die Schlagzeile, dazu ein Foto des *taz*-Redakteurs und eine große Zeichnung einer Hündin, die drei kleine Welpen säugt. Im Artikel gibt *Bild* die Schilderungen des Autors zum Teil sinnentstellt wieder, zitiert einen empörten Tierschützer und schreibt am Ende:

> BILD fragte den Journalisten: Was hat er empfunden? »Ich habe Rotz und Wasser geheult. Ich liebe Hunde, bin mit ihnen aufgewachsen«, sagte Arno Frank. Ob dies die Hundefreunde versöhnt? Er gab seine E-Mail-Adresse an: […]@taz.de. Keinen Computer? Hier ist die Telefonnummer: 030 / […][3]

»Ich gib dir mal folgenden Tip: Dreh dich öfters mal um, wenn Du im Dunkeln durch abgelegene Gassen gehst«, lässt ihn *Bild*-Leser Walter K. daraufhin wissen. »Ich hoffe von ganzem Herzen«, teilt ein anderer mit, »dass Sie noch eine Millionen Mal elender krepieren als diese arme Hundeseele.«

Ganz ähnliche Herzenswünsche waren sechs Jahre zuvor in der Redaktion der *Titanic* eingegangen. Das Satiremagazin hatte nämlich stolz verkündet, dass ihr damaliger Chefredakteur Martin Sonneborn spaßeshalber (aber womöglich erfolgreich) Bestechungsfaxe an zwei FIFA-Funktionäre geschickt hatte, in denen er ihnen Schwarzwälder Schinken, einen Bierkrug und eine Kuckucksuhr in Aussicht stellte; dafür müssten sie nur bei der Vergabe der Fußballweltmeisterschaft 2006 für den Standort Deutschland stimmen.[4] Und weil mit dieser Aktion nach Ansicht der *Bild*-Zeitung ein schlechtes Licht auf Franz Beckenbauer (Chef des WM-Organisationskomitees und ein Kumpel von *Bild*[5]) geworfen wurde, titelt sie im Juli 2000:»Böses Spiel gegen Franz«. Im Artikel zitiert sie den damaligen DFB-Generalsekretär mit den Worten, die Grenze der Satire sei»weit überschritten worden«, und schreibt im Anschluss:

> Liebe BILD-Leser, meinen Sie das auch? Rufen Sie doch unter der Nummer 069/[...] die *Titanic*-Redaktion an und sagen Sie Ihre Meinung. Oder schicken Sie ein Fax: 069/[...][6]

Einige der Anrufe kann man sich heute noch anhören, im *Titanic*-Shop gibt es sie als CD zu kaufen.[7]»Eich ghert a Handgranatn in die Redaktion neigschmisse, dass'r allesamt in d' Luft fliegt!«, teilt einer der *Bild*-Leser mit, ein anderer ruft:»Im Rechtsstaat gehören Leute wie Sie ins KZ!«

Die *Bild*-Macher sind mit dem Ergebnis damals offenbar dermaßen zufrieden, dass sie solche Aufrufe auch danach immer wieder einsetzen. Im Herbst 2014 zum Beispiel lassen sie ihre Leser auf den Vorsitzenden einer Lokführergewerkschaft los, die einen langen Streik angekündigt hatte.»Geigen Sie dem Bahnsinnigen Ihre Meinung«, fordert *Bild* auf der Titelseite und veröffentlicht seine Büronummer:»069-[...]!«[8] Der Gewerkschafter bekommt daraufhin massive Drohungen. Noch am Tag der *Bild*-Veröffentlichung muss er Polizeischutz beantragen.[9]

Wenn *Bild* ruft, hören Millionen zu

Kein anderes deutsches Medium kann ein größeres Heer von Lesern aufstacheln als die *Bild*-Zeitung. Seit mehr als einem halben Jahrhundert ist sie die meistgelesene Zeitung des Landes. Auch heute verkauft sie jeden Tag mehr Exemplare als alle anderen überregionalen Tageszeitungen zusammen.

Der Aufstieg der *Bild*-Zeitung ist, zumindest zahlenmäßig betrachtet, eine beispiellose Erfolgsgeschichte. Bereits 1953, ein Jahr nach ihrer Gründung, liegt die Auflage bei über einer Million Exemplaren. Kurz darauf, Mitte der Fünfzigerjahre, schon bei über zwei Millionen, in den Sechzigern bei über drei Millionen. Nach einem kurzen Auflagenrückgang während der Studentenbewegung am Ende des Jahrzehnts schießen die Zahlen in den Siebzigern wieder steil nach oben, auf über drei Millionen, über vier Millionen. Zu dieser Zeit liest mehr als ein Viertel aller erwachsenen Deutschen täglich die *Bild*-Zeitung.[10]

»Keine andere europäische Zeitung hat es innerhalb so kurzer Zeit geschafft, eine derartig große Leserschaft an sich zu binden und diese über inzwischen fünf Jahrzehnte auch zu halten«, heißt es in einer 2004 erschienenen Untersuchung der Medienmarke *Bild*.[11] Diese einzigartige Leser-Blatt-Bindung ist im Laufe der Jahrzehnte in vielen Studien und Befragungen immer wieder deutlich zum Vorschein gekommen. Schon 1970 gibt es über drei Millionen Deutsche, die außer *Bild* keine andere Zeitung lesen.[12] 1995 geben 80 Prozent der *Bild*-Leser an, sie würden die Zeitung vermissen, wenn es sie nicht mehr gäbe. Fast 60 Prozent der Leser verpassen zu dieser Zeit keine Ausgabe, kaufen *Bild* also jeden Tag.[13]

Aufgebaut hat *Bild* dieses enge Verhältnis zu den Lesern unter anderem mit Aktionen wie »*Bild* kämpft für Sie«. Seit 1971 inszeniert sich die Zeitung unter diesem Motto als Retterin in der Lesernot: Die Unfallversicherung will nicht zahlen? *Bild* kämpft für Sie![14] Die Asthmakur wird nicht genehmigt? *Bild* kämpft für Sie![15] Im Seniorenheim wird das Klopapier knapp? *Bild* kämpft für Sie![16] Weit mehr als eine Million solcher Hilferufe hat die Redaktion laut eigenen Angaben über die Jahrzehnte bekommen[17], Zigtausende Mal hat sie geantwortet und dies anschließend selbstschulterklopfend im Blatt gefeiert.

»*Bild* nimmt diese Serviceleistungen außerordentlich wichtig. Sie präsentiert sich als Institution, die ihrem Publikum nicht nur mit Rat, sondern auch mit Tat zur Seite steht. Sie bietet nicht nur Information, sondern auch Aktion, nicht nur Kommunikation, sondern auch Organisation«, hält 2011 eine Studie der Otto-Brenner-Stiftung fest. Die Leserhilfe sei dabei jedoch nicht das vorrangige Ziel, sondern Mittel zum Zweck: Sie diene, wie auch die meisten anderen Bestandteile von *Bild*, »primär der Selbstdarstellung des Blattes und nur als Nebenfolge der Informationsvermittlung. Was an *Bild* Journalismus ist, hat eine dienende Funktion, nicht für das Publikum, sondern für die Marke *Bild*: Journalismus als Magd der Marke.« Es sei »inszenierter Journalismus«.[18]

Die *Bild*-Leserpaparazzi

Eine andere Variante, Journalismus zu inszenieren und zugleich die Leser-Blatt-Bindung zu stärken, führen die *Bild*-Macher im Sommer 2006 ein. Pünktlich zur Fußball-WM ruft die Redaktion die Leser auf, sich »aktiv an der Berichterstattung zu beteiligen« und selbst Fotos zu schießen: »BILD druckt jeden WM-Tag das beste HANDY-REPORTER-FOTO. Der Einsender gewinnt 1000 Euro in bar!«[19] Zunächst geht es vorrangig darum, die WM-Prominenz in privaten Momenten zu erwischen: David Beckham beim Shoppen[20], Bastian Schweinsteiger im Flugzeug[21], Zinedine Zidane beim Rauchen[22]. Innerhalb eines Monats schicken mehr als 4.000 Leser ihre Fotos an die Redaktion, zwei Dutzend davon werden in *Bild* abgedruckt und mit Geld und Handys belohnt. Am Ende der Aktion verkündet die Redaktion in Großbuchstaben: »WEGEN DES RIESIGEN ECHOS UND DER SENSATIONELLEN LESER-FOTOS MACHT BILD AUCH NACH DER WM WEITER!«[23]

Kurz darauf führt sie sogar einen Presseausweis für Lesereporter ein, was dem Deutschen Journalisten-Verband gar nicht gefällt: »Die Amateurjournalisten und -fotografen bringen auf Dauer den Berufsstand der Journalisten in Misskredit«, teilt der Verband mit. Der »Pseudo-Presseausweis« fördere »das Paparazziunwesen«. Außerdem bestehe »die akute Gefahr, dass qualifizierte Arbeitsplätze eingespart werden, wenn sich *Bild* zunehmend auf Hobbyfotos verlässt«.[24]

Fotos von »Lesereportern« sind seit der Fußball-WM zum festen Bestandteil der *Bild*-Berichterstattung geworden. Ob Prominente, Unfälle jeglicher Art, Naturkatastrophen, Straftaten; fotografiert – und gedruckt – wird so gut wie alles. Auf der Autobahn zücken Leser während der Fahrt ihre Kameras, um für *Bild* brennende Reisebusse zu fotografieren.[25] Sie machen heimliche Aufnahmen von Politikern[26], Hollywoodstars[27], Hartz-IV-Empfängern[28]. Ein psychisch kranker Mann kriecht nackt durch die Stadt? *Bild-*

Leserreporter sind zur Stelle.[29] In Urlaubsregionen sind Menschen von lebensgefährlichen Waldbränden bedroht? »Schicken Sie uns Ihre Urlaubsfotos aus der Flammenhölle«.[30]

Zum zehnjährigen Bestehen der »Leserreporter« gibt *Bild* im Jahr 2016 bekannt, dass die Redaktion mehr als 1,3 Millionen Fotos und Videos von Lesern zugeschickt bekommen habe. Mehr als 3,6 Millionen Euro habe sie an Honoraren gezahlt. Fast 1.500 Mal seien aus den Fotos der Leser Seitenaufmacher geworden, also die größten und wichtigsten Geschichten in *Bild*. »Grund genug, Danke zu sagen«, schreibt die Redaktion. »Bleiben Sie uns treu – BILD freut sich weiter auf Ihre Mitarbeit!«

Die Leser als Mitarbeiter, als Berichterstatter, als Teil von *Bild*. Wie kaum ein anderes Medium gibt die Zeitung ihrer Leserschaft das Gefühl, sie einzubinden, ein offenes Ohr für sie zu haben. Regelmäßig veranstaltet sie überall in Deutschland (und auf Mallorca[31]) »Leser-Stammtische«, auf denen sich die Leser mit *Bild*-Redakteuren unterhalten, gemeinsam essen und Wein trinken können, alles auf Kosten von *Bild*. Oft kommt Chefredakteur Julian Reichelt persönlich vorbei, stellt sich für die Leser an den Grill, zapft Bier, beantwortet Fragen.[32] Die Stammtische finden in urigen Kneipen statt, in schicken Restaurants, in Ratskellern, in Gärten von Lesern oder sogar auf einem Kreuzfahrtschiff.[33] 2017 tourt *Bild* mit einem Caravan Tausende Kilometer quer durch Deutschland und lädt Leser in 65 Städten zum Essen und Plaudern ein.[34]

Der Absturz des Multimillionenblatts

Ohne Frage hat diese Einbindung der Leser zum einzigartigen Erfolg der *Bild*-Zeitung beigetragen und dabei geholfen, die Auflage in Bereiche zu katapultieren, an die keine andere deutsche Zeitung je herangekommen ist. Anfang und Mitte der Achtziger erreicht die Auflage schließlich ihren Höhepunkt: Mehr als fünf Millionen Exemplare verkauft *Bild* damals pro Tag.

Doch die glorreichen Zeiten ändern sich mit dem Jahrtausendwechsel – und aus der beispiellosen Erfolgs- wird eine nie da gewesene Verlustgeschichte. Während die *Bild*-Auflage in den Neunzigern und Anfang der Nullerjahre noch bei über vier Millionen lag, ist sie Ende der Nullerjahre bereits auf unter drei Millionen gesunken. 2015 auf unter zwei Millionen. Heute kratzt sie an der Millionenmarke – so niedrig war sie lediglich kurz nach der *Bild*-Gründung vor fast 70 Jahren. Auch bei der *Bild am Sonntag* ist die Auflage dramatisch geschrumpft, von mehr als zwei Millionen verkauften Exemplaren Anfang der Nullerjahre auf 645 000 heute.

Wird *Bild*-Chef Julian Reichelt auf diese Entwicklungen angesprochen, verweist er gern darauf, dass ja auch andere Printmedien Verluste hinnehmen müssten, dass solche Einbrüche also »marktüblich«[35] seien. Tatsächlich sinkt die Auflage von *Bild* aber deutlich stärker als die anderer überregionaler Tageszeitungen.[36] Die *Süddeutsche Zeitung* etwa hat seit 2005 rund 28 Prozent ihrer Auflage verloren. Die *taz* 17 Prozent. Das *Handelsblatt* 7 Prozent. Die *Bild*-Zeitung 70 Prozent.[37]

Trotzdem hat sie immer noch die mit Abstand größte Reichweite aller deutschen Zeitungen. Mehr als sieben Millionen Menschen lesen laut Springer-eigener Analyse täglich die 1,1 Millionen verkauften *Bild*-Exemplare[38] (zum Vergleich: die *Süddeutsche Zeitung* als zweitgrößte deutsche Tageszeitung erreicht mit 320 000 Exemplaren 1,3 Millionen Leser). Auch europaweit gehört *Bild* nach wie vor zu den größten Zeitungen.[39]

Enorm ist auch die digitale Reichweite von *Bild*. Mit knapp sechs Millionen täglichen Lesern zählt *Bild.de* zu den größten Newsportalen Deutschlands[40], die Zugriffszahlen gehen seit Jahren stetig nach oben. Lange Zeit waren sämtliche Onlineartikel gratis lesbar, durch die Einführung des Bezahlmodells *Bild-plus* sind seit 2013 viele nur noch für Leser zugänglich, die ein kostenpflichtiges Abo abgeschlossen haben. Inzwischen verzeichnet *Bild* über 500 000 zahlende Onlineleser, mehr als jedes andere Medium in Deutschland.[41]

Gelesen wird die gedruckte *Bild* am häufigsten im Osten und Norden Deutschlands. Setzt man die Verkaufszahlen ins Verhältnis zur Einwohnerzahl, stechen kreisfreie Städte und Landkreise in Ost- und Norddeutschland als deutliche *Bild*-Hochburgen hervor: In Hamburg und umliegenden Kreisen wie Stormarn, Pinneberg oder Harburg greifen bis zu 34 von 1.000 Einwohnern täglich zur

Bild-Zeitung.[42] (Die guten Werte dürften auch daher rühren, dass Hamburg die Heimat des Springer-Verlags ist und die *Bild*-Redaktion dort ihren Sitz hatte, bevor sie 2008 nach Berlin umsiedelte.[43]) Hohe Verkaufszahlen verzeichnet *Bild* auch in den Städten Halle an der Saale und Leipzig (33 bzw. 30 *Bild*-Käufer pro 1.000 Einwohner), dem Landkreis Nordsachsen (32 pro 1.000) sowie dem Saalekreis, dem Kreis Anhalt-Bitterfeld, dem Salzlandkreis und dem Kreis Dessau-Roßlau (alle in Sachsen-Anhalt; jeweils 27 bis 28 *Bild*-Käufer pro 1.000 Einwohner). Die einzige *Bild*-Hochburg, die nicht im Osten oder Norden liegt, ist Frankfurt am Main. Vermutlich trägt hier das immense Passagieraufkommen am Flughafen zu den starken Verkaufszahlen (55 pro 1.000) bei.

Im Westen Deutschlands erreicht *Bild* vergleichsweise schwache Werte. In Köln, Aachen, Solingen und Münster zum Beispiel werden gerade mal acht *Bild*-Zeitungen pro 1.000 Einwohner verkauft, in Bonn lediglich sechs. Auch Berlin und Potsdam (jeweils acht) gehören zu den Städten, in denen es für *Bild* am schlechtesten läuft. Ebenso Süddeutschland: In Augsburg, Ulm, Kempten und Freiburg etwa kaufen nicht mal zehn von 1.000 Einwohnern die *Bild*-Zeitung. Einziger süddeutscher Ausreißer: München mit 25 pro 1.000.

Auch wenn *Bild* gerne für sich in Anspruch nimmt, für *ganz Deutschland* zu sprechen (sie bezeichnet sich selbst als »Seismograph der deutschen Befindlichkeit«[44]), ist ihre Leserschaft, auch in anderen Hinsichten, keineswegs ein Abbild der deutschen Bevölkerung.

1965 mag das noch zugetroffen haben. Damals fand der Axel-Springer-Verlag in einer internen Analyse heraus, dass sich die Struktur der *Bild*-Leserschaft von der Struktur der Bevölkerung »fast nicht unterscheidet«. So waren 51 Prozent der Leser Frauen, zwei Drittel unter 50 Jahre alt, 83 Prozent hatten maximal einen Hauptschulabschluss – in der Gesamtbevölkerung sah es fast genauso aus (53 Prozent Frauen, 65 Prozent jünger als 50, 80 Prozent Hauptschulabschluss).[45]

Heute gibt es, wie auch das Medienmagazin *Journalist* in einer Auswertung der Leserdemografie feststellt[46], extreme Unterschiede zwischen *Bild*-Publikum und Gesamtbevölkerung. Fast 70 Prozent der Print-*Bild*-Leserschaft sind männlich, nicht mal ein Drittel ist weiblich. Immer noch 50 Prozent haben maximal einen Hauptschulabschluss, in der Bevölkerung ist es aber nur noch ein Drittel. *Bild*-Leser sind im Schnitt auch etwas älter: Mehr als die Hälfte ist über 50, ein Drittel über 60 Jahre alt.[47]

»Vom Kiffen kann deine Vagina austrocknen!«

Die Onlineleserschaft ist zwar etwas jünger und weiblicher als die der gedruckten Ausgabe, dennoch tut sich *Bild* seit Jahren schwer, junge Leute für sich zu gewinnen. 2015 versucht sie es mit einem eigens entwickelten Jugendportal. *Byou* richtet sich vorwiegend an 14- bis 21-Jährige und soll, so der damalige *Bild*-Onlinechef Julian Reichelt, die junge Zielgruppe »an die Marke BILD heranführen«[48]. In typischer *Bild*-Aufmachung erscheinen Artikel wie »Das Diktator-Quiz: Wie gut kennst du Kim Jong-un?«[49] oder »Vom Kiffen kann deine Vagina austrocknen!«[50]. Zwei Monate später stellt der Branchendienst *Meedia* in einer Reichweitenanalyse fest, dass es für *Byou* »erstaunlich schlecht« laufe, insbesondere in den Sozialen Medien.[51] Ein Jahr darauf stellt *Bild* das Projekt still und leise wieder ein.

2017 folgt ein neuer Versuch: *Noizz*, ein Millennialportal von *Bild* und Ringier Axel Springer Media, das sich an »junge Menschen im urbanen Umfeld« richtet[52], dabei allerdings jede optische und inhaltliche Nähe zur Marke *Bild* vermeidet – und damit deutlich besser funktioniert: Weniger als ein Jahr nach Gründung vermeldete *Noizz* bereits zwei Millionen Unique User.[53] Zum Jahresende 2020 wird jedoch auch dieses Projekt wieder eingestellt, auch wenn es nach Angaben ihrer Macher publizistisch erfolgreich war: Insgesamt habe die Seite 140 Millionen Aufrufe generieren können.[54]

Mit der Marke *Bild* aber lässt sich die junge Zielgruppe offenbar nur schwer erreichen: Lediglich 14 Prozent der Printleser sind unter 30. Auch online ist fast die Hälfte der Leserschaft 50 oder älter. Was aber nicht bedeutet, dass jüngere Generationen – und generell: Nicht-Leser der *Bild*-Zeitung – das Treiben des Blattes ignorieren, im Gegenteil.

Im Frühjahr 2020 zum Beispiel boykottieren junge Schauspieler und Filmemacher aus Protest die traditionelle *Bild*-Party auf der Berlinale. »Mit den Menschen zu feiern, die für die rassistische Stimmung im Land entscheidend mitverantwortlich sind, fühlt sich für viele falsch an«, teilen sie mit. Andere halten auf dem roten Teppich Protestschilder hoch: »Euer Bild ist nicht unser Bild« oder »Deutschland sind wir ALLE!«[55]. Zuvor hatte *Bild* nach einem Anschlag auf zwei Bars in der hessischen Stadt Hanau, bei dem neun Menschen ermordet wurden, gemutmaßt, dass kriminelle Ausländer dahinterstecken könnten, Russen womöglich oder Schutzgelderpresser aus »gewissen Milieus«[56] – tatsächlich war der Täter ein rassistisch motivierter Deutscher.[57]

Auch generell wird die Kritik lauter. Als sich wenige Monate später die Coronapandemie immer weiter ausbreitet, ist einer der am häufigsten benutzten Begriffe bei Twitter der Hashtag #BildBoykott. Tausende Nutzer kritisieren darunter die *Bild*-Berichterstattung über den Virologen Christian Drosten (»FRAGWÜRDIGE METHODEN« – vgl. Kapitel 2) und fordern Unternehmen auf, keine Anzeigen mehr in *Bild* zu schalten, woraufhin der Geschäftsführer der AOK tatsächlich erklärt, dass die Zeitung »kein geeignetes Umfeld« für die aktuelle Imagekampagne der Krankenkasse sei.[58]

Wenige Monate später, im Spätsommer 2020, veröffentlicht *Bild* die privaten, verzweifelten Whatsapp-Nachrichten eines 11-jährigen Jungen, dessen fünf Geschwister kurz zuvor getötet worden waren (vgl. ebenfalls Kapitel 2). Nachdem wir im *Bildblog* darüber berichten, greifen viele Medien den Fall auf und bezeichnen das Vorgehen der *Bild*-Zeitung als »zynisch, geschmacklos und skrupellos«[59], Zehntausende Menschen empören sich in den Sozialen Medien, beim Presserat gehen etliche Beschwerden ein. Tagelang wird *Bild* kritisiert, insbesondere Chefredakteur Julian Reichelt, der jedoch in einer internen Nachricht an die Belegschaft schreibt, die Autorin habe »nichts falsch gemacht«, und das, was ihnen da gerade entgegenschlage, sei keine Kritik, sondern »Jahrzehnte alter Hass auf die Marke *Bild*«.[60] Kurz darauf erklärt Reichelt auch öffentlich, dass er in der Berichterstattung kein Problem sehe.[61] Erst als der Druck von außen auch in den folgenden Tagen nicht nachlässt, räumt Springer-Vorstandschef Mathias Döpfner ein, dass die Berichterstattung ein Fehler gewesen sei.[62]

Die lauter werdende Kritik an den *Bild*-Medien liegt auch daran, dass sie heute vermehrt von jenen wahrgenommen werden, die sie normalerweise gar nicht lesen. Denn während diese Nicht-Leser in den Zeiten vor Social Media den *Bild*-Schlagzeilen höchstens mal beim Brötchenkauf begegneten, werden sie heute praktisch überall damit konfrontiert. Nicht nur mit den Schlagzeilen, auch mit der Kritik daran. Immer mehr Youtuber und Blogger setzen sich kritisch mit den *Bild*-Medien auseinander, Satire-Websites wie der *Postillon* machen sich regelmäßig über sie her (»Eklat: Korrekt recherchierte Nachricht versehentlich in *Bild*-Zeitung veröffentlicht«[63]), im deutschen Forum der Social-Media-Plattform Reddit ist sogar eigens ein Bot eingerichtet worden, der unter jedem Link zu *Bild.de* ein bekanntes Max-Goldt-Zitat postet (»Diese Zeitung ist ein Organ der Niedertracht …«[64]) und die Links archiviert, damit Nutzer die Artikel lesen können, »ohne der Springer-Presse Klicks zu geben«[65].

Dieser digitale *Bild*-Gegenwind ist in den vergangenen Jahren spürbar stärker geworden. »In Zeiten des Misstrauens gegenüber Medien, in denen jede Behauptung vom Leser sofort per Internet gegengecheckt, jeder Fehler sofort aufgedeckt werden kann, wird auch die *Bild*, die immer von Zuspitzung und Überdrehung lebte, an der Wahrheit gemessen«, schreibt die *Zeit* 2018.[66] Zwar spielt sich vieles davon in einem Kreis relativ junger und relativ gut gebildeter Menschen ab, der sich gering mit der *Bild*-Leserschaft – weniger als jeder zehnte *Bild*-Leser hat studiert – überschneidet. Aber hin und wieder ist der Aufschrei laut genug, um auch außerhalb dieser Filterblase gehört zu werden. Im Spätsommer 2015 wird er sogar so laut, dass er durch ganze Stadien schallt.

»*BILD* HALTS MAUL«

Während der sogenannten Flüchtlingskrise startet die *Bild*-Zeitung im August 2015 die Aktion »WIR HELFEN«, mit der sie, wie sie vorgibt, um Solidarität mit Flüchtlingen werben will.[67] In erster Linie wirbt sie damit aber, wie sich schnell zeigen soll, für sich selbst. Sie fädelt zum Beispiel ein, dass die Fußballvereine der Ersten und Zweiten Männerbundesliga an einem Spieltag das *Bild*-Logo und den »WIR-HELFEN«-Schriftzug auf ihren Trikotärmeln tragen sollen. Doch der FC St. Pauli möchte bei der PR-Aktion nicht mitmachen und sagt ab.[68]

»Darüber wird sich die AfD freuen«, twittert daraufhin der damalige *Bild*-Chef Kai Diekmann: »Beim @fcstpauli sind #refugeesnotwelcome«[69] – als wäre jeder, der nicht für *Bild* werben will, *gegen* Flüchtlinge. »Kein Herz für Flüchtlinge: Schade eigentlich, @fcstpauli!«[70], legt Diekmann nach. Ausgerechnet dem FC St. Pauli, der sogar unter Nicht-Fußballfans für sein soziales Engagement bekannt ist; der eine Woche zuvor ein Freundschaftsspiel unter dem Motto »Refugees Welcome« veranstaltet und dafür 1.000 Flüchtlinge ins Stadion eingeladen hat[71]; der unter seinen Fans Hygieneartikel für Geflüchtete gesammelt[72] und über dessen Engagement sogar die *New York Times* berichtet hatte[73]; *dem* FC St. Pauli unterstellt Diekmann also, gegen Flüchtlinge zu sein.

Im Internet breitet sich eine gewaltige Welle der Entrüstung aus. Die St.-Pauli-Geschichte ist nur der Anfang, schnell geht es auch gegen die grundsätzliche Berichterstattung von *Bild*, gerade über Geflüchtete. Der Hashtag #BILDnotwelcome ist tagelang in den Trends der Sozialen Netzwerke. Und die Welle schwappt aus dem Internet ins analoge Leben: Ein Fußballclub nach dem anderen verweigert sich der *Bild*-Aktion; elf Vereine tragen den Schriftzug am Ärmel entweder gar nicht oder kleben das *Bild*-Logo ab. Und die Fans tragen ihre Kritik weiter auf die Stadionränge. In Dortmund, in Wolfsburg, in Nürnberg, auf Schalke und in vielen weiteren Stadien sind an diesem Wochenende Zehntausende Rivalen in einer Sache vereint. »BILD NOT WELCOME«, steht auf Dutzenden Plakaten und riesigen Bannern, oder »DIE FLÜCHTLINGSKATASTROPHE FÜR'S EIGENE IMAGE ZU INSTRUMENTALISIEREN? DAS BRINGT NUR BILD!« oder etwas direkter: »BILD HALTS MAUL«.[74]

Wie es um den allgemeinen Ruf der *Bild*-Zeitung bestellt ist, zeigt auch ein Blick in eine Studie, die 2019 von zwei Wirtschaftshochschulen aus Deutschland und der Schweiz herausgegeben wurde. Für den »Gemeinwohlatlas« wurden knapp 12 000 Menschen gefragt, wie sehr bestimmte Unternehmen ihrer Einschätzung nach zum Wohl der Gesellschaft beitragen. *Bild* landete auf Platz 135 von 137. Schlechter bewertet wurden nur die FIFA und Marlboro.[75]

»Eher sterbe ich, als muslimische Lieder zu singen!«

Doch trotz ihres Rufs, trotz der immer lauter werdenden Echtzeit-Kritik und trotz der überwältigenden Masse an Belegen für ihr unsauberes Arbeiten und manipulatives Verhalten wird sie immer noch Tag für Tag für Tag von Millionen von Menschen gelesen und, was das eigentlich Fatale ist, für glaubwürdig gehalten.

An einem Wintermorgen im Jahr 2014, zwei Tage vor Heiligabend, wird die abendländische Besinnlichkeit von einer *Bild*-Schlagzeile zerschmettert. »Politiker fordern: Christen sollen im Weihnachts-Gottesdienst muslimische Lieder singen«[76], heißt es groß in der Bundesausgabe und auf der Startseite von *Bild.de.* SPD- und Grünen-Politiker hätten dies angeregt, allen voran Omid Nouripour von den Grünen.

Auf *Bild.de* gibt es unter dem Text ein Stimmungsbarometer, bei dem die Leser anklicken können, welche Emotionen der Artikel in ihnen auslöst. »Staunen« kommt auf 90 Stimmen, »Weinen« auf 158, »Wut« auf 7.254.

»Geht's noch? Sollen wir den ›Nicht-Christen‹ jetzt noch den Arsch lecken? Toll! Eher sterbe ich, als musl. Lieder zu singen!«, schreiben sie. Oder: »Banane in der Birnen? Wird ja immer schlimmer. Geht doch mal gucken ob sie demnächst in der Moschee auch Schweineschnitzel und Glühwein verteilen als Zeichen eines GE-MEINSAMEN Zusammenlebens. Lach«.[77]

Die Facebookseite von Omid Nouripour füllt sich rasant mit Kommentaren wie »hast du einen gehirn tumor? Du schwachsinniger muslem« oder »Nein ich gehöre nicht der NPD oder der PE-GIDA an, aber bei solchen Vorschlägen kann ich verstehen, dass der Hass immer Größer wird«. Die »Pegida«, kurz für »Patriotische Europäer gegen die Islamisierung des Abendlandes«, machen zu dieser Zeit in großen Märschen Stimmung gegen den Islam. Am Tag, an dem der *Bild*-Artikel erscheint, verzeichnet die Versammlung mehr Zulauf als je zuvor. Über 17 000 Menschen treffen sich an diesem Abend in Dresden. Dicht gedrängt stehen sie auf dem Platz vor der Semperoper, brüllen antimuslimische Parolen – und singen deutsche Weihnachtslieder.[78]

Auch andere Medien wie *Spiegel Online* oder *FAZ.net* springen auf, schreiben offenbar ungeprüft von *Bild* ab und behaupten, diese »Forderung« sei von Politikern »in die Debatte eingebracht« worden.[79] *Bild.de* legt am gleichen Tag unter der Überschrift »Große Debatte um muslimische Lieder im Weihnachtsgottesdienst«[80] nach und lässt entrüstete Zitatgeber gegen die »unsinnige Forderung« der Politiker wettern.

Doch anscheinend ging die Idee ursprünglich gar nicht von den Politikern aus – sondern von *Bild*.

Am Tag der Veröffentlichung erklärt Omid Nouripour auf Facebook, dass *Bild* ihm den Vorschlag, wie er in der Überschrift zu lesen sei, »in den Mund gelegt« habe.[81] *Bild* habe ihn angerufen und gefragt, ob er bereit sei, die Forderung zu erheben, dass als Zeichen des friedlichen Zusammenlebens in Kirchen zur Weihnachtszeit ein islamisches Lied gesungen werden soll. Daraufhin habe er geantwortet, dass die Forderung nur dann sinnvoll sei, wenn auch Weihnachtslieder in der Moschee gesungen würden. Auch die anderen Politiker, die laut *Bild* muslimische Lieder im Weihnachtsgottesdienst gefordert hatten, stellen später klar: Die Initiative sei nicht von ihnen ausgegangen, sondern von *Bild*.[82]

Davon bekommen die *Bild*-Leser jedoch nichts mit: Eine Korrektur veröffentlicht die Zeitung nicht (die Redaktion gibt lediglich eine Pressemitteilung heraus, in der sie erklärt, Nouripours Zitate im Artikel »nicht verkürzt« wiedergegeben zu haben; warum in der Überschrift nicht der Tausch erwähnt wird, sondern bloß die muslimischen Lieder in christlichen Gottesdiensten, und ob die grundlegende Idee von den Politikern kam oder von der Redaktion, verrät sie hingegen nicht[83]) und führt stattdessen eine Leserumfrage durch: »Sollen wir im Weihnachtsgottesdienst auch ein muslimisches Lied singen?« 97 Prozent stimmen für »Nein, Weihnachten ist ein christliches Fest«.

Und bei Omid Nouripour fließt weiter der Hass ein. »Realisisiert endlich das ein großteil der deutschen den islam zum kotzen finden«, schreiben sie. »Weg mit dir, aber ganz schnell!!!!«

Echokammer mit Mordfantasien

So entlädt sich die von überdrehten Schlagzeilen angefachte Wut der *Bild*-Leser heute nicht mehr per Fax, sondern per Facebook. Über 2,5 Millionen Abonnenten hat *Bild* dort, mehr als jede andere deutsche Zeitung. Bei Twitter und Snapchat hat sie jeweils über 1,5 Millionen Follower, bei Instagram über eine halbe Million. (Bei TikTok hat sie allerdings keinen Account; *Bild* kritisiert die Plattform, weil dahinter »ein höriger Anhänger der autoritären chinesischen Führung« stecke[84]). Eine eigene Abteilung kümmert sich seit 2016 um die Social-Media-Aktivitäten.[85] Im Juni 2018 schafft das Team sogar Historisches: Als erstes deutschsprachiges Medium erzielt *Bild* mit Posts bei Facebook und Twitter mehr als fünf Millionen Likes, Retweets und Co. in einem Monat, und damit mehr als *Welt* und *Spiegel Online* auf den Plätzen 2 und 3 zusammen.[86]

Für die *Bild*-Redaktion dienen die Sozialen Netzwerke zur Reichweitensteigerung, als bequemer Verbreitungskanal, auf dem sie bloß ihre Schlagzeilen abladen muss, und schon werden sie in der Welt verteilt. Die Möglichkeit, in einen Dialog mit ihren Lesern zu treten, nimmt sie dort relativ selten wahr. Auch auf ihrer eigenen Onlineseite, *Bild.de*, gibt es wenig Austausch mit den Lesern – die Kommentarfunktion unter den Artikeln wurde ab 2013 zunächst bei kontroversen Themen, schließlich auch unter anderen Artikeln deaktiviert.

Seitdem haben sich die Leserreaktionen in die Sozialen Netzwerke verlagert, wo die Fans und Follower in den Kommentarspalten ihre Gedanken, Beleidigungen und Tötungsfantasien loswerden. Zwar beteuert die *Bild*-Redaktion gelegentlich, dass sie auf ihrer Facebookseite keinen Hass dulde, doch bisweilen sammeln sich unter den Posts zahlreiche Hass- und Hetzbotschaften, in denen die Leser etwa zum Mord aufrufen oder sich ausmalen, wie sie Verbrecher kastrieren und Geflüchtete foltern.[87]

Andere Medien interagieren mehr mit ihren Followern, antworten auf Fragen, beteiligen sich an Diskussionen – auch im Hause Springer. Das Social-Media-Team der *Welt* ist schon seit einigen Jahren »für seinen souveränen Schlagabtausch und witzige Kommentare auf Facebook«[88] bekannt. Dort lautet die Strategie, wie es der Verlag formuliert, »Trolle und Online-Pöbler mit Ironie und Schlagfertigkeit in ihre Schranken zu weisen«.[89] Auf den Social-Media-Kanälen von *Bild* hingegen müssen die Trolle und Onlinepöbler mit weniger Gegenwehr rechnen.

Bild profitiert von der Wut. Die Leserreaktionen helfen dank der Algorithmen vieler Sozialer Netzwerke dabei, die Sichtbarkeit und damit die Klickzahlen und damit den Profit zu erhöhen. Erfolgreich sind *Bild*-Posts häufig in konservativen bis rechtsextremen Lagern. So tragen etwa Facebookgruppen mit Namen wie »Aufbruch deutscher Patrioten«, »Dorf XY stellt sich quer – Asylmissbrauch stoppen!« oder »Deutsch sein ist kein Verbrechen« stark zur Verbreitung von *Bild*-Schlagzeilen bei.[90] Dafür muss *Bild* nicht mal eine Zeitung verkaufen; ein einziger Social-Media-Post reicht aus, um Zehntausende Menschen zu erreichen.

Im September 2017 behauptet *Bild*, ein Flugzeug »voller« afghanischer »Sex-Täter« sei abgeschoben worden[91] – in die Maschine passen bis zu 230 Personen. Tatsächlich abgeschoben wurden allerdings nur: acht. Der irreführende Post wird bei Facebook über 26 000 Mal gelikt und sammelt Tausende Kommentare. »Das ganze Dreckspack gehört ohne wenn und aber in die schlimmsten Regionen der Erde gebracht und abgeschlachtet«, schreibt einer. »Das sind keine Menschen aber auch kein Vieh, das ist Abschaum.« Als die Überschrift von einem Journalisten kritisiert wird, lässt *Bild*-Chef Julian Reichelt sie im Artikel ändern[92], bei Facebook bleibt sie allerdings so, wie sie war, und sammelt weiter hasserfüllte Kommentare. Bis heute ist der Post unverändert online.

Dass sich ihre Halbwahrheiten und Komplettfalschmeldungen trotz sinkender Auflagenzahlen so schnell und weit verbreiten, hat

Bild aber nicht nur den Sozialen Medien zu verdanken, sondern auch zwei anderen Faktoren, genauer: zwei Berufsgruppen.

»Haben wir nicht alle Lichter am Baum?«

In der Weihnachtszeit 2014, wenige Wochen vor dem Muslimische-Weihnachtslieder-Märchen, fragt *Bild am Sonntag* empört: »Haben wir nicht alle Lichter am Baum?«[93] In Berlin-Kreuzberg dürften sich Weihnachtsmärkte jetzt nicht mehr »Weihnachtsmärkte« nennen, sondern nur noch »Winterfeste«, das habe das Bezirksamt beschlossen. »Wird auf dem Altar der politischen Korrektheit die christliche Tradition geopfert?«, fragt die Redaktion und sieht darin einen Fall von »kultureller Selbstverleugnung«.

Sofort wird die Geschichte von anderen Medien aufgegriffen. In den Kommentarspalten unter den Artikeln herrscht die blanke Wut: »Ekelhaft diese Unterwürfigkeit und Arschkriecherei gegenüber dem Islam!« Der damalige Parlamentarische Geschäftsführer der CSU-Fraktion im Bayerischen Landtag gibt extra eine Pressemitteilung heraus, in der er darüber schimpft, dass »deutsche Traditionen« einer »extrem linken Sprachdiktatur geopfert« würden. Die »Zwangsumbenennung des Weihnachtsmarktes« sei »ein Rückfall in kommunistische Zeiten« und ein »Auswuchs falsch verstandener Multikulti-Ideologie«.[94]

Doch in Wahrheit ist auch am angeblichen Weihnachtsmarktverbot nichts dran: Das Bezirksamt stellt nach Erscheinen des Artikels klar: »Wie die Märkte sich nennen, ist uns total egal.«[95]

Bild am Sonntag hatte aus einem Sitzungsprotokoll der Bezirksverordnetenversammlung einen Satz aus dem Zusammenhang gerissen: Daraus ging hervor, dass »Veranstaltungen mit Religionsgemeinschaften zur Selbstdarstellung im öffentlichen Raum« nicht mehr genehmigt werden sollten. Damit sind zum Beispiel Infostände von Scientology gemeint, nicht aber Weihnachtsmärkte, denn er habe, so der zuständige Stadtrat, »große Zweifel, ob die üblichen Weihnachtsmärkte überhaupt noch etwas mit Religionsausübung zu tun haben«, sie seien eher »dem Bereich Kommerz zuzuordnen«.[96] Die Autoren von *Bild am Sonntag* verschweigen diese relativierenden Details jedoch, geben den Satz aus dem Protokoll falsch wieder (indem sie die Worte »zur Selbstdarstellung« einfach weglassen) und behaupten dann kurzerhand, Weihnachtsmärkte müssten sich jetzt umbenennen. Das darauf folgende Dementi des Bezirksamtes veröffentlicht die Redaktion in einer späteren Ausgabe unauffällig zwischen den Leserbriefen.

Obwohl sich diese und viele andere Geschichten mit wenigen Klicks oder einem kurzen Anruf hätten entlarven lassen, schreiben Medien sie einfach ab, und Abgeordnete geben entrüstete Statements dazu heraus. Politiker und Journalisten, die eigentlich wissen müssten, wie die *Bild*-Redaktion arbeitet; die immer wieder – oft aus nächster Nähe – miterleben, dass *Bild* überspitzt, verdreht und erfindet; ausgerechnet sie gehören oft zu den Ersten, die *Bild*-Geschichten weiterverbreiten. Gerade die großen Aufregerschlagzeilen werden reflexhaft von anderen Medien aufgegriffen, oft nur Minuten nach ihrer Veröffentlichung. Bei einigen Onlineportalen ist das Abschreiben von *Bild* ein regelrechtes Geschäftsmodell geworden.

Einmal in der Welt und von Lesern, Medien und Politikern weiterposaunt, sind *Bild*-Falschmeldungen in vielen Fällen nicht mehr einzufangen. Das angebliche Weihnachtsmarktverbot wird im Internet bis heute als Beleg für den Untergang des Abendlandes angeführt, ebenso die muslimischen Weihnachtslieder und der Abschiebeflieger voller Sextäter. Aber nicht nur die politisch aufgeladenen Schlagzeilen haben sich ins kollektive Gedächtnis eingebrannt. Da gibt es auch Geschichten wie die über Peter Lustig.

Klebrige Rache?

Im Oktober 2002 erscheint in der *Stuttgarter Zeitung* ein Beitrag des Moderators der Kindersendung »Löwenzahn«[97]. Darin sagt er unter anderem, dass er gut mit Kindern umgehen könne, »vielleicht weil ich ihnen sage: Ich nehme dich so, wie du bist, du mich aber bitte auch, und so kommen wir gut klar«.

> Sicher, Kinder stören und sind klebrig, na und? Das wissen die doch selbst.
> Und natürlich stören sie, sie haben aber auch ganz andere Ansprüche, und

die haben sie mit Recht. Vielleicht merken Kinder, dass ich sie akzeptiere und daher akzeptieren sie mich auch und sagen, eh, der Lustig ist cool.

Nur mit ihnen drehen möchte er nicht so gerne, das sei einfach zu anstrengend für Kinder:»Das ist Quälerei, immer. Wieso, fragen sie, wieso soll ich das noch einmal machen, war doch gut? Nein, da war der Ton, und dies und jenes, los, noch einmal. Und dann sollen sie auch noch Gesichter dazu schneiden. Nee.«

Im Verlauf des Interviews kommt er auch auf die *Bild*-Zeitung zu sprechen:

Wenn mich etwas stört, ist es Dummheit. Jemand, der nur noch wahr-nimmt, was er sehen will, beraubt sich doch all dieser tollen Möglich-keiten. Mensch, wir haben das Gehirn, und wozu wird es benutzt? Zum *Bild*-Zeitung-Lesen. Das ist eine solche Verschwendung. Wenn ich bei Kindern schon so etwas bemerke, das tut mir richtig weh.

Kurz darauf erscheint in *Bild am Sonntag* die Schlagzeile:»Peter Lustig: Ich kann Kinder nicht leiden«[98]. Der Moderator habe gesagt, dass Kinder klebrig und anstrengend seien und stören würden. Er wolle sie nicht um sich herumhaben.

Peter Lustig und das ZDF dementieren sofort, doch die Ge-schichte ist in der Welt. Einen Tag später ist sie überall zu lesen, im *Hamburger Abendblatt*[99], in der *Welt*[100], im *Express*[101]:»Klebrig oder laut‹: Peter Lustig mag keine Kinder!«»Peter (gar nicht) Lustig: Ich kann Kinder nicht leiden!«

Bis zu seinem Tod fast fünfzehn Jahre später haftet dem Modera-tor von nun der Ruf an, er sei ein Kinderhasser. Immer wieder wird er auch persönlich darauf angesprochen, und immer wieder muss er erklären, dass *Bild* seine Aussagen aus dem Zusammenhang ge-rissen hat. 2013 sagt er dem Magazin *Neon*:»Wer die *Bild*-Zeitung kritisiert, muss sich auf Rache gefasst machen. Über mich haben sie einmal verbreitet, ich würde keine Kinder mögen. Absurd! Aber bei den Menschen bleibt so etwas kleben.«[102]

Das ist die Macht von *Bild*: Die Realität in Versatzstücke zu zer-legen und neu arrangiert zu einer gefühlten Wahrheit werden zu lassen, die kleben bleibt. Diese Macht besitzt sie auch heute noch, gut 70 Jahre nach ihrer Gründung, und sie ist kaum getrübt. Trotz sinkender Auflage, trotz wachsender Kritik. Weil es immer noch Menschen gibt, in Kneipen und auf Kreuzfahrtschiffen, in den Redaktionen der Qualitätsmedien und den Büros hochrangiger Abgeordneter, die die *Bild*-Medien lesen und ihre Märchen in die Welt tragen.

4.

»WIR sind jetzt eure APO!«

Bild und Politik

Wenn über *Bild* gesprochen wird, ist oft von »Kampagnen« die Rede, mit denen die Redaktion Stimmung erzeuge und verstärke, mit denen sie Menschen hoch- und runterschreibe, mit denen sie Politik mache. Aber was bedeutet das genau?

Am 29. Oktober 2018, dem Tag, an dem bekannt wird, dass Angela Merkel nicht wieder für den CDU-Vorsitz kandidieren wird, beginnt eine Phase, in der man schön erkennen kann, mit wie viel Einsatz und mit welchen Mitteln die Redaktion Stimmung macht. In diesem Fall: für einen bestimmten Kandidaten, der antritt, um Angela Merkel zu ersetzen – Friedrich Merz.

Merz und *Bild* stehen sich schon seit einigen Jahren nahe. Bereits 2014 erklärt *Bild*-Redakteur Ralf Schuler seine »Sehnsucht nach Merz«[1]: Merz verkörpere »alles, was der Merkel-Union heute fehlt«. Er stehe für »christlich-konservative Werte und klassische Familie, statt Verklärung von Patchwork- und Regenbogenfamilie«. Er stehe »für klare Kante, geschliffene Rede, Attacke statt Kuschelkurs«. 2016 schreibt Merz für *Bild* einen Gast-Kommentar zur US-Präsidentenwahl[2], 2017 erscheint er als Gastautor im großen *Bild*-Jahrbuch[3].

Ansonsten ist es in diesen Jahren in den *Bild*-Medien aber eher ruhig um Merz. Das ändert sich schlagartig im Oktober 2018, genauer gesagt: exakt 29 Minuten nach den ersten Berichten über Merkels geplanten Rückzug vom CDU-Vorsitz. Prompt meldet *Bild.de* exklusiv:

»Merz zur Kandidatur für CDU-Vorsitz bereit«[4]. Er wolle »noch HEUTE seine Kandidatur bekannt geben«. Die Redaktion hat es – vor allen anderen – »aus dem Umfeld von Friedrich Merz« erfahren.

In der Printausgabe stellt *Bild* am nächsten Tag die Runde der potenziellen Merkel-Nachfolger vor. Vor Jens Spahn und Annegret Kramp-Karrenbauer steht an erster Stelle: Friedrich Merz – »Merkels größter Feind«.[5] Zwei Tage später werden die Kandidaten erneut beschrieben, dabei bekommt Merz die größte Schlagzeile, den meisten Platz, die prominenteste Platzierung. *Bild* beschreibt ihn als »locker, mit blassblauer Krawatte, anthrazitfarbenem Anzug und wenigen Notizen«, die Überschrift fast schon James-Bond-haft: »Mein Name ist Merz – mit E«.[6] Am nächsten Tag: Fanpost von *Bild*-Kolumnist Franz Josef Wagner.

> Lieber Friedrich Merz, Sie sind mit Ihren 62 eine Art Wunderkind, der Mozart der CDU.[7]

Auf der gleichen Seite widmet die Redaktion Mozartmerz noch zwei weitere Geschichten (welche Absprachen Merz »schon gemacht« habe und dass auch die SPD »mit Merz« rechne). Am nächsten Tag erneut ein Kandidatencheck, Fazit zu Merz:

> Klare Kante, klare Worte, eigene Meinung! Merz war und ist DER Gegenentwurf zu Kanzlerin Angela Merkel.[8]

Am nächsten Tag die große Titelgeschichte von *Bild am Sonntag*: »SO WILL MERZ KANZLER WERDEN«. Dazu drei Fotos: Politiker Merz, im Anzug, freundlich lächelnd; Freizeitmensch Merz, lässig im Poloshirt; Familienvater Merz, Seite an Seite mit Frau und Tochter. Im Innenteil (»Es ist das Comeback des Jahres«) drei ganze Seiten über Merz' Plan, den CDU-Vorsitz und schließlich das Kanzleramt zu erobern (»Er geht dabei strategisch vor«), sowie die große Umfrage: »Wen würden die Deutschen zum CDU-Chef wählen?«. Auf Platz 1: Friedrich Merz.[9]

Zwei Tage später, großer Artikel auf der Politikseite: »HÄTTE ES MIT MERZ DIE AFD NIE GEGEBEN?«. Schon vor 18 Jahren habe der mögliche Merkel-Nachfolger vor Migrationsproblemen gewarnt. Im Artikel lässt *Bild* zwei Zeithistoriker zu Wort kommen, die sich einig seien: Hätte die CDU »mehr Merz gewagt«, wäre die AfD »nicht so groß auf der Bildfläche erschienen«.[10] Selbst auf der Promiklatschseite schenkt ihm die *Bild*-Redaktion noch ein paar Zeilen:

Sylt mag Deutschlands Epizentrum der Reichen und Schönen sein, weit unten im Süden, am Tegernsee, liegt das Refugium jener VIPs, die es gerne etwas rustikaler haben. Wie der Sauerländer Friedrich Merz (63). Er besitzt am Ostufer des Sees eine Berghütte mit Panoramablick. Der Hype um den Merkel-Herausforderer hat jener majestätisch am Rand der Alpen gelegenen Region Aufmerksamkeit gebracht.[11]

Zwei Tage später gibt Merz sein erstes TV-Interview seit Bekanntgabe seiner Kandidatur – im Livestream von *Bild-TV*: »Friedrich Merz stellt sich heute den Fragen der BILD-Leser«.[12] (*Bild* nennt das TV-Projekt übrigens »BILD Live«[13], wir nennen es im Buch aber *Bild-TV*, damit klar wird, um welches Medium es sich handelt.) Eine dieser Fragen bringt Merz dann allerdings vor laufender Kamera ins Straucheln. Ein Videoeinspieler zeigt einen *Bild*-Leser, der fragt: »Sind Sie eigentlich Millionär?« Merz lacht gequält, tritt von einem Bein aufs andere, druckst herum, bis er schließlich sagt: »Also ich liege jedenfalls nicht drunter.« Früher in der Sendung hatte er gesagt, er zähle sich zur »gehobenen Mittelschicht«.[14]

Seine Aussagen werden daraufhin stark kritisiert, *Bild* nennt es »Die große Debatte um Millionär Merz«[15], erklärt diese aber umgehend zu einer »NEIDDEBATTE«[16]. Eine *Bild*-Kommentatorin fordert »Nur kein Neid!«[17] und nimmt Merz energisch in Schutz: Er habe schließlich »hart gearbeitet« und darum »angemessen gut verdient«. Dass er sein Einkommen nun offenlege, sei »ehrenwert«. Und damit ist sie dann schon wieder beendet, die »große Debatte um Millionär Merz«. Außerdem: So abgehoben ist der ja gar nicht!

Im BILD-Interview erzählte Ex-Unionsfraktionschef Friedrich Merz (63), er kaufe guten Wein ab 4,50 Euro pro Flasche.[18]

So lautet der erste Satz eines *Bild*-Artikels über »Die 7 besten deutschen Weine zwischen 4,50 und 6 Euro«. In jedem noch so kleinen Winkel der Zeitung findet die Redaktion einen Weg, um Merz ins Spiel zu bringen.

Etwas später folgt ein weiterer Kandidatenvergleich. *Bild* fragt: »Vor wem hätten Putin, Trump und Erdogan den meisten Respekt?« Fazit des Experten: »Den größten Respekt hätten die mächtigsten Machos der Welt vermutlich vor Friedrich Merz.«[19]

Kurz darauf sprechen die drei Kandidaten Kramp-Karrenbauer, Merz und Spahn gemeinsam auf einer Veranstaltung. In die *Bild*-Schlagzeile schafft es aber nur einer von ihnen: »Merz will Steuergeschenk für Hotels streichen«.[20]

Wenig später erscheint in *Bild am Sonntag* eine 16-seitige Auflistung (»DIE GEHEIME LISTE DER CDU-DELEGIERTEN«[21]), die zeigen soll, für welchen Kandidaten die 1.001 CDU-Delegierten jeweils stimmen wollen. Deutlicher Favorit der Befragten: Friedrich Merz. Tatsächlich erklären aber noch am selben Tag viele der Delegierten, sie hätten überhaupt nicht mit *Bild am Sonntag* gesprochen, die Redaktion habe sich ihr Votum einfach ausgedacht.[22] Einer sagt zum Beispiel:

> Ich hatte im Vorfeld diverse Anrufe und E-Mails von Mitarbeitern der *Bild am Sonntag* bekommen, die mein Votum beim Parteitag abfragen wollten. Ich wollte mich dazu nicht äußern und habe es auch nicht getan.[23]

In *Bild am Sonntag* erscheint er dann trotzdem, mit Namen, Foto und seinem Votum: Friedrich Merz. Dabei stehe Merz, wie der Delegierte erklärt, für ihn »ganz klar« an dritter Stelle.

In der nächsten Ausgabe schreibt die Redaktion, sie bedaure die »Fehler«.[24]

Doch in den *Bild*-Medien werden in dieser Zeit nicht nur Merz' angebliche Popularität, seine Vorzüge und Stärken hervorgehoben, sondern auch seine möglichen Schwachpunkte entkräftet. Als Merz etwa mit einer PR-Firma in Verbindung gebracht wird, die »für den Blut-Scheich« (*BamS*) von Saudi-Arabien arbeite, veröffentlicht *Bild am Sonntag* ein Statement, in dem Merz beteuert, er habe »keinerlei Kontakte nach Saudi-Arabien« und auch »keine Gespräche angebahnt oder anbahnen lassen«.[25]

Merkel allein zu Haus

So kann es also aussehen, wenn *Bild* jemanden mit einer Kampagne unterstützt. Und warum gerade Merz? Warum nicht Spahn oder Kramp-Karrenbauer? Medienjournalist Joachim Huber vom *Tagesspiegel* vermutet seinerzeit, dass Merz aufgrund seiner Zuwanderungspolitik der *Bild*-Favorit wurde. Zum *Bild*-Artikel, in dem es heißt, dass es mit Merz womöglich keine AfD gegeben hätte, schreibt Huber:

> Was *Bild* insinuiert: Mit einem CDU-Parteichef Friedrich Merz wird die Partei eine andere Flüchtlingspolitik praktizieren, und, wenn man sich an die Berichterstattung des Blattes seit dem Antritt von Julian Reichelt als alleinigem Chefredakteur erinnert, diese Politik wird je restriktiver, desto besser sein. *Bild* hat mit dieser Perspektive eine Kehrtwende vollzogen.[26]

Auch die *taz*-Journalisten Anne Fromm und Martin Kaul schreiben, dass Merz' politische Agenda »in vielem fast deckungsgleich mit den Standpunkten des Axel-Springer-Verlags« sei:

> Wenn es jedoch einen unter den drei Kandidaten für Merkels Nachfolge an der Parteispitze gibt, der die Präambel des Axel-Springer-Konzerns quasi eingeatmet hat, dann ist es Friedrich Merz: das Bekenntnis zu Freiheit, Rechtsstaat, Demokratie und Europa, Solidarität mit Israel und den Vereinigten Staaten von Amerika, den Einsatz für eine freie Marktwirtschaft und die Ablehnung von politischem und religiösem Extremismus.[27]

Doch es gebe noch einen anderen entscheidenden Faktor, schreiben sie. Denn »wichtig für die Frage, wie die *Bild* zu Friedrich Merz steht«, sei auch die Frage, »wie sie zur noch amtierenden Kanzlerin steht, Angela Merkel«. In ihrem Fall gehe es *Bild* allerdings »schon lange nicht mehr um Nähe, sondern nur noch um die Distanz. Und zwar auf oberster Ebene.« Ist die Pro-Merz- also eigentlich Teil einer Anti-Merkel-Kampagne?[28]

Der Kurs gegen die Bundeskanzlerin wird selbst bei nur gelegentlicher *Bild*-Lektüre offensichtlich: Rechnet Merkel in der Coronapandemie vor, dass es bis Weihnachten 2020 in Deutschland 19.200 Neuinfektionen pro Tag geben könnte, wird ihr in *Bild* »purer Alarmismus« vorgeworfen.[29] Tritt ihre Prognose dann schon zwei Monate früher ein, frotzelt *Bild.de*: »MERKEL PROGNOSTIZIERTE 19 200 FÄLLE BIS WEIHNACHTEN – So weit lag das Kanzlerinnen-Orakel daneben«.[30] Als sich die Kanzlerin im Juni 2018 in einem »Asyl-Streit mit Seehofer« befindet, schreibt die *Bild*-Redaktion auf Seite 1: »Merkel ganz allein«. *Bild* habe bei allen 246 Bundestagsabgeordneten von CDU und CSU nachgefragt, ob sie *für* – wie Horst Seehofer – oder *gegen* – wie Angela Merkel – eine Zurückweisung von in der EU bereits registrierten Flüchtlingen an der deutschen Grenze sind. Das Ergebnis laut *Bild*-Titelseite vom 14. Juni 2018: »Nur drei Unions-Abgeordnete stellen sich hinter die Kanzlerin«. Erst auf Seite 3 findet man ein gut verstecktes Detail: Längst nicht alle der 246 Angefragten haben geantwortet, sondern nur 69. Der Großteil der Unionsabgeordneten hat sich nicht positioniert. Jan Kursko schreibt in *Blätter*: »So ist der Aufmacher zwar keine direkte Lüge, tut aber doch an jedem Kiosk seinen Dienst: Merkel allein zu Haus – von allen verlassen!«[31]

Ein Fiasko namens Pin AG

Ohnehin ist es mit dem Verhältnis zwischen *Bild* und der Kanzlerin nicht zum Besten bestellt: Sie ist eine der wenigen prominenten Personen aus dem politischen Berlin, die nicht im *Bild-TV*-Studio steht und Interviews gibt. Im September 2018 erscheint sie nicht auf einer *Bild*-Feier, »obwohl der Termin eigens auf ihren Kalender abgestimmt worden war«, schreiben Fromm und Kaul in der *taz*: »Man darf erstaunt sein darüber, als wie ehrabschneidend es bei Springer empfunden wird, dass Merkel nicht erschien.«[32]

Zur Beziehung zwischen dem Axel-Springer-Verlag und Angela Merkel gibt es noch eine andere Geschichte, die deutlich weiter zurückliegt. Im Juni 2007 investiert der Springer-Verlag massiv in den Briefzusteller Pin AG: 510 Millionen Euro steckt der Konzern damals in den Post-Konkurrenten und erhöht damit seinen sowieso schon bestehenden Anteil von 23,5 Prozent auf 71,6 Prozent.[33] Das Wagnis des Vorstandsvorsitzenden Mathias Döpfner: Es gibt zu dieser Zeit in Deutschland die Diskussion, ob ein Mindestlohn für Postzusteller eingeführt werden soll. Döpfner habe sich damals abgesichert, schreibt die *taz*: Vor dem Kauf habe der Axel-Springer-Konzern »eigens Erkundigungen bei der Bundesregierung« eingeholt, »um sicherzugehen, dass der Mindestlohn nicht kommt«. Im September 2007 schließen jedoch ein Arbeitgeberverband und eine Gewerkschaft einen Tarifvertrag über einen Postmindestlohn.[34] Eine Entscheidung in der Bundesregierung und später im Bundestag über eine Allgemeinverbindlichkeit dieser Einigung für die gesamte Branche steht aber noch aus.[35]

Die Springer-Blätter machen daraufhin kräftig Stimmung gegen das Vorhaben: Die *Welt* und die *B.Z.* stellen in ihrer Berichterstattung fleißig die angeblichen Nachteile eines Mindestlohns heraus. Und auch *Bild* dreht auf: Die Redaktion lässt überwiegend Gegner des geplanten Mindestlohns zu Wort kommen: den Arbeitgeberpräsidenten, den Präsidenten des Verbandes privater Postzusteller, Vertreter von Unternehmen, die die höheren Löhne zahlen müssten. Die Schlagzeilen dazu lauten unter anderem: »Mindestlohn: Ist das wirklich gut für die Beschäftigten? Nein, sagen Experten.«[36] »Mindestlohn? Dann gehen wir pleite.«[37] »Mindestlöhne vernichten Arbeitsplätze!«[38] »US-Nobelpreisträger warnt vor Mindestlohn.«[39]

Die Springer-Kampagne verfängt jedoch nicht: Die Große Koalition unter Kanzlerin Angela Merkel entscheidet sich für die Einführung des Postmindestlohns. Am 14. Dezember 2007 stimmt auch der Bundestag mit großer Mehrheit zu.[40] Nur wenige Minuten nach der Entscheidung des Parlaments verkündet der Axel-Springer-Verlag, dass man sich aus der Pin AG zurückziehen und keine weiteren Finanzmittel bereitstellen werde.[41]

Es handelt sich um eine von Mathias Döpfners größten Niederlagen als Springer-Vorstandsvorsitzender. Die Fehlinvestition kostet den Verlag Hunderte Millionen Euro.[42] Anne Fromm und Martin Kaul schreiben in der *taz*:

> Seit dieser Zeit, sagen Nahestehende, mache Döpfner in vertraulichen Runden keinen Hehl mehr daraus, dass er von der Kanzlerin nicht viel hält. Einer, der ihn gut kennt, sagt: Das war der »Nukleus des Zerwürfnisses«, der Kern also. Döpfner selbst sagt: Er habe auch vorher kein übermäßig gutes Verhältnis zu Angela Merkel gehabt.[43]

Dem *Spiegel* gibt Mathias Döpfner nur wenige Tage nach der Abstimmung im Bundestag ein Interview. Auf die Frage »Gab es von der Kanzlerin politische Zusagen, denen Sie vertrauten?« antwortet er: »Unser Vertrauen in Politikerzusagen war nie sehr hoch. Jetzt ist es unter null.«[44] Elf Jahre später sagt Döpfner mit Blick auf die damalige Berichterstattung der Springer-Medien zum Mindestlohn, er könne nicht bestreiten, dass das ein verdächtiger Fall sei. Dass dies »das Resultat einer Vermischung von Verlags- und Redaktionsinteressen war, bestreite ich allerdings vehement«.[45]

»JA, JA, JA, URSULA!«

Auffällig bleibt weiterhin, dass *Bild* kaum eine Gelegenheit auslässt, die Kanzlerin zu attackieren. Als sich der Europäische Rat der Staats- und Regierungschefs im Sommer 2019 trotz wochen- und nächtelanger Verhandlungen nicht auf einen der zur Europawahl angetretenen Spitzenkandidaten als Kommissionspräsident einigen kann, wird (auf Vorschlag von Frankreichs Präsident Macron) die deutsche Verteidigungsministerin Ursula von der Leyen nominiert – obwohl sie gar nicht zur Wahl angetreten war. In vielen Mitgliedstaaten sorgt das Vorgehen für großen Unmut. Von einem »Hinterzimmer-Deal«[46] ist die Rede, die EU habe »ihre Wähler getäuscht«[47]. Auch *Bild* spricht von einem »Desaster«, die EU habe »den Wählerwillen missachtet«.[48] Ralf Schuler, Leiter der Parlamentsredaktion von *Bild*, kommentiert: »›GetEUscht‹ schreibt man jetzt mit EU!« Auf der Titelseite fokussiert sich die *Bild*-Wut hingegen nicht auf die EU, sondern auf eine bestimmte Person:»Kanzlerin, so können Sie mit Wählerstimmen NICHT umgehen!«, lautet die große Schlagzeile auf der ersten Seite. Im Innenteil fragt *Bild*:»Wie gefährlich wird Merkels Posten-Trickserei für Deutschland?« Merkel als alleinige Verantwortliche und als Gefahr für Deutschland.

Neben der Kanzlerin kritisiert *Bild* vor allem den Prozess an sich und fordert das Europaparlament regelrecht dazu auf, die Wahl nicht durchgehen zu lassen.»Wenn das EU-Parlament dieses Klüngel-Karussell akzeptiert, kann es als Volksvertretung dichtmachen«, schreibt Ralf Schuler.»Das geht so nicht«, findet auch der damalige stellvertretende *Bild*-Chefredakteur Nikolaus Blome:»Wenn das Europa-Parlament einen Funken Stolz hat, sagt es Nein. Aus Prinzip. Aus Selbstachtung.«[49] Von der Leyens Nominierung bringe»in Brüssel wie in Berlin mehr Schaden als Nutzen«, sie verschiebe»die Gewichte in der Europäischen Union zurück in die Vergangenheit« und sei»ein Schlag ins Gesicht von Millionen Europa-Wählern«.[50]

Und so folgt eine kritische Schlagzeile auf die nächste:»KRITIK AN VON DER LEYENS BLITZKÜR – ›Diese Wahl muss verschoben werden‹«[51],»WÄHLER IN BILD NACH DEM BRÜSSEL-PO-KER – ›Wir fühlen uns ausgetrickst!‹«[52],»UMFRAGE ZU URSULA VON DER LEYEN – Mehrheit traut ihr das neue EU-Amt nicht zu«[53].

Doch plötzlich – am Wochenende nach der Nominierung, gut zehn Tage vor der Wahl – dreht sich die Stimmung:»VON DER LEYEN HAT SCHON EIN BÜRO IN BRÜSSEL«.[54] Dazu ein Foto wie aus von der Leyens PR-Abteilung (sie, lächelnd, mit Österreichs damaligem Ex-Kanzler Sebastian Kurz, im Vordergrund die Europaflagge) und ein Tweet von der Leyens, in dem sie gut gelaunt ihren neuen Schreibtisch zeigt. Der endgültige Umschwung dann am nächsten Tag in *Bild am Sonntag*. Auf der Titelseite: ein riesiges, niedliches Kinderfoto, die achtjährige Ursula von der Leyen in Brüssel, dazu die Schlagzeile:»KANN SIE EU?«[55]. Auch im Innenteil klingt plötzlich alles viel versöhnlicher, positiver – statt Enttäuschung nun: freudige Erwartung. Auf einer Doppelseite zeigt die Redaktion viele Fotos aus von der Leyens Privat- und Berufsleben; mit ihren Kindern im Schwimmbad, mit ihren Eltern beim Musizieren, mit ihrem Pferd, als Studentin, bei ihrer Hochzeit. »Sie spricht fließend Französisch und Englisch«, schwärmt die *BamS*-Autorin, »überhaupt neigt sie zum Perfektionismus (außer beim Kochen, da beschränkt sie sich auf einfache wie schnelle Nudeln).« Eben auch nur ein Mensch, die Ursula. Aber was für einer!

> Sie hat ihre große Familie und die steile Karriere mit eiserner Disziplin vereinbart. Von der Leyen isst kaum Fleisch, trägt Kleidergröße 34, trinkt nie Alkohol. […] Wenn der Schlager »Komm, hol das Lasso raus. Wir spielen Cowboy und Indianer« gespielt wird, singt sie textsicher mit.

»Auch wenn sie in der Öffentlichkeit nicht so rüberkommt, ist Ursula eine sensible, einfühlsame Frau«, zitiert das Blatt eine Freundin. »Ursula hat den Mut und die Stärke, mächtigen Egos klare Ansagen zu machen. Sie ist eine sehr gradlinige Frau.« Und so dürfte nach der Lektüre ziemlich klar feststehen: JA, SIE KANN EU! Die *Bild*-Medien im Wahlkampfmodus.

Am Tag der Wahl füllt *Bild* einen Großteil der Politikseite mit einem Gastbeitrag der Schauspielerin Maria Furtwängler, einer Freundin von der Leyens. Schlagzeile: »›Darum sollte Europa heute Ursula wählen‹«.[56] Wenig später wird sie tatsächlich gewählt. Und für *Bild* gibt es kein Halten mehr: »JA, JA, JA, URSULA!«[57], steht riesengroß auf der Online-Startseite, die Print-Ausgabe jubelt auf Seite 1: »Wunderbar, Ursula!« Und befindet: »EUROPA STEHT IHR GUT.«[58]

»Sie passt zu Europa und Europa passt zu ihr«, freut sich auch *Bild*-Chef Julian Reichelt: »Niemand ist geeigneter für das Amt der EU-Kommissionspräsidentin als von der Leyen.«[59] Selbst Ralf Schuler, der sich ein paar Tage zuvor noch so »getEUscht« gefühlt hatte, ist nun total begeistert: »Ja! Ja! Ja! Ursula!«, twittert auch er.[60]

Und warum der plötzliche Stimmungswandel? Warum nach der anfänglichen Empörung auf einmal Wahlkampf und schließlich großer Ursula-Jubel? Hinter *Bild*-Kampagnen stecke nicht immer eine große taktische Agenda, heißt es intern. Es sei oft ein spontanes Abwägen zwischen dem eigentlichen Fördern eines Protagonisten und einer guten, verkaufsträchtigen Negativgeschichte über diesen.

Für *Bild* sind Schlagzeilen wichtiger als Personen. Darum können auch jene Politiker, die von der *Bild*-Redaktion gefördert und mit Positivkampagnen bedacht werden, sich nicht ihrer ewigen Unterstützung sicher sein.

»All das ist unerträglich«

Ja-Ja-Ja-Ursula bleibt zunächst weiter recht hoch im Kurs bei *Bild*. Als sie im März 2020 einen griechisch-türkischen Grenzposten besucht, an dem Tausende Geflüchtete unter widrigen Umständen ausharren, zeigt *Bild* sich beeindruckt von ihrem harten Auftreten. Während sich die Große Koalition wieder mal schwertue »im Umgang mit den Bildern von weinenden, frierenden Kindern auf der Flucht vor Krieg und Elend«, stehe eine »strammer da, als sie selbst im Amt der Verteidigungsministerin je auftrat: EU-Kommissionschefin Ursula von der Leyen«. Sie habe »wie ein Feldmarschall« geredet. Zur umstrittenen Aussetzung des Asyls durch griechische Behörden habe sie nichts gesagt, auch nichts zur Aufnahme von Kindern und Jugendlichen aus den überlaufenen Lagern.

Ursula von der Leyen: von der treuen Kanzler-Gefährtin zur eisernen Grenzschützerin!

2015 habe sie »noch ganz anders« geklungen, da habe sie einen Zaun um Europa noch als Verrat unserer wesentlichen Werte bezeichnet und privat einen 20-jährigen Syrer bei sich aufgenommen: »Fotos zeigten sie lachend auf dem Familien-Grundstück bei Hannover.«

2020 ist alles anders. Beim Helikopter-Flug über die griechischen Elendslager verzieht von der Leyen keine Miene. Ein Auftritt, der Europa signalisieren soll: Der Kontrollverlust von 2015 wird sich nicht wiederholen. Kein deutscher Alleingang! Keine Erpressung durch Horrorbilder von der Grenze!

Bild verleiht ihr den Titel: »DIE EISERNE URSULA – Wie EU-Chefin von der Leyen unsere Grenze schützen will«.

Einen Monat später ist der Ton schon etwas konfrontativer, als *Bild am Sonntag* im großen Interview fragt: »Stirbt die EU an Corona, Frau von der Leyen?«[61] Noch ein paar Monate darauf, Anfang 2021, als von der Leyen wegen des schleppenden Impftempos in die Kritik gerät, kriegt sie schließlich auch die volle *Bild*-Breitseite zu spüren. »So redet von der Leyen das Impfdrama klein«[62], heißt es am 27. Januar. Am nächsten Tag: »Das Protokoll der Katastrophe – Wie Merkel, Spahn und von der Leyen für das Impfstoff-Debakel sorgten«.[63] Am nächsten Tag: »Diese 5 BILD-Fragen will von der Leyen nicht beantworten«.[64] Am nächsten Tag: »Wie gefährlich wird der Astra-Zeneca-Vertrag für von der Leyen?«[65]. Im *Bild*-Kommentar heißt es:

Eine Frechheit für Europa und uns alle.

Ursula von der Leyen war eine gute Familienministerin in Deutschland (Elternzeit erfunden), ist aber schon als Verteidigungsministerin bei der Beschaffung gescheitert. Sie hat auch in Brüssel alles an sich gezogen – auch die Impfstoffbeschaffung.

Nun hat die Frau, die Europa führen soll, 447 Millionen Europäern entweder wissentlich ins Gesicht gelogen oder nicht gewusst, was sie da über den Vertrag erzählt.

All das ist unerträglich.[66]

Zwei Tage später, Titelseite: »So reden sie jetzt das Impf-Debakel schön«, dazu Fotos von Merkel und von der Leyen. Im Innenteil: »GEFÄHRDET VON DER LEYEN MERKELS ERBE? – IHR Versagen beim Impfstoff schadet auch der Bilanz der Kanzlerin«.[67] Zwei Tage später: »SCHOLZ GEHT AUF VON DER LEYEN LOS – Impfbeschaffung bei der EU ist ›richtig sch*** gelaufen‹«.[68] Einen Tag später: »IMPF-KRISE! Von der Leyen wird zur tragischen Figur«.[69]

Vom strahlenden Stern am EU-Himmel, von der »EISERNEN URSULA« zu einer »tragischen Figur«, die »ein jämmerliches Bild«[70] abgebe. In weniger als einem Jahr.

»Für die *Bild*-Zeitung gilt das Prinzip: Wer mit ihr im Aufzug nach oben fährt, der fährt auch mit ihr im Aufzug nach unten«, hat Springer-Vorstand Mathias Döpfner mal gesagt. Wer von ihrer

Plattform profitieren wolle, müsse auch damit rechnen, dass *Bild* immer noch da ist, »wenn's mal unangenehm wird«.[71] Schlagzeilen sind ihr eben wichtiger als Personen.

Zwar gibt es hin und wieder Gerüchte, bestimmte Politiker oder Prominente hätten eine feste Abmachung mit *Bild* geschlossen, dass nur noch positiv über sie berichtet werde. Doch das stimmt nicht. Auf so etwas würde *Bild* sich nie einlassen, erzählen uns Menschen, die sich mit derartigen Vorgängen auskennen. Es gebe höchstens informelle, unverbindliche Absprachen: Dass *Bild* eben nicht jeden Fehltritt gleich zur großen Schlagzeile mache.

Der Kanzler spricht in *Bild*

Die politische Ausrichtung von *Bild* ist beim Lesen relativ schnell zu erkennen. Traditionell war sie schon immer viel weiter rechts als links, stand konservativen Politikern stets näher als etwa Grünen oder Linken, die zu den klassischen *Bild*-Gegnern gehören. Während sich unter Diekmann die Blattlinie eher in konservativ-liberale Richtung entwickelt habe und eine inhaltliche Nähe zur FDP zu erkennen gewesen sei, sagt ein ehemaliger Redakteur, sei *Bild* heute wieder stramm konservativ. Was sich auch an der Reihe der Politiker ablesen lässt, die auffällig häufig und positiv in *Bild* vorkommen, wie Horst Seehofer (CSU), Wolfgang Bosbach (CDU) oder Österreichs Bundeskanzler Sebastian Kurz (ÖVP).

Über Letzteren werde »ganz klar positiv berichtet«, heißt es aus der Redaktion. Das enge Verhältnis zwischen *Bild*-Chef Reichelt und Kurz habe sich beispielsweise nach dem Ibizaskandal gezeigt. Am 17. Mai 2019 tauchten etwa zwei Jahre alte Videoaufnahmen auf, auf denen Kurz' Vizekanzler Heinz-Christian Strache in einer Villa auf Ibiza mit einer vermeintlichen russischen Oligarchennichte zu sehen ist. Strache und ein Kollege seiner rechtspopulistischen FPÖ stellen der Frau unter anderem öffentliche Aufträge in Aussicht, sollte sie Straches Partei zu erfolgreichen Nationalratswahlen 2017 verhelfen.[72] Es ist einer der größten Skandale in der jüngeren Geschichte Österreichs. Noch am 18. Mai kündigt Kanzler Kurz Neuwahlen an.[73] In österreichischen Medien ist von ihm, abgesehen von einem kleinen, fünf Fragen langen Interview[74], nicht viel zu sehen und zu hören.[75] Am späten Abend des 19. Mai erscheint dann aber doch ein großes Gespräch mit Sebastian Kurz – bei *Bild.de*.[76] Am Tag darauf steht auf der *Bild*-Titelseite: »BILD bei Sebastian Kurz – Der Kanzler spricht über das Ösi-Beben«.[77] *Bild*-Chef Julian Reichelt und sein Stellvertreter Paul Ronzheimer sind nach Wien geflogen, um mit Kurz zu sprechen. Sie stellen vereinzelt auch kritische Fragen[78], vor allem aber bieten sie Kurz reichlich Gelegenheiten zu erzählen, was er und seine Partei alles Großartiges in den vorangegangenen eineinhalb Jahren für Österreich getan hätten.[79] Außerdem kann sich Sebastian Kurz schon mal für den nun anstehenden Wahlkampf in Position bringen. Die letzte Frage von Reichelt und Ronzheimer lautet:

Wie wollen Sie die Menschen nach dem Chaos in Ihrer Koalition davon überzeugen, Sie zu wählen?

Kurz' Antwort:

Ich habe ein klares Ziel: gute Arbeit für das Land und die Menschen zu leisten. Ich habe nach der Wahl genau das umgesetzt, was ich im Wahlkampf versprochen habe. Die Menschen können sich selbst ein Bild machen von der FPÖ, und haben ein klares Bild von meinem Antrieb, nämlich den Menschen zu dienen. Und jeder, der diesen Kurs unterstützen will, der kann das tun. Es ist wichtig, dass wir bei der nächsten Wahl deutlich gestärkt werden, um die Veränderung fortsetzen zu können. Denn was es jetzt in Österreich braucht, sind ganz klare Verhältnisse. Wer weiter meinen Kurs ohne Einzelfälle und Skandale will, der kann uns unterstützen und wählen. Dafür werde ich werben.[80]

»Damit haben sie Kurz ein Sprungbrett geboten, aus der Affäre rauszukommen«, meint ein Mitglied der Redaktion. Als Reichelt und Ronzheimer wieder zurück in der Redaktion waren, habe der *Bild*-Chef bisweilen mit österreichischem Dialekt gesprochen, sagt ein Redakteur: »Vielen von uns ist das Kurz-Interview peinlich gewesen.« Eine ganz ähnliche Antwort gibt ein anderer *Bild*-Mitarbeiter, wenn man ihn auf die sehr freundlich gesinnten *Bild-TV*-Interviews mit dem damaligen US-Außenminister Mike Pompeo[81] und dem damaligen US-Botschafter in Berlin Richard Grenell[82] anspricht: »Viele in der Redaktion haben sich dafür geschämt.«

Doch auch wenn es in der Redaktion offenbar größere Skepsis gegenüber derlei unkritischen Beiträgen gibt, kommt es immer wieder vor, dass *Bild* bei bestimmten Politikern erkennbare Milde walten lässt. »Einer, der echt gut wegkommt, ist Verkehrsminister Andreas Scheuer«, sagt uns ein Redakteur.

»Er e-rollert bei manchem vorneweg«

Am 6. November 2019 vergibt die *Bild*-Redaktion Schulnoten an »Merkels Murks-Regierung«: Knapp zwei Jahre ist die Große Koalition im Amt, »BILD stellt das wahre Halbzeit-Zeugnis für Merkel und ihre Minister aus«. Die Kanzlerin bekommt die »BILD-Note: 4«. Sie sei eine »abwesende Schweigerin«, eine »Zauberkünstlerin«, die es nicht mal schaffe, »China-Schnüffler wie Huawei abzuwehren«. Rivale Friedrich Merz treffe mit seinen Aussagen zur Kanzlerin »ins Schwarze: ›Reform-Unlust‹, ›Untätigkeit‹«. Das *Bild*-Urteil über Angela Merkel: »Hat fertig!« Gesundheitsminister und Reichelt-Duz-Freund[83] Jens Spahn bekommt eine 2+ (*Bild*: »Fleißig und ambitioniert«), Umweltministerin Svenja Schulze eine 5 (*Bild*: »sie bleibt Svenja Wer …?«), Wissenschaftsministerin Anja Karliczek sogar eine 6 (*Bild*: »Nach ihrem Profil wird noch geforscht …«). Verkehrsminister Scheuer, zu dessen geplanter Pkw-Maut etwa fünf Monate zuvor der Europäische Gerichtshof entschieden hatte, dass sie gegen EU-Recht verstoße[84], hat seinen Job laut *Bild* befriedigend absolviert – Schulnote 3. Die Begründung:

Er steht für: Maut-Pleite, Bahnchaos, Dieselskandal, alles geerbte Probleme, die er aber nicht abgeräumt bekommt. Immerhin: Scheuer glänzt mit feschen E-Rollern, günstigen Bahntickets (Klimapaket). ABER: Seine Unterschrift unter dem Maut-Vertrag kann uns Hunderte Millionen Euro kosten. Dennoch: Seine Initiative für Fahrrad-gerechtere Innenstädte kommt bei vielen gut an. Er e-rollert bei manchem vorneweg.[85]

Normalerweise fällt das *Bild*-Urteil nicht so milde aus, wenn den Steuerzahlern irgendwo unnötige Kosten entstehen: Errichtet eine Stadt eine Sitzgelegenheit an einem Flussufer und gibt dafür 80 650 Euro aus, schreibt die *Bild*-Redaktion: »So dreist verschwendet der Staat unsere Steuern«.[86] Stellt ein Bezirksamt auf einer Strecke von etwa 700 Metern 44 Mal das gleiche Schild auf, schreibt die *Bild*-Redaktion: »So verpulvert der Staat unser Geld!«[87] Unterschreibt ein Minister einen Vertrag, noch bevor ein Gericht entschieden hat, ob das Vorhaben überhaupt rechtens ist[88], und sorgt er dadurch dafür, dass der Staat den Betreiberfirmen womöglich einen Schadensersatz in dreistelliger Millionenhöhe zahlen muss[89], schreibt die *Bild*-Redaktion: »Er e-rollert bei manchem vorneweg.«[90]

Mitte Juli 2019, nicht mal einen Monat nach Scheuers Debakel mit dem Urteil des Europäischen Gerichtshofs zur Pkw-Maut, richtet *Bild* auf dem Tempelhofer Feld in Berlin einen »Mobilitätsgipfel«[91] aus: »BILD-LESER FRAGEN ANDREAS SCHEUER (CSU) – Was läuft da verkehrt, Herr Verkehrsminister?«[92] Es geht um das Thema Stau, um Unfälle im Straßenverkehr, ums Fahrradfahren, um E-Roller, ums Bahnfahren, ums Taxifahren, um Parkmöglichkeiten für Lkw an den Autobahnen und dann auch einmal um die Pkw-Maut. Scheuer nutzt die Gelegenheit und erzählt, dass der Bund mit »Mega-Investitionen« die Bundesfernstraßen rund um Stuttgart stärke; er zählt auf, was er schon alles gegen Geisterfahrer unternommen habe; er sagt, dass er »das größte Reformpaket für den Fahrradverkehr in Deutschland vorgelegt« habe, dass er dafür sorge, dass ganz viel in die Bahn investiert werde, dass in den vergangenen Jahren schon »rund 17 300 zusätzliche Lkw-Parkmöglichkeiten entstanden« seien. Auf die Frage, wieso er die Steuerzahler bei der Pkw-Maut »so reingeritten« habe, antwortet der Minister:

> Der Bundestag hatte die Bundesregierung beauftragt, die Maut umzusetzen. Das war meine Aufgabe, ich musste das machen. Wäre das Urteil positiv ausgefallen und ich hätte keinen Vertrag gehabt, keine Vergabe und keinen Mautbetreiber, dann hätten wir erhebliche Einnahmeausfälle und einen Zeitverlust gehabt.[93]

Weitere kritische Nachfragen zu Scheuers Rolle bei der Pkw-Maut gibt es offenbar nicht, auch nicht vom anwesenden stellvertretenden *Bild*-Chefredakteur Paul Ronzheimer, zumindest werden sie von den *Bild*-Medien nicht dokumentiert. Stattdessen entstehen idyllische Sommeraufnahmen. Der Verkehrsminister sitzt ganz volksnah mit Bürgern auf Bierbänken, hört sich deren Sorgen an, diskutiert mit ihnen. Die Fotos zeigen: Der Mann stellt sich! In einer Bildunterschrift schreibt *Bild.de*:»Aus ganz Deutschland folgten BILD-Leser der Einladung nach Berlin – und waren erstaunt, wie offen der Minister auf ihre Fragen einging.« Eine der Aufnahmen ist am nächsten Tag »Foto des Tages« auf der *Bild*-Titelseite.[94]

Die Stimme des Volkes

»Es sollte nicht vordringliches Ziel von Journalismus sein, politisch Einfluss zu nehmen«, sagt *Bild*-Parlamentsbüroleiter Ralf Schuler in der Amazon-Doku über *Bild*.[95] Das sei von größerer Komik, schreibt Journalist und *Bildblog*-Mitgründer Stefan Niggemeier bei *Übermedien*,»angesichts eines Politikteils, der es sich erkennbar zu seiner wichtigsten Aufgabe gemacht hat, politisch Einfluss zu nehmen«[96].

Denn beim Blick auf die Berichterstattung wird immer wieder offensichtlich, dass *Bild* mitmischen will. Mitunter sogar mit Ansage. Am 17. Dezember 2013 verkündet *Bild* auf der Titelseite:»Liebe Große Koalition, WIR sind jetzt eure APO!« Die Opposition wollen sie nicht der Linken überlassen:

Auf die Regierungserklärung von Angela Merkel wird künftig Oppositionsführer Gregor Gysi antworten. Der Mann, der die alten SED-Kader salonfähig machte.

Das ist nicht gut für Deutschland!

Wenn es keine bürgerliche Opposition im Bundestag gibt, dann muss sich diese Stimme außerhalb des Parlaments Gehör verschaffen.

Deshalb geht BILD in die Opposition. Und wird Außerparlamentarische Opposition. APO!

Die Große Koalition habe mehr Macht als jede Regierung in 50 Jahren zuvor, schreibt *Bild*: »Und nie war die Opposition so schwach.« Der damalige *Bild*-Chefredakteur Kai Diekmann verspricht daher:

> BILD wird der neuen Regierung bei jeder Gelegenheit auf die Finger hauen! Hart. Schmerzvoll. Und ohne Gnade.[97]

In den folgenden Wochen schickt die »BILD-APO« »Große Anfragen« (die eigentlich von Abgeordneten gestellt werden) an die Regierung, zum Beispiel: »Wie viel kosten uns die neuen Zuwanderer?«[98] oder: »Wann wird Strom endlich billiger?«[99]. Die Anfragen werden groß in der Zeitung abgedruckt und von *Bild*-Mitarbeitern persönlich der Bundesregierung übergeben, was dann wiederum im Blatt gefeiert wird (»Hier übergibt die BILD-APO ihre Große Anfrage zur neuen Zuwanderung«[100]).

Im Oktober 2017 eine ähnliche Aktion: »UNTERSCHREIBEN SIE HIER DIE BILD-PETITION!« Merkel solle »Abschiebung zur Chefsache machen!«, schreiben die *Bild*-Medien an ihre Leserschaft: »BILD wird Ihre Botschaften im Kanzleramt überreichen. Und Druck machen.« An Angela Merkel gerichtet heißt es: »Sehr geehrte Frau Bundeskanzlerin, erklären Sie die Abschiebung von ausreisepflichtigen Kriminellen jetzt zur Chefsache!«[101] Knapp zwei Wochen später meldet *Bild* Vollzug: »Jetzt ist es offiziell: Die Petition der BILD-Leser zum Abschiebeversagen der Bundesregierung hat das Kanzleramt erreicht.« Der damalige *Bild*-Politik-Chef und ein *Bild*-Chefreporter hätten »die rund 22 000 Briefe, Faxe und E-Mails dem Chef des Kanzleramts, Peter Altmaier, zur Übergabe an Kanzlerin Angela Merkel« überbracht.[102]

Bild-Redakteur Ralf Schuler, der sagt, dass es nicht das »vordringliche Ziel von Journalismus sein« solle, »politisch Einfluss zu nehmen«[103], steht im Januar 2014 ebenfalls mit einem Briefumschlag unter dem Arm vor dem Bundeswirtschaftsministerium: »Hier überbringt die BILD-APO ihre neue Anfrage an die GroKo«.[104]

Gelegentlich findet der Versuch der politischen Einflussnahme aber nicht dermaßen offensichtlich statt, sondern verdeckt. Beim *Bild*-»Mobilitätsgipfel« mit und für Andreas Scheuer befindet sich unter den acht »BILD-Lesern«, die Fragen an den Bundesverkehrsminister stellen, auch eine damalige Mitarbeiterin aus der *Bild*-Redaktion, was aber verschwiegen wird. Sie wird lediglich als »Assistentin aus Berlin« vorgestellt und stellt eine Frage zur Bahn.[105] Dieses Tarnen von *Bild*-Fragen als Bürgerfragen ist offenbar kein Einzelfall. Als Friedrich Merz im Kampf um den CDU-Vorsitz bei *Bild-TV* auftritt, spielt die Redaktion zwischendurch Videosequenzen von Passanten ein, die Merz Fragen stellen.[106] Das Versprechen: »FRIEDRICH MERZ STELLT SICH DEN FRAGEN DER BILD-LESER«. Aus der Redaktion heißt es, dass diese Fragen jedoch von *Bild* vorgegeben gewesen seien: »Reporter in ganz Deutschland wurden dafür losgeschickt mit dem Auftrag: Findet eine Person, die die und die Frage in die Kamera stellt.« Diese »FRAGEN DER BILD-LESER« seien in Wahrheit also Fragen der *Bild*-Redaktion.

Auch wenn sich *Bild* gern als »Seismograph der deutschen Befindlichkeit«[107], als Stimme des Volkes präsentiert, die das wiedergebe, was die Bevölkerung bewegt, scheint tatsächlich also das Gegenteil der Fall zu sein: *Bild* bestimmt, was die Menschen fragen und meinen sollen. Und sie formt die öffentliche Meinung nicht nur, sie »verkauft sie bereits«, wie der Journalist Peter Jordan schon vor 50 Jahren schrieb: Millionen von Lesern »fühlen sich täglich in ihrem Meinungsinstinkt bestätigt. Sie erliegen der Suggestion, mit einer ›gesunden Mehrheit des Volkes‹ übereinzustimmen.« Was das Bedenkliche an der *Bild*-Zeitung sei?

Es ist nicht etwa die Tatsache, daß sie als Boulevardblatt Nachrichten des zwischenmenschlichen Bereichs vergröbert, das heißt, sie publikumswirksam »zurechtmacht« und aufbauscht. Das geschieht bei allen anderen Boulevardzeitungen auch. *Bild* jedoch scheut sich nicht, verstärkt auch politische Nachrichten diesem Verfahren zu unterwerfen, sie propagandistisch auszuwerten und einseitig zu interpretieren.[108]

5.

»Wer klaut, darf bleiben!«

Bild und Migration

Eine Gesamtschule im Ruhrgebiet, Mai 2019. Ein Lehrer geht nach Schulschluss über den Parkplatz, als ein Schüler auf ihn zugerannt kommt. Seinem Mitschüler gehe es schlecht, ruft der Junge, der Lehrer müsse schnell mitkommen. Sie laufen zu einem Pfad, der zur heimlichen Raucherecke führt. Dort sitzt vor einem Garagentor der Mitschüler, eine Kapuze verdeckt sein Gesicht. Plötzlich taucht hinter einer Hecke ein dritter Junge auf. Den Lehrer überkommt ein mulmiges Gefühl. Er ruft von seinem Handy einen Rettungswagen, geht zurück zur Straße und achtet darauf, den Jugendlichen nicht den Rücken zuzukehren. »Ich dachte, die wollten mir eine aufs Maul hauen.« Was sie tatsächlich vorhatten, erfährt er wenige Tage später: Sie wollten ihn töten. In einen Hinterhalt locken und mit Hämmern erschlagen. Als das Komplott auffliegt, nimmt die Polizei die drei Jugendlichen fest, die Mordkommission übernimmt die Ermittlungen.[1]

Eine Woche später berichten die *Bild*-Medien in einer Reihe von Artikeln über den Fall. Doch obwohl es dabei um drei Tatverdächtige geht, wird nur einer davon namentlich genannt: »Seit mehr als einer Woche ermittelt die Polizei gegen Serkan (16), einen Mitschüler (17) und einen Bekannten (18).«[2] »Schüler Serkan (16) soll mit zwei Komplizen einen Lehrer (51) in einen Hinterhalt gelockt haben, um ihn mit einem Hammer zu erschlagen.«[3] »Ein Mitschüler verpfiff die Serkan-Bande, die Polizei nahm alle vorübergehend fest.«[4] Als wir damals beim *Bild*-Sprecher nachfragen, warum nur der eine Name genannt wird, gibt er uns keine Antwort. Dass Serkan als Haupttäter gilt und die anderen beiden als Komplizen, scheint jedenfalls keine Erklärung zu sein, denn in anderen Fällen nennt *Bild* durchaus die Namen von Haupttätern *und* deren Komplizen.[5]

Für Rechtspopulisten und Islamhasser sind die Artikel sofort ein gefundenes Fressen. »Bei Serkan habe ich aufgehört zu lesen 😫«, kommentieren sie in den Sozialen Medien und auf ausländerfeindlichen Hetzblogs, und fordern: »Abschieben, einschließlich deren Familien !!«[6]

> Wenn jemand als Ausländer für dieses Land und seine Bewohner eine Gefahr darstellt, dann muss er gehen. Auch wenn er hier geboren ist und schon lange in Deutschland lebt.[7]

Nur so könne verhindert werden, »dass in Deutschland Verhältnisse einkehren, wie sie in den Ländern herrschen, die die Moslems verlassen haben«. Aufgrund der *Bild*-Berichterstattung sehen sie sich in der Ansicht bestätigt, »dass Flüchtlinge und Migranten, insbesondere aus dem islamischen Kulturkreis, überproportional häufig« straffällig würden. Außerdem nehmen sie den von *Bild* genannten Namen als Beleg dafür, dass die beiden anderen Tatverdächtigen ebenfalls Migranten sein müssen:

> Da sich gleich und gleich gerne gesellt, liegt die Vermutung nahe, dass auch die beiden Mittäter türkischer Provenienz sind, denn Serkan wird sich sicher lieber mit Murat und Tahir verbünden statt mit Klaus und Peter.

Diese Schlussfolgerungen, diese Botschaften voller Wut sind insbesondere dank der *Bild*-Medien möglich. Weil sie den Namen nennen – und die anderen beiden verschweigen.[8] Erst über ein Jahr später, zur Urteilsverkündung, verrät die Redaktion schließlich auch, wie die beiden Komplizen heißen: Adrian und Maximilian.[9]

Hätte *Bild* von Anfang an alle drei Namen genannt – oder wie andere Medien: keinen davon[10] –, hätten die rechten Brandstifter kaum oder gar keinen Zündstoff gehabt, schließlich lässt sich mit einem urdeutschen Namen wie Maximilian nur schwer gegen Ausländer hetzen. So aber liefert die *Bild*-Redaktion ihnen genau die Vorlagen, die sie brauchen, um ihre fremdenfeindlichen Hassbotschaften zu untermauern. Und wenn man sich anschaut, wie *Bild* auch sonst mit solchen Themen umgeht, drängt sich die Frage auf: Steckt dahinter ein System?

»Fast jede Minute ein neuer Asylant«

Schon Ende der Achtziger- und Anfang der Neunzigerjahre gibt es in *Bild* explizite Stimmungsmache gegen »Asylanten«: In einer reißerischen Serie polemisiert *Bild* damals gegen die »wahren Massen an Asylbewerbern und Aussiedlern«, die »nach Deutschland fluten« und »unseren Wohlstand« bedrohen[11]: »Asylanten – Wir holen uns die Probleme der Welt ins Haus«, schreibt die Zeitung etwa im August 1986 und listet auf: »Tamilen: Gestern verprügelten sie drei Inder«.»Kurden: Mit Knüppeln ins Café«.»Perser: Wohnheim in Flammen«.»Libanesen: Sie hassen Amerika«.[12] Oder im April 1992, als *Bild* auf der ersten Seite unter der Dachzeile »Die Flut steigt – wann sinkt das Boot?« in riesigen Buchstaben wettert: »Fast jede Minute ein neuer Asylant«.[13] Wenige Monate später entlädt sich die Wut der Bevölkerung in Rostock-Lichtenhagen, wo tagelang ein rassistischer Mob unter dem Beifall der Anwohner vor der Zentralen Aufnahmestelle für Asylbewerber tobt und später ein benachbartes Wohnheim für Vietnamesen in Brand steckt.

Ein anderes, häufig nicht gleich ersichtliches Grundmuster ist die einseitige Berichterstattung. Wenn *Bild* eben nur Serkan nennt und nicht Adrian und Maximilian. Dieses Weglassen bestimmter Informationen ist zum Beispiel dann zu beobachten, wenn es um die Hartz-IV-Quote unter Ausländern geht: »Die bittere Wahrheit über Ausländer und Hartz IV«[14], verkündet die *Bild*-Zeitung zum Beispiel im November 2010 groß auf der Titelseite: »90 Prozent der Libanesen kriegen Hartz IV«. Dies seien »Zahlen, die erschrecken!«, schreibt die Redaktion. Was sie allerdings verschweigt: Viele der amtlich erfassten Libanesen sind, wie man den amtlichen Statistiken entnehmen kann, unter 15 Jahre alt und dürfen daher allein schon wegen der Schulpflicht nicht arbeiten. Hinzu kommen Tausende, die zu krank oder zu alt für den Arbeitsmarkt sind, und etliche weitere, die aufgrund des Arbeitsverbots für geduldete Flüchtlinge gar nicht arbeiten *dürfen*. Das hätte auch *Bild* wissen können: Die Bundesagentur für Arbeit hatte eine Sonderauswertung angefertigt, in der die Gesamtzahl der Ausländer noch nach Erwerbsfähigen und Nicht-Erwerbsfähigen aufgeschlüsselt war – doch *Bild* rechnete einfach mit der (natürlich höheren) Gesamtzahl weiter und liefert so eine völlig einseitige Statistik.[15]

Der Eindruck, der durch solche Artikel beim Leser entstehen kann, ist: Ausländer, die hier leben, wollen aus Faulheit nicht arbeiten, und der deutsche Steuerzahler muss dafür aufkommen! In *Bild* erscheinen solche Artikel regelmäßig, meist prominent platziert auf der Titelseite. »So viele Ausländer leben von Hartz IV!«[16], heißt es dann. Oder: »Zwei Millionen Ausländer beziehen Hartz IV«[17]. Oder: »Jeder dritte Hartz-IV-Empfänger ist Ausländer«[18]. Grundlage dafür ist immer die regelmäßig erscheinende Statistik der Bundesagentur für Arbeit – in der aber nicht nur die Zahlen der Ausländer aufgeführt werden, die Hartz IV beziehen, sondern auch derjenigen, die einen Arbeitsplatz haben. Doch die werden von *Bild* häufig einfach ignoriert. 2016 zum Beispiel geht aus der Statistik hervor, dass die Zahl der Ausländer, die sozialversicherungspflichtig beschäftigt sind, zum Vorjahr um 11,2 Prozent gestiegen ist. In *Bild* wird das gar nicht erst erwähnt. Dort schafft es nur eine Zahl auf die Titelseite: »Jeder 4. Hartz-IV-Bezieher ist mittlerweile Ausländer!«[19]

Gewinnerdeutsche und Mördermigranten

Was aber versteht *Bild* eigentlich unter einem Ausländer? Oder andersherum: Wann ist man für *Bild* ein Deutscher? Auf diese Frage antwortet der »BILD-Ombudsmann« im Juli 2019, es sei nicht Auftrag der Redaktion, »die Herkunft von Menschen, über die sie berichtet, über möglichst viele Generationen zurückzuverfolgen«[20]. Wer einen deutschen Pass habe, sei für *Bild* Deutscher. Doch kaum eine Woche vor seiner Aussage hatte *Bild.de* über die Vergewaltigung eines Mädchens in Herne berichtet, dabei hieß es zu den

Tatverdächtigen: »Die Tatverdächtigen sind libanesischer Herkunft, haben aber auch einen deutschen Pass.«[21] Wenn nur der Pass zählt, wie *Bild* behauptet, warum wird dann erwähnt, dass sie »libanesischer Herkunft« sind? Und wie viele Generationen hat die Redaktion wohl diesmal zurückverfolgt? Oder als *Bild.de* 2019 über einen Fall von Schleuserei und Zwangsprostitution in einem Zirkus berichtet und über die Hauptbeschuldigte schreibt, sie sei »Deutsche russischer Herkunft«[22]. Oder 2016 über den Tatverdächtigen in einem »blutigen Eifersuchtsdrama«, er sei »Deutscher mit kasachischer Herkunft«[23]. Was tut das zur Sache?

Als hingegen ein Profi-Gamer aus Berlin 2017 bei einem E-Sport-Turnier mehr als zehn Millionen US-Dollar gewinnt, lässt *Bild.de* die Tatsache, dass er im Iran geboren wurde, gänzlich unerwähnt und titelt stattdessen: »Deutscher gewinnt weltgrößtes E-Sport-Turnier«[24]. Bei solchen Erfolgsgeschichten zählt bei Menschen mit Migrationshintergrund also oft nur der Pass, dann sind sie »Deutsche«, welche von *uns*. Wenn sie aber vergewaltigen, rauben und morden, sind sie häufig: Migranten, die einen deutschen Pass haben.

Im Dezember 2019 wird in Bayern ein Mann totgeprügelt, von einem Haupttäter »mit deutscher, türkischer und libanesischer Staatsangehörigkeit«, wie *Bild.de* schreibt, und einem Mittäter, der Italiener sei.[25] Am selben Tag berichtet *Bild.de* über eine andere Straftat in Bayern, bei der ein Mann einem Polizisten ein Messer in den Nacken gerammt hatte. Dass der Täter Deutscher ist, schreibt *Bild.de* nicht.[26]

»Die Herkunft wird meist nur dann erwähnt, wenn die Tatverdächtigen Ausländer sind«, lautet auch das Ergebnis einer Untersuchung verschiedener TV- und Printmedien, die im Dezember 2019 im *Mediendienst Integration* erschienen ist.[27] Dabei zeige sich eine »deutliche Verzerrung der statistischen Daten«, denn laut Kriminalstatistik habe die Polizei mehr als doppelt so viele deutsche wie ausländische Tatverdächtige erfasst, wohingegen in den untersuchten Zeitungen »mehr als 14 ausländische auf einen deutschen Tatverdächtigen« kämen:

Damit werden ausländische Tatverdächtige 2019 in Zeitungsberichten 32 Mal so häufig erwähnt, wie es ihrem statistischen Anteil entspricht.

Die Gesamtschau der Berichterstattung zeige: »Der gewalttätige Ausländer ist eine zentrale Angstfigur im deutschen Journalismus.« Insbesondere in der *Bild*-Zeitung: Dort hätten 2019 über 41 Prozent aller Artikel über Migranten von mutmaßlichen Gewalttätern gehandelt. Das sei »der mit Abstand höchste Anteil« unter den untersuchten Zeitungen.

»DIE MASCHE DER ROMA«

Auch das ist eine Auffälligkeit in der *Bild*-Berichterstattung, die dazu führen kann, dass bei Lesern das Thema Zuwanderung mit Kriminalität und Schmarotzertum assoziiert wird. Was dabei immer wieder zu erkennen ist: Nicht alle Migranten sind gleichermaßen betroffen. 2013 etwa entscheidet das nordrhein-westfälische Landessozialgericht, dass, vereinfacht gesagt, EU-Bürger, die schon lange in Deutschland leben und keinen Job finden, Anspruch auf Hartz IV haben.[28] Über das Urteil berichtet damals auch *Bild*, und zwar mit der Titelschlagzeile: »NEUES URTEIL! Hartz IV künftig auch für Rumänen und Bulgaren«[29]. Was in der Überschrift nicht ersichtlich wird: Dass das Urteil genauso für Franzosen, Polen, Schweden und alle anderen EU-Bürger gilt, die in Deutschland leben. Darum bezeichnet auch ein Sprecher des Gerichts die *Bild*-Schlagzeile uns gegenüber damals als »irreführend«. Doch die Redaktion legt am nächsten Tag nach, fragt panisch: »Wie viel Tausende Rumänen und Bulgaren stellen jetzt Hartz-IV-Antrag bei uns?«[30], und rechnet vor, wie viele Millionen Euro den deutschen Steuerzahler das nun kosten könnte. Die Wirkung zeigt sich unmittelbar in der Kommentarspalte bei *Bild.de*, wo sich wütende Leser über die »arbeitsscheuen Asylanten« auslassen, genauer: »Die Rumänen und Bulgaren«, die »nur noch wegen der sozialen Hängematte« nach Deutschland kämen.[31]

Auch sonst treten Rumänen und Bulgaren sowie Sinti und Roma in *Bild* häufig in negativem Kontext in Erscheinung, ob als kriminelle Bettler, Schulschwänzer oder Sozialbetrüger.[32] »Droht Deutschland eine Roma-Welle?«[33], fragt *Bild* 2013 besorgt und veröffentlicht »Die 6 Wahrheiten über ROMA in Deutschland«[34]. Eine davon lautet: »Die

Kriminalität steigt«. Zum scheinbaren Beweis dafür gibt die Redaktion die Zahl der rumänischen und bulgarischen Tatverdächtigen aus der Polizeilichen Kriminalstatistik an[35], die einige Jahre zuvor noch deutlich niedriger gewesen sei. Was sie jedoch nicht erwähnt: Damals gab es auch deutlich weniger Rumänen und Bulgaren in Deutschland; im genannten Zeitraum hat sich ihre Anzahl mehr als verdoppelt. Dass damit auch die (absolute) Zahl der Tatverdächtigen ansteigt, ist kein Wunder. Relativ gesehen zeigt sich allerdings, dass der Anteil der Tatverdächtigen unter den Bulgaren sogar gesunken ist.[36]

Mittlerweile ist der Begriff »Roma« bei *Bild* weniger eine Bezeichnung für eine ethnische Minderheit, sondern fast schon ein Synonym für eine kriminelle Organisation: Als im März 2020 eine Frau verurteilt wird, weil sie Rentner mit erfundenen Geschichten um 1,5 Millionen Euro betrogen hatte, schreibt *Bild*, dies sei »DIE MASCHE DER ROMA«[37] (wohlgemerkt: im Plural), obwohl die Taten der Frau überhaupt nichts mit ihrer ethnischen Zugehörigkeit zu tun haben. In einem offenen Brief[38] wirft daher die Initiative Sinti-Roma-Pride die Frage auf, warum die ethnische Herkunft in diesem Fall so groß thematisiert werde, in anderen Fällen aber nicht – insbesondere dann, wenn Sinti und Roma zu Opfern geworden seien. Dabei nimmt sie Bezug auf den rassistisch motivierten Anschlag von Hanau, bei dem im Februar 2020 neun Menschen mit Migrationshintergrund erschossen wurden, darunter zwei Roma und eine Romni. An die *Bild*-Redaktion gerichtet schreibt die Initiative:

Wir verfolgen Ihre Berichterstattung um die Terroropfer von Hanau aufmerksam und stellen dabei fest, dass die ethnische Herkunft von drei der zehn Todesopfern von Ihren Redakteur*innen so gut wie außer Acht gelassen wurde. [...] Wir als Interessenvertretung für Sinti und Roma fragen uns angesichts dieser ungleichen Benennung von Tätern und Opfern, welches Motiv Sie bei diesem sich immer wieder wiederholenden Vorgehen verfolgen.

Wie der Attentäter von Hanau zu seinem rassistischen Weltbild kam, so die Initiative weiter, wundere sie in Anbetracht von Titeln wie »DIE MASCHE DER ROMA« kaum:

Wissen Sie, liebe BILD-Redaktion, was mediale Verantwortung ist? Es bedeutet, sich als Medium über seine Reichweite und den damit verbundenen Einfluss bei der Masse im Klaren zu sein und diese nicht zu missbrauchen, und dazu beizutragen, eine zunehmende Radikalisierung von verfassungsfeindlichen Ideologien zu verhindern, damit rechtsextreme Täter nicht vor lauter Hass auf vermeintlich kriminelle Mitbürger auf die Straße gehen und Menschen erschießen.

Eine Antwort auf den offenen Brief, erklärt uns die Initiative gut ein Jahr später, habe sie von der Redaktion nie bekommen.

Die Muslime nehmen uns das Schnitzel weg!

Ein weiteres großes Thema in der *Bild*-Berichterstattung neben der Herkunft von Menschen und ihrer ethnischen Zugehörigkeit ist: ihre Religion.

»Bratwurst, Bulette oder Schnitzel – viele Kinder wollen nichts anderes«, beginnt im Juli 2019 eine große *Bild*-Titelgeschichte, die bundesweit für gewaltige Aufregung sorgt, denn: »Die Jungen und Mädchen zweier Kitas in Leipzig müssen ab sofort auf ihre Lieblingsspeisen verzichten. Schweinefleisch verboten!«[39], so *Bild*.

Doch das stimmt nicht. Tatsächlich wollen die Kitas schlicht kein Schweinefleisch mehr auf dem Speiseplan *anbieten*. Wenn Eltern trotzdem wollen, dass ihre Kinder in der Kita »Bratwurst, Bulette oder Schnitzel« essen, können sie ihnen diese nach wie vor mitgeben, das bestätigen uns seinerzeit auch Eltern, deren Kinder in die betroffenen Kitas gehen. Ein Schweinefleischverbot gibt es nicht. *Bild* behauptet es trotzdem. Und schreibt auch, wer angeblich schuld daran ist: »Weil unter den 300 Kindern auch zwei muslimische Mädchen sind, gelten ab sofort andere Regeln – auch Gummibärchen sind jetzt tabu.«

Erstens, noch mal: »Tabu« ist gar nichts. Wenn Eltern ihren Kindern Gummibärchen in die Brotdose packen wollen, können sie das weiterhin tun. Und zweitens taucht in dem Schreiben, mit dem die Eltern über die Essensplanänderung informiert wurden, der Islam gar nicht auf. Dort heißt es lediglich, die Änderung erfolge »aus

Respekt gegenüber einer sich verändernden Welt«. Ein Vater, dessen Sohn eine der fraglichen Kitas besucht, erklärt dann auch bei Facebook:»Unser Kindergarten tut dies aus Respekt gegenüber anderen Religionen. Damit sind nicht nur Muslime gemeint, sondern auch Juden oder Buddhisten.«[40] In den *Bild*-Medien ist jedoch einzig von Muslimen die Rede, die nun schuld seien am vermeintlichen Schweinefleischverbot. Dies sei ein »Minderheiten-Diktat«[41], schreibt *Bild*, ein »Kniefall vor den Falschen«[42]. Der Leiter des *Bild*-Parlamentsbüros kommentiert: »Wenn wegen zwei muslimischen Kindern alle anderen ihre Ernährung umstellen sollen, wird Minderheitenschutz zur Mehrheitsverachtung.«[43] Viele Politiker übernehmen die verzerrte Darstellung. Die AfD beispielsweise erklärt, das »Schweinefleischverbot in Kitas« sei »die Kapitulation vor dem Islam«.[44] Die CDU Sachsen teilt mit, das »Verbot von Schweinefleisch« sei »inakzeptabel«.[45] Und entrüstete Bürger fragen in den Sozialen Netzwerken:

> Heute kein Schweinefleisch mehr, morgen Kopftuchzwang und übermorgen? Müssen dann alle zum Islam konvertieren? Muss die Scharia eingeführt werden? Muss die Tochter mit einem 40-Jährigen zwangsverheiratet werden?[46]

In den beiden Kitas stehen derweil die Telefone nicht mehr still, auch schriftlich und persönlich werden ihre Mitarbeiter beschimpft und bedroht, sogar Morddrohungen gehen ein:»Sie führen sofort wieder Schweinefleisch ein, ansonsten wird die Kita abbrennen«, heißt es in den Nachrichten, oder »An den Galgen mit dir oder standrechtlich erschiessen« oder »Ich werde sie nicht nur krankenhausreif schlagen, ich werde sie töten, mit einem Messerstich ins Herz«.[47] Auch in den Sozialen Medien sammeln sich unzählige Kommentare voller Hass sowohl auf die Kita-Mitarbeiter als auch auf Muslime.

Doch die *Bild*-Medien machen unbeirrt weiter. Am nächsten Tag wiederholt der stellvertretende *Bild*-Chefredakteur Timo Lokoschat die Behauptung des von Muslimen verursachten »Schweinefleischverbots« und berichtet zudem über einen weiteren scheinbaren

Skandal in den beiden Kitas. Dort seien im Terminkalender nämlich sogar die christlichen Termine von muslimischen ersetzt worden:

> Statt Weihnachts- und Ostercafé standen plötzlich nur Ramadan und Zuckerfest auf der Agenda.[48]

Aber auch das stimmt nicht. In Wahrheit sieht der Terminplan der Kitas Thementage und Feste verschiedener Religionen und Kulturen vor: Neben christlichen Feiern wie dem Martinsfest ist auch ein chinesisches Mondfest vorgesehen, außerdem Thementage zum jüdischen Sukkot, zum hinduistischen Diwali oder zum muslimischen Ramadan.[49] Kurzum: Die Kitas beschäftigen sich ständig mit allen Religionen. *Bild* aber verschweigt diese Details und erweckt stattdessen den Anschein, das Christentum werde plötzlich vom Islam verdrängt.[50]

Auch das: ein sich oft wiederholendes Muster in den *Bild*-Medien. »NUR NOCH ISLAM-KUNDE statt evangelischer Religion«[51], verkünden sie beispielsweise im August 2018, und schon die Überschrift reicht aus, um Angst und Wut zu stiften. Auf der Facebookseite von *Bild News* reagieren Leser mit etlichen Kommentaren wie:

> Traurig aber wahr . Es giebt mehr Islamisten .Als Evangelisten und Katholiken. Der Islam will Deutschland besetzen ! Und wenn es so weitergeht dann schaffen die das .[52]

Tatsächlich gab es an einer Grundschule in Berlin-Schöneberg, um die es dabei geht, schon länger parallel christlichen Religionsunterricht, Islamkunde und Lebenskunde (in der es um Ethik geht), zwischen denen die Schüler wählen können. Diese Fächer werden allerdings nicht von Lehrern der Schule unterrichtet, sondern von Vertretern der religiösen oder humanistischen Träger. An der Grundschule ist für den christlichen Religionsunterricht eine evangelische Kirchengemeinde zuständig. Und die hat seit einiger Zeit nicht mehr genug Personal, um den Unterricht an allen Berliner Schulen anzubieten, so auch an der Grundschule, über die *Bild* berichtet. Das wäre eigentlich auch schon die ganze Geschichte: Die evangelische Kirche hat Personalmangel, daher können die Kinder aktuell nur zwischen Islam- und Lebenskunde wählen. Durch die *Bild*-Schlagzeile aber entsteht der Eindruck, der christliche Unterricht sei von der Islamkunde ersetzt worden.

Dabei hat sich die Schulleitung, wie sie damals auf unsere Anfrage erklärt, sogar Mühe gegeben, den christlichen Unterricht trotz Personalmangels weiter aufrechtzuerhalten: Mit einer anderen evangelischen Kirchengemeinde habe man vereinbaren können, dass diese Pfarrer schickt, die den christlichen Religionsunterricht für die Jahrgangsstufen 1 und 2 übernehmen. Für die Klassen 3 bis 6 werde es außerdem Projekttage zum Thema »Kinder begegnen Religionen« geben, geplant von der evangelischen Kirche. Außerdem werde wie immer eine Weihnachtsfeier stattfinden, man werde wie immer einen großen Weihnachtsbaum aufstellen. Doch von all diesen Bemühungen liest man in der *Bild*-Zeitung: kein Wort.

Und die Leser fürchten sich weiter: »Bald sind wir Deutsche Fremde im eigenen Land«.[53]

Ähnliche Ängste werden im August 2017 befeuert, als der saarländische Kultusminister in einem Pressegespräch erwähnt, dass für die zunehmende Anzahl von Schülern mit Migrationshintergrund verschiedene Sprachen als Unterrichtsfach angeboten werden sollen, zum Beispiel Türkisch, Italienisch, Arabisch oder Russisch[54] – und *Bild* daraus die riesige, einseitige Schlagzeile macht: »Weil immer mehr Flüchtlingskinder kommen: Minister will Arabisch-Unterricht an unseren Schulen«[55]. Der Kultusminister bekommt daraufhin viele Nachrichten, in denen ihn die Verfasser »eine stinkende Ratte von einem Verräter am Deutschen Volk«, einen »geistig verkrüppelten Untermenschen« oder einen »verfluchten Vaterlandsverräter« nennen und sich ausmalen, wie er und seine Familie brutal von Schwarzen vergewaltigt und von Arabern umgebracht werden. »NIEMAND PLANT EINE MAUER NIEMAND PLANT DIE ISLAMISIERUNG«, schreibt einer, »VERDAMMT NOCHML DIE SOLLEN DEUTSCH LERNEN NICHT UMGEKEHRT«.[56]

Dass es gar nicht darum ging, dass die Migranten ihre Heimatsprachen *anstelle* von Deutsch lernen sollten, oder darum, dass

Deutsche die Fremdsprachen lernen sollen, damit die Migranten nicht Deutsch lernen müssen, sei im Getöse natürlich untergegangen, schreibt Stefan Niggemeier bei *Übermedien*:

> Vermutlich musste es untergehen, damit es überhaupt Getöse gab. In der *Bild*-Geschichte ist die tatsächliche Absicht der Pläne zwar zumindest angedeutet. Aber die Überschrift mit ihrer Reduzierung auf ein aufregertaugliches Detail führt genau zur Skandalisierung, die dann von AfD und Rechtsextremisten genutzt wird.[57]

Gefangen im Feindbild

Sucht man im *Bild*-Print-Archiv der vergangenen sieben Jahre nach dem Wort »Christentum«, findet man rund 140 Treffer – zum Wort »Islam« mehr als eintausend.[58] Dabei taucht es nicht nur in solchen Sie-nehmen-uns-die-abendländische-Kultur-weg-Geschichten auf, sondern immer wieder auch in ausdrücklich bedrohlichem Kontext wie »Deutsche Mehrheit fühlt sich von Islam bedroht«[59], »Wie gefährlich ist der Boss der Islam-Rocker?«[60], »Für Mehrheit gehören Terror und Islam zusammen«[61] oder »Deutschland im Visier von Islam-Terroristen«[62]. Schon durch die wiederholte Verknüpfung des Wortes »Islam« mit Gefahr und Gewalt sowie die teils unzureichende oder fehlende Unterscheidung zwischen Islam und radikalem Islamismus wird ein Feindbild gefüttert, das nicht nur sämtliche (und damit vor allem die überwältigende Mehrheit friedlich in Deutschland lebender) Muslime pauschal ausgrenzt und anprangert, sondern auch Problemlösungen verhindert. Dabei gibt es viele wichtige Diskussionen, die geführt werden müssen, wenn es um das Zusammenleben verschiedener Religionen geht. Dafür braucht es ernsthafte Kritik und vernünftige Dialoge. Doch die sind praktisch unmöglich, wenn der Islam in den Köpfen von Nicht-Muslimen nur als bedrohliches Feindbild existiert. »Ein Feindbild ignoriert die Komplexität und Vielfalt der Realität und reduziert sie auf ein emotionalisiertes, abwertendes Schwarz-Weiß-Bild«, schreiben Jochen Hippler und Andrea Lueg in der 2002 erschienenen Neuauflage ihres Buchs »Feindbild Islam«[63]:

Es setzt Klischees an die Stelle der Realität, meist unter Nutzung ausgewählter Bruchstücke der Realität. Ein Feindbild macht blind – und der Unterschied zwischen wirklichen Problemen und Bedrohungen zur eigenen Einbildung verschwimmt. So werden Konflikte herbeigedacht oder reale Konflikte unlösbar gemacht: Probleme können nicht mehr mit- oder auch gegeneinander gelöst werden, weil man im Banne der Schemata gefangen ist.

Deshalb seien Feindbilder auch »das Ende jeden Dialogs«:

Einen Dialog kann man mit Freunden führen, aber auch mit Gegnern. Sobald aber ein Feindbild an die Stelle der Realität tritt, macht Dialog keinen Sinn mehr: Wie sollte man mit seinen eigenen Fiktionen einen Austausch führen?

Wer diese Feindbilder abbauen möchte, dem wird von dessen Konstrukteuren schnell vorgeworfen, er wolle *jede* Kritik am Islam verhindern, mehr noch: Er stelle sich auf die Seite der Radikalen und nehme ihre Unterdrückung, Frauenverachtung und Gewalttätigkeit in Schutz. Als die *Bild am Sonntag* 2014 einen Kommentar ihres damaligen Vizechefs Nicolaus Fest[64] veröffentlicht, in dem er unter anderem schreibt, ihn störe »die totschlagbereite Verachtung des Islam für Frauen und Homosexuelle«, der Islam stehe für »importierten Rassismus« und sei wohl »ein Integrationshindernis«[65], und Fest dafür heftigen Gegenwind bekommt[66], twittert er: »Herrlicher Shitstorm! Offensichtlich finden viele Homophobie, Antisemitismus & Ehrenmorde völlig ok.«[67] Als sei jeder, der sich gegen solche Pauschalisierungen ausspricht, *für* Homophobie, Antisemitismus und sogenannte Ehrenmorde.

Tatsächlich, so Hippler und Lueg, sei der Abbau von Feindbildern aber »kein Schritt in Richtung Kritiklosigkeit, sondern gerade eine Voraussetzung für ernsthafte Kritik«:

Selbstkonstruierte Feindbilder zu attackieren ist keine Kritik, sondern Demagogie. Schließlich kommt es darauf an, die Realität zu verändern, nicht Hirngespinste.

Wenn sich ein Feindbild jedoch verfestige und politisch wirksam werde, nehme »die Gefahr politischer Gewalt zu«. Die medial verbreiteten Stereotype vom gefährlichen Muslim trügen dazu bei, dass friedlich lebende Muslime in Deutschland beschimpft, bedroht und körperlich attackiert werden.

So schlägt sich die seit Jahren verbreitete Anti-Islam-Stimmung immer wieder in hasserfüllten Übergriffen nieder: Allein im Jahr 2017 wurden vom Bundesinnenministerium mehr als 1.000 islamfeindliche Straftaten verzeichnet. Auch 2018, 2019 und 2020 zählten die Behörden pro Jahr über 900 Angriffe auf Muslime und Moscheen in Deutschland.[68] In der *Bild*-Zeitung erscheinen diese Daten jedoch allenfalls als Randnotiz. Als beispielsweise die Zahl der 1.000 Vorfälle für 2017 veröffentlicht wird, ist *Bild* das lediglich eine winzige Meldung wert.[69] Als aber später bekannt gegeben wird, dass im selben Jahr 100 antisemitische Vorfälle mit islamistischem Hintergrund registriert wurden, druckt *Bild* dazu einen großen Artikel auf der Politik-Seite: »Antisemitismus von radikalen Muslimen immer schlimmer!«[70]

All diese Auswüchse – die einseitige Berichterstattung, das Verschweigen relativierender Fakten, die Verdrehungen und Erfindungen, das Assoziieren mit Faulheit, Kriminalität und Gewalt – finden sich besonders häufig seit dem Sommer des Jahres 2015, und zwar in der Berichterstattung über eine Gruppe von Menschen, der *Bild* zunächst etwas ganz anderes versprochen hatte.

»WIR HELFEN«

»Noch nie seit dem Ende des Zweiten Weltkriegs waren so viele Menschen auf der Flucht vor Krieg, Terror, Elend und Unterdrückung wie heute«[71], schreibt die *Bild*-Redaktion in einer großen Titelgeschichte im August 2015, zu Beginn der sogenannten Flüchtlingskrise. Diese Menschen aus Syrien, dem Irak, aus Afghanistan, Somalia »und vielen anderen armen, geschundenen Staaten«, die nun in Deutschland Zuflucht suchten, um der Gewalt in ihrer Heimat zu entkommen, seien »müde, verängstigt, traumatisiert«, sie »brauchen Wohnungen, Schulen, Perspektiven – sie brauchen uns«.

Aus diesem Grund startet *Bild* die Aktion »WIR HELFEN«, das bedeute: »BILD berichtet täglich über Hilfsaktionen, über Menschen, die sich einsetzen für Flüchtlinge«, sammle Spenden und motiviere die Bürger, selbst etwas zu tun, »mit Ideen, Engagement, mit Einsatz«, um den Geflüchteten zu zeigen, dass sie »auf unsere bedingungslose Hilfe vertrauen können«. Auch solle mit der Aktion »ein Zeichen der Menschlichkeit« gesetzt werden, um gegen den lauter werdenden Fremdenhass in der Bevölkerung anzukämpfen:

> Wir wollen zeigen, dass Schreihälse und Fremdenhasser NICHT in unserem Namen grölen! Dass Deutschland ein Herz hat für Menschen, die Hilfe brauchen!

Doch nach wenigen Wochen ist nicht mehr viel zu sehen von der Menschlichkeit. Die Berichte über Hilfsaktionen werden rasch weniger, das Motivieren der Bürger, sich zu engagieren, bleibt aus, die Mitleidsbekundungen mit den traumatisierten Menschen lassen nach. Stattdessen übernimmt die Panikmache. »Jetzt kommen die Afghanen«[72], titelt *Bild.de* schon im Oktober hysterisch über den »Ansturm« der Geflüchteten und warnt: »Mehr als 12 000 Flüchtlinge an einem Tag: Slowenien wird ÜBERRANNT!«[73] Mit solchen Zahlen geht es atemlos weiter: »150 000 neue Flüchtlinge in nur 2 Wochen«[74]. »Trotz Schnee! 22 000 neue Flüchtlinge in einer Woche«[75]. »Hier fliegen 5 Flüchtlinge freiwillig zurück, ABER 51 395 NEUE SIND SCHON DA«[76].

Solche Schlagzeilen, schreibt der Germanist Alexander Bulk in seinem Buch »Bild dir deinen Hass – Wie die *Bild*-Zeitung gegen Geflüchtete und People of Color schreibt«, würden dazu führen, dass die Geflohenen »nur noch als undefinierbare Masse erscheinen«, was eine gewisse »Entmenschlichung« zur Folge habe.[77] Diese werde auch durch bestimmte sprachliche Bilder vorangetrieben, die die Geflüchteten nicht mehr als hilfsbedürftige Einzelpersonen erscheinen ließen, sondern vielmehr als eine Naturgewalt, die drohe, das Land zu überfluten, zum Beispiel: »Die Kontrollen an der deutschen Grenze zur Eindämmung der Flüchtlingswelle zeigen kaum Wirkung!«[78], »Trotz des Winters reißt der Zustrom von Flüchtlingen nach Europa nicht ab!«[79], »Wie kann der Flüchtlingsstrom begrenzt werden?«[80], »Warum haben immer mehr Deutsche Angst vor dem Flüchtlingsstrom?«[81].

Dadurch würden menschengemachte Fluchtursachen verdeckt, schreibt Bulk, »und die empathische Betrachtung der Individuen als schutzsuchende Menschen erschwert«. Darüber hinaus sei ein Sprachduktus zu beobachten, der Flucht und Migration ständig als Herausforderung oder Belastung beschreibe, etwa: »Wie soll das gehen? 1180 Einwohner, 3100 Flüchtlinge«[82]. »Es ist eine Riesen-Herausforderung für unser Land: Bis zu 1,5 Millionen Flüchtlinge kommen dieses Jahr zu uns! Und Millionen Deutsche fragen sich: Können Versorgung und Integration wirklich gelingen? Schaffen wir das?«[83]

Unterstrichen werde dieses, so Bulk, »permanente Framing von Migrationsprozessen als anstrengende Überforderungssituation« durch die häufige Aufzählung von Ressourcen, die nötig seien, um diese beschwerliche Aufgabe zu bewerkstelligen: »Deutschland braucht 400 000 neue Wohnungen«[84], »50 Milliarden Euro – WOHER NEHMEN WIR DAS GELD FÜR DIE FLÜCHTLINGSKRISE?«[85], »Rund 15 000 zusätzliche Stellen bei der Polizei sind nötig, um die innere Sicherheit weiter zu gewährleisten«[86], »Überstunden beim BAMF – Die Mitarbeiter des Bundesamtes für Migration und Flüchtlinge (BAMF) sollen bis zu 40 Stunden Mehrarbeit im Monat leisten. Statt Freizeitausgleich erhalten sie mehr Geld«[87]. Einordnungen solcher Zahlen fänden allerdings nicht statt, schreibt Bulk:

> Um [beispielsweise] einschätzen zu können, was die Anweisung an die Mitarbeitenden des BaMF für diese bedeutet, müsste ersichtlich werden, wie viel Mehrarbeit zu anderen Zeitpunkten anfällt und wie diese üblicherweise vergütet wird. Derlei Relativierungen bleiben jedoch aus, sodass die Zahlen auf den ersten Blick alarmierend wirken und auf einen Ausnahmezustand schließen lassen.

So würden »Bedrohungsszenarien« konstruiert, in denen »die Tatsache, dass es sich hierbei um Schutzsuchende handelt, die keine Wahl haben, ob sie durch ihre Flucht in den Zielländern Kosten verursachen«, verdeckt werde.

Auffällig sei zudem der häufige Gebrauch von Verben wie »stemmen«: »Bis zu einer Million Flüchtlinge kommen 2015 zu uns. Kann Deutschland das dauerhaft stemmen?«[88], »Wie soll Deutschland den Zustrom von Flüchtlingen stemmen?«[89], »Kann Deutschland die Flüchtlingskrise stemmen? Oder übernimmt sich das Land mit der Aufnahme Hunderttausender Zuwanderer?«[90]. So würden, schreibt Bulk, Geflüchtete »wörtlich zu einer Belastung, einem Gewicht, das Druck auf das Land ausübt und unter beträchtlichem Kraftaufwand *gehoben* werden muss«. Als Folge eines misslungenen Versuches stehe »ein Zusammenbrechen oder gar Erdrücken der Stemmenden, also der Bevölkerung Deutschlands, im Raum«. Auch diese Darstellung ziele »auf die Generierung von Dramatik und existenziellen Ängsten ab«.

»Klartext über Flüchtlinge und Kriminalität«

Neben solchen sprachlichen Kniffen treten auch andere Muster wieder zum Vorschein: »Immer mehr Flüchtlinge landen in Hartz IV!«[91], alarmiert *Bild* beispielsweise im Oktober 2015 auf der Titelseite und zitiert, mal wieder, die Statistik der Bundesagentur für Arbeit. Was jedoch, mal wieder, nicht erwähnt wird: dass laut der Statistik nicht nur die Zahl der Hartz-IV-Empfänger gestiegen ist, sondern auch die Zahl der Beschäftigten.[92] *Bild* hätte also auch schreiben können: »Immer mehr Flüchtlinge haben einen Job!«

»Nur jeder 50. Flüchtling findet einen Job«[93], titelt *Bild.de* zwei Monate später, diese Zahl habe ein Forschungsinstitut errechnet. Tatsächlich erklärt das Forschungsinstitut damals auf unsere Nachfrage, dass insgesamt nicht jeder Fünfzigste einen Job finde, sondern jeder Fünfte.[94] Die *Bild*-Medien hatten sich lediglich eine Monatsquote herausgepickt, statt den (positiveren) Jahreswert zu betrachten. Auch die (noch positivere) langfristige Entwicklung, die das Institut errechnet hatte – dass 60 Prozent der Geflüchteten in den ersten vier Jahren Arbeit finden –, wird von den *Bild*-Medien verschwiegen.

Ähnlich irreführend heißt es im Januar 2018 in *Bild am Sonntag*: »4 von 5 Flüchtlingen fallen bei Deutsch-Test durch«[95]. Bei

Bild.de befindet sich der Artikel hinter der Paywall, sodass nur zahlende Leser erfahren, dass nicht, wie in der Überschrift behauptet, »4 von 5 Flüchtlingen« beim Deutsch-Test »durchfallen«, sondern dass vier von fünf Geflüchteten, die Analphabeten sind, nicht das Sprachniveau B1 erreichen.[96] Unabhängig vom Sprachniveau haben den »Deutsch-Test für Zuwanderer« rund 76 Prozent der Teilnehmer bestanden, und nicht, wie die *Bild*-Medien titeln, nur 20 Prozent.[97] Doch wie so häufig übernehmen zahlreiche Medien und Politiker die falsche Schlagzeile. Die AfD Schleswig-Holstein teilt mit, Flüchtlinge seien »auf dem deutschen Arbeitsmarkt dauerhaft unbrauchbar«.[98] Eine »Integration dieser Migranten«, schreibt ein weiterer AfD-Politiker, sei »anhand solcher Zahlen vollkommen unmöglich«, stattdessen »sollten wir unsere Abschiebebemühungen deutlich erhöhen«, schließlich seien die Migranten »noch nicht einmal für Helfer-Jobs oder eine Ausbildung geeignet«.[99]

Als ein FDP-Politiker *Bild* öffentlich vorwirft, die Schlagzeile sei gelogen[100], antwortet Julian Reichelt, sie sei einfach bloß »schlecht formuliert« und inzwischen geändert worden. Und er ergänzt: »Nicht alles, was nicht korrekt ist, ist gleich eine ›Lüge‹.«[101]

Neben der angeblichen Faulheit und Untauglichkeit spielt in den *Bild*-Medien noch ein weiterer Aspekt eine wichtige, womöglich *die* wichtigste Rolle in der Berichterstattung über Geflüchtete. »Gibt es einen Zusammenhang zwischen Flüchtlingszahlen und Kriminalitätsentwicklung?«, will *Bild* im Februar 2016 in einem Interview mit dem damaligen Innenminister von Sachsen wissen. Seine Antwort:

> Bis zum 30. September 2015 hat Sachsen mehr als 45.000 Zuwanderer aufgenommen. Zugleich wurden in der Polizeilichen Kriminalstatistik Sachsen für die ersten neun Monate 4.695 Zuwanderer als Tatverdächtige erfasst. Durch diese wurden 10.397 Straftaten (ohne ausländerrechtliche Verstöße) verübt. Im Vergleichszeitraum 2014 waren 3.104 Zuwanderer als Tatverdächtige mit 7.029 Straftaten registriert.[102]

Das klingt im ersten Moment so, als sei die Kriminalitätsrate durch die neuen Zuwanderer gestiegen, allerdings zeigt sich bei genauerem Hinsehen, dass die Antwort des Innenministers gar keinen richtigen Schluss zulässt – weil die Vergleichsgröße fehlt: die Gesamtzahl der Zuwanderer, die Sachsen bis zum 30. September 2014 aufgenommen hat.

Und wenn man die heranzieht[103], lässt sich vereinfacht sagen: 2014 ist jeder vierte Zuwanderer als Tatverdächtiger erfasst worden, davon hat jeder 2,3 Straftaten begangen. 2015 war es nur noch jeder zehnte, mit jeweils 2,2 Straftaten. Die Kriminalitätsrate ist also gesunken. Der Innenminister nennt aber bloß die gestiegenen absoluten Zahlen. Und *Bild* belässt es einfach dabei, ohne nachzufragen oder wenigstens darauf hinzuweisen. Überschrieben ist das Interview mit:»Hier spricht Sachsens Innenminister Klartext über Flüchtlinge und Kriminalität«.

Schon zwei Monate vor dem Interview hatte er die Zahlen in einer Pressemitteilung genannt und dazu erklärt, dass sich»die überwiegende Mehrheit der Zuwanderer« in Sachsen»rechtskonform« verhalte.[104] Und während andere Medien über diese Nachricht damals unter Überschriften wie»›Großteil der Zuwanderer verhält sich rechtskonform‹«[105] oder»›Mehrheit verhält sich rechtskonform‹«[106] berichten, wählt *Bild* die Überschrift:»So kriminell sind Sachsens Zuwanderer«[107]. Eingebettet ist der kleine Artikel in einen riesigen, etwa fünfmal größeren Artikel mit der Schlagzeile:»Tod im Asylheim! SYRER RAMMT LANDSMANN WEINGLAS INS HERZ«.

Ein paar Monate später, im Sommer 2016, schlägt die Redaktion wieder großen Alarm, genauer:»SEX-MOB-ALARM IM SCHWIMMBAD«[108]. Dies habe ein»Geheimpapier« (gemeint ist eine interne E-Mail) der Düsseldorfer Polizei»enthüllt«. Dort sei von einem»enormen Anstieg« von Sexualstraftaten in Düsseldorfer Bädern die Rede. Die Täter seien»zum größten Teil Zuwanderer«. Sofort wird die Geschichte von etlichen Medien und rechten Facebookseiten aufgegriffen.[109] Selbst im Ausland wird über die Zunahme übergriffiger Migranten in deutschen Schwimmbädern berichtet.[110] Um wie viele Fälle es sich dabei handelt, verrät *Bild* im Artikel interessanterweise jedoch nicht.

Erst als seriöse Journalisten bei Schwimmbädern und der Polizei nachhaken, stellt sich heraus, dass bislang nicht, wie man aufgrund der *Bild*-Hysterie annehmen könnte, Hunderte oder Dutzende Anzeigen verzeichnet wurden, sondern: acht. Im Vorjahr waren es 17, im Jahr davor sieben.[111] Ob die Beschuldigten »zum größten Teil Zuwanderer« waren, geht aus den Zahlen nicht hervor. Einige Medien recherchieren auch im Rest der Bundesrepublik, etwa die *Frankfurter Rundschau*, die anschließend unter der Überschrift »Kein ›Sexmob-Alarm‹ in Schwimmbädern« Entwarnung gibt:

> Eine Recherche zeigt: Einen massiven Anstieg von sexuellen Übergriffen durch Geflüchtete in deutschen Badeanstalten gibt es nicht. Die Schlagzeilen entpuppen sich als Falschmeldungen.[112]

Tatsächlich, so erklärt es wenig später die Düsseldorfer Polizei, habe sich die interne Mail auf die Gesamtzahl von Sexualdelikten bezogen, also auch jenseits von Schwimmbädern. Und diese Zahl sei durch die Übergriffe in der Silvesternacht 2015[113] nach oben getrieben worden. Auf unsere damalige Nachfrage bei der Polizei, warum sie der *Bild*-Zeitung die Fallzahlen aus den Bädern nicht mitgeteilt habe, was die Falschmeldung schließlich hätte verhindern können, sagt eine Sprecherin, dass die *Bild*-Anfrage am Sonntag reingekommen sei. Da sei man nicht in der Lage, entsprechende Zahlen zu recherchieren. Am Montag wäre das dann kein Problem gewesen.[114] Die *Bild*-Medien schlugen aber schon mal Alarm, bevor sie überhaupt Genaues wussten.

Hätten sie nur ein kleines bisschen weiterrecherchiert, wäre von ihrer Panikgeschichte nicht mehr viel übrig geblieben. Auch das ist ein Muster, das immer wieder zu beobachten ist. Heraus kommen dabei Geschichten, die vermutlich zwar gut für die Verkaufszahlen sind, mit der Wahrheit jedoch nicht viel zu tun haben; die Ausländerfeinden immer neue Vorlagen liefern, echte Diskussionen über echte Probleme aber so gut wie unmöglich machen. Und die Menschen grauenvolle Taten anhängen, die sie gar nicht begangen haben. Wie im Februar 2017.

»Ihre Hände waren überall«

Damals, ein halbes Jahr nach dem angeblichen »Sex-Mob« in den Düsseldorfer Schwimmbädern, titeln die *Bild*-Medien: »Sex-Mob tobte in Frankfurter Restaurant-Meile«[115]. In dem Artikel kommt eine Frau zu Wort, die erzählt, dass sie und ihre Freundinnen in der Innenstadt von Frankfurt am Main massiv sexuell belästigt worden seien:

»Ich kann froh sein, dass ich eine Strumpfhose anhatte«, erzählt [die Frau], die Silvester in der City feierte. »Sie fassten mir unter den Rock, zwischen die Beine, an meine Brüste, überall hin. Mir und meinen Freundinnen. Immer mehr dieser Typen kamen. Ihre Hände waren überall.«

Die Täter seien »Araber« gewesen, zitiert *Bild* einen zweiten Kronzeugen, den Betreiber der Bar, in der die Frau gefeiert hatte:

»Als ich rein kam, war der ganze Laden voll mit einer Gruppe von rund 50 Arabern. Sie sprachen kein Deutsch, tranken den Gästen die Getränke weg, tanzten sie an. Die Frauen baten mich um Hilfe, weil sie angegrabscht werden. Die Stimmung kippte komplett.«

Später seien die Täter, die im Verlauf des Artikels von den Zeugen noch als »Nordafrikaner« und als »Massen an Flüchtlingen« bezeichnet werden, handgreiflich geworden, sie seien »mit Pyrotechnik« in andere Läden eingedrungen und »hochaggressiv« gewesen. »Nach BILD-Informationen«, heißt es weiter, seien die »900 größtenteils betrunkenen Flüchtlinge« zuvor mit dem Zug nach Frankfurt gekommen und in die Innenstadt gezogen, wo es dann zu den »unglaublichen Belästigungen durch Massen von Migranten« kam.

Die Geschichte zieht sofort große Kreise, wird von anderen Medien aufgegriffen und von zahlreichen rechtsextremen Gruppierungen verbreitet, auch im Ausland sorgt sie für Aufsehen.[116] In der Zwischenzeit legt *Bild* mit einem weiteren Artikel nach (»Nulltoleranz! Videoüberwachung! Mehr Polizei! Politiker wollen hart durchgreifen«[117]), in dem einige empörte Lokalpolitiker zu Wort kommen. Der damalige sicherheitspolitische Sprecher der CDU etwa teilt mit, wenn »Männer-Massen, die die Stadt unsicher machen«, die »Schattenseiten der Flüchtlingspolitik« seien, »dann brauchen wir mehr Polizei auf den Straßen«, und ein unabhängiger Oberbürgermeisterkandidat erklärt:

Wer sich in seinem Gastland so verhält, wie es die Berichte belegen, hat keinen Anspruch auf unsere Gastfreundschaft und sein Asylrecht verwirkt!

Doch einen Tag später kommen Zweifel an der *Bild*-Geschichte auf. Der Journalist Sebastian Eder bezeichnet den Fall bei *FAZ.net* als einen »Sex-Mob, den keiner gesehen hat«[118]. Eder hatte bei der Polizei nachgefragt, ob Anzeigen zu der Nacht vorlägen, doch es gab keine. Er suchte in den Sozialen Netzwerken nach Videos und Fotos zu den Vorfällen, doch er fand keine. Und er fragte bei anderen Gastronomen nach, ob sie an Silvester Ähnliches beobachtet hatten. Hatten sie nicht. Was er stattdessen herausfand: Dass der Gastronom, den *Bild* als Kronzeugen zitiert hatte, auf seiner Facebookseite Sympathien für die AfD gezeigt und ein Video unter der Überschrift »Merkel muss weg« geteilt hatte, in dem der »Nationale Widerstand« durch Berlin marschiert und »Lügenpresse« und »Hurensöhne« ruft. Auf Eders Anfrage gibt der Gastronom an, er sei »mit der Einwanderungspolitik von Merkel nicht einverstanden und hoffe, dass der Erfolg der AfD dazu führt, dass die CDU das merkt«.

Zwei Tage später fragen wir beim Frankfurter Polizeipräsidium nach, ob inzwischen Anzeigen eingetroffen sind. Ein Sprecher erklärt, dass nichts vorliege. Einige Tage später fragt der *FAZ.net*-Journalist noch mal nach – immer noch nichts.[119]

Kurz darauf dann die große Wende bei *Bild*: »SILVESTER-ÜBER-GRIFFE ERFUNDEN? Polizei ermittelt gegen Promi-Wirt«[120]. Gegen den Mann sei ein Ermittlungsverfahren eingeleitet worden, »wegen Vortäuschens einer Straftat«. Womöglich habe der Mann »alle belogen«. Die *Frankfurter Neue Presse* berichtet außerdem, dass die Frau, die *Bild* als zweite Kronzeugin zitiert hatte, in der fraglichen Nacht nicht einmal in Frankfurt gewesen sei, sondern im Ausland. Die Polizei habe ihre Flugtickets sichergestellt.[121] Am Tag darauf veröffentlicht *Bild* schließlich eine »Entschuldigung in eigener Sache«:

Mit Bedauern muss die Redaktion feststellen, dass die wiedergegebenen Aussagen und Anschuldigungen der vermeintlichen Opfer in keiner Weise von der Polizei bestätigt werden und gänzlich haltlos sind.[122]

Merklich geändert an der *Bild*-Berichterstattung über Geflüchtete und Migration hat aber auch dieser Fall nichts; es geht einfach genauso laut weiter. »SO DREIST MISSBRAUCHEN KLAUBANDEN UNSER ASYL!«[123], heißt es dann in großen Buchstaben über den *Bild*-Geschichten oder: »Ich habe 40 Menschen umgebracht und will Asyl«[124], oder: »Terroristen durften ganz legal zu uns kommen!«[125], oder: »Wer klaut, darf bleiben!«[126], oder: »Asyl-Behörde ließ 46 Islamisten ins Land!«[127], oder: »NIEMAND MACHT ES SEINEN SCHLIMMSTEN FEINDEN SO BEQUEM WIE WIR«[128]. Geschichten, in denen die *Bild*-Medien beständig von »ASYL-WAHNSINN«[129] und »ABSCHIEBE-IRRSINN«[130] und »Wiedereinreise-Wahnsinn«[131] sprechen, als wäre das Thema gar nicht mehr ohne solche Begriffe denkbar.[132] Geschichten, in denen »DIE ABSCHIEBE-TRICKS DER FLÜCHTLINGE«[133] oder »Die Asyl-Tricks der Einbrecher-Banden«[134] oder »Die unfassbaren Tricks von Migranten«[135] beklagt werden.

Weil *Bild* unter seiner Leitung bei den Themen Integration, Migration und Asyl »wieder konsequent für Unsachlichkeit, Vorurteile und Panikmache« stehe, wird Julian Reichelt im November 2018 der Negativpreis »Die goldene Kartoffel« verliehen.[136] Doch Reichelt »kann und möchte« den Preis »nicht annehmen«, sagt er damals, und das liege »weniger an der Begründung«, die er »natürlich für abwegig halte und in keiner Weise teile«, als vielmehr daran, dass der Name des Preises, »Kartoffel«, »gerade an Brennpunktschulen, wo Migration keine Erfolgsgeschichte ist«, eine rassistische Beschimpfung gegenüber Deutschen sei.[137]

6.

»Das wird man ja wohl noch sagen dürfen«

Bild und Rechtspopulisten

West-Berlin, Mitte der Siebzigerjahre. Vor der Wahl zum Abgeordnetenhaus erscheint auf der politischen Bildfläche plötzlich eine neue Partei. Sie ist klein, lautstark und ganz besonders: rechts. Mit ihrem schwarz-rot-gold umrandeten Wahlprogramm polemisiert sie gegen den »linken Meinungsterror«, warnt vor der kommunistischen Unterwanderung und der Bedrohung der inneren Sicherheit. Die Zeit sei reif, propagiert sie, ein Wechsel überfällig, so dürfe es nicht weitergehen. Der SPD-Senat »muß weg«, verkündet sie auf Flugblättern, »sonst sind wir alle am Ende«. Diese Partei, stellt die *Zeit* damals fest, sei eine Traumpartei »für alle jene Verängstigten, Unzufriedenen«, die laut ihren Parolen die »Nase voll haben«, die vor »verhängnisvollen Entwicklungen« warnen und stattdessen die »Bewahrung bewährter Traditionen« fordern.[1]

Die neue rechte Angstmacherpartei – die sich »Bund Freies Deutschland« nennt, kurz: BFD – schimpft gegen sämtliche etablierte Parteien (entweder zu links oder zu schwach) und bietet sich als Alternative an, als »Partei für Deutschland«, die ein »Signal für die schweigende Mehrheit« setzen wolle. Sie sei zwar, befindet die *Zeit* damals, nicht ganz so weit rechts wie die von der Wahl ausgeschlossene Neonazi-Partei NPD, doch wüssten deren unverdrossene Sympathisanten nun immerhin, »wo sie ihr Kreuz malen können«.

Massive Unterstützung erhält der BFD seinerzeit von der *Bild*-Zeitung, die ausführliche, unkritische Interviews mit den Parteiköpfen führt und ihm immer wieder mit großen Schlagzeilen zur Seite springt.[2] Axel Springer selbst habe die Partei auch finanziell sehr kräftig unterstützt, schreibt Journalist Michael Jürgs in seiner Biografie des Verlegers: Rund eine Million D-Mark habe Springer der Gruppierung damals über eine Tarnfirma zukommen lassen.[3]

Die enorme Rückendeckung verhilft der Partei bei der Wahl zwar zu beachtlichen 3,4 Prozent der Stimmen, dennoch scheitert sie an der Fünf-Prozent-Hürde und verpasst damit den Einzug ins West-Berliner Abgeordnetenhaus. In der Folge verliert sie rasch an Bedeutung, bis sie sich nach einer internen Spaltung schließlich ganz auflöst.

Ziemlich genau 40 Jahre später, im vereinten Deutschland, sorgt eine neue politische Partei für Aufsehen, wieder sehr laut, wieder stark rechts und voller apokalyptischer Botschaften. Wieder präsentiert sie sich als »Alternative für Deutschland«, nur diesmal – mit großem Erfolg. Nach mehreren erfolgreichen Landtagswahlen zieht die AfD 2017 sogar als drittstärkste Kraft in den Bundestag ein. Massiv beteiligt am Siegeszug der rechten Angstmacher ist wieder: die *Bild*-Zeitung.

Julian Reichelt, Chefbigotteur

Bild ist ein Blatt der Scheinheiligkeiten. So zeigt sich die Redaktion regelmäßig empört darüber, dass Schaulustige an Unfallstellen Fotos machen (»Ihr Gaffer seid echt das Letzte!«[4]), zugleich zahlt sie ihren Lesern Geld dafür, wenn diese an Unfallstellen Fotos machen.[5] Immer wieder regt sie sich über Billigfleisch in Supermärkten auf (»PREIS-IRRSINN IM SUPERMARKT: Fleisch billiger als Obst!«[6]), bietet selbst aber exklusive Billigfleisch-»Knaller-Deals« in Zusammenarbeit mit Discounterketten an, bei denen ihre Leser zum Beispiel »Sechs Würstchen, Ciabatta und ein Bier für 1,99 Euro!« bekommen.[7]

Eine ähnliche Bigotterie durchzieht auch ihr Verhältnis zur AfD. In Kommentaren und Interviews beteuert Julian Reichelt immer wieder, er finde die AfD »schrecklich«[8], er »verachte« ihre politische Führung und positioniere sich »sowas von klar gegen diese Leute«.[9] Den Vorwurf, *Bild* sei der verlängerte Arm der AfD, nennt er »eine Unverschämtheit«: »Man kann das nur dann behaupten, wenn man bereit ist, Fakten schlichtweg zu ignorieren.«[10] Schauen wir uns die Fakten also mal an.

Seinen publizistischen Umgang mit der AfD erklärt Reichelt im Sommer 2020 folgendermaßen:

> Ich habe mich entschieden, dass wir über alle nachrichtlichen Vorgänge bei der AfD berichten. Wir berichten auch, wenn sich aus unseren Anfragen nachrichtlich Relevantes ergibt. Aber wir werden der AfD und anderen Parteien, die in Deutschland vom Verfassungsschutz beobachtet werden, keine Fläche und keine Reichweite bieten. Wir werden ihnen nicht ermöglichen, sich zu inszenieren. Ein klassisches Interview mit der AfD wird bei uns also nicht stattfinden.[11]

Tatsächlich finden unter Reichelt in den *Bild*-Medien gleich mehrere klassische Interviews mit der AfD statt. Im August 2017 etwa mit AfD-Spitzenkandidat Alexander Gauland (»›Höcke ist Teil der Seele der AfD‹«[12]), zwei Monate später mit AfD-Fraktionschefin Alice Weidel (»›Mein politisches Vorbild ist Margaret Thatcher‹«[13]), im März 2018 erneut mit Weidel (»›Vier Jahre wird diese GroKo keinen Bestand haben‹«[14]). Reichelt deutet an anderer Stelle zwar an, dass seine Keine-Interviews-mit-der-AfD-Regel erst seit einem bestimmten »Wendepunkt« gelte[15] – nämlich seit Juni 2018, als Gauland die NS-Zeit als »Vogelschiss in über 1000 Jahren erfolgreicher deutscher Geschichte«[16] bezeichnet hatte –, doch auch das stimmt nicht ganz, denn im Februar 2019, also acht Monate nach dem angeblichen Wendepunkt, erscheint in *Bild am Sonntag* wieder ein großes Interview mit Gauland (»›Der Verfassungsschutz hat nichts gegen uns in der Hand‹«[17]). All diese Interviews sind bis heute auf *Bild.de* abrufbar.[18]

»Ich möchte diesen Leuten keine Plattform geben«[19], behauptet Reichelt, dabei hat er genau das immer wieder getan. Und auch seine Vorgänger haben der AfD enorme Fläche und Reichweite geboten.

Seit der Gründung der Partei durften sich deren Führungskräfte viele Male in großen *Bild-* und *BamS*-Beiträgen inszenieren und ihre Parolen jahrelang in Millionenauflage unter das Volk bringen.[20] Bisweilen unter bemerkenswerten Umständen. So lässt *Bild am Sonntag* im Sommer 2017 Alexander Gauland nicht etwa von einer erfahrenen Politikredakteurin interviewen, sondern von Reality-TV-Teilnehmerin Désirée Nick (u. a. *Promi Big Brother, Promis unter Palmen, Das große Promibacken*), was dazu führt, dass Gauland auf zwei Seiten gegen Ausländer und den Islam poltern kann, ohne dass ihm fundiert widersprochen wird.[21]

Julian Reichelt jedoch sieht eine Schuld für das Erstarken der AfD, wie so oft, bei den anderen:

> Ein Beispiel sind doch die Talkshows. Ich habe das Gefühl, dass es da schon auch ein quotenorientiertes Denken gibt, um Krawallbrüder dieser Parteien einzuladen. Ich sehe oft auch AfD-Politiker zu Themen debattieren, zu denen sie nichts wirklich beizutragen haben. Sie sind für die Sendungsmacher aber das Salz in der Suppe.[22]

Dabei haben die *Bild*-Medien schon früher mit rechtspopulistischen Krawallbrüdern ihr Süppchen gekocht und damit einen der Grundsteine dafür gelegt, dass deren Gesinnung sich so weit verbreiten konnte.

»DEUTSCHLAND SCHAFFT SICH AB«

»Wenn ich den Muezzin hören will, buche ich eine Reise ins Morgenland«[23], lautet im August 2010 (gut zweieinhalb Jahre vor Gründung der AfD) eine große *Bild*-Überschrift. Darunter: Fast eine Seite mit Passagen aus einem Buch des damaligen Bundesbank-Vorstands und Politikers Thilo Sarrazin, aus dem die Zeitung (wie auch der *Spiegel*[24]) vor der Veröffentlichung Auszüge abdruckt. Tagelang erscheinen die Vorabdrucke in einer großen »BILD-Serie« unter riesigen Überschriften wie: »DEUTSCHLAND SCHAFFT SICH AB«[25] oder »Bei keiner anderen Religion ist der Übergang zu Gewalt und Terrorismus so fließend«[26], womit der Islam gemeint ist, gegen den Sarrazin in seinem Buch massiv Stimmung macht. Vor allem behauptet er, wie es die *Zeit*-Journalisten Christian Fuchs und Paul Middelhoff später zusammenfassen, »dass Deutschland seine Zukunft durch ungesteuerte Migration aufs Spiel setzen würde«:

> Muslimische Einwanderer nähmen stärker als andere den Sozialstaat in Anspruch, sie seien krimineller und fordernder, und keine andere Religion sei so anfällig für Diktatur und Terrorismus wie der Islam. Wissenschaftler und Politiker werfen Sarrazin Rassismus und Islamfeindlichkeit vor und beschuldigen ihn, Statistiken manipuliert und absichtlich falsch interpretiert zu haben.[27]

Doch die *Bild*-Zeitung druckt Sarrazins Behauptungen einfach ab, ohne große Einordnung, ohne Faktencheck, ohne ausführlichen Widerspruch.[28] Im Gegenteil: Sie werden sogar hervorgehoben, fett gedruckt, unterstrichen. Sätze wie:

> Ich möchte nicht, dass das Land meiner Enkel und Urenkel zu großen Teilen muslimisch ist, dass dort über weite Strecken türkisch und arabisch gesprochen wird, die Frauen ein Kopftuch tragen und der Tagesrhythmus vom Ruf der Muezzine bestimmt wird. […] Ich möchte nicht, dass wir zu Fremden im eigenen Land werden.[29]

Dabei zeigt *Bild* Sarrazin nicht etwa als einen hysterischen Schwarzmaler, sondern verpasst ihm das Image eines »KLARTEXT-PO-LITIKERS«[30], der, während andere Politiker nur »beschönigen«[31] würden, den »Finger in die Wunde legt – dort, wo es besonders wehtut«[32]. Der mit seiner »knallharten Analyse«[33] endlich mal die »naive, gutmenschelnde, verlogene«[34] Zuwanderungspolitik offenlege und »schonungslos Missstände darstellt, die unsere Gesellschaft bedrohen«[35]. »Die *Bild*-Zeitung inszenierte Sarrazin als Tabu-Brecher einer angeblich kleingeistigen und die Tatsachen verschleiernden ›political correctness‹«, schreibt auch der Jurist, Publizist und ehemalige Politiker Wolfgang Lieb auf *Heise.de*: »*Bild* wusste genau (oder hätte es wissen müssen), dass Sarrazin mit seiner These von den aussterbenden Deutschen sein Spiel mit menschlichen Urängsten spielte.«[36]

Dennoch stellt die Redaktion ihn als mutigen Kämpfer dar, der »unbequeme Wahrheiten« anspreche. »Die Behauptung, dass hier endlich einer die ungeschminkte Wahrheit sage, gehört mit zu den gröbsten Irreführungen dieser Kampagne«, schreibt Lieb. Dass beispielsweise der Anteil der Kinder mit Migrationshintergrund unter den Schulabbrechern deutlich überdurchschnittlich sei, habe man »in jedem sogar amtlichen Bildungsbericht nachlesen« können:

> Die Tatsachen lagen längst auf dem Tisch. Im Unterschied zu Sarrazin stellten aber alle diese Berichte über die gesellschaftliche Realität Anforderungen an die Politik, wie man die vorhandenen Probleme angehen könnte. Aber über das Versagen der Politik wollte man natürlich nicht so gerne reden, das hat keine Schlagzeilen gemacht. Sarrazin fragt aber gerade nicht nach den Ursachen und schon gar nicht nach seinen eigenen Fehlern – etwa als Berliner Finanzsenator – beim Zulassen oder Herbeiführen der entstandenen Probleme, sondern er weist die Schuld pauschal denen zu, die in den Problemen stecken und Probleme machen.

Insofern passe Sarrazin in das gängige Muster der *Bild*-Zeitung, Ängste und Zorn der Masse gegen Minderheiten oder gegen in der sozialen Hierarchie Untenstehende zu lenken, statt gegen die herrschende Politik – ein Muster, das auch regelmäßig in den *Bild*-Artikeln über angeblich schmarotzende Hartz-IV-Empfänger zu beobachten ist (vgl. Kapitel 9). Und: das auch Rechtspopulisten für sich nutzen, wie Christian Fuchs und Paul Middelhoff in ihrem Buch »Das Netzwerk der Neuen Rechten« schreiben. Politiker und Publizisten aus rechten und rechtsextremen Lagern würden daran arbeiten, »dass sich das Land polarisiert«:

> Sie wollen, dass sich Bürger der gesellschaftlichen Mitte entsolidarisieren. Die Benachteiligten werden gegeneinander ausgespielt, Hartz-IV-Empfänger gegen Geflüchtete. Die extremen Vertreter der Strömung wollen die aufgeheizte Stimmung in der Gesellschaft nutzen, um Unterstützer für den lange vorbereiteten »Sturz des Systems« hinter sich zu versammeln. Sie zielen auf die Verunsicherung und Zerbrechlichkeit der Gesellschaft, die sich seit Jahren abzeichnet. Aus dem Chaos soll die Revolte hervorgehen.

»WIR WOLLEN KEINE SPRECHVERBOTE«

Kritiker der Sarrazinkampagne werden damals von *Bild* gleich als zensorische Sprech- und Denkverbieter abgestempelt. Die Redaktion selbst spielt sich dagegen als heroische Beschützerin der Meinungsfreiheit auf. »BILD kämpft für Meinungsfreiheit«, verkündet sie inmitten der Sarrazin-Debatte im September 2010 über der großen Titelschlagzeile: »Das wird man ja wohl noch sagen dürfen«[37]. Darunter werden Sätze aufgelistet wie »Zu viele junge Ausländer sind kriminell!« oder »Nicht wir müssen uns den Ausländern anpassen, sondern sie sich uns!« oder »Ich will mich nicht dafür entschuldigen müssen, ein Deutscher zu sein!«. Solche Formulierungen nennt *Bild* »hart« und »unbequem«. Wer Derartiges in Deutschland sage, werde »niedergemacht, ausgebuht, abgesägt!«. Deswegen fordert die Redaktion nun auf fast drei kompletten Seiten: »WIR WOLLEN KEINE SPRECHVERBOTE« (und hält gleichzeitig einigen Politikern direkt daneben eine Reihe von ihren »dummen Sätzen« vor, die »wir nicht mehr hören können!«). Dass muslimische Migranten in der Mehrzahl »fickrig, faul und fromm« seien, müsse diskutiert werden dürfen.

Dabei gehe es hier aber gar nicht um »Meinungsfreiheit«, schreibt Wolfgang Lieb. Denn solche Meinungen würden »seit langem in rechten und rechtsextremen Kreisen ganz offen vertreten und sanktionslos publiziert«:

Im Unterschied zu heute wurden solche Parolen in der öffentlichen Debatte aber bisher als rassistisch und fremdenfeindlich kritisiert und mit Fug und Recht zurückgewiesen. Die *Bild*-Zeitung und andere Medien haben sich Sarrazins bedient und unter dem Tarnwort der Meinungsfreiheit Rassismus und Biologismus und die Abwertung der islamischen Kultur wie ein trojanisches Pferd in die Stadt hereingelassen. Und wie ein »Trojaner« die Festplatte eines Computers zerstört, werden damit die Gehirne vieler Menschen mit rechtem und rechtsradikalem Gedankengut infiziert.

Schon einige Monate zuvor stellt eine Studie der Universität Leipzig einen starken Anstieg von Ausländerfeindlichkeit, Rassismus und antidemokratischen Einstellungen fest: Ein Viertel der Bevölkerung stimme ausländerfeindlichen Aussagen zu, islamfeindlichen Aussagen sogar mehr als die Hälfte.[38] Das sei ein deutlicher Zuwachs im Vergleich zu den Vorjahren, so Studienleiter Oliver Decker:»Die Menschen äußern sehr viel leichter, was sie an Ressentiments haben. Es besteht die Gefahr, dass dadurch auch ein demokratischer Konsens kippt in der Umgangsweise mit Migrantinnen und Migranten.«[39] Auch der Wunsch nach radikalen politischen Umstürzen habe zugenommen:

> So hat sich der Trend, dass seit 2002 immer weniger Deutsche eine Diktatur befürworten, umgekehrt: 2010 wünscht sich in Deutschland gut jede/r Vierte eine »starke Partei«, die die »Volksgemeinschaft insgesamt verkörpert«, mehr als jede/r Zehnte einen »Führer«, der »Deutschland zum Wohle aller mit harter Hand regiert«. Und etwa jede/r Zehnte hält eine »Diktatur« für »die bessere Staatsform«.[40]

Diese Stimmung wird durch die Sarrazindebatte weiter angeheizt: Eine Umfrage des Meinungsforschungsinstituts Infratest dimap im Auftrag von *Report Mainz* kommt damals zu dem Ergebnis, mehr als ein Drittel der Befragten mache sich »große Sorgen, dass sich der Islam in unserer Gesellschaft zu stark ausbreitet«. Und fast die Hälfte finde, dass man sich seit der Sarrazindebatte »trauen« könne, »den Islam offener zu kritisieren«. Kritik an der Kritik wird allerdings weniger toleriert:

> Nach Recherchen von *Report Mainz* bekommen Wissenschaftler, die sich kritisch zu den Thesen von Thilo Sarrazin äußern, Morddrohungen und hunderte von Hass- bzw. Drohmails. Darin werden sie beschimpft als »Kamelficker« und »islamische Hetzer«, die Rede ist von »verkackter Moslemlogik« und man wünscht ihnen »Peitschenhiebe«.[41]

So führen die Verbreitung und Verteidigung Sarrazins, auch und besonders durch *Bild*, nicht nur dazu, dass die Bevölkerung mit rechtem Gedankengut infiziert wird, dass Fremdenfeindlichkeit und Islamhass unter dem Deckmantel der Meinungsfreiheit als gesellschaftsfähig angesehen werden, sie trägt mittelbar auch dazu bei, dass Kritiker – als vermeintliche Gegner ebenjener Meinungsfreiheit und als angebliche Befürworter einer zu laschen Zuwanderungspolitik – beleidigt und bedroht werden. Und nicht nur Kritiker. Der damalige Berliner Bezirksstadtrat von Friedrichshain-Kreuzberg beobachtet in den Wochen während der Sarrazin-Debatte, dass sich die Stimmung unter den Migranten deutlich verändert habe. Im Interview mit *Report Mainz* sagt er damals: »Es gibt eine Beklemmung und Bedrückung, bis hin zu Vorfällen, wo es tatsächlich zu tätlichen Übergriffen kam, wo einer Frau auf der Straße das Kopftuch heruntergerissen wurde, und gesagt wurde, in Deutschland trägt man kein Kopftuch. Das sind Vorfälle, die sich, glaube ich, häufen, die besorgniserregend sind und wo wir aufpassen müssen, dass wir den sozialen Frieden nicht gefährden.«[42]

Schlagzeilen gegen die Islamisierung des Abendlandes

Auch in den Monaten und Jahren nach Sarrazin nimmt die islamfeindliche Stimmung in der Bevölkerung weiter zu. So stellt das Forscherteam um Oliver Decker von der Universität Leipzig im Jahr 2014 in einer Folgestudie erneut einen »deutlichen Anstieg in der Islamfeindschaft« fest:

Jeder dritte Deutsche findet, Muslimen und Musliminnen sollte Zuwanderung nach Deutschland untersagt werden, und 42,7 % der Befragten fühlen sich »wie ein Fremder im eigenen Land«.[43]

Der große Erfolg Sarrazins – sein Buch wird zum meistverkauften Politik-Sachbuch des Jahrzehnts[44] – sei auch ein Katalysator, ein Türöffner für die extreme »Neue Rechte« gewesen, erklärt Christian Fuchs. Nationalistische und fremdenfeindliche Parteien habe es auch früher schon gegeben – allerdings hätten die ohne das Thema »Islamkritik« nie den Erfolg gehabt, den die AfD später hatte. Das habe sich erst mit der Sarrazinkampagne und der Ankunft der Geflüchteten aus hauptsächlich muslimischen Ländern geändert. Es habe also ein gesellschaftliches Klima gebraucht, und das sei durch die Sarrazindebatte entstanden; ein Humusboden, auf dem rechte und rechtsextreme Bewegungen gedeihen konnten.

So bilden sich in den darauffolgenden Jahren überall in Deutschland Gruppierungen wie »Hooligans gegen Salafisten« oder »Patriotische Europäer gegen die Islamisierung des Abendlandes« (»Pegida«), die in großen Kundgebungen und Märschen gegen Muslime auf die Straße gehen – aufgewiegelt auch von der *Bild*-Zeitung. Zwar wird sie, wie alle anderen großen Medien, in (extrem) rechten Kreisen oft als Teil der »Lügenpresse« verunglimpft, trotzdem aber in vielen Fällen als glaubhafte Quelle herangezogen.[45]

Als Julian Reichelt vom *Spiegel* 2018 gefragt wird, ob *Bild* »mitzündele«, entgegnet er: »*Bild* ist kein Brandstifter, sondern ein Ventil.«[46] Das antwortet er häufig, wenn ihm vorgeworfen wird, Hass und Angst zu befeuern: *Bild* erfülle eine gesellschaftlich wichtige »Ventilfunktion«. So sagt er im November 2020 in der *NZZ am Sonntag*:

> Bei uns kommen die Ängste von Menschen vor und werden thematisiert, das ist richtig. Aber die entscheidende Frage lautet: Ist das Thematisieren von Ängsten befreiend für Menschen? Oder macht es sie noch ängstlicher? Ist *Bild* also Ventil, oder befeuert sie Ängste? Für mich nimmt *Bild* eine Ventilfunktion wahr: Wir sehen ganz klar, dass das Verschweigen gewisser Ängste zum Aufstieg von Radikalen führt, die diese Ängste bewirtschaften.[47]

Reichelts Argumentation nach ist es also befreiend für Menschen, wenn *Bild* ihre Ängste thematisiert, und das wiederum grabe den Radikalen das Wasser ab. Das träfe womöglich sogar zu, wenn sich die Redaktion vernünftig mit den Ängsten auseinandersetzen, wenn sie auf besonnene und vor allem wahrheitsgemäße Weise überprüfen würde, ob diese Ängste berechtigt sind. Doch wer einfach ein Weihnachtsmarktverbot oder die Forderung nach muslimischen Liedern im christlichen Gottesdienst in die Welt setzt (vgl. Kapitel 3), klärt nicht auf, sondern erzeugt neue Ängste und gibt den Radikalen *noch* mehr zu bewirtschaften.

Tatsächlich sind *Bild*-Schlagzeilen kein Ventil, sondern Munition. Und zwar dermaßen brauchbare, dass im September 2018 auf einer »Pegida«-Kundgebung in München nicht nur Plakate aufgehängt werden, sondern gleich ganze Seiten aus der *Bild*-Zeitung.[48]

Danke, Merkel

Insbesondere mit ihren antimuslimischen Artikeln hat *Bild* sowohl »Pegida« als auch der AfD den Weg geebnet. Und doch geben sich die Macher der Zeitung völlig schockiert, als die Partei 2017 in den Bundestag einzieht. »Das ist, man kann es nicht anders sagen, erschütternd«[49], kommentiert Julian Reichelt. Und seine Kollegin Tanit Koch (zu diesem Zeitpunkt noch Chefredakteurin der Printausgabe) schreibt:

> Für Anstand steht das A in AfD nicht. Dennoch wurde sie gewählt – weil die regierenden Parteien, weil die Kanzlerin Vertrauen verspielt haben. […] Angela Merkel ist es nicht gelungen, einer verunsicherten Bevölkerung die Sorge vor Kriminalität und Islamisierung zu nehmen.[50]

Schuld ist also, so die *Bild*-Logik, Angela Merkel, weil sie es nicht geschafft habe, den Menschen die Angst zu nehmen. »Nun hat die AfD die Früchte dieser Angst geerntet«, schreibt Koch.

Dass es auch die *Bild*-Medien waren, die diese Angst im ganzen Land gesät haben, wird nicht erwähnt. Dabei haben sie exakt das getan, was Koch hier als Ursache für den Erfolg der AfD ausmacht: die Bevölkerung verunsichert und die Sorge vor Kriminalität und Islamisierung in die Köpfe ihrer Leser gehämmert, immer und immer wieder. Mit grob verzerrten oder schlicht falschen Geschichten wie der, dass es an deutschen Gerichten einen »Islam-Rabatt« für ausländische Straftäter gäbe (vgl. Kapitel 7); dass ein »Sex-Mob« aus Hunderten Flüchtlingen Frauen in Frankfurt belästigt habe (vgl. Kapitel 5); dass es an einer Schule in Berlin nur noch Islamkunde statt evangelischem Religionsunterricht gebe (vgl. ebenfalls Kapitel 5). Manches davon ist sogar heute noch auf *Bild.de* zu lesen.

Jede dieser Geschichten – und es gibt etliche mehr davon – war neuer Treibstoff für die Wut und Angst in den Kommentarspalten bei *Bild.*de oder in den Sozialen Medien, wo *Bild*-Leser sich dann vor dem »gefährlichen Islamisten-Gesindel« fürchteten oder sich ausmalten, auf welche qualvolle Weise sie »dieses ungebildete Pack von Asylanten« am liebsten foltern und hinrichten würden. Wo sie über Jahre hinweg Dinge schrieben wie »Wo ist nur der gute alte Galgen geblieben« oder »Sarrazin hatte so was von Recht« oder »Ab sofort wähle ich eine andere Partei, und das wird euch nicht gefallen.Jetzt ist Schluß!!«[51]

Von »Porno-Unterricht« bis »Diesel-Wut«

Es sind aber nicht nur die falschen Geschichten über Ausländer und Muslime, mit denen *Bild* den Rechtspopulisten seit Jahren in die Karten spielt.

Eigentlich ist es ein völlig harmloses Gespräch, das die Nachrichtenagentur *dpa* im Sommer 2015 mit einem Biologieprofessor der Uni Jena führt. Darin will sie wissen, wie es sich auf den Sexualkundeunterricht abfärbe, dass Jugendliche heutzutage im Internet nur wenige Klicks von pornografischen Inhalten entfernt sind. Der Professor antwortet, das bedeute, dass im Unterricht stärker Medienkompetenz vermittelt werden müsse. Dass Lehrer und Eltern den Kindern klarmachen müssten, dass Pornos Märchen für Erwachsene seien, die wenig mit der Realität zu tun haben. Dass man ihnen vermitteln müsse, welche Rollen Liebe und Gefühle spielen. Auch Themen wie Verhütung und Aids müssten im Unterricht behandelt werden.[52]

Bild.de macht daraus die Schlagzeile: »Die gewagte Forderung eines Uni-Professors: Porno-Unterricht an Schulen!«[53] Daneben ein Foto des Professors sowie ein nacktes Paar beim Sex.

Mit den Aussagen des Professors hat die Überschrift nichts mehr zu tun, und was an seiner Antwort »gewagt« sein soll, verrät *Bild.de* im gesamten Artikel nicht. Auch der Professor ist überrascht, als er die Schlagzeile liest, wie er uns damals auf Nachfrage erklärt. In Wahrheit fordere er keinen »Porno-Unterricht«, sondern, wie man ja auch an seiner Antwort erkennen könne, »eine gute Gesundheitserziehung für Kinder und Jugendliche«.[54]

Mit solchen Geschichten[55] bedienen die *Bild*-Medien eine Angst, die insbesondere von Rechtspopulisten immer wieder geschürt wird, nämlich die vor einer vermeintlichen »Frühsexualisierung unserer Kinder«[56]. Dabei dient der AfD der angebliche »Porno-Unterricht« auch Jahre später noch als Argument, etwa 2018, als der damalige sicherheitspolitische Sprecher der AfD-Fraktion im sächsischen Landtag davor warnt, dass Schüler durch »grüne Sexualideologien« politisiert und einer »Gehirnwäsche« unterzogen würden. Er schreibt:

Jedes Huhn weiß, wie es sich fortpflanzt. Generationen vor uns wussten dies auch ohne »Porno-Unterricht«. Kinder sind keine Lustobjekte von perversen Linkspolitikern![57]

Ein anderes Themengebiet, auf dem *Bild* mit verzerrten Artikeln immer wieder neuen Zündstoff für Rechtspopulisten liefert, ist das Klima. Und dabei ganz besonders: das Auto.

Während sich im Frühjahr 2018 der sogenannte Dieselskandal (bei dem verschiedene Autohersteller die Abgaswarte ihrer Dieselmotoren manipuliert hatten) immer noch ausweitet, veröffentlicht die *Bild*-Zeitung ein großes »MANIFEST« mit der Forderung: »DEUTSCHLAND SOLLTE STOLZ AUF DEN DIESEL SEIN!«[58] Im Artikel, der einen großen Teil der Politikseite einnimmt, heißt es, die Kritik am Diesel sei »Blödsinn«. Zum Beweis werden verschiedene Statistiken angeführt, die den Diesel in vielerlei Hinsicht verteidigen. Bei genauerem Hinschauen zeigt sich jedoch, dass *Bild* Zahlen aus dem Zusammenhang gerissen und wichtige Fakten verschwiegen hat.[59] So heißt es beispielsweise zu einer Untersuchung der Deutschen Umwelthilfe, dass ein getesteter Diesel von Mercedes den Stickoxidgrenzwert deutlich unterschritten habe, und dass »7 der 10 saubersten Diesel« aus dem VW-Konzern kämen (Fazit: »Der Diesel ist der effizienteste und sauberste Motor für Pkw«). Dass aber von den insgesamt 66 getesteten Dieselfahrzeugen 60 den Grenzwert *über*schritten, lässt die Redaktion unerwähnt.[60]

Auch in den Wochen und Monaten danach nimmt *Bild* den Diesel immer wieder energisch in Schutz[61]: »Massiv wurde in den letzten Monaten gegen den Diesel gestänkert. Es reicht!«, heißt es im April 2018 unter der großen Titelschlagzeile: »BILD kämpft für Ihren Diesel!«[62] Begleitend dazu werden sogar an allen *Bild*-Verkaufsstellen kostenlose *Bild*-Aufkleber mit der Aufschrift »FREIE FAHRT FÜR MEINEN DIESEL!« verteilt. Die Redaktion lässt die Chefs verschiedener Autohersteller zu Wort kommen (»Fahrfreude, nicht Fahrverbote!«[63]) und gibt ihren Lesern reichlich Gelegenheit, sich die »DIESEL-WUT« von der Seele zu schreien (»Wir sind Di*ESEL* der Nation«[64]). *Bild*-Autor Franz Josef Wagner widmet seine Kolumne den »Lieben Diesel-Fahrern« (»Dein Diesel ist ein Familienmitglied. Plötzlich soll er eine Dreckschleuder sein. Was für ein Quatsch!«[65]), und als Gerichte die ersten Fahrverbote für Dieselfahrzeuge in Innenstädten beschließen, sieht ein *Bild*-Kommentator darin nichts weniger als einen »Angriff auf unser Land!«[66].

Die Kampagne eignet sich aber nicht nur dazu, *für* den Diesel und damit *für* die Autohersteller zu kämpfen – die im Übrigen zu den größten Anzeigenkunden von *Bild* gehören[67] –, sondern auch *gegen* jene, die, wie *Bild* es beschreibt, dem »Klima-Wahn« verfallen sind: Von der »Diesel-Hysterie«[68] und der »Feinstaub-Hysterie«[69] der »Öko-Apostel[70] ist die Rede, von der »PANIKMACHE«[71] durchgeknallter Umweltschützer. Auch zum Thema Tempolimit, gegen das in den *Bild*-Medien immer wieder Stimmung gemacht wird[72], schreiben sie empört: »Selbst vor dem Auto macht der Klima-Wahn nicht halt!«[73]

Bild lässt es so aussehen, als hätten Befürworter von Tempolimit und Diesel-Fahrverboten nicht etwa ernst zu nehmende Einwände, sondern vielmehr wahnhaft-ideologische Verbotsfantasien. »Die Wahrheit ist: Hinter der Diesel-Hysterie der Öko-Apostel steckt vor allem politisches Geschacher, ideologisch motiviert.«[74] Ihre Vorschläge seien Teil einer »ideologisch befeuerten Verbotspolitik« und »Ausdruck von Aktionismus und Hysterie«.[75]

»Die Hysterie rund um Diesel-Fahrzeuge gipfelt in Fahrverboten, Schuldzuweisungen und blindem Aktionismus. Bei Tageslicht betrachtet: Völliger Blödsinn!«[76], formuliert es nahezu wortgleich die AfD, der die Pro-Diesel-Stimmung eine willkommene

Gelegenheit bietet, um für sich selbst Werbung zu machen. »Es geht in den Zeiten der allgemeinen Klimahysterie um den ideologischen Kreuzzug gegen das Automobil und gegen die bürgerliche Freiheit«, teilt beispielsweise AfD-Politiker Alexander Gauland mit: »Derartige staatliche Willkür wird mit uns niemals zu machen sein.«[77] Die Partei macht den Diesel zum Wahlkampfthema[78], lässt zahlreiche Plakate aufstellen (»Lieber Diesel als grüne Spinnereien«[79]) und gibt ihrerseits einen Aufkleber heraus (»FREIE FAHRT FÜR FREIE BÜRGER«[80]).

Die Partei nutzt exakt die gleichen Begriffe und (Schein-)Argumente, die *Bild* in die öffentliche Debatte einbringt, sie selbst muss gar nicht viel machen – einfach nur mitsurfen auf den Wellen, die *Bild* verursacht. Ein Muster, das sich seit Jahren ständig wiederholt, ob es um Ausländer geht, um Autos oder um Karnevalskostüme.

Wo soll das noch enden?

»Erste Kita verbietet Indianer-Kostüme«, behauptet *Bild* am Aschermittwoch 2019 auf der Titelseite:

> Der Wahnsinn mit der übertriebenen politischen Korrektheit wird immer irrer. Jetzt hat eine Hamburger Kita den Kindern untersagt, sich im Fasching als Indianer zu verkleiden.[81]

Tatsächlich war von einem Verbot jedoch nie die Rede. Die Kitaleitung wollte in einem Elternbrief lediglich dafür sensibilisieren, dass Kostüme wie »Indianer« oder »Scheich« problematisch seien, weil sie Stereotype bedienten. »Wir achten im Kitaalltag sehr auf eine kultursensible, diskriminierungsfreie und vorurteilsbewusste Erziehung«, hieß es in dem Schreiben. Das solle auch an Faschingstagen gelten, darum bitte man darum, auf Kostüme zu verzichten, die Stereotype wie Geschlecht, Hautfarbe und Kultur bedienen. Hätten sich Kinder trotzdem als Indianer oder Scheich verkleidet, wären sie aber »genauso willkommen gewesen«[82], teilt der Kitaträger noch am Tag der *Bild*-Veröffentlichung in einer Stellungnahme mit, zu der er sich gezwungen sieht, weil die

Schlagzeile für eine riesige Welle der Empörung sorgt: Die Kita wird überflutet mit hasserfüllten Nachrichten, die Verantwortlichen werden mit Joseph Goebbels verglichen, auf übelste Weise beleidigt, verwünscht und bedroht[83] – weil sie darum gebeten hatten, bei der Kostümwahl genauer hinzuschauen. Eine einzige Kita wohlgemerkt, von Hunderten Kitas in Hamburg, von über 50.000 Kitas[84] in Deutschland. Und *Bild* schreibt gleich den Untergang des Karnevals herbei.

»Erste Kita verbietet«, heißt es in der Schlagzeile, als wäre es der Beginn einer indianerkostümverbietenden Serie, obwohl es dafür keinerlei Hinweis gibt. Das ist ein gängiges Vorgehen bei *Bild* (und bei Rechtspopulisten), auch Dammbruchargument genannt: Ein Scheinargument, das impliziert, dies sei der Anfang einer Kette von negativen Folgen.[85] »Wo soll das noch enden?« ist eine beliebte Variante davon.

»Wo soll dieser politisch korrekte Wahnsinn noch enden?!«, schreibt dann auch zuverlässig die Hamburger AfD-Fraktion kurz nach Erscheinen der *Bild*-Indianerkostümschlagzeile:

Politische Korrektheit ist politisches Narrentum! Kinder haben Freude am Verkleiden. Ende. Aber das passt den linksgrünen Gutmenschen nicht in den Kram. Es ist einfach nur erschreckend und grenzt an politischen Missbrauch der Kinder.[86]

So zehren die Partei und die Zeitung noch tagelang vom Kostümverbot, das eigentlich gar keins ist. Bei der AfD veröffentlicht ein Kreisverband nach dem anderen entrüstete Social-Media-Posts, bei *Bild* folgt ein Empörungsartikel auf den nächsten (»Politikerin empört über Kostümverbot«[87], »Söder empört sich über Indianer-Kostüm-Irrsinn«[88], »Wir laufen Gefahr, die Tradition von Karneval kaputt zu machen«[89]). *Bild* und AfD werden weiter mit Klicks und Likes überschüttet, die Hamburger Kita weiter mit Hass.

Auch die Liste solcher Geschichten, in denen *Bild* unwahrheitsgemäß behauptet, aus politischer Korrektheit würde etwas verboten, ließe sich problemlos fortsetzen. Von der AfD und anderen Angstmachern werden sie bis heute als scheinbar eindrucksvolle

Belege für den Untergang des Abendlandes angeführt. Wenig überraschend daher auch das Ergebnis einer 2020 veröffentlichten Studie, die untersucht hat, welche Medien von deutschen Bundestagsabgeordneten bei Twitter am häufigsten verlinkt werden: Bei keiner Partei schafft *Bild* es unter die Top 5 – außer bei der AfD, dort liegt sie auf Platz 2 (übertroffen nur noch vom Springer-Schwesterblatt *Welt*).[90]

Manchmal scheinen es die AfD-Politiker selbst kaum glauben zu können, wie sehr ihnen *Bild* in die Karten spielt. Zum Beginn des Bundestagswahlkampfs 2017 etwa veröffentlicht die Redaktion »Das große BILD-Wahlprogramm«, in dem sie Forderungen stellt, die genauso von der AfD stammen könnten: Asylsuchende und Zuwanderer müssen sich »nach unseren Regeln richten«. »Burka-Verbot« für hier lebende Menschen, und wer sich nicht daran hält, muss »umgehend ausreisen«. Flüchtlingsströme aus Afrika stoppen. »GEZ-Gebühren« kürzen. Ein dreimonatiger »Dienst am Gemeinwesen«, um »dem eigenen Land zu dienen«.[91]

»So schnell kann es gehen«, jubelt auch sogleich der Berliner AfD-Landesverband: »Das @BILD Wahlprogramm liest sich wie das der #AfD. Gut gemacht 👍 #AfDwählen«.[92] Die Bundespartei twittert: »Hallo @BILD, nahezu ALLES hier findet sich im #AfD-Wahlprogramm! #TrauDichDeutschland«.[93] Und der Landes- und Fraktionsvorsitzende der AfD in Rheinland-Pfalz freut sich: »Endlich! Die BILD als Wahlkampfblatt für die AfD!«[94]

Die Geister, die sie riefen

Zum Gesamtbild gehört allerdings auch, dass *Bild* sehr oft sehr kritisch über die AfD berichtet. In zahlreichen *Bild*-Beiträgen werden insbesondere die »geschichtsvergessenen Positionen«[95] der Partei kritisiert. Auch macht die Redaktion sich immer wieder lustig über die »Peinlich-Pannen« von AfD-Politikern[96] und zeigt sich entsetzt darüber, wenn die Partei bei einer Wahl gut abschneidet (»Unfassbar, wie viele HIER AfD gewählt haben«[97]). Umso paradoxer, dass die *Bild*-Macher seit Jahren AfD-Themen eine riesige Plattform bieten und der Partei mit immer neuen überdrehten und falschen

Geschichten über Ausländer, den Islam, über Öko-Apostel, Früh-sexualisierung und politisch korrekten Verbotswahn ständig neue Vorlagen liefern.

Wir sprechen mit einem ehemaligen Redakteur, der viele Jahre für *Bild* gearbeitet hat und nach eigener Aussage den Verlag verließ, weil er mit dieser politischen Ausrichtung nicht einverstanden war. Die inhaltliche Nähe zur AfD sei groß, meint der ehemalige *Bild*-Mann, doch vor allem wegen des Antisemitismus in der Partei und des positiven Blicks auf Russlands Präsidenten Wladimir Putin sei die AfD für *Bild* beziehungsweise Reichelt tabu.

Auch Michael Spreng, der von 1989 bis 2000 Chefredakteur der *Bild am Sonntag* war, schreibt im September 2018, *Bild* bespiele »seit Monaten die politische Agenda der AfD«[98]:

> Fast jede Gewalttat eines Flüchtlings gegen einen Deutschen wird in BILD zur schreienden Schlagzeile. Wenn aber ein Deutscher einen Syrer ersticht, wird dies mit ein paar Zeilen auf Seite 5 abgetan.
>
> Wenn keine Gewalttat eines Flüchtlings zu vermelden ist, konstruiert BILD immer wieder Aufmacher gegen die angeblich zu lasche Justiz, gegen den angeblich untätigen Staat und die angeblich unfähigen Politiker. Eine Kampagne, wie sie in BILD seit den Studentenunruhen der 60er Jahre nicht mehr zu beobachten war.
>
> BILD zersetzt mit dieser Kampagne systematisch den Respekt vor den Institutionen und Repräsentanten des Staates und delegitimiert die liberale deutsche Demokratie. Die Zeitung macht sich damit freiwillig oder unfreiwillig zur Vorfeldorganisation der AfD. Ich gehe davon aus, dass zwei bis drei Prozentpunkte der AfD in den Meinungsumfragen auf das Konto von BILD gehen.

Chefredakteur Julian Reichelt, so Spreng weiter, habe offenbar »eine Truppe von selbsternannten Kriegern um sich geschart, die glauben, sie lägen im Schützengraben und müssten nicht nur die Kanzlerin, sondern auch den liberalen Rechtsstaat sturmreif schießen«:

> BILD hat trotz aller Auflagenverluste immer noch nicht nur auf Millionen Leser Einfluss, sondern auch auf Politiker, die glauben, was BILD

schreibe, sei die Meinung des Volkes und sich deshalb in ihrer Politik daran orientieren. Damit verstärkt sich die negative Wirkung.

Dieser Rückfall von BILD in ein Kampagnenblatt geschieht offenbar im Einverständnis mit dem Vorstand des Verlages Axel Springer. Denn andernfalls hätte er den Chefredakteur schon abgelöst. So kann BILD ungehemmt der AfD Schützenhilfe leisten und die Achse der Bundesrepublik nach rechts verschieben.

Als Julian Reichelt ein paar Wochen später in einem Interview auf diese Kritik angesprochen wird, geht er nicht näher darauf ein und erzählt stattdessen eine Anekdote, die davon handelt, dass Michael Spreng vor 16 Jahren angeblich mal über einen rassistischen Witz gelacht habe. Als die Interviewerin dann fragt, ob es nicht »billig« sei,»auf diese Weise von der Kritik abzulenken«, antwortet Reichelt bloß:»Mit Kritik kann ich umgehen, Verlogenheit ekelt mich an.«[99]

7.

»Wie soll man bei so einem Urteil nicht wütend werden?«

Bild und die Justiz

Es dauert nicht lange, da herrscht auf der *Bild*-Facebookseite die Wut:»Manche Richter sollte man unverzüglich vom Dienst freistellen!«, kommentiert ein Leser. Ein anderer schreibt:»Was sind das für Richter, ich bin einfach sprachlos.« Und einer fragt mal »ganz vorsichtig«:»Ist der Richter vielleicht krank, ganz vorsichtig gefragt.«[1] Der Zorn der *Bild*-Leserschaft richtet sich mal wieder gegen: die angeblich zu lasche Justiz in Deutschland.

Die Kommentare beziehen sich auf einen Artikel, der im Februar 2020 bei *Bild.de* erscheint. Auf der Startseite heißt es:»Nach dem Baden fiel er über sie her – Vergewaltiger (18) von 100-Jähriger bleibt frei!«[2] Die Thüringenausgabe der *Bild*-Zeitung berichtet ebenfalls groß[3], die *Bild*-Bundesausgabe etwas kleiner[4]. Zum Fall schreiben die *Bild*-Medien:

> Ein damals 18-jähriger Pflegehelfer, der für einen ambulanten Dienst arbeitete, hatte die Aufgabe, eine 100-Jährige in ihrer Wohnung zu betreuen. Als die Seniorin nach dem Baden aus der Wanne stieg, packte der Jugendliche die 100-Jährige, vergewaltigte sie!

Und zum Urteil heißt es:

Der Vergewaltiger der 100-Jährigen wird keinen Knast von innen sehen. Er wurde wegen Vergewaltigung und sexuellem Missbrauch unter Ausnutzung eines Betreuungsverhältnisses zu einer Jugendstrafe von 22 Monaten verurteilt – auf Bewährung.

»fiel er über sie her«, »packte der Jugendliche die 100-Jährige«, »vergewaltigte sie« – und dafür nur Bewährung? Beim Lesen des *Bild*-Artikels kann man schnell von einem erzwungenen Geschlechtsverkehr ausgehen. Doch den hat es in diesem Fall nicht gegeben. Die Sache ist komplexer, als die *Bild*-Redaktion sie darstellt. Wie in vielen solcher Fälle präsentiert sie eine holzschnittartige Geschichte, in der Zwischentöne und wichtige Details keinen Platz haben.

Tino Zippel, Redakteur der *Ostthüringer Zeitung*, berichtet ebenfalls über den Prozess. In Zippels Text kann man nachlesen, was die *Bild*-Medien nicht mit einem Wort erwähnen: den konkreten Vorwurf der Staatsanwaltschaft. Und der klingt, im Vergleich zur *Bild*-Version, anders: Nachdem die Frau nackt aus der Badewanne gestiegen sei, habe der damals 18-Jährige sie abgetrocknet, auch im Brust- und im Intimbereich. Dabei sei er mit seinen Fingern in die Frau eingedrungen, was zu erheblichen Schmerzen bei der 100-Jährigen geführt habe.[5] Das ist eine Vergewaltigung. Denn die liegt laut Gesetz auch vor, wenn ein Täter »sexuelle Handlungen an dem Opfer vornimmt […], die dieses besonders erniedrigen, insbesondere wenn sie mit einem Eindringen in den Körper verbunden sind«.[6] Dass der Pfleger über sein Opfer »herfiel« und es »packte«, wie *Bild* schreibt, steht dort nicht.

Auch *Focus-Online*-Reporter Göran Schattauer zeichnet ein anderes Bild. Der Angeklagte sei »nach Informationen von FOCUS Online zur Tatzeit vollständig bekleidet und nicht sexuell erregt« gewesen:

Den Ermittlungen zufolge stand der 18-Jährige zunächst untätig im Bad herum. Dann bat ihn die Seniorin um Unterstützung. Schließlich habe er sie an den Brüsten und zwischen den Beinen abgetrocknet, so der Angeklagte. Vor Gericht gestand er, seine mit einem Handtuch bedeckten Finger in das Opfer eingeführt zu haben. Er habe noch nie eine Patientin abgetrocknet und sei von der Situation völlig überfordert gewesen. Eine sexuelle Motivation des jungen Mannes konnte in der Hauptverhandlung nicht festgestellt werden.[7]

Diese Informationen sucht man in den *Bild*-Artikeln ebenfalls vergeblich. Und die Redaktion lässt noch mehr unerwähnt, was für eine Einschätzung zum Gerichtsurteil von Bedeutung sein könnte: dass der Angeklagte nicht vorbestraft war; dass er durch sein Geständnis dem Opfer eine Aussage ersparte; dass es keine Hinweise darauf gab, dass er wieder Sexualstraftaten oder andere Delikte begehen könnte; dass er plant, künftig nicht mehr im Pflegebereich tätig zu sein.

Die *Bild*-Leser erfahren nichts davon; sie lesen nur, dass der Mann die Frau nach dem Baden gepackt und vergewaltigt habe – und trotzdem »keinen Knast von innen sehen« werde. Im Facebook-Post von *Bild* heißt es noch: »Es gibt Verbrechen, die sprachlos machen.« Doch die *Bild*-Leser sind nicht sprachlos: Über 1.200 Kommentare verfassen sie, viele davon voller Wut auf die angebliche Kuscheljustiz für Vergewaltiger in Deutschland.

Die Juraprofessorin Elisa Hoven hat untersucht, »ob und unter welchen Voraussetzungen in den Medien kommunizierte Strafurteile als unangemessen niedrig empfunden werden«[8]. Dazu legte sie etwa 800 Studenten verschiedener Fachrichtungen Artikel über Gerichtsverfahren vor, in denen keine Angaben zur Strafhöhe zu finden waren.[9] Verglichen mit den von den Gerichten gefällten Urteilen sprachen sich die Studenten für deutlich höhere Strafen aus: »Die von den Befragten gewählten Freiheitsstrafen lagen in Fällen von Körperverletzung, Vergewaltigung und Wohnungseinbruchsdiebstahl zwei- bis dreimal so hoch wie die tatsächlich gesprochenen Urteile.«[10] Die Studie zeige »eine Diskrepanz zwischen dem Rechtsempfinden von Laien und richterlichen Strafzumessungsentscheidungen, wie sie in den Medien kommuniziert werden«, schreibt Hoven: »Erwarten Mediennutzer auf Grundlage der Berichterstattung eine strengere Sanktion, so ist zu vermuten, dass sie die tatsächliche Gerichtsentscheidung für unangemessen milde halten.«

»Keine Scharia in Deutschland!«

Das Skandalisieren von Gerichtsentscheidungen und das damit einhergehende Verächtlichmachen von Gerichten ist in der *Bild*-Berichterstattung schon seit Jahren zu beobachten. Nicht erst unter Julian Reichelt erscheinen Artikel, in denen entlastende Aspekte fehlen und aufregertaugliche Details überbetont werden. Reichelt ist aber sehr gut darin. Wenn ein Gericht einen Afghanen zu achteinhalb Jahren Haft verurteilt, weil er seine Ex-Freundin getötet hat[11], twittert der *Bild*-Chef zu einem Artikel[12] aus dem eigenen Haus: »Volljährig ein Kind ermorden und dann nach Jugendstrafrecht nicht einmal die mögliche Höchststrafe bekommen – wie soll man bei so einem Urteil nicht wütend werden?«[13]

Dass der Verurteilte bei seiner Tat »volljährig« war, ist allerdings nicht so sicher, wie Reichelt es erscheinen lässt. Die Staatsanwaltschaft hatte ein Gutachten in Auftrag gegeben, mit dem das Alter des Täters festgestellt werden sollte. Nach Untersuchungen von Schlüsselbein, Handwurzel und Gebiss kommen die Gutachter zu dem Ergebnis, dass er vermutlich etwa 20 Jahre alt ist, auf jeden Fall aber mindestens siebzehneinhalb.[14] Nach dem Grundsatz *Im Zweifel für den Angeklagten* entscheidet das Gericht, dass dieser bei der Tat noch nicht 18 Jahre alt gewesen sei. Deswegen muss das Jugendstrafrecht angewendet werden.[15]

Auch dass der Verurteilte »ein Kind ermordet« habe, wie Julian Reichelt schreibt, ist sprachlich verzerrend und juristisch-technisch falsch. Das Opfer war 15 Jahre alt und damit eine Jugendliche[16], was ihren Tod selbstverständlich nicht weniger schlimm werden lässt. Mit der Verwendung des Begriffs »Kind« verleiht Reichelt seinem Tweet aber eine zusätzliche Fallhöhe und damit zusätzliches Aufregerpotenzial.

Das Urteil des Gerichts ist auch gar nicht so weit entfernt von der »möglichen Höchststrafe«, die der *Bild*-Chef mindestens indirekt fordert: achteinhalb Jahre Gefängnis statt der im Jugendstrafrecht maximal möglichen zehn[17]. Der Verurteilte hatte zu Beginn des Prozesses ein Geständnis abgelegt[18], was ein Grund für eine niedrigere Strafe ist. Reichelt erwähnt keinen dieser Punkte.

Neben Urteilen einzelner Richter und Gerichte attackieren die *Bild*-Medien auch die deutsche Justiz als Ganzes, indem sie ihr systemisches Versagen unterstellen. Zum Beispiel beim sogenannten »Islam-Rabatt«: »Straf-Rabatt wegen religiöser Herkunft?«, fragt *Bild* im März 2014.[19] *Bild am Sonntag* titelt: »Islam-Rabatt für [J.s] Mörder«.[20] *Bild.de* präsentiert den »großen Report«: »ISLAM-RABATT – So urteilen deutsche Gerichte«.[21] Und Julian Reichelt schreibt in einem Kommentar: »Keine Scharia in Deutschland!«[22]

Ein Jahr zuvor sticht ein Deutscher, dessen Familie aus Afghanistan stammt, seine schwangere Freundin nieder. Die Frau und das ungeborene Kind sterben. Das Landgericht Wiesbaden verurteilt den Mann 2014 zu einer lebenslangen Freiheitsstrafe. Eine »besondere Schwere der Schuld«[23] stellt das Gericht allerdings nicht fest. Damit besteht für den Verurteilten nach 15 Jahren die Chance auf Haftentlassung auf Bewährung. Bei *Bild* heißt es, das Gericht habe sich gegen die besondere Schwere der Schuld entschieden, weil der Mann sich »aufgrund seiner kulturellen und religiösen Herkunft in einer Zwangslage befunden« habe – kurz gesagt: Weil er ein Muslim ist.

Tötet ein Mensch vorsätzlich einen anderen, entscheidet ein Gericht in der Regel auf Totschlag[24] oder auf Mord[25]. Für ein Mordurteil muss der Täter beispielsweise »aus niedrigen Beweggründen« gehandelt haben. Ein sogenannter Ehrenmord, wie in diesem Fall, kann, muss aber nicht als »niedriger Beweggrund« gelten. Das Landgericht Wiesbaden hat auf Mord entschieden, den Ehrenmord und die damit zusammenhängenden kulturellen Umstände also als »niedrigen Beweggrund« eingestuft. *Zeit Online* zitiert einen Gerichtssprecher:

Der Gerichtssprecher Hans Kieserling möchte jedenfalls »mal ein klares Wort« reden: »Es gibt hier keinen kulturellen Rabatt«, sagt er und betont dabei jede einzelne Silbe. »Der Täter ist zu einer lebenslangen Freiheitsstrafe verurteilt worden, die Umstände sind strafverschärfend berücksichtigt worden, als Mord, nicht mildernd.«[26]

Die besondere Schwere der Schuld, »eine ganz seltene Ausnahme«, so der Gerichtssprecher, sei vom Richter geprüft und verneint worden, auch weil der Angeklagte charakterlich nicht gefestigt sei.

Die *Bild*-Redaktion aber behauptet: »Tatsächlich bekommen Angeklagte immer wieder Islam-Rabatt!«[27] Als wissenschaftlichen Beleg liefert sie eine Studie des Max-Planck-Instituts für ausländisches und internationales Strafrecht[28]. Die Untersuchung habe ergeben, dass sich der »kulturelle Hintergrund« der Täter in »12 Prozent der Fälle […] strafmildernd« ausgewirkt habe, schreibt *Bild*. Julia Kasselt, die Autorin der Studie, kommt allerdings zu einem anderen Schluss. Schon in der Überschrift der Pressemitteilung des Max-Planck-Instituts heißt es: »›Ehrenmorde‹ werden von der deutschen Justiz härter bestraft als vergleichbare Tötungsdelikte«. In der Mitteilung steht:

> Die Studie belegt, dass »Ehrenmörder« von deutschen Richtern härter bestraft werden als Beziehungstäter ohne Ehrhintergrund. Dies gilt insbesondere für die Rechtsprechung ab dem Jahr 2002, in denen »Ehrenmörder« in der Mehrheit der Fälle mit lebenslanger Freiheitsstrafe und damit der Höchststrafe im deutschen Strafrecht bedacht wurden. Die Auswertungen beziehen 63 Täter von Ehrenmorden und 91 Täter von Beziehungstaten ein.

In 38 Prozent der untersuchten Ehrenmorde hätten die Täter eine lebenslange Freiheitsstrafe erhalten. In der Vergleichsgruppe der Partnertötungen betrage der Anteil hingegen nur 23 Prozent. Auch die besondere Schwere der Schuld, um die es *Bild* geht, werde bei Ehrenmorden häufiger von Gerichten festgestellt: Mit Ehrhintergrund seien es sechs Prozent der Fälle, ohne Ehrhintergrund vier.[29] Das zeigt zwei Dinge: Die besondere Schwere der Schuld wird generell tatsächlich recht selten festgestellt. Und vor allem: Den von *Bild* behaupteten »Islam-Rabatt« an deutschen Gerichten belegt die Studie nicht.

Drei Jahre später, im Juni 2017, steht bei *Bild.de*: »STRAFRABATT FÜR TSCHETSCHENISCHEN MOSLEM, DER SEINE FRAU ERSTACH – Das Skandal-Urteil von Cottbus«[30]. Für seine

»abscheuliche Tat« werde der Mann »nur 13 Jahre ins Gefängnis geschickt«, schreibt der *Bild*-Autor: »Weil es für Richter und Staatsanwalt nicht Mord, sondern Totschlag war. Denn der Angeklagte ist Moslem – und das schützte ihn vor der härteren Strafe.« Der Mann hatte aus Eifersucht getötet. Eifersucht gilt als »niedriger Beweggrund«, was für Mord und nicht für Totschlag spräche. Allerdings hatte das Gericht Zweifel, ob der Täter diesen Umstand auch intellektuell erfassen konnte. Das ist laut Rechtsprechung des Bundesgerichtshofs eine Voraussetzung, damit es sich aus juristischer Sicht tatsächlich um einen Mord handelt. Für die Zweifel des Gerichts sprächen mehrere Umstände, »die über Herkunft und Religion des Täters hinausgehen«, schreibt *Zeit Online*:

Ein Sprecher des Landgerichts sagte, dass der verurteilte Täter ein sehr niedriges Bildungsniveau gehabt habe, einen problematischen Lebenslauf und religiös uninformiert sei – seine Vorstellungen vom Islam habe er sich aus Internetvideos zusammengesetzt. Er sei traumatisch vorbelastet, lebte als Asylbewerber sozial isoliert und hatte kein Verständnis vom deutschen Rechtssystem. Zudem stand der Mann zum Tatzeitpunkt unter dem Einfluss der Droge Crystal Meth. »All das hat die Strafkammer in ihrem Urteil berücksichtigt«, sagte der Sprecher. Dessen Religion habe nicht im Vordergrund gestanden.[31]

Wäre der Mann beispielsweise gebildeter gewesen, hätte das Gericht durchaus auf Mord entscheiden können. Daher wäre es verkürzt, »im Cottbusser Fall von einer milderen Strafe aufgrund von Religion zu sprechen«, schreibt *Zeit Online*. Anstatt den Lesern die Überlegungen des Gerichts verständlich zu erklären und auch alle entlastenden Umstände zu erwähnen, schreibt die *Bild*-Redaktion: »Denn der Angeklagte ist Moslem – und das schützte ihn vor der härteren Strafe.«

Damit sorgt *Bild* für Verwirrung statt für Aufklärung. Und für Empörung über die Justiz in diesem »Resozialisierungs-Wattebausch-Land«[32]. Besonders gut funktioniert das beim Thema Untersuchungshaft.

»Gutmenschen-Justiz«

Im April 2011 schlägt und tritt im Berliner U-Bahnhof Friedrichstraße ein 18-Jähriger auf einen Mann ein. Aufnahmen einer Überwachungskamera zeigen den Angriff: Der Täter tritt noch weiter gegen den Kopf des 29-Jährigen, als der schon am Boden liegt. Das
Opfer überlebt schwer verletzt. Kurze Zeit nach der Tat stellt sich
der 18-Jährige der Polizei. Er wird einem Haftrichter vorgeführt, ein
Haftbefehl wird erlassen, gegen Auflagen allerdings bis zum Prozess
wieder ausgesetzt. In Untersuchungshaft kommt der 18-Jährige also
nicht. Er kann nach Hause gehen.

Bei *Bild* klingt es so, als hätte sich die Angelegenheit für den Täter damit erledigt:

> Muss jemand, der einen anderen halb tot prügelt, nicht ins Gefängnis?
> Darf man einen solchen Schläger einfach wieder auf die Leute loslas-
> sen?[33]

Den Verzicht auf Untersuchungshaft setzen die *Bild*-Medien in ihrer
Berichterstattung implizit mit einem Freispruch gleich. Dabei befindet
sich das ganze Verfahren zu diesem Zeitpunkt erst am Anfang. Prozess
und Urteil stehen noch aus. Ob »jemand, der einen anderen halb tot
prügelt, nicht ins Gefängnis« muss, ist also noch gar nicht entschieden.

Der Rechtsstaat sieht vor, dass triftige Gründe nötig sind, um jemanden in Untersuchungshaft zu nehmen. Ein »dringender Tatver-
dacht«[34] ist Voraussetzung dafür, er reicht allein aber nicht aus.[35] Es
muss auch einen Haftgrund geben, beispielsweise eine Wiederho-
lungs- oder eine Fluchtgefahr. Beides liegt nach Einschätzung des
Haftrichters in diesem Fall nicht vor: Der Täter ist bisher polizeilich
nicht auffällig gewesen, er ist sozial integriert, er hat sich selbst gestellt und sich reumütig gezeigt. Es gibt also gute Gründe, die gegen
eine Untersuchungshaft sprechen.

Bei *Bild.de* ist in einem Kommentar stattdessen von »Gutmen-
schen-Justiz« die Rede und von der »unendlichen Milde« des Richters.[36] In den Artikeln klingt es so, als komme der 18-Jährige ohne
irgendwelche Folgen davon:

Beim Haftrichter gibt der Brutalo-Treter zu, volltrunken Streit gesucht zu haben. Trotzdem lässt ihn der Richter laufen.[37]

Die so in die Irre geführten *Bild*-Leser sind wütend, wie die Redaktion in einem gesonderten Artikel dokumentiert (»Bei der BILD.de-Community kochen die Emotionen hoch«):

>»So was ist nur bei der ›deutschen Justiz‹ möglich! Wirklich eine Schande«, findet »mannilein12«. Und »melivi« schimpft: »Für ein paar Raubkopien kommt man ins Gefängnis, aber gefährliche Körperverletzung ist natürlich nicht allzu schlimm und man darf wieder auf freien Fuß ...«[38]

Durch »falsche mediale Darstellung« erleide das Vertrauen in Richter, Polizei und Staatsanwaltschaft »einen Schaden«, schreibt Ina Hunecke in ihrem Aufsatz, der der Frage nachgeht, ob der »Schlagzeilenjournalismus als Gefahr für den Rechtsstaat« zu sehen ist:

>Fairness und Rechtsstaatlichkeit des Strafverfahrens werden in der Medienöffentlichkeit mehr und mehr als Untätigkeit oder Unfähigkeit der Justiz im Umgang mit »gefährlichen« Tätern interpretiert. Dies hat auch Auswirkungen [...] auf die Kriminalpolitik, in der der Ruf nach »Härte und Nulltoleranz« wieder Konjunktur hat.[39]

Im Fall des »Brutalo-Treters« gibt im September 2011 die 39. Große Strafkammer des Landgerichts Berlin eine Antwort auf die *Bild*-Frage »Muss jemand, der einen anderen halb tot prügelt, nicht ins Gefängnis?«. Doch, muss er – das Urteil lautet: zwei Jahre und zehn Monate. Barbara Keller hat den Prozess beobachtet. Bei *Berlinkriminell.de* schreibt sie, dass die Kammer »die anhaltende Medienberichterstattung« als »strafmildernd« gewertet habe, weil sie einem »›Prangereffekt‹« gleichgekommen sei. Das Haus des Angeklagten sei »von Journalisten förmlich belagert«, der 18-Jährige »im Internet mit Morddrohungen konfrontiert worden«. Die Familie musste schließlich umziehen.[40]

Der Berliner Strafverteidiger Carsten Hoenig schreibt dazu:

Diese von den Medien zu verantwortenden Konsequenzen müssen sich im Strafmaß bemerkbar machen, genau wie beispielsweise unverhältnismäßige Zustände in der Haft.

Die notwendige und gerechte Strafmilderung sollte denjenigen Journalisten und Redakteuren um die Ohren gehauen werden, die nun herumjaulen, daß das alles viel zu milde sei.[41]

In zahlreichen Artikeln, in vielen Kommentaren fordert die *Bild*-Redaktion die volle Härte des Gesetzes. Mit der Art ihrer Berichterstattung bewirkt sie bisweilen das genaue Gegenteil: eine Strafreduzierung.

Die »Geschichte Böse gegen Gut«

Im Juni 2015 hat die mediale Berichterstattung wieder Einfluss auf ein Urteil. Ein halbes Jahr zuvor schlägt ein 18-Jähriger einer 22-Jährigen auf einem McDonald's-Parkplatz in Offenbach gegen den Kopf. Die Frau stürzt, fällt ins Koma und stirbt wenige Tage später. Der Fall sorgt deutschlandweit für viel Aufsehen. Allein in den ersten zweieinhalb Wochen nach der Tat veröffentlichen die *Bild*-Medien 49 Artikel, im Schnitt fast drei pro Tag.[42] Sie zeigen unverpixelte Fotos vom Opfer und vom Tatverdächtigen, veröffentlichen private Details und Informationen aus dem Krankenhaus. *Bild* besucht den Tatort, die Trauerfeiern, den Friedhof. Und vergibt eindeutige Rollen: Auf der einen Seite die mutige Heldin, die sich schützend vor zwei junge Mädchen gestellt haben soll, auf der anderen der brutale »TOTSCHLÄGER«[43]. *Bild*-Kolumnist Franz Josef Wagner schreibt: »Es ist die Geschichte Böse gegen Gut.«[44] Im Verlauf des Prozesses zeigt sich, dass die Rollen in der Tatnacht nicht so eindeutig verteilt waren. Aber da haben *Bild* und viele andere Medien ihr Urteil längst gefällt und ihre »Geschichte Böse gegen Gut« in der Öffentlichkeit etabliert.

Das hat auch das Gericht registriert. Timo Frasch dokumentiert in der *Frankfurter Allgemeinen Zeitung* die Worte des Richters Jens Aßling bei der Urteilsverkündung:

»Anfangs hat es eine Kampagne gegeben, das lässt sich gar nicht anders beschreiben«, sagte Aßling in freier Rede. Da sei ein junger Mann von gerade 18 Jahren gewesen, »der sich mit seinen Mitteln nicht dagegen wehren kann, einer großen Zeitung ausgeliefert zu sein«. Das bezog sich auf die *Bild*-Zeitung. Einen »Killer« und »Koma-Schläger« habe man ihn dort genannt – das sei er aber nicht.

[Der Täter] M. habe mit seinem Schlag »vieles gewollt, was nicht in Ordnung ist, aber sicher nicht den Tod eines Menschen«. Aber gegen das Bild, das von ihm gezeichnet und »von vielen Medien blind« übernommen worden sei, das sich aber im Prozess »wenn überhaupt nur in Teilen bestätigt« habe, sei M. nicht angekommen.[45]

Schon zuvor, im Dezember 2014, steht im *Spiegel*:

Die Ermittler in Offenbach fragen sich inzwischen, ob [M.] überhaupt jemals wieder in Deutschland leben kann, wenn er nach der Untersuchungshaft oder einer möglichen Freiheitsstrafe wieder auf freien Fuß kommt. Und die Empörten, die im Internet sein Bild verbreiten und nach einer knallharten Strafe für den »Koma-Schläger«, wie ihn die *Bild*-Zeitung nennt, verlangen, könnten sogar das Gegenteil bewirken. »Grundsätzlich ist es so, dass solche Auswüchse in Berichten und Kommentaren von Gerichten auch strafmildernd gewertet werden können«, sagt der Offenbacher Oberstaatsanwalt Axel Kreutz.[46]

Das Vorgehen der *Bild*-Redaktion in diesem Fall, die Vorverurteilung und das unverpixelte Zeigen eines Tatverdächtigen, sind keine Ausrutscher. Für rechtsstaatliche Grundprinzipien wie die Unschuldsvermutung scheint sie sich nicht besonders zu interessieren. Das kann man fast täglich in den *Bild*-Medien beobachten: Wenn die Polizei nach einem *mutmaßlichen* Mörder fahndet, macht *Bild. de* ihn auf der Startseite oft bereits zum »KILLER«[47]. Als im Januar 2020 Beamte einen jungen Mann und dessen Eltern tot in deren Wohnhaus entdecken, verbreitet *Bild* per Schlagzeile vermeintliche Tatsachen: »Kinder-Psychologin und Ehemann von Sohn erschossen«[48]. Wenige Tage später stellt sich heraus: Der Sohn ist nicht Täter, sondern Opfer – ein anderer Mann hat die Familie erschossen.

Im Februar 2014 heißt es bei *Bild*: »Patensohn schlägt liebe Oma (†61) tot«[49]. Die liebe Oma und der angebliche Täter werden beide groß abgebildet. Eine Woche später wird ein anderer Mann verhaftet, der ein Geständnis ablegt; der Patensohn wird freigelassen. In einer Überschrift bei *Bild.de* wird er aber bis heute als Täter dargestellt.[50]

Geht es um Menschen aus den eigenen Reihen, ist die Unschuldsvermutung dem Axel-Springer-Verlag aber plötzlich sehr wichtig. Als im März 2021 das Compliance-Verfahren gegen Julian Reichelt läuft, teilt der Verlag mit: »Auf Basis von Gerüchten Vorverurteilungen vorzunehmen, ist in der Unternehmenskultur von Axel Springer undenkbar.«[51]

Zweite bis vierte Gewalt

In ihrer Berichterstattung über Kriminalfälle entscheidet die Redaktion aber nicht nur, wer »KILLER«, Todesschütze oder Oma-Totschläger ist, sie bestimmt auch, wer ein Recht auf Anonymität hat. Verdecken Angeklagte ihr Gesicht mit einem Aktenordner, um nicht fotografiert werden zu können, positionieren sich die *Bild*-Reporter im Gerichtssaal mitunter so, dass sie hinter den Ordner fotografieren können.[52] Steht ein Mann vor Gericht, dem vorgeworfen wird, mehrere Kinder missbraucht zu haben[53], druckt *Bild* zur Schlagzeile »Familienvater soll eigene Töchter missbraucht haben« ein unverpixeltes Foto des Mannes – wodurch für Bekannte und Freunde der Familie, für Kita-Mitarbeiter und Lehrer auch die Opfer indirekt zu identifizieren sein dürften.[54]

Immer wieder zeigt *Bild* Gesichter von Angeklagten. Und widersetzt sich dabei auch richterlichen Anordnungen: Im August 2015 sind vor dem Oberlandesgericht Celle zwei Männer angeklagt. Der Vorwurf lautet: »Mitgliedschaft in terroristischer Vereinigung und Vorbereitung einer staatsgefährdenden Gewalttat«. Sie sollen dem sogenannten Islamischen Staat angehört haben. Vor dem Prozess hat das Gericht eine »sitzungspolizeiliche Anordnung«[55] an die Medienvertreter verteilt. Darin steht unter anderem, dass die Gesichter der Angeklagten vor der Veröffentlichung anonymisiert werden müssen. Das habe der Senat aus Gründen des Persönlichkeitsschutzes entschieden, erklärt eine Gerichtssprecherin damals.[56] Alle Redaktionen folgen der Anweisung, nur *Bild* nicht. Auf der *Bild.de*-Startseite erscheint ein Artikel mit der Überschrift:»Das Gericht will, dass wir diesen ISIS-Terroristen NICHT zeigen«[57]. Dazu ein Foto, auf dem einer der Männer unverpixelt im Gerichtssaal zu sehen ist. In der Anordnung des Gerichts steht auch:

Kommen akkreditierte Pressemitarbeiter den Aufforderungen nicht nach, so können ihre Presse- und Medienunternehmen die Akkreditierung verlieren. Darüber entscheidet der Vorsitzende.

Der Vorsitzende Richter schließt *Bild* vom Prozess aus. Julian Reichelt kommentiert daraufhin:»Angriff auf die Pressefreiheit!«[58]

Die klassische Rolle der Medien als vierte Gewalt reicht der *Bild*-Redaktion anscheinend nicht. Wenn die Polizei nicht öffentlich nach einem Verdächtigen fahndet, fahndet *Bild*.[59] Wenn von Gerichten kein schnelles Urteil zu erwarten ist, richtet *Bild*. Die *Bild*-Medien verstehen sich offenbar als zweite bis vierte Gewalt im Staat.

Nach den gewaltsamen Ausschreitungen rund um den G20-Gipfel in Hamburg 2017 steht riesengroß auf der *Bild*-Titelseite:»GE-SUCHT! Wer kennt diese G20-Verbrecher?«[60] Dazu zeigt die Redaktion unverpixelte Fotos von 18 Personen. Manche von ihnen sind beim Werfen eines Steins zu sehen, manche beim Tragen eines Steins. Eine Frau ist kurz davor, eine leere Cola-Flasche wegzuschleudern. Eine andere hat zwei volle Flaschen Kindersekt unter den Arm geklemmt. Was die Leute davor gemacht haben oder danach, wohin die Steine und Flaschen fliegen, die sie in den Händen halten, ob sie bei manchen überhaupt fliegen oder nicht doch wieder fallen gelassen werden – nichts davon ist zu diesem Zeitpunkt bekannt. Eine öffentliche Fahndung der Polizei gibt es noch nicht. Eine Verurteilung durch Gerichte auch nicht. Die *Bild*-Redaktion hat die abgebildeten Personen aber schon mal zur Fahndung ausgeschrieben und zu»Verbrechern«[61] verurteilt.

Der Deutsche Presserat missbilligt die *Bild*-Aktion[62], das Landgericht Frankfurt am Main urteilt nach Klage einer Betroffenen, der

Suchaufruf sei rechtswidrig[63], das Oberlandesgericht Frankfurt gibt ihr ebenfalls Recht[64], der Bundesgerichtshof erklärt die Berichterstattung hingegen für zulässig[65]. Die Medienrechtskanzlei Schertz Bergmann schreibt dazu bei Twitter:»Selbstjustiz der BILD wird vom BGH legalisiert. BILD darf sich selbst abfeiern. Katastrophales Zeichen.«[66] Julian Reichelts Reaktion auf diesen Tweet:»Da ist ein t zuviel.«[67]

Selbst dann, wenn die Polizei ermittelt, ein Gericht sein Urteil gesprochen, und ein Täter seine Strafe abgesessen hat, kommt es vor, dass *Bild* ihm die Resozialisierung erschwert: Im Februar 2018 wird Dieter Degowski, 30 Jahre zuvor einer der Geiselnehmer von Gladbeck, aus der Haft entlassen. Im Gefängnis hat er eine Therapie absolviert und eine Ausbildung gemacht. Der Rechtsausschuss im Landtag von Nordrhein-Westfalen urteilte, dass von ihm keine Gefahr mehr ausgehe.[68] Ihm wird auch ermöglicht, nach seiner Freilassung eine neue Identität anzunehmen, um ihm seine Resozialisierung zu erleichtern.[69] *Bild* aber urteilt in der Überschrift:»›Es ist eine Schande, dass Degowski frei rumläuft‹« (ein Zitat eines Fotografen, der für *Bild* bei der Geiselnahme damals Fotos gemacht hatte), und zeigt ein aktuelles unverpixeltes Foto von Degowski, auf einer Parkbank sitzend, offenbar heimlich aus einiger Entfernung aufgenommen. Dazu heißt es:»Ein Rentner sitzt auf einer Parkbank und füttert Vögel. Er sieht noch genauso dümmlich aus wie damals.«[70]

Vergiftete Zeugenaussagen

Auch beim Umgang mit Beweismitteln legt *Bild* wenig Behutsamkeit an den Tag. Im Fall des Schlags auf dem Offenbacher McDonald's-Parkplatz titelt die *Bild*-Zeitung Anfang Dezember 2014:»Das Beweis-Video – BILD zeigt, was in der Nacht wirklich geschah«[71]. Online und im Blatt (dort als Standbilder) veröffentlicht die Redaktion exklusiv Aufnahmen einer Überwachungskamera, die das Geschehen auf dem Parkplatz gefilmt hat. Sie lässt sogar einen Illustrator die entscheidenden Momente der Auseinandersetzung nachzeichnen. Der Offenbacher Oberstaatsanwalt Axel Kreutz sagt dem

Hessischen Rundfunk, dass ein solches Beweismittel nicht in die Öffentlichkeit gehöre, sondern vor Gericht analysiert und bewertet werden müsse:

> Durch die Veröffentlichung des Videos werde das Beweismittel zwar nicht wertlos für den Gerichtsprozess, allerdings bestehe die Gefahr, dass dadurch Zeugen in ihrer Aussage manipuliert werden könnten. »Man muss damit rechnen, dass sich Zeugen vor ihrer Vernehmung das Video anschauen und ihre Aussage dann damit abgleichen«, so Kreutz. Dadurch könnten unter anderem subjektive Erinnerungen an das Geschehen eingefärbt werden.[72]

Und so kommt es dann auch. Die *Frankfurter Allgemeine Sonntagszeitung* schreibt, dass »im Grunde alle Zeugen« das Video vor der gerichtlichen Befragung »und zum Teil schon vor ihrer Aussage bei der Polizei gesehen« hätten: »Eine Vernehmungsbeamtin sagte deshalb vor Gericht, es sei schwer gewesen, überhaupt eine objektive Aussage zu bekommen.«[73] Laut Richter Aßling seien sämtliche Zeugenaussagen »vergiftet« gewesen.[74]

Er kommt damit zu einer ähnlichen Einschätzung wie eine Studie der Universität Mainz, die in Kooperation mit der Agentur Consilium Rechtskommunikation erforscht hat, wie Medien mit ihrer Berichterstattung Strafprozesse beeinflussen. Dazu hat sie 415 Richter und 165 Staatsanwälte aus elf Bundesländern befragt.[75] Nach Ansicht der Befragten hätten Medienberichte einen »starken« oder »sehr starken« Einfluss auf eine Reihe von Prozessbeteiligten: auf Angeklagte, sagen 48 Prozent, auf Zeugen (39 Prozent), auf Opfer (63), auf Verteidiger (48) und vor allem auch auf die Öffentlichkeit im Allgemeinen (87). Auf ihre eigenen Berufsgruppen sehen die Richter und die Staatsanwälte durch die Berichterstattung hingegen so gut wie gar keinen Einfluss: Bei den Berufsrichtern glauben gerade mal 3 Prozent der Befragten an einen »starken« oder »sehr starken« Einfluss, bei den Staatsanwälten 9 Prozent. Dabei geben 98 Prozent der Richter und 99 Prozent der Staatsanwälte an, dass sie Berichte über ihre eigenen Fälle entweder »gezielt« verfolgen oder zumindest nicht vermeiden. Auf die Höhe der Strafe, die Bewilligung einer

Bewährung, die Anordnung einer Sicherungsverwahrung oder gar auf die Schuldfrage hätten die Medienberichte in ihren eigenen Verfahren allerdings so gut wie keinen Einfluss.

Mehr als die Hälfte der befragten Richter (53 Prozent) und fast zwei Drittel der befragten Staatsanwälte (62) geben allerdings an, dass sie »während eines Verfahrens, über das Medien intensiv berichtet haben«, bei der Befragung oder beim Plädoyer zumindest »ein wenig« oder sogar »intensiv« an das Echo der Öffentlichkeit gedacht haben. Wenn mindestens einer ihrer Fälle Gegenstand von Kritik in den Medien geworden ist, haben sich 50 Prozent der Richter und 65 Prozent der Staatsanwälte über die Berichte »geärgert«. 45 beziehungsweise 46 Prozent hatten das Gefühl, sich »nicht richtig wehren zu können«. Und 17 beziehungsweise 18 Prozent waren »wütend«.

»WIESO LIESSEN SIE DEN SCHLÄGER LAUFEN, HERR RICHTER?«

Bei den *Bild*-Medien bleibt es in besonderen Fällen nicht bei Kritik an Gerichtsurteilen. Wenn Richter Pech haben, werden sie das Ziel von persönlichen Attacken. Dem Richter, der den »BERLINER U-BAHN-SCHLÄGER« von der Friedrichstraße nicht in Untersuchungshaft steckte, lauert *Bild* offenbar auf dem Weg zur Arbeit auf: Unter der Überschrift »Dieser Richter schickte [den 18-Jährigen] nach Hause – hier fragt ihn BILD, warum er so entschieden hat« schreiben zwei *Bild*-Autoren:

> Schwarze gescheitelte Haare, dunkler Anzug, die lederne Aktentasche in der linken Hand. Es ist kurz nach 9 Uhr morgens, als Richter Joachim M. [Name von *Bild* geändert] zum Amtsgericht Tiergarten aufbricht. […] BILD FRAGTE NACH: WIESO LIESSEN SIE DEN SCHLÄGER LAUFEN, HERR RICHTER?[76]

Den Richter, der entschieden hat, dass der ehemalige Pfleger trotz der Vergewaltigung einer 100-Jährigen frei bleibt, durchleuchtet *Bild* nach früheren Urteilen, die man gegen ihn verwenden könnte. Und findet eins:

Richter am Jugendschöffengericht: […], früherer Stadtrat der Grünen in Gera, der schon mal für Aufsehen sorgte, als er einen 73-jährigen Schwarzfahrer ohne Bewährung hinter Gitter steckte.[77]

Die Schlagrichtung scheint klar: Ein Grüner, der einen schwarzfahrenden Rentner gnadenlos in den Knast steckt, aber einen Vergewaltiger frei rumlaufen lässt. Dass der damals 73-jährige Mann notorischer Schwarzfahrer war, mehrere Dutzend Mal ohne Ticket erwischt und zuvor schon mehrfach verurteilt wurde, auch auf Bewährung, erwähnt die *Bild*-Redaktion nicht. Erst später stellt sich raus, dass der 73-Jährige an Demenz leidet.[78]

Bild kann aber auch anders – und Richter hochleben lassen.[79] Thomas Meaney schildert im *Guardian* eine Szene aus der *Bild*-Redaktionskonferenz:

»Irgendwas von der Verbrecherfront?«, fragt Reichelt.

»Wir haben einen pädophilen Kinderarzt, der 15 Jahre lang kleine Jungen sexuell missbraucht hat.«

»Wie lautet das Urteil gegen den Typen?«, fragt Reichelt.

»Der Richter hat ihn für immer weggesperrt.«

»Super. Toller Richter. Kann ich ein Foto von ihm sehen?« Ein Foto von einem grauhaarigen Mann namens Roland Christiani erscheint auf dem Monitor. »Was für ein tolles Gesicht! Er sieht aus wie ein Professor«, sagt Reichelt. »Lasst uns ihm eine schöne Schlagzeile geben.« [»Let's give him a bump in the headline.«]

»Wie wäre es mit ›Richter sperrt Kinderarzt für immer weg‹?«

»Gefällt mir«, sagt Reichelt.[80]

Auch zu einem »HAMMER-URTEIL GEGEN G20-CHAOT« feiert *Bild* »Hamburgs Knallhart-Richter«:

Wer ist der Richter, der der linken Szene zeigt, wo der Hammer hängt? Sein Name: Johann Krieten (61), Richter am Amtsgericht Mitte, Brille, Bart, Rock-Musik-Fan. Trägt gerne Karohemden und ist bekannt für harte Urteile und deutliche Worte.

Dabei handelt es sich allerdings um seltene Ausnahmen zwischen den vielen Artikeln, mit denen *Bild* Stimmung gegen deutsche Gerichte und deren angeblich lasche Entscheidungen macht. Ein »Misstrauen gegen die deutsche Justiz« sei für das gesellschaftliche Klima »in hohem Maße schädlich«, schreibt Juraprofessorin Elisa Hoven: »Hieran ändert auch der Umstand nichts, dass die formulierten Sorgen in weiten Teilen objektiv unbegründet sind.« Das deutsche Justizsystem könne »mit Blick auf die Wahrung rechtsstaatlicher Verfahrensvorgaben und die Unbestechlichkeit seiner Akteure im internationalen Vergleich als vorbildlich angesehen werden«. Doch: Vermeintlich milde Urteile »wirken auf die Bevölkerung stärker als es die beteiligten RichterInnen vielleicht vermuten«. Für den gesellschaftlichen Zusammenhalt sowie das Vertrauen der Menschen in Staat und Politik sei es daher »von erheblicher Bedeutung, einer mangelnden Akzeptanz strafgerichtlicher Urteile entgegenzuwirken«.[81]

Bild sorgt für das Gegenteil.

8.

»Bei ihr ist nicht nur der Kühlschrank prall gefüllt«

Bild und Frauen

Es ist der 379. Verhandlungstag im NSU-Prozess, die letzte Sitzung vor der Sommerpause. Der Oberstaatsanwalt spricht heute über die Beschaffung der Tatwaffe, mit der die rechtsextremen Terroristen des sogenannten »Nationalsozialistischen Untergrundes« Uwe Böhnhardt, Uwe Mundlos und Beate Zschäpe neun Menschen ermordet haben sollen.[1] Über den Prozesstag wird in vielen Medien berichtet. »Anklage sieht auch Vorwürfe gegen NSU-Helfer bestätigt«[2], titelt etwa *Zeit Online*. »NSU-Helfer sollen bewusst Schalldämpfer bestellt haben«[3], titelt die *Welt*. »BLÜMCHENSCHAL UND LUFTIGES ROT-ORANGES SHIRT: Zschäpe im Sommer-Look in die Sommerpause«[4], titelt *Bild*.

»Echt jetzt?«, fragt damals das Blog *NSU-Watch* in einem offenen Brief an *Bild*[5]: Ein solcher Artikel liefere »eine Steilvorlage für das Bild der unpolitischen Mitläuferin, als die sich Beate Zschäpe in ihrer Einlassung vor Gericht verkaufen wollte«. Über »die sich darin manifestierenden Geschlechterklischees« sei doch »schon so viel geschrieben« worden:

> Mädchen und Frauen waren und sind fester Teil des Netzwerkes NSU. Zschäpe war eine von ihnen – und wird von euch dämonisiert und umgarnt als »Teufel, der sich schick macht«.

Schon vier Jahre zuvor, am allerersten Verhandlungstag, hatte *Bild* die Berichterstattung über den Prozess so begonnen:

> Die Staatsfeindin Nummer 1 trägt einen schwarzen Hosenanzug, die weiße Bluse lässig über der Hose.
> Schwarze Halbschuhe, große silberne Creolen in den Ohren. Das Haar offen und vom Gefängnis-Friseur für 10 Euro kastanienbraun getönt, schlendert sie um 9.55 Uhr in den Gerichtssaal A 101, die Arme vor der Brust verschränkt.
> Sie versucht ein Lächeln, doch es verrutscht.
> Da ist sie also. [...] Die schlimmste Rechtsterroristin in der Geschichte der Bundesrepublik Deutschland.
> DER TEUFEL HAT SICH SCHICK GEMACHT FÜR DEN PROZESS DES JAHRES![6]

Nicht nur Zschäpes Äußeres ist immer wieder Thema, auch ihr Intimleben. Schon 2011 zeigt *Bild* auf der Titelseite ein privates Foto von Beate Zschäpe und Uwe Mundlos als Jugendliche, dazu die große Schlagzeile: »Nazi-Braut im Bett mit dem Killer!«[7] *Bild am Sonntag* nennt sie »Die Unheimliche mit dem Schlafzimmerblick«[8] und zeichnet »ein Charakterbild zwischen Flirten und Hassen«. »DIE NAZI-BRAUT GALT ALS HEISSER FEGER«[9], wird *Bild* nicht müde zu betonen, auch mit wem sie Geschlechtsverkehr hatte oder die »wilden Sex-Spiele«, von denen sie angeblich »fantasierte«, werden thematisiert.[10]

Eine nähere Untersuchung der Darstellung Zschäpes in der *Bild*-Zeitung kommt 2012 zu dem Schluss, dass Zschäpes Liebes-, Sex- und Beziehungsleben »einigen Raum« einnehme, während es bei den männlichen Terroristen »vollkommen ausgespart« bleibe.[11] *Bild* mache Zschäpe »zum Sexobjekt (männlicher) Nazis« und rücke sie »mit leicht negativem Unterton in Richtung Promiskuität«. Ihr Rechtsextremismus wirke hingegen »eher nebensächlich und außerdem passiv«. Sie werde zwar auch als gefährliche Akteurin dargestellt, dennoch:

> Versteht man Zschäpes Fall als exemplarisch für die Verhandlung von Frauen im Rechtsextremismus, ist hier eine Verharmlosung oder zumin-

dest Ausblendung des gewalttätigen Potentials von Rechtsextremistinnen zu konstatieren.

Es ist ein Muster, das seit Jahrzehnten zu beobachten ist, wenn *Bild* über Frauen berichtet: Ihre Handlungen rücken in den Hintergrund. Oft geht es nicht um ihre Taten oder Leistungen, ihre Motive oder Gedanken, um das, was sie sagen oder meinen oder machen: Was zählt, ist, wie sie aussehen. *Wenn* sie denn überhaupt mal in *Bild* vorkommen. Denn der deutlich größere Teil der Berichterstattung handelt von Männern.[12] Auf der *Bild*-Titelseite gibt es zum Beispiel eine traditionelle Rubrik, in der jeweils ein »Gewinner« und ein »Verlierer« des Tages gekürt wird. Eine Auswertung der Titelseiten eines ganzen Jahres zeigt: Sowohl von den »Gewinnern« als auch von den »Verlierern« sind mehr als 80 Prozent Männer. Selbst Tiere und Gegenstände tauchen in dem Ranking häufiger auf als Frauen.[13]

Wie unterschiedlich Frauen und Männer von *Bild* behandelt werden, zeigt sich immer wieder auch an sprachlichen Feinheiten. Als etwa das erfolgreiche Model Toni Garrn und der erfolgreiche Sänger Andreas Bourani zusammen bei einem Basketballspiel gesehen werden, schreibt *Bild*: »Single Garrn und Sänger Bourani beim Basketball«[14]. Er: »Sänger«. Sie: »Single«. Nicht ihr Job steht im Vordergrund, sondern ihr Beziehungsstatus.

Mitunter finden Frauen in *Bild* nicht mal als eigenständige Personen statt, sondern nur in Relation zu einem Mann. Als etwa im März 2018 Marion Kiechle – die unter anderem als Direktorin eine Frauenklinik geleitet hat, Inhaberin eines Lehrstuhls für Gynäkologie und Trägerin des Bundesverdienstkreuzes ist – zur bayerischen Staatsministerin für Wissenschaft und Kunst ernannt wird, titelt *Bild*: »MARCEL REIF – Seine Frau ist jetzt Ministerin in Bayern«. Nicht mal Kiechles Name wird in der Überschrift erwähnt.[15]

Wie *Bild* darüber hinaus über Frauen berichtet, wird in einem bestimmten Ressort ganz besonders deutlich.

»Freier Direkt-Blick auf den neckischen Nippel der Tennis-Amazone!«

Das Aussehen einer Sportlerin sei »ein zentraler Bestandteil« vieler Artikel im Sportteil der *Bild*-Zeitung, stellen schon in den Achtzigern die Sportwissenschaftlerinnen Marie-Luise Klein und Gertrud Pfister in einer Studie fest[16]: In fast 60 Prozent der *Bild*-Artikel über Sportlerinnen sei das Aussehen beschrieben worden. Bei den Männern in nicht mal 20 Prozent der Artikel. Frauen seien auch fünfmal so häufig mit sexuellen Anspielungen belegt worden:

> BILD-Reporter schwärmen von der Sportlerin mit »langen Beinen, einem süßen Po und einem kessen Blick«[17] oder von Christa, weil »ihre Kurven die schönsten«[18] sind. Sie interessieren sich für die »Idealmaße einer Turnerin – lange Beine, weibliche Kurven, gertenschlank«[19], ebenso wie für die »knackige Figur« einer Tennisspielerin oder für großzügige Dekolletés, die »tiefe Einblicke« gewähren.[20]

»Ei der Daus, da lugt doch was aus dem Hemdchen raus«, heißt es beispielsweise im Sommer 1979 zum großen Foto einer 18-jährigen »Tennisdame«, die zwar haushoch verloren hatte, deren Oberteil während des Spiels jedoch ein wenig verrutscht war, sodass man einen winzigen Teil ihrer Brustwarze sehen konnte. »Linda lecker oben-ohne – bei den Männern hatte sie jedenfalls gewonnen«, schreibt *Bild*.[21] »Bei Frauen zählen nicht die Siege auf dem Sportplatz«, so das Fazit der Forscherinnen, »sondern die Erfolge bei den Männern.«

Geändert hat sich in den Jahrzehnten, die seitdem vergangen sind, nicht allzu viel. So zeigt sich in einer Untersuchung der Berichterstattung zur Fußball-WM der Frauen 2011, dass die *Bild*-Zeitung fast viermal häufiger das Aussehen der Spielerinnen beschrieben hatte als die *Frankfurter Allgemeine Zeitung (FAZ)*[22]. »Der schönen Lira droht die Bank«[23], hieß es dann zum Beispiel, oder »Kim Kulig ist nicht nur hübsch, sie organisiert auch das Mittelfeld«[24]. Oder in der *Bild*-Kolumne von Sylvie van der Vaart[25]:

Ganz besonders gut gefallen hat mir Abwehrspielerin Babett Peter. Sie sieht natürlich aus, weiblich und sexy. Sie würde nicht nur auf dem grünen Rechteck ihre Frau stehen, sondern auch mit High-Heels, Make-Up und einem frech geschlitzten Kleid auf dem Laufsteg für Furore sorgen.

Nicht nur das Aussehen der Fußballerinnen wird in der *Bild*-Zeitung laut der Untersuchung signifikant öfter thematisiert als, in diesem Fall, in der *FAZ*, auch ihr Beziehungsstatus (»LIRA IN LOVE! Unsere Nationalspielerin ist verliebt«[26] oder »Gute Nachricht: Solo ist derzeit solo!«[27]) und ihre Familiensituation (»Sie ist die Jüngste von sieben Kindern«[28], »Tochter gegen Vater! Zoff bei Familie Prinz«[29]). Ähnliches stellte schon die Studie in den Achtzigerjahren fest: Zwar würden auch die Leistungen und Erfolge von Frauen anerkannt, »doch lassen vielfältige Angaben zum Aussehen und zum sozialen Bezugsfeld die Sportlerinnen sogleich wieder als Frauen in ihren traditionellen Rollenbezügen erscheinen«:

> Trotz hoher Leistungsfähigkeit, die eher den Männern zugeschriebene Eigenschaften wie Mut, Ehrgeiz, Durchsetzungsvermögen erfordert, bleibt die dargestellte Sportlerin immer noch ›ganz Frau‹, mit typisch weiblichen allgemeinen und sportlichen Interessen, Schwächen und Stärken. Frauen sind in BILD allgemein sowie in der Sportberichterstattung in der Regel jung, hübsch, oft sexuell aufreizend.[30]

Aussehen und Sexualität der Sportlerinnen stehen auch Jahrzehnte später immer noch im Mittelpunkt. Als *Bild* zum Beispiel während der WM 2011 die brasilianische Nationalspielerin Marta, eine der besten Fußballerinnen der Welt, zum exklusiven Interview trifft, stellt der *Bild*-Reporter zuallererst fest: »Sie haben ja blau lackierte Fußnägel.« »Natürlich«, antwortet Marta, »mal sind sie blau, mal gelb. Immer in den brasilianischen Farben. Ich habe sehr schöne Füße, oder?« »Ja«, sagt der *Bild*-Reporter und ergänzt: »Und sehr gepflegt.« Kurz darauf fragt er: »Gehört zur perfekten Vorbereitung auch Sex vor dem Spiel?« Für *Bild* ist es eine Selbstverständlichkeit, eine Hochleistungssportlerin auf ihr Aussehen und ihr Intimleben anzusprechen. Die Überschrift lautet schließlich: »BILD trifft die beste Fußballerin der Welt – Ich habe hier keinen Sex, mit wem auch?«[31]

Sexualisiert und auf ihr Äußeres reduziert werden neben Fußballerinnen auch viele andere Sportlerinnen.[32] Auf *Bild.de* finden sich etliche Artikel und Bildergalerien mit Titeln wie »BILD-Ranking: Die 10 heißesten Sport-Stars der Welt – Klicken Sie sich durch die sexy Galerie!« (»Erfolge machen einen Sportler zum Vorbild. Aber manchmal reichen auch Schönheit und Charisma zum Superstar«)[33] oder »So sexy ist die Leichtathletik-WM« (»Erst 20 Jahre und schon so hübsch: Die britische Siebenkämpferin Katarina Johnson-Thompson«)[34] oder »Die schärfsten Sportlerinnen von Vancouver – So sexy wird Olympia! – Klicken Sie sich durch die heissen Bilder!« (»Wow! Diese Olympischen Winterspiele werden ein gaaaanz scharfes Vergnügen!«)[35] oder »Die Popo-Parade der WM – Die knackigsten Fotos aus dem Olympiastadion« (»Es war das geilste Gold-Duell der WM: Blanka Vlasic (25) gegen Ariane Friedrich (25)«)[36].

Viele dieser »heißen Bilder« sind ungewollt entstanden, wenn zum Beispiel eine Sportlerin im Wettkampf die Beine gespreizt hatte oder ihre Kleidung gerissen war und man ihre Geschlechtsteile oder Unterwäsche sehen oder erahnen konnte. »Sprünge beim Aufschlag, der englische Wind und Spreizschritte beim Volley machen es möglich: In Wimbledon fliegen wieder die Tennis-Röckchen, die Spielerinnen gewähren tiefe Einblicke«, wie *Bild* 2013 begeistert über die »sexy Blitzer« schreibt: »Ihr knappes Höschen machte es schwer, sich nur auf die Ballwechsel zu konzentrieren.«[37]

»Die Betonung der sexuellen Merkmale«, heißt es schon in der Untersuchung aus den Achtzigern, zeige den »Objektcharakter, den Sportlerinnen, wie Frauen allgemein, in der BILD-Zeitung haben. So ›appetitlich‹ beschriebene Frauenkörper reizen geradezu zum ›Vernaschen‹, zur ›Inbesitznahme‹.«[38]

Während des Wimbledon-Turniers 2007 titelt *Bild.de* über Tennisspielerin Venus Williams: »Hier zeigt Venus uns ihren Hügel«.

Wenn vom Venushügel die Rede ist, ist damit üblicherweise die leichte Erhebung am weiblichen Schambein gemeint. In diesem speziellen Fall

jedoch geht es vielmehr um den frechen, flutschfähigen Vorbau von Tennis-Queen Venus Williams (27) ...
Beim Wimbledon's Champions Dinner im schnieken »Savoy«-Hotel tanzte Venus im tief-dekolletierten Kleidchen an. Da brauchte es dann nicht mehr viel, um auch ohne große sportliche Anstrengung seitlich beste Aussichten zu gewähren. Freier Direkt-Blick auf den neckischen Nippel der Tennis-Amazone! Der Hügel der Venus, frei sichtbar für alle. Doch die Sportlerin selbst blieb ob den Busen-Blitzers fast so locker wie ihr Ausschnitt.
Aber sehen Sie selbst und klicken Sie das Bild rechts groß![39]

Männer die Macher, Frauen die Objekte

Seit Julian Reichelt übernommen hat, weht ein anderer Wind, zumindest ist das der Eindruck, den *Bild* seit einiger Zeit zu erwecken versucht. Im März 2018 etwa verkündet die Redaktion, dass die traditionellen *Bild*-Girls (die sich im Gegensatz zu vielen Sportlerinnen und anderen Frauen *freiwillig* für *Bild* entblößt hatten und die 2012 von der Titelseite ins Blattinnere verschoben wurden) fortan nicht mehr mit nackten Brüsten im Blatt erscheinen werden: »Wir werden keine eigenen Oben-ohne-Produktionen von Frauen mehr zeigen«, heißt es unter der Überschrift »MÄNNER, IHR MÜSST JETZT GANZ STARK SEIN!«.[40]

Wir bei BILD glauben nicht, dass die Unterhaltung von Männern die Kränkung von Frauen in Kauf nehmen sollte (und natürlich auch nicht umgekehrt). Deswegen werden wir solche Fotos auch nicht mehr produzieren.

Der Schritt sorgt für ein enormes Medienecho, sogar im Ausland wird darüber berichtet.[41] »Schafft *Bild*-Reichelt den Sexismus im Blatt ab?«, fragen sich einige schon.[42] Tatsächlich hatte die Entscheidung »nicht irgendwelche politisch korrekten Gründe«, wie Reichelt zwei Jahre später gegenüber dem *Guardian* erklärt: »Es ist nur so, wenn ein so großer Teil deiner Belegschaft weiblich ist, und die sind alle sehr professionell, wird es ein bisschen unangenehm [»awkward«], mit ihnen tagein, tagaus nackte Frauen einstufen zu müssen.«[43]

Bild hat die eigenproduzierten Oben-ohne-Fotos demnach also nicht aus Respekt vor Frauen verbannt, sondern um Männern wie Julian Reichelt die unangenehmen Momente in der Redaktion zu ersparen. Dass hinter der Entscheidung nicht die große Läuterung steckt, zeigt sich schon daran, dass der Sexismus unter Reichelt immer noch allgegenwärtig ist, nur teilweise in etwas anderer Form.

Im Juni 2020 beispielsweise präsentiert *Bild*, um beim Beispiel Sport zu bleiben, die »spektakulärsten Fotos« von Tennisprofi Serena Williams. Zwar stehen unter Reichelt nun nicht mehr die »neckischen Nippel« im Vordergrund, dennoch geht es immer noch vorrangig um eines:

> Sportlicher Körper mit knackigen Kurven: 2002 gewann Serena Williams die French Open, Wimbledon und die US Open […]
> Williams ist 1,75 Meter groß, hat einen athletischen Körper, aber auch beeindruckende Kurven. […]
> Australian Open vor 20 Jahren: Die junge Serena mit ordentlich Muckis […]
> Serena Williams mit Bauchnabel-Piercing und Sixpack […]
> Serena Williams in Netzstrumpfhose bei den Australian Open 2019 […]
> Für eine Sportlerin mit großer Oberweite wie Serena ist die Sport-Kleidung extrem wichtig […][44]

Zur Fußball-EM der Frauen 2017 titelt *Bild* »Das sind die schönsten Seiten der Frauen-EM« und zeigt nicht etwa die schönsten Spielzüge oder die schönsten Tore, sondern: Bikinifotos der Fußball-»Mädels«.

> Ohne Trikot, Stutzen und Fußballschuhe setzen die Mädels auf Bikinis, Kleider und Highheels. BILD zeigt das Instagram-Album der besten Fußballerinnen Europas. Das sind die schönsten Seiten der Frauen-EM![45]

Im Juni 2018 berichtet *Bild* über den Kampf einer erfolgreichen Profi-Kickboxerin. Unter der Überschrift »Sexy Marie Lang – Mit neuen Brüsten Titel verteidigt«[46] schreibt der Autor:

Auch Marie Lang (31, -60 Kilo) bleibt Weltmeisterin – mit neuen Brüsten. Die Münchnerin ließ sich nämlich kürzlich die Brüste vergrößern. Erstmals stand sie danach wieder im Ring und alles lief perfekt ab. Außerdem sind Schläge auf die Brust verboten. Die hübsche Modedesignerin gewann den Kampf gegen die Slowakin Lucia Krajcovic (kam im Tanga zum Wiegen) klar nach Punkten. Die Leistung von Lang ist um so höher zu bewerten, weil sie sich mit einer kleinen Erkältung in den letzten Tagen herumschleppte und außerdem noch Gewicht machen musste.

Im selben Artikel kommt auch ein Kampf zwischen zwei Männern vor. Dazu schreibt der Autor:

Preuss lieferte sich im 90 Kilo-Limit mit dem Schweizer Robin Wildhaber eine packende Ringschlacht und siegte am Ende nach Aufgabe seines Gegners. Jungunternehmer Preuss (Malermeister) hielt seinen Gegner mit harten, geraden Schlägen auf Distanz. In der letzten Runde erwischte Preuss den Eidgenossen mit harten Knieschlägen auf den Bauch, was zur Aufgabe führte.

Das Aussehen der Männer wird nicht ein einziges Mal erwähnt. »Während die Sportlerinnen verbal sexualisiert werden und im Hinblick auf ihre äußerliche Attraktivität Bewertungen der *Bild*-Redaktion über sich ergehen lassen müssen«, stellt auch eine 2018 veröffentlichte Analyse der Geschlechterkonstruktionen im Sportteil der *Bild*-Zeitung fest, würden die männlichen Sportler »weder verbal sexualisiert noch hinsichtlich ihrer Attraktivitätslevels eingestuft«.[47]

Auch Schiedsrichterinnen werden vom Sexismus im Sportteil nicht ausgenommen. »Schöne Bibi verhext Bayern-Uli«[48], »Busen-Wischer bei Schiri Bibi«[49], »Bibi Steinhaus – Frau Schiri ist verliebt«[50]: Steinhaus, die erste Fußballschiedsrichterin, die Profispiele von Männern geleitet hat und eigentlich Bibiana heißt, wurde während ihrer Karriere von *Bild* häufig nur »Bibi« genannt. Ihre männlichen Kollegen bekommen keine Verniedlichungen, Jochen wird nicht zu »Jojo«, Robert nicht zu »Robi«; »Bibi« aber wird sprachlich klein gehalten und auch sonst durch die üblichen Filter betrachtet, die für *Bild* bei Frauen wichtig sind: Aussehen, Liebesleben, Sex.

Ebenso Teamärztinnen. Eva Carneiro, ehemalige Ärztin beim FC Chelsea, ist in *Bild* nicht die gute oder die schlechte, die erfahrene oder die erfolgreiche Teamärztin, sondern stets: »Das ist Chelseas schöne Teamärztin«[51], »Fans beleidigen schöne Chelsea-Ärztin«[52], »Motz-Attacke gegen schöne Chelsea-Ärztin«[53], »Schöne Chelsea-Ärztin von der Bank verbannt!«[54], »Der Fluch der schönen Klub-Ärztin«[55].

Ebenso Reporterinnen. »Schöne Reporterin erntet Shitstorm wegen Messi-Elfer«.[56] »Wontorras schöne Tochter ist jetzt Sport-Reporterin«.[57] »Jung, sexy und verdammt sportlich – Diese TV-Frauen machen unsere WM so schön«.[58]

Ebenso Managerinnen. Als Eva-Maria Federhenn Anfang 2018 bekannt gibt, dass sie Vorsitzende des FSV Mainz 05 werden will, fragt *Bild* sie im Interview gleich am Anfang: »Aber was verstehen Sie als Frau von Fußball?« Und: »Trotzdem – trauen Sie sich wirklich zu, einen Bundesligisten zu führen?« Am Ende will der Reporter wissen: »Das Erkennungs-Merkmal des zurückgetretenen Vorsitzenden war die rote Hose – tragen Sie dann rote Pumps?«[59]

»FRIVOLE SEX-SPIELE AN DER SCHULE«

Die zwanghafte Fixierung aufs weibliche Äußere ist nicht nur im Sportressort zu beobachten, sondern in allen Teilen der *Bild*-Zeitung. Ob bei Politikerinnen (»Sahra Wagenknecht – Wer ist eigentlich diese schöne Kommunistin?«[60]), bei weiblichen Mordopfern (»Wer erstach die schöne Anwältin?«[61]) oder bei Verbrecherinnen (»Polizist getötet und zersägt: Hat die schöne Killerin ihr Opfer betäubt?«[62]).

Sogar aus brutalster Gewalt gegen Frauen und Mädchen wird häufig noch ein Sex-Thema konstruiert: Vergewaltiger bezeichnet *Bild* traditionell als »Sex-Täter«[63], »Sex-Gangster«[64] oder »Sex-Monster«[65], die Missbrauchs- und Vergewaltigungsvorwürfe gegen Filmproduzent Harvey Weinstein werden zum »SEX-SKANDAL«[66].

Auch sexueller Missbrauch in Schulen ist bei *Bild* immer wieder ein Aufgeilthema:

Ein Hammer-Body. Tolle Augen. Ein Bikini, der alle Blicke auf sich zieht! Welcher Schüler würde beim Anblick einer solchen Lehrerin nicht auf verbotene Gedanken kommen?[67]

So beginnt ein *Bild*.*de*-Artikel über eine Lehrerin in den USA, die wegen 30-fachen Missbrauchs eines 16-jährigen Schülers vor Gericht steht. Als in einem ähnlichen Fall eine Mathelehrerin angeklagt wird, schreibt *Bild*:

> Diese Kurvendiskussionen waren im Lehrplan sicher nicht vorgesehen: Mathelehrerin Erin [M.] (25) verführte gleich drei ihrer Schüler zum Sex.[68]

Genüsslich breitet die Redaktion in solchen Fällen die »pikanten Details«[69] aus, beschreibt detailliert, wo und wie die »Sex-Lehrerinnen« es mit ihren (oft minderjährigen) Opfern »trieben«[70], zeigt Fotos der »schönen«[71] und »attraktiven«[72] Lehrerinnen und nennt die Taten statt »Missbrauch« lieber: »FRIVOLE SEX-SPIELE AN DER SCHULE«[73]. So schnell wird aus einem sexuellen Übergriff ein erotisches Abenteuer zum Mitsabbern.

Im *Bild*-Archiv finden sich etliche Artikel[74], in denen die Redaktion aufgeregt über »Flotte Dreier im Klassenzimmer«[75] und »Oralverkehr unterm Lehrerpult«[76] schreibt, und in denen die Täterinnen nicht missbrauchen, sondern *verführen*: »Sex-Lehrerinnen verführen Schüler (13)«[77]. »Spanisch-Lehrerin verführt katholischen Schüler (15)«[78]. »Sex-Lehrerin verführt Opfer mit Autos und Waffen«[79]. »Zehn Jahre Knast für Sex-Lehrerin: Sie verführte geistig behinderten Schüler«[80].

In den USA (aus denen die meisten dieser Fälle stammen) wird ein Großteil der sexuellen Übergriffe von Männern begangen, auch an Schulen.[81] Von diesen Fällen liest man bei *Bild* so gut wie nie.

15 Jahre alt, »heiße Kurven«

Eine Rubrik, die auch unter Julian Reichelt weiterhin sorgsam gepflegt wird, ist der »Rate-Star«. Dort werden freizügige Fotos von prominenten Frauen gezeigt, deren Gesichter nicht zu sehen sind, dafür aber ihre Dekolletés oder Pobacken. »Wer punktet hier mit seinen Bäckchen?«[82], will die Redaktion dann wissen, die Auflösung gibt es erst nach einem Klick. Immer wieder, manchmal sogar mehrmals täglich, fragt *Bild*: »Wer heitert uns mit seinem Hintern auf?«[83], »Wer ist diese heiße Latex-Braut?«[84], oder stellt fest: »Bei ihr ist nicht nur der Kühlschrank prall gefüllt«[85]. In den Artikeln schreibt die Redaktion Sätze wie:

> Durch diese Backen fließt brasilianisches Blut!
> Die feurige Schönheit die wir hier »leider« nur von hinten begutachten dürfen, hat die Corona-Krise und die damit verbundene Toilettenpapier-Problematik zum Anlass genommen, ihr pralles Hinterteil in Szene zu setzen. Da kommt Freude auf![86]

Selbst vor Jugendlichen und Kindern macht *Bild* keinen Halt. Im März 2015 etwa titelt *Bild*: »So wunderwunderschön wie Mama!«[87] Gemeint ist die Tochter von Model Cindy Crawford, die zu dieser Zeit 13 Jahre alt ist. Ein Jahr später, »im zarten Alter von gerade einmal 14 Jahren«, bezeichnet *Bild* das Mädchen und seine Mutter als »Das doppelte Hottchen«[88] und schreibt:

> Dunkle Walla-Walla-Mähne, mandelbraune Augen, sinnliche Lippen und Beine bis zum Himmel! Ihr unverschämt gutes Aussehen hat der 14-jährige Teenie definitiv von Model-Mama Cindy geerbt.

Mit 15 zeigt *Bild* das Mädchen im Bikini (»Ganz die schöne Mama«, »Die Schönheit liegt in der Familie«, »Bei so guten Genen plantscht es sich gleich nochmal besser im Meer …«).[89] Kurz darauf präsentiert und bewertet *Bild* auch die 15-jährige Tochter von Barack Obama im Bikini, bezeichnet sie als »Beach-Babe mit Bodyguards« und schreibt:

> Doch bei diesen heißen Kurven kommen bestimmt nicht nur die schweren Jungs ins Schwitzen …[90]

170

Im Sommer 2017 zeigt *Bild* Bikinifotos einer (diesmal immerhin volljährigen) Freundin eines Schauspielers und schreibt dazu:»Aber mal ehrlich: An Jörns Stelle könnten wir auch nicht die Finger von diesem knattergeilen Body lassen.«[91] Wie geht es eigentlich Frauen in der *Bild*-Redaktion, wenn sie solche Artikel lesen? Oder gar: verantworten? Als Tanit Koch nach 13 Männern an der Redaktionsspitze die erste Chefredakteurin der *Bild*-Zeitung wird, und die Kampagne »StopBildSexism« sie dazu aufruft, mit dem Sexismus in *Bild* aufzuräumen, sagt Koch dazu in einem *dpa*-Interview[92]:

> Wissen Sie, ich gönne jedem seine Selbsthilfe-Gruppe, aber deshalb muss ich sie nicht immer ernst nehmen. Interessant könnte es werden, wenn Aktivistinnen mal die Uffizien stürmten, um Botticelli für seine schlimmen Nacktbilder zu geißeln. Aber Kritik am *Bild*-Girl? Wie originell ...

So werden auch zu Kochs Zeit bei *Bild* Frauen als »lecker« bezeichnet, ihre Brüste »Melonen« oder »Hupen« genannt und unfreiwillige Schnappschüsse ihrer Brustwarzen veröffentlicht.[93]

Um stumpfe »Kritik am *Bild*-Girl« ging es den Aktivistinnen von »StopBildSexism« auch gar nicht, sondern um den Zusammenhang »zwischen medialer Objektifizierung und Degradierung« auf der einen und »alltäglicher Diskriminierung und Gewalt« auf der anderen Seite: Die objektifizierende und sexualisierende Darstellung von Mädchen und Frauen in den Medien habe »auch Implikationen für das wahre Leben«, schreiben sie[94]:

> Massenmedien beeinflussen bewusst und unbewusst unsere Meinungen und Werte. Sie formen unsere Normalität und geben uns Verhaltensrichtlinien vor. Deshalb ist es so gefährlich, wenn Deutschlands einflussreichste Zeitung täglich Frauen diskriminiert, auf ihren Körper reduziert und ihren Wert an ihrer Sexualität misst. Dieser Blick auf Frauen wird – bewusst oder unbewusst – von Leserinnen und Lesern übernommen und in ihr tägliches Leben übertragen.

Laut einer Studie der Bundesregierung werden knapp 60 Prozent aller Mädchen und Frauen in Deutschland im Laufe ihres Lebens mindestens einmal sexuell belästigt. Etwa 40 Prozent haben seit ihrem 16. Lebensjahr körperliche und/oder sexuelle Gewalt erfahren.[95]

Das alles – dass *Bild* ein »gesellschaftliches Klima« fördere, »in dem Gewalt gegenüber Mädchen und Frauen akzeptiert und gefördert wird« – betonen die Aktivistinnen 2016 auch in einem offenen Brief an Tanit Koch.[96] Ob der Appell an ihr vorbeigegangen sei, wird die Chefredakteurin später gefragt.[97] »Nein«, antwortet sie, »im Gegenteil, ich habe herzlich gelacht.«

9.

»Karibik-Klaus lacht uns alle aus«

Bild und Hartz IV

Am 20. Januar 2018 macht ein *Bild*-Reporter eine besondere Entdeckung: Zwei Männer schütten vor einem Berliner Supermarkt Wasser auf den Boden. Nun handelt es sich nicht um irgendwelche Männer, sondern um Hartz-IV-Empfänger. Und es handelt sich auch nicht um irgendein Wasser, sondern um Trinkwasser aus Flaschen, das sich die Männer kurz zuvor im Markt besorgt haben. Als einer der beiden nur etwas später mit mehreren Dosen Bier aus dem Supermarkt spaziert, steht die *Bild*-Story: »Hier wird aus Wasser Bier – und der Staat bezahlt's«.[1]

Es ist eine Geschichte zum Aufregen. »Wenn aus Wasser plötzlich Bier wird – dann ist das nicht das Wunder von Berlin, sondern eine Szene, die wütend macht«, schreibt der *Bild*-Reporter. Die »seltsame Tauschaktion«, die Nichtalkoholisches zu Alkoholischem werden lässt, erklärt er so: »Das Wasser haben die Männer mit Lebensmittel-Gutscheinen gezahlt. Auf denen steht ausdrücklich: nicht für Tabak, nicht für Alkohol.« Also hätten sie mit ihren Lebensmittelmarken zwölf Flaschen günstiges Wasser besorgt und den Inhalt weggekippt. Einer der Männer, »der offensichtlich der Trinker-Szene angehört«, so der *Bild*-Reporter, »geht danach in den Supermarkt, gibt die Flaschen zurück – und kauft sich vom Pfand fünf Dosen Bier (je 29 Cent plus Pfand).« Das sei die »Masche von Job-Verweigerern«.[2]

Auf der *Bild*-Facebookseite entlädt sich die Wut darüber in Hunderten Kommentaren: »Erbärmlich so was. Da geht mir alles hoch was hoch gehen kann«, schreibt einer. Und ein anderer: »Der Staat läßt sich von allen Asozialen betrügen und für dumm verkaufen, nur bei seinen arbeitenden und autofahrenden Normalbürger da macht er auf dicke Hose, kann ja auch nichts passieren und kein verblendeter Gutmensch regt sich auf, unerträglich!« Manch einer fordert gar nicht erst eine Gefängnisstrafe für die Wasserwegschütter: »Im Afrika sterben Kinder an Hunger und verseuchtes Wasser und hier missbrauchen sie Lebensmittel. Solche Leute gehören in den Orten wo es genau so beschissen geht wie im Afrika. Da ist der Knast noch Luxus.«[3]

Der materielle Schaden, um den sich diese »Und-der-Staat-bezahlt's«-Skandalstory dreht, beläuft sich auf 2,28 Euro – zwölf Flaschen weggekipptes Wasser à 19 Cent. 2,28 Euro verschwendetes Steuergeld reichen der *Bild*-Redaktion, um zwei arme, alkoholkranke Menschen vor einem Millionenpublikum in der *Bild*-Bundesausgabe und auf der *Bild.de*-Startseite an den Pranger zu stellen. Bebildert mit mehreren Fotos, auf denen zumindest einer der Männer klar zu identifizieren ist. Laut Fotoquellenangabe hat der *Bild*-Reporter sie eigenhändig geschossen – vor dem Supermarkt, am Automaten, an der Kasse.

Ein Tritt nach ganz unten, auf die Ärmsten der Armen.

Und das ist kein Einzelfall. Sechs Jahre zuvor bringt *Bild* auf einer Dreiviertelseite eine ganz ähnliche Geschichte, die nur mit einem Wort überschrieben ist: »UNFASSBAR!«[4] Zu einem Foto, das »jeden Steuerzahler« empöre, heißt es: »Hier kippt eine Hartz-IV-Empfängerin Wasserflaschen aus, die sie für ihre Essens-Bons bekommen hat. Vom Pfand will sie Alkohol und Zigaretten kaufen.« Ein *Bild*-Leser nimmt die Szene auf, die *Bild*-Redaktion übernimmt den Rest der Drecksarbeit. Sie sucht die Frau auf und stellt sie »zur Rede«:

BILD fand die Sozialhilfeempfängerin, stellte sie zur Rede: »Ich lebe seit drei Jahren auf der Straße«, sagt Kerstin S. (43), die mit ihren beiden Hunden Chicco (18) und Berry (10) unterwegs ist. »In meinem Leben ist wohl einiges schiefgegangen. Ich habe mich ans Jobcenter gewendet, weil ich mein Portemonnaie verloren hatte.«[5]

Um 113 Flaschen Wasser geht es in diesem Fall. Das heißt: um 21,47 Euro.

Faul, faul und nochmals faul

Die *Bild*-Medien stellen Hartz-IV-Empfänger seit Jahren als schlitzohrig bis betrügerisch und vor allem als faul dar. Als das Bundesverfassungsgericht Anfang November 2019 die bis dahin geltenden Hartz-IV-Sanktionen für teilweise verfassungswidrig erklärt, weil manche Leistungskürzungen gegen die Menschenwürde verstoßen[6], wird das einmal mehr deutlich. Los geht die *Bild*-Artikelserie am 6. November, einen Tag nach dem Urteil. Auf Seite 1 steht:»HARTZ-IV-HAMMER – Höchstes Gericht kippt Sanktionen! Wird Faulheit nicht mehr bestraft?«[7] Am 7. November, ebenfalls groß auf der Titelseite:»GERICHT KIPPT SANKTIONEN! Deutschlands faulster Arbeitsloser jubelt: ›Jetzt gibt's Hartz IV auf dem Silbertablett!‹«[8] Und am 8. November auf der *Bild.de*-Startseite:»Deutschlands faulster Hartz-IV-Empfänger (seit 20 Jahren arbeitslos) über seinen gemütlichen Alltag: ›Normalerweise stehe ich gegen Mittag auf‹.«[9] Was beim Leser ankommt: Hartz-IV-Empfänger sind faul, faul und nochmals faul.

Dabei hat das »HAMMER«-Urteil des Bundesverfassungsgerichts nur für einen Bruchteil von ihnen Folgen. Die große Mehrheit der Hartz-IV-Empfänger wird nicht sanktioniert. 2018 waren es laut Bundesagentur für Arbeit im Schnitt 132 208 erwerbsfähige Leistungsberechtigte, die pro Monat mit mindestens einer Sanktion belegt waren.[10] Bei 4,1 Millionen erwerbsfähigen Leistungsberechtigten insgesamt[11] bedeutet das: Gegen gerade einmal drei Prozent der Personen, die Hartz IV bekommen, aber eigentlich arbeiten können, wurden Sanktionen verhängt.[12] Und die haben nicht zwingend etwas damit zu tun, dass sie aus bloßer Faulheit angebotene Jobs nicht annehmen oder Weiterbildungsmaßnahmen sausen lassen. Beim Gros der Fälle geht es um sogenannte Meldeversäumnisse.

Der *Tagesspiegel* schreibt damals zur Entscheidung des Bundesverfassungsgerichts:

> Wie stark das Jobcenter die Leistungen von Hartz-IV-Beziehern kürzt, hängt von der Art des Verstoßes ab. Drei Viertel der Sanktionen werden verhängt, weil jemand unentschuldigt nicht zu einem Termin erscheint. In diesen Fällen kürzt das Jobcenter die Bezüge für drei Monate um zehn Prozent. Wer eine »zumutbare« Arbeit ablehnt oder eine Fördermaßnahme abbricht, muss mit höheren Einschnitten rechnen. Dann können 30 Prozent der Leistung gestrichen werden, im Wiederholungsfall sogar 60 oder 100 Prozent.[13]

Diese Kürzungen von 60 oder sogar 100 Prozent der Leistungen sind nach Ansicht des Gerichts verfassungswidrig. Kürzungen bis zu 30 Prozent sind hingegen weiter erlaubt. Der Hartz-IV-Satz soll das Existenzminimum sichern. Werden 30 Prozent gestrichen, bedeutet das: ein Leben mit 70 Prozent des Existenzminimums. Aber *Bild* lässt »Deutschlands faulsten Hartz-IV-Empfänger« auf der Titelseite jubeln, dass es Hartz IV »›jetzt auf dem Silbertablett!‹« gäbe.

Eigentlich taugt der Mann sowieso nicht als Faulpelz-Testimonial: Er kann gar nicht so faul sein, wie der von der Redaktion gewählte Superlativ verspricht – laut *Bild* beziehe er »den Hartz-IV-Regelsatz in Höhe von 424 Euro« pro Monat, offenbar ohne irgendeine Kürzung durch Sanktionen. Er scheint seinen Pflichten also durchaus nachzukommen. Und auch sein Alltag besteht nicht nur daraus, »gegen Mittag« aufzustehen. Wenn ein Termin beim Jobcenter ansteht, klingele sein Wecker auch schon mal um 6 oder um 7 Uhr. Mit einem Minijob verdiene er monatlich noch 100 Euro zusätzlich. Und nach Stellenangeboten suche er auch, aber natürlich nur »gemütlich«, wie *Bild.de* ergänzt.

Ein Mann, der sich nach Arbeit umguckt, zu seinen Terminen beim Jobcenter erscheint und noch ein bisschen was nebenher verdient – und trotzdem nutzt die *Bild*-Redaktion ihn für ihre Stimmungsmache gegen Hartz-IV-Empfänger. Seit der Einführung von Hartz IV im Jahr 2005 pflegt sie das Vorurteil des arbeitsscheuen Leistungsempfängers, der in seiner unfassbaren Faulheit und seiner wütendmachenden Frechheit *unser* Geld verprasst. Wobei die Bericht-erstattung anfangs, auf dem Weg zu Hartz IV, für kurze Zeit nicht so sehr vom Draufhauen auf arme Menschen geprägt ist, sondern vom Schüren von Sozialangst. In Ansätzen ist sie sogar hilfsbereit und für-sorglich. 2004, als noch über die Hartz-IV-Reformen diskutiert wird, startet *Bild.de* eine große »Hartz-IV-Serie«. In Teil 1 gibt es Ausfüll-tipps zum Fragebogen des Arbeitsamts.[14] *Bild*-Kolumnist Franz Jo-sef Wagner schreibt an die »Lieben Fragebogen-Gefolterten«.[15] Teil 2 der Serie klärt die Frage: »Kriege ich auch Geld, wenn ich schwan-ger bin?«[16] Oder Teil 5: »Was passiert, wenn ich falsche Angaben ma-che?«[17] Außerdem schreibt *Bild.de* über »drei großen Ungerechtig-keiten«, mit aus heutiger Sicht eher überraschenden Tönen:

> Die Hartz-IV-Reformen verwirren Arbeitslose und Sozialhilfeempfänger, machen vielen von ihnen Zukunftsangst! Tatsache ist: Vielen Stützeempfängern wird es ab 2005 nicht schlechter gehen. Aber: Die Reform ist in manchen Punkten auch richtig ungerecht![18]

Als Beleg für drohende Ungerechtigkeiten der Reform veröffentlicht die Redaktion den Beitrag »Hier sagen fünf Kinder: Mein Sparbuch kriegt ihr nicht!«[19]. Mit traurigen Augen und ihren Sparschweinen in den Armen erzählen die Kinder von ihren Ersparnissen und ih-ren größten Wünschen, die sie durch die Bundesregierung bedroht sehen. Etwa der vierjährige Cedric: »Bitte, liebe Regierung, lass mir mein Sparschwein! Ich brauche einen neuen Fußball und will mir ein Trikot von Rot-Weiß Erfurt kaufen.‹« Oder die elfjährige Ni-cole: »Ich spare seit zweieinhalb Jahren für ein Mountainbike, habe schon viel zusammen. Mutti hat kein Geld, mir so ein teures Ge-schenk zu machen.‹« Was nach ehrenhaftem Einsatz für sorgenge-plagte Kinder klingt, ist eine Instrumentalisierung von unschuldi-gen Minderjährigen. Keines der fünf Kinder muss zu dieser Zeit um sein Erspartes fürchten. Schon damals ist bekannt, dass es für sie einen Sparfreibetrag von 750 Euro geben soll. Tatsächlich fährt die *Bild*-Redaktion mit den irreführenden Mitleidstexten eine Kampa-gne gegen die Agenda 2010 der seinerzeit amtierenden Regierung aus SPD und Grünen. Das bestätigt der damalige *Bild*-Chef Kai

Diekmann 15 Jahre später in einem Interview mit der *Märkischen Allgemeinen Zeitung*, die ihn fragt, bei welcher Entscheidung er im Nachhinein aus moralischer Sicht zu weit gegangen sei. Diekmann:

> Unsere Beurteilung beispielsweise der Agenda 2010 damals war falsch. Wir haben nicht gesehen, welchen Wert diese Reform für Deutschland hat. Da haben wir draufgehauen. Eine Schlagzeile war: »Jetzt gehen Sie auch noch an die Sparbücher unserer Kinder«. Und das war unterste Schublade, eine brutale Kampagne, die in der Sache falsch war.[20]

»Die üblen Tricks der Hartz-IV-Schmarotzer!«

Mit der nahezu freundlichen Hartz-IV-Berichterstattung der *Bild*-Redaktion ist damals auch recht schnell wieder Schluss. Der Hartz-IV-Empfänger, der der Gesellschaft nur auf der Tasche läge, löst die bibbernden Kinder und ihre vermeintlich bedrohten Sparschweine ab. Evelyn Roll schreibt im September 2004 in der *Süddeutschen Zeitung*: »Irgendwann in diesem Sommer müssen sie bei *Bild* gemerkt haben, dass sie mit dem Schüren von Sozialangst zwar der Regierung schaden und der eigenen Auflage helfen, aber auch den Neonazis und der PDS. Und zwar tüchtig.«[21] Die PDS, als Vorgängerin der Linkspartei, positioniert sich zu dieser Zeit genauso wie die NPD und eben auch *Bild* gegen die Hartz-IV-Pläne der rot-grünen Bundesregierung.[22] Dadurch kommt es zur ungewöhnlichen Situation, dass die *Bild*-Redaktion zumindest indirekt Positionen der von ihr eigentlich verhassten »Honecker-Nostalgiker«[23] vorantreibt.[24]

Der Ton in den Berichten der *Bild*-Medien über Hartz IV ändert sich jedenfalls deutlich. Mit »›Hartz IV-Empfänger bekommen zuviel Geld‹« zitiert *Bild.de* im Juni 2005 Thilo Sarrazin, damals noch Berliner Finanzsenator.[25] Vier Monate später prangt auf der *Bild*-Titelseite die Überschrift: »Die üblen Tricks der Hartz-IV-Schmarotzer! … und wir müssen zahlen«.[26] Im November desselben Jahres titelt *Bild am Sonntag* zu Hartz IV: »So vergeudet der Staat unser Geld«.[27] Und im Dezember enthüllt *Bild* »Die Wahrheit über Hartz IV«: »Viele« würden »einen Trick im Gesetz« nutzen, um »richtig dickes Geld« zu erhalten.[28] In den folgenden Jahren geht es ähnlich weiter:»Hartz IV zu hoch«.[29]»Villa mit Hartz IV: Sie wohnt auf 500 qm mit Pool, Kamin, 6 Bädern sowie 9 Zimmern – und der Staat zahlt!«[30]»Warum kriegt so einer Stütze?«[31]»Wer arbeitet, ist oft der Dumme«.[32]»Macht Hartz IV faul?«[33]»Immer mehr Hartz-IV-Betrüger«.[34]»Die bittere Wahrheit über Ausländer und Hartz IV«.[35]»STUNDENLOHN 1,88 EURO: Ich arbeite – kriege aber kaum mehr als Hartz IV«.[36]»Hier pöbelt die dreiste Hartz-IV-Abzockerin«.[37]»DER GROSSE HARTZ-IV-REPORT:›So einfach ist es, den Staat zu bescheißen‹ – wie eine Hartz-IV-Empfängerin plötzlich 15 Untermieter hat – wie aus Polen auf wundersame Weise Hartz-IV-Deutsche werden – wie dreist die Klagen und Tricks mancher Hartz-IV-Bezieher sind«.[38] Auf dem Aufmacherfoto zu diesem»REPORT« streckt»Hartz-IV-Betrüger Markus M.« den *Bild*-Lesern die Zunge raus und zeigt ihnen den Mittelfinger. Er erzählt seine»freche Geschichte«, die von Schwarzarbeit, Gesetzeslücken und»keinen Skrupeln« handele. Markus M. ist derselbe Mann, der im November 2019 auf der *Bild*-Titelseite als»Deutschlands faulster Arbeitsloser« über das Urteil des Bundesverfassungsgerichts jubelt.

In vielen der oben zitierten Beiträge werden Zusammenhänge verkürzt und Fakten verzerrt dargestellt. Bei der»Villa mit Hartz IV« beispielsweise zahlt der Staat tatsächlich die Miete – die ist aber nicht höher als die ortsübliche für drei Personen plus einen entsprechenden Zuschuss für die Heizkosten.[39] Hartz-IV-Empfängerin Bärbel P. nimmt den Staat mit ihrer Tochter und deren Freund also nicht schamlos aus, sondern erhält schlicht das, was ihr zusteht, und hat Glück, dass sie für diese Mietzahlung ziemlich viel Wohnraum bekommt. *Bild* schreibt:»Sie führt dreist ein Leben im Luxus auf Steuerzahlerkosten.«

Oder»Die Wahrheit über Hartz IV« und der »Trick im Gesetz«. Bei *Bild* heißt es:

Rund 2200 Single-Haushalte bekommen mehr als 2000 Euro im Monat. Der Grund: Viele nutzen einen Trick im Gesetz, trennen sich pro forma vom Partner oder ziehen als volljährige Kinder zu Hause aus. Dann erhalten sie nicht nur die Miete, sondern auch die Kosten für den Umzug und die Ersteinrichtung der Wohnung bezahlt.

Nun bilden »2200 Single-Haushalte« zu dieser Zeit gerade mal 0,04 Prozent aller Hartz-IV-Empfänger ab. Und die angeblichen Trickser bekommen auch nicht, wie *Bild* behauptet, »2000 Euro im Monat«. Bei einem Großteil dieser Summe handelt es sich stattdessen um eine Einmalzahlung.

Die nächste *Bild*-Verzerrung beim angeblichen Stundenlohn von 1,88 Euro beziehungsweise, wie ebenfalls im *Bild.de*-Artikel vorgerechnet, von 2,25 Euro:

> Hartz IV gleich soziale Hängematte? Viele arbeiten, obwohl es sich fast gar nicht lohnt. Sie sind Aufstocker.
>
> Wie die Kölnerin Simone L. (39), die 30 Stunden in der Woche in einem Verwaltungsjob arbeitet. Ihren Sohn (16) zieht sie alleine groß. Sie lebt von 1050 Euro Nettogehalt, 184 Euro Kindergeld und 409 Euro staatlichem Mietzuschuss. Macht 1643 Euro.
>
> Wenn sie gar nicht arbeiten würde, hätte sie nur 270 Euro weniger. Sie verdient also nur 2,25 Euro pro Stunde.

Der *Bild.de*-Autor wählt nicht den Bruttoverdienst pro Arbeitsstunde von Simone L., der für gewöhnlich den Stundenlohn darstellt, sondern addiert Nettolohn und Kindergeld und Mietzuschuss, zieht von dieser Summe einen theoretischen Hartz-IV-Anspruch ab und teilt dieses Konstrukt dann durch die monatlichen Arbeitsstunden von Simone L. Raus kommen: 2,25 Euro pro Stunde und der Aufreger für die Leserschaft, dass eine hart arbeitende, alleinerziehende Mutter gerade mal etwas mehr verdient als ein Hartz-IV-Empfänger in der »Hängematte«.

»Florida-Rolf«, »Karibik-Klaus«, »Mallorca-Karin«

Einen besonderen Platz in der Hartz-IV-Berichterstattung der *Bild*-Medien nehmen extreme, groß ausgebreitete Einzelfälle ein. In ihrer Summe und der Größe der Aufmachung erzeugen sie das Gefühl, dass diese eigentlichen Ausnahmen die Regel darstellen: An jeder Ecke lauert ein Sozialbetrüger! Schon vor der Einführung von Hartz IV, ab dem Jahr 2003, präsentiert *Bild* beispielsweise »Florida-Rolf«, einen Deutschen, der in Miami lebt und dort Sozialhilfe für Deutsche im Ausland bezieht.[40] Im Dezember 2005 folgt »Karibik-Klaus« (»STÜTZE IN DER SONNE – Karibik-Klaus lacht uns alle aus«), ein »Sozialschmarotzer«, der »in Deutschland abkassiert«, während er »die schönen Bikini-Mädchen am Strand von Mexiko« beobachtet.[41] Im März 2006 ist »Mallorca-Karin« dran: »NOCH SCHLIMMER ALS FLORIDA-ROLF – So frech zockt uns Mallorca-Karin ab«.[42] In ihrer wissenschaftlichen Untersuchung »Feindbilder in der *Bild*-Zeitung?« schreibt Gianna Jansen über diese Fälle:

Die Menschen werden so sprachlich auf ihren Sozialbetrug reduziert. Diese Verbindung mit beliebten Urlaubszielen kann die Aufmerksamkeit und den Neid der Leser wecken. Die häufige Verwendung der Begriffe »kassiert« und »abkassiert« verdeutlicht die Skrupellosigkeit und Amoralität der Betrüger [...]. Außerdem wird ein biologisches Vokabular zur Charakterisierung der Personen verwendet, wie »Schmarotzer« und »Sozialschmarotzer«.[43]

Es handele sich nicht um eine sachliche Berichterstattung, so Jansen:

Der Hass auf die Hartz-IV-Betrüger wird bewusst geschürt, indem eben nicht nur von beispielsweise 700 Euro monatlichem Sozialgeld im Fall der »Mallorca-Karin« gesprochen wird. Die *Bild* rechnet auf viereinhalb Jahre hoch und potenziert somit bewusst die Wirkung auf den Leser, da dieser sicherlich die somit 40756 Euro als ein größeres Ärgernis empfindet.

Die *Bild*-Redaktion trete als »richtende Instanz« auf, schreibt Jansen. Sie schare ihre Leser um sich, bilde mit ihnen eine »ingroup«, während die »Schmarotzer« als »outgroup außerhalb dieses Kreises« stünden. Diese Aufteilung in *die* und *wir* zieht sich bis heute durch die *Bild*-Berichterstattung, nicht nur, aber auch über Hartz-IV-Empfänger.

Britta Steinwachs und Christian Baron haben sich in ihrem Buch »Faul, Frech, Dreist – Die Diskriminierung von Erwerbslosigkeit durch *Bild*-Leser*innen« angeschaut, wie die Leserschaft in Kommentaren auf die Berichterstattung der *Bild*-Medien über »Deutschlands frechsten Arbeitslosen« Arno D. reagierte:

> Seit mehr als dreißig Jahren, so berichtete *Bild*, sei der damals 54jährige nun bereits *arbeitslos* – und das mit voller Absicht, denn, so teilte *Bild* mit, [D.] sei schlichtweg zu faul zum Arbeiten und mache sich mit dem in der *Bild*-Lesart sehr üppigen ALG II auf Kosten der Steuerzahler*innen ein schönes Leben. Eine ausnehmend große Wohnung, reichlich Fernseh-, Zigaretten- und Alkoholkonsum gehören zum von *Bild* gezeichneten Besitz und Charakter des Arno [D.], ebenso wie wenig körperliche Bewegung, eine schlechte Ernährung, kaum soziale Kontakte, tiefe Augenringe, fehlende bürgerliche Bildung und keinerlei Sozialkompetenz.[44]

Allein 2010 erschienen 37 *Bild*- beziehungsweise *Bild.de*-Artikel über D.:»›Ich werde so schnell müde, wenn ich arbeite‹«, lautete die Überschrift des ersten.[45] Es folgten Schlagzeilen wie: »Deutschlands frechster Arbeitsloser – so gammelt er sich durch den Tag«[46], »Arno [D.]: Ich kann auf Kommando kotzen!«[47] und »Schluss mit Freibier und Kippen für Arno [D.]«[48].

> In jedem der Artikel finden sich klassistische Äußerungen in unterschiedlicher Form. Wie bereits erwähnt, wird darin vorrangig versucht, einen *Arbeitslosen* zu konstruieren, der sich dem Leistungsdiskurs bewusst entzieht, um es sich in der so genannten *sozialen Hängematte* gemütlich zu machen. Eine Methode, die darauf abzielen könnte, über die moralische Komponente die Emotionen der Leser*innen anzusprechen und damit die Auflage bzw. die Klickzahlen zu steigern.

Das Erfolgsgeheimnis des Vorgehens von *Bild* bestehe »in der Überzeichnung von Grundhaltungen, die die (Vor-)Urteilsstruktur der *Bild*-Leser*innen bedient«, schreiben Steinwachs und Baron. In den von ihnen analysierten Kommentaren zu den Artikeln über Arno D. zeigt sich, dass das Rezept funktioniert: Der Großteil der Kommentatoren äußert sich kritisch zu dessen Verhalten und Einstellungen, nur wenige ergreifen für ihn Partei. Viele wünschen ihm die Räumung seiner Wohnung, den Verweis aus Deutschland oder gleich körperliche Gewalt. Steinwachs und Baron sehen darin eine Gefahr auf übergeordneter Ebene:

> Die resultierenden öffentlichen Statements gegen [D.] leisten einer generellen Stigmatisierung von Erwerbslosigkeit Vorschub, weil sie die Gefahr der Generalisierung bergen. Damit werden legale Ansprüche moralisch delegitimiert [...].

Arm gegen ganz arm

Auf ein doppeltes Stigma trifft man in den *Bild*-Medien, wenn diese nicht nur über Hartz-IV-Empfänger berichten, sondern über Hartz-IV-Empfänger, die aus dem Ausland stammen. Nachdem der Arbeitgeberpräsident Ingo Kramer im Dezember 2018 die Integration von Geflüchteten auf dem Arbeitsmarkt gelobt hat (»Ich bin selbst überrascht, dass das so schnell geht«)[49], macht sich die *Bild*-Redaktion nach eigenen Angaben an einen Faktencheck:

> BILD checkte die Fakten. So steht es um Flüchtlinge auf dem Arbeitsmarkt:
>
> ▶ Von 1,6 Mio. Migranten aus den Haupt-Fluchtländern (Afghanistan, Eritrea, Irak, Iran, Nigeria, Pakistan, Somalia und Syrien) sind aktuell 360 000 beschäftigt (Sept. 2018). Das sind 41 % mehr als vor einem Jahr!
>
> ▶ Aber: Zwei von drei Migranten aus den Flüchtlingsländern (63,7 %) beziehen Hartz IV.[50]

So steht es dann auch auf der *Bild.de*-Startseite:»SO IST DIE LAGE AUF DEM ARBEITSMARKT WIRKLICH – Zwei von drei Flüchtlingen leben von Hartz IV«.[51] Die 63,7 Prozent, die *Bild* nennt, stimmen für sich genommen. Allerdings hat diese Zahl nichts mit der Situation von »Flüchtlingen auf dem Arbeitsmarkt« zu tun: Sie bezieht sich auf *alle* »Migranten aus den Flüchtlingsländern«, also auch auf Babys und Kinder, Greise und Invaliden, die noch nicht beziehungsweise nicht mehr arbeiten können. Schaut man stattdessen nur auf die 15- bis 65-jährigen Erwerbsfähigen, wie es auch die Bundesagentur für Arbeit macht, ergibt sich eine Quote von 36 Prozent in dem Zeitraum, den die *Bild*-Redaktion für ihren Faktencheck gewählt hat. Die verzerrende *Bild.de*-Schlagzeile verbreiten viele AfD-Politiker sowie zahlreiche Kreis- und Ortsverbände der Partei bei Facebook.[52] In den Kommentarspalten der jeweiligen Posts macht sich der Hass auf die »nutzlosen Schmarotzer«[53] breit (vgl. auch Kapitel 5).

Ähnlich wütende Aussagen gibt es auf der *Bild*-Facebookseite[54] im Februar desselben Jahres, zum *Bild.de*-Artikel »Flüchtlingsfamilie kassierte 7300 Euro im Monat«.[55] »Ein neuer Führer« wird in den Kommentaren gefordert, Ressentiments gegen Ausländer werden geschürt (»Und wieder werden Ausländer bevorzugt«) und arme Deutsche gegen arme Nicht-Deutsche ausgespielt (»Tja und hier Sammeln unsere Leute Pfandflaschen. Du darfst eben alles sein, nur nicht Deutscher«).

Die *Bild.de*-Schlagzeile mit den 7.300 Euro ist gleich mehrfach irreführend. Was in diesem Fall besonders problematisch ist, weil im Artikel zwar eine Auflösung steckt, diese sich aber hinter der *Bild-plus*-Bezahlschranke befindet, wodurch nur ein Bruchteil der *Bild.de*-Besucher sie mitbekommen haben dürfte: Die Familie, um die es in dem Artikel geht, ist nicht drei- oder vierköpfig, sondern zehnköpfig – eine Mutter mit neun Kindern. Und diese zehn Personen bekommen die 7.300 Euro auch nicht bar ausbezahlt oder vom Staat aufs Konto überwiesen – die Familie »kassiert« das Geld also nicht. Der größte Teil dieser Summe geht für ihre Unterbringung in einer Gemeinschaftsunterkunft drauf. Die Mutter und ihre Kinder bekommen lediglich einen Barscheck in Höhe des Sozialhilfesatzes ausgehändigt, wie der zuständige Landkreis in einer Pressemitteilung erklärt.[56] Jeder deutschen Mutter mit neun Kindern würde in derselben Situation dasselbe zustehen.

Um einen Keil zwischen Menschen, die wenig haben, und Menschen, die noch weniger haben, zu treiben, braucht es aber nicht zwingend Ausländer:

Für Hartz IV flossen 2017 insgesamt rund 46 Milliarden Euro/Jahr, 416 Euro/Monat für einen Single plus Miete und Heizung. Eine vierköpfige

Familie bezieht (je nach Miethöhe) bis zu 2500 Euro. Wer arbeitet und Steuern zahlt, muss deutlich über 3000 Euro brutto verdienen, um dasselbe zu haben.

Der Knackpunkt dieses Artikels, der im November 2018 in *Bild*[57] und bei *Bild.de*[58] erscheint und mit »Wie viel Schikane steckt in HARTZ IV?« überschrieben ist, liegt im »bis zu«. Durchaus möglich, dass die vier *Bild*-Autoren eine vierköpfige Familie kennen, die monatlich Hartz-IV-Leistungen in Höhe von 2.500 Euro erhält. Den Regelfall stellt das sicher nicht dar. Die beiden Erwachsenen bekommen zum Zeitpunkt der *Bild*-Veröffentlichung jeweils 374 Euro. Für jedes der zwei Kinder gibt es höchstens 316 Euro. Insgesamt kommt die Familie also auf eine Hartz-IV-Regelleistung von maximal 1.380 Euro pro Monat. Das Kindergeld von zusammen 388 Euro, das die Familie bekommt, wird als Einnahme komplett angerechnet, wodurch sich die monatliche Hartz-IV-Regelleistung auf 992 Euro verringert. Darüber hinaus zahlt das Jobcenter noch die Wohnkosten. Im deutschlandweiten Durchschnitt betragen diese bei einer vierköpfigen Familie laut Arbeitsagentur 672,30 Euro für 76,46 Quadratmeter.[59] Einer Familie mit vier Personen zahlt der Staat im Schnitt also jeden Monat Hartz-IV-Leistungen in Höhe von 1.664,30 Euro. Zu den »bis zu 2.500 Euro« fehlt da ein beachtliches Stück.

Die These, die in dieser Art von *Bild*-Artikeln stets mitschwingt, egal ob in der Schlagzeile »Wer arbeitet, ist der Dumme!« steht oder »Ich arbeite – kriege aber kaum mehr als Hartz IV«, lautet: Als Hartz-IV-Empfänger bekommt man so viel, dass sich das Arbeiten oft gar nicht mehr lohnt. Dass das eigentlich ein Argument für höhere Löhne ist und nicht für niedrigere Hartz-IV-Sätze, spielt für *Bild* anscheinend keine Rolle.

10.

Aber der Sportteil!

Bild und Sport

Uiii *Bild* ist ganz schlimm bis auf den Sportteil.[1]

(Aus einem Forum für Computerspiele.)

Platte Meinungsmache, übertriebene Schlagzeilen. Bis auf den Sportteil ist die Zeitung nicht zu gebrauchen.[2]

(Aus einem Forum für Mystery-Themen.)

Das ist man ja von den 4 Buchstaben gewohnt, bis auf den Sportteil ist da nix bauchbares zu entnehmen.[3]

(Aus einem Forum für Angelfreunde in Norwegen.)
Seit vielen Jahren hält sich hartnäckig der Glaube, dass der Sportteil von *Bild* deutlich besser sei als der Rest der Zeitung: Die Sportredaktion sei stets gut informiert, die Berichterstattung zuverlässig, schnell und seriös. *Bild* wisse zum Beispiel immer vor allen anderen Medien, dass ein Fußballspieler den Verein wechsle.

Wie im Sommer 2015, als *Bild* exklusiv verkündet:»Bye-Bye, Borussia – Weidenfeller hat schon gepackt«[4]. Auf dem beigestellten Foto sieht man den Torwart von Borussia Dortmund, der gerade eine Tasche in sein Auto räumt. *Bild* schreibt:»Für den Keeper ist nach 339 Bundesliga-Spielen für den BVB wohl Schluss.« In den Taschen befänden sich»die letzten Erinnerungsstücke an

Weidenfellers erfolgreiche Ära als BVB-Torwart (2-mal Meister, Pokalsieger)«.

Noch am selben Tag meldet sich Roman Weidenfeller selbst zu Wort. Bei Facebook schreibt er:

> Da ich kommende Woche zur Deutschen Nationalmannschaft reise, benötige ich sowohl meine Fussball- als auch meine Handschuhe! Die Koffer sind von der Berlin-Reise zum Pokalfinale – einer von meiner Frau Lisa, einer von mir. Ich kläre das auf, da dieses Foto bei einer großen Zeitung anscheinend Anlass zu anderweitigen Interpretationen gab …[5]

Entgegen der Behauptung von *Bild* sagt er damals nicht »Bye-Bye, Borussia«, sondern bleibt dort noch drei Jahre, bis zum Ende seiner Torwartkarriere, wird sogar noch mal Pokalsieger und ist bis heute im Verein aktiv.[6]

Ein halbes Jahr später titelt *Bild am Sonntag*: »Das war Kießlings Abschieds-Gala«[7]. Fußballer Stefan Kießling werde Bayer Leverkusen verlassen, schreiben die vier Autoren und berichten von »bewegenden Abschiedsszenen«: »Kießlings Ehefrau Norina verdrückte während des Spiels Tränen auf der Tribüne.« Einen Tag später wird bekannt, dass Kießling nicht etwa Abschied nehmen, sondern, im Gegenteil, seinen Vertrag sogar verlängern will.[8] Auch er bleibt noch mehrere Jahre bis zu seinem Karriereende bei dem Verein, von dem ihn *Bild* längst weggeschrieben hatte.[9]

»Dortmund-Superstar wechselt«, heißt es im Jahr darauf exklusiv in den *Bild*-Medien: »BILD weiß: Aubameyang ab Januar in China«.[10] Noch bevor die Zeitung am Kiosk ausliegt, dementiert der Verein bei Twitter.[11] Ein halbes Jahr später wechselt Pierre-Emerick Aubameyang dann tatsächlich – nach England.[12]

Doch nicht nur bei angeblichen Transfers schreibt die *Bild*-Sportredaktion immer wieder an der Realität vorbei. Im November 2017, nachdem Volker Braun seinen Posten als Mannschaftsarzt beim FC Bayern München geräumt hatte, behauptet *Bild*, er sei intern umstritten gewesen, unter anderem, »weil er bei Verletzungen nicht die idealen Behandlungsmethoden gewählt« habe und Spieler nach Rückschlägen lange ausfielen. »Bestes Beispiel: Manuel Neuer (31).

Der Torwart brach sich im September zum dritten Mal in diesem Jahr den Mittelfuß«.[13] Am Tag der Veröffentlichung postet Manuel Neuer einen Screenshot des Artikels bei Facebook und schreibt:

In den Medien wird heute der Eindruck erweckt, Dr. Volker Braun sei für die Entwicklung meiner Verletzung verantwortlich, da er nicht die idealen Behandlungsmethoden angewandt habe. Dem möchte ich vehement widersprechen. Den ehemaligen Vereins-Arzt des FC Bayern trifft absolut keine Schuld. Ich kann sogar versichern, dass er die allerbesten Methoden angewandt hat, welche die moderne Medizin ermöglicht.[14]

»Die haben sich irgendetwas ausgedacht«

Auffällig ist, dass sich viele Fußballspieler, -trainer und -vereine, wenn sie die Falschmeldungen von *Bild* dementieren, erkennbar Mühe geben, *Bild* dabei nicht namentlich zu erwähnen und im Ton möglichst diplomatisch zu bleiben. In anderen Sportarten ist man da weniger zurückhaltend. Als *Bild* beispielsweise 2016 über Handball-Nationalspieler Fabian Wiede schreibt, dass dessen Laptop und Smartphone, auf denen »sein halbes Leben gespeichert« war[15], geklaut worden seien, sagt der Handballer wenig später in einem Interview:

Das iPhone war eh kaputt und der Laptop war noch gut, aber es waren jetzt auch keine wertvollen Sachen darauf. Die *Bild* hat da irgendwas geschrieben, dass irgendwelche Super-Dateien darauf waren, aber das ist alles Quatsch. Die haben sich irgendetwas ausgedacht.[16]

Im Fußball, der den mit Abstand größten Teil der täglichen Sportberichterstattung in *Bild* ausmacht, tendiert man hingegen dazu, in Dementis von einer »großen deutschen Zeitung« oder von »Medienberichten« zu sprechen und die *Bild*-Zeitung nicht allzu direkt zu kritisieren. Jürgen Klopp, damals Trainer bei Borussia Dortmund, sagt 2012 anlässlich eines kurz zuvor erschienenen *Bild*-Artikels des Redakteurs Joachim Schuth (»Barrios blieb nur wegen der Kohle«[17]) in einer Pressekonferenz:

Dass man sich mit bestimmten Medien nicht anlegen sollte, ist spätestens seit Herrn Wulff bekannt, deswegen sag ich's jetzt nicht direkt gegen die *Bild*-Zeitung, der der gute Mann nun angehört, aber was Herr Schuth heute in der *Bild*-Zeitung schreibt, entspricht nicht der Wahrheit.[18]

Viel deutlicher wollen viele nicht werden. Warum? Weil sie sich fürchten? Dass solche Sorgen nicht völlig aus der Luft gegriffen wären, zeigt sich im Oktober 2018.

Christian Titz ist zu dieser Zeit noch nicht lange Trainer des HSV, leistet bislang aber gute Arbeit: Vier Liga-Spiele in Folge hat seine Mannschaft gewonnen und belegt damit Platz 2 der 2. Bundesliga. Nach einer 0:5-Niederlage gegen Regensburg steht der Verein allerdings in der Kritik. »HSV stürzt brutal ab«, titelt die *Hamburger Morgenpost*.[19] »Peinliche Vorstellung«, urteilt das *Hamburger Abendblatt*.[20]

Besonders heftige Attacken kommen von *Bild* – und zwar gegen den Trainer persönlich. »Dieser HSV ist ein Titz«, titelt die Zeitung zum »0:5-Desaster«.[21] Und stellt, nach gerade mal 14 Liga-Spielen als HSV-Trainer, bereits seinen Posten infrage: »TITZ UNTER DRUCK«, heißt es einen Tag später: »Zwei Pleiten könnten schon sein Aus bedeuten.«[22] Auch einen Leserbrief hat *Bild* abgedruckt, darin erklärt Wolfgang B.: »Trainer Titz ist für den HSV untragbar!«[23]

Es folgen ein 0:0 gegen Greuther Fürth und ein weiteres 0:0 gegen den FC St. Pauli. Und schon wieder wirft *Bild* die Frage auf, ob es das für Christian Titz jetzt gewesen sei: »Jetzt letzte Chance für Titz?«[24] Einen Tag später: »HSV-Titz kämpft jetzt schon um seinen Job«.[25]

Warum *Bild* es ausgerechnet auf Titz abgesehen habe, dazu halte sich »vor allem eine Darstellung hartnäckig«, schreibt die *Hamburger Morgenpost*:

So soll der Trainer zu Beginn seiner Amtszeit im März recht zügig klargestellt haben, dass er im Gegensatz zu vielen seiner Vorgänger nicht beabsichtige, gesondert mit *Bild* kooperieren zu wollen, woraufhin ihm gegenüber unverhohlen angedeutet worden sein soll, er könne sich dann auf ein deutlich schwereres Leben als HSV-Trainer einstellen.[26]

Auch das *Hamburger Abendblatt* berichtet:

> Warum Titz, der noch bis zur vergangenen Woche hinter Legende Branko
> Zebec der nach Punkten und Siegen erfolgreichste HSV-Coach der Club-
> geschichte war, so hart kritisiert wird, beantwortet Matthias Müller,
> Sportchef der Hamburg-Ausgabe der *Bild*, auf Nachfrage so:»Unsere Be-
> richterstattung über den HSV spiegelt das Ergebnis unserer Recherchen
> wider. Nicht mehr – und nicht weniger.«
> Ein anderer Erklärungsansatz könnte dieser sein: Nach Informationen
> des *Abendblatts* hatte sich Titz direkt nach seiner Beförderung zum
> Cheftrainer die Chuzpe herausgenommen, der *Bild* – anders als die
> meisten seiner Vorgänger – keine Privataudienz nach den wöchentlichen
> Spieltagskonferenzen zu gewähren.[27]

Ein paar Wochen später vermeldet *Bild*:»HSV feuert Titz!«[28] Damit
ziehe der Vorstand»die Konsequenzen aus der sportlichen Entwicklung«, teilt der Verein mit.[29] Drei Wochen später gibt der neue HSV-
Trainer seine ersten großen Interviews: der *Hamburger Morgenpost*,
dem *Hamburger Abendblatt* und – der *Bild*-Zeitung.

Zwölf Jahre zuvor gab es schon einmal einen Trainer, der es
wagte, der *Bild*-Zeitung keine Sonderbehandlung zu gewähren. So
berichtete sie über ihn:»Nach 1:4-Schande – GRINSI-KLINSI –
Was gibt's da zu lachen?«[30] »Klinsi nur noch Krisi«.[31] »Wenn Klinsmann jetzt wirklich in dieses Flugzeug steigt, dann sollte er am besten gleich ganz in Amerika bleiben.«[32] »Wenn es schief läuft bei der
WM, dann fliegt unser blonder Held einfach davon, zurück in das
sonnige Nichts.«[33] »Klinsmann hat mit seinem unprofessionellen
Verhalten inzwischen für so viel Unruhe gesorgt, daß eine erfolgreiche WM mit ihm als Bundestrainer kaum noch möglich sein dürfte.«[34] War sie dann doch: Die WM wurde zum»Sommermärchen«,
Klinsmanns Team im eigenen Land Dritter, und *Bild* war auf einmal
auch im Freudentaumel:»KLINSI – Deutschland wünscht sich, daß
er bleibt«[35].

»Arschlöcher«

Am Ende finden sie oft wieder zusammen, die Fußballer und die *Bild*-Zeitung. Selbst wenn es mal richtig knallt. Bei einer Pressekonferenz des VfL Bochum im September 2015 geht es unter anderem um eine Schlagzeile, die am Morgen in der Ruhrgebietsausgabe der *Bild*-Zeitung erschienen ist: »Verbeek spricht vom Meister-Titel«[36]. Der damalige Trainer des VfL, Gertjan Verbeek, sagt dazu: »Das ist so unglaublich kindisch von *Bild*, immer wieder so zu schreiben.« Der Verein wolle kein Saisonziel ausgeben, das ärgere die *Bild*-Redaktion: »Und darum schreiben sie so.« Verbeek fragt: »Also, was wollt ihr, *Bild*?« Ein Zwischenruf, vermutlich vom anwesenden *Bild*-Reporter: »Nö, gar nichts.« Verbeek: »Nee. Warum schreibt ihr dann immer solche Scheiße? Warum spielt ihr immer zwei Parteien gegeneinander aus? Selbst mit Flüchtlingen dazwischen. Ihr seid ja Arschlöcher. Das seid ihr.«[37] Verbeek lässt nicht locker. »Du arbeitest für *Bild*, oder nicht?«, fragt er den *Bild*-Reporter. »Du sitzt hier für *Bild*. Und du schreibst immer falsch.« *Bild* lüge, sagt der Trainer noch: »Das ist die *Bild*.« Eine so deutliche Positionierung gegen *Bild* als Ganzes kommt nicht häufig vor bei Fußballvereinen. Am nächsten Tag schaltet sich der Vorstand des VfL Bochum ein. In einer Stellungnahme heißt es: Fußball lebe von Emotionen, »die manchmal in Aussagen gipfeln, die zwar Anklang und Nachhall finden, zuweilen in der Tonalität aber daneben liegen«. Man habe mit Verbeek gesprochen, der sich für die Kraftausdrücke entschuldige. Er habe niemanden beleidigen wollen. Aber, so der Vereinsvorstand: »Die Kernaussagen bleiben davon aber unberührt und in dieser Sache hat Gertjan Verbeek unserer Meinung nach vollkommen Recht.«[38]

Drei Monate später die nächste Eskalationsstufe: Bei einer Pressekonferenz sagt der Sprecher des Vereins, man habe »sich dazu entschieden, keine Fragen der *Bild*-Zeitung mehr zu beantworten«.[39] Auf Nachfrage präzisiert er: »Uns geht es konkret um einen Journalisten und nicht um die ganze *Bild*-Zeitung.«[40] Die Arbeitsweise des Reporters sei schon seit Jahren ein Ärgernis. Darüber spricht Gertjan Verbeek auch in einem Interview mit dem Fußballmagazin *11 Freunde*. »Eine Autorität wie bei der *Bild*-Zeitung, die daher kommt, dass sie die Meinung im Fußball bestimmt«, interessiere ihn nicht, sagt er. Und ist sich sicher: *Bild* werde »jede Chance nutzen, um mir zu schaden«.[41]

Spätestens im Februar 2017 vertragen sich *Bild* und der VfL Bochum augenscheinlich aber wieder. Um die damals täglich erscheinende, inzwischen allerdings wieder eingestellte[42] *Fußball Bild* zu bewerben (Slogan: »Von Trainern beschimpft, von den Fans geliebt!«), nutzt der Axel-Springer-Verlag ein Video von Gertjan Verbeeks »Arschlöcher«-Auftritt[43] – mit freundlicher Genehmigung des VfL Bochum[44] (den Teil mit den »Flüchtlingen dazwischen« schnitt der Verlag allerdings raus).

Durch die starke Fußballdominanz haben es andere Sportarten schwer, in *Bild* unterzukommen. Für die Formel 1 ist regelmäßig Platz, für Handball und für Tennis vor allem dann, wenn es deutsche Erfolge zu vermelden gibt, fürs Boxen bei besonderen Kämpfen. Beim Basketball und beim Eishockey sind meist Neuigkeiten zu den deutschen Spielern in den US-amerikanischen Profiligen nötig, damit *Bild* ausführlicher berichtet. Der Rest der Sportwelt teilt sich in der Regel den knappen Platz im Meldungsbein. Als sich die Möglichkeit bietet, einen Menschen vorzuführen, schafft es auch die Sportart Gehen mal wieder größer ins Blatt.

Am 19. August 2016 bricht Yohann Diniz mehrmals zusammen. Als Weltrekordhalter ist er als einer der großen Favoriten in den olympischen Wettkampf der Geher über 50 Kilometer gestartet. Nun ist der Franzose nicht mehr Herr über seinen eigenen Körper. Sein Verdauungstrakt spielt verrückt, der Durchfall läuft Diniz die Beine runter, auch Blut. Der Sportler versucht, alles mit einem Schwamm wegzuwischen, aber es klappt nicht. Zwischenzeitlich ist er orientierungslos und kann sich nicht mehr auf den Beinen halten. Diniz schleppt sich noch erschöpft ins Ziel, wird dort direkt an einen Tropf angeschlossen und in einen Rollstuhl gesetzt.

Die *Bild*-Medien berichten am nächsten Tag: »Durchfall! Kollaps! Blut! … und er ging immer weiter.«[45] In Großaufnahme zeigen sie, wie der Durchfall an Diniz' Beinen runterläuft. Und das, obwohl *Bild* die TV-Übertragung nach eigener Aussage schon »gnadenlos« fand: »Die TV-Kameras fingen das Durchfall-Malheur

193

gnadenlos ein.« Die Redaktion geht aber noch weiter. Sie macht sich über Diniz mit zahlreichen Wortspielen lustig: »Dieser Gang ging in die Hose. Aber Schwamm drüber …«. »Geher musste laufenlassen«. »Läuft beim 50-km-Geher Yohann Diniz. Nur leider etwas zu doll.« »Der ›flotte Otto‹ läuft ihm für alle sichtbar die Beine herunter.« »Er war kurz davor, aus Sch**** Gold zu machen. Doch dann läuft's beim 50-km-Geher Yohann Diniz – so richtig.« In der URL von *Bild.de* steht: »kackt-mitten-im-wettkampf«.[46] Das Portal *Planet Interview* fragt später Nikolaus Blome, den damaligen stellvertretenden *Bild*-Chefredakteur, wie es sein kann, dass sein Blatt sich über einen Menschen in einer solchen Situation lustig macht, und ob derartige Witze sein müssen. Blome antwortet zwar, will bei der Autorisierung des Interviews aber nicht, dass seine Antworten veröffentlicht werden.[47]

»Versager«, »Trottel«, »Deppen«

Das Bloßstellen und das Runtermachen von Menschen ist im Sportteil regelmäßig zu beobachten. *Bild* bezeichnet Fußballspieler als »Fünf-Minuten-Trottel«[48], »Hertha-Luschen«[49] und »Freiburg-Schlaffis«[50]. Ganze Mannschaften erklärt die Redaktion zur »Versager-Truppe«[51], zum »Trümmerhaufen«[52], zu »Memmen«[53]. Es spielen die »Heim-Schlaffis gegen die Auswärts-Deppen«[54], und ein Trainer »stampft seine Stars in die Mülltonne«[55]. Als es bei der TSG Hoffenheim nicht läuft, titelt *Bild.de*: »MÜLLHALDE HOFFENHEIM – 300 Mio Euro in die Tonne getreten«[56]. Als die Spieler des HSV vier von fünf Partien verlieren, ruft *Bild* ihnen entgegen: »IHR FLASCHEN!« Dazu hat die Grafikabteilung die Köpfe der Fußballer auf Bierflaschen montiert. Auf den Etiketten steht, in Anspielung an das Gründungsjahr des Vereins: »HSV-Plörre 1887% ungenießbar«.[57]

Im April 2019 veröffentlicht die *Bild*-Redaktion eine Art Streichliste: »SCHALKES SCHROTTHAUFEN – DIESE SCHLAFFIS können als Erste gehen«[58]. Stefan Backs, früher selbst Journalist bei *Sport Bild* und heute Geschäftsführer einer Agentur für Fußballspielerberatung[59], äußert sich zur *Bild*-Geschichte bei Facebook:

Kritischer Journalismus ist ein Stützpfeiler unserer Gesellschaft. Ebenso unterschiedliche Meinungen, oder Diversität, wie es heute auch oft genannt wird. Ich persönlich empfinde Kritik, ist sie denn sachlich und zielorientiert formuliert, im Nachhinein meist als leistungsfördernd. Es gibt dabei Grenzen. Wenn Fußballer, Menschen, als Schrott tituliert werden, ist diese Grenze deutlich überschritten.

Es handele sich um »eine üble Entgleisung«, so Backs:

Sogenannte »Streichlisten« und Geschichten wie die obige sind ohnehin übler Populismus und ohne Hintergründe und Sachwissen hingeschrieben, um Stimmung zu machen. Um die eigenen Muskeln spielen zu lassen. Gedruckter Chauvinismus. Nichts wert. Wenn aber Menschen als Schrott bezeichnet und damit herabgewürdigt werden, sagt das mehr über den Schreiber als über das, was er transportieren möchte. Es ist mir im Übrigen ein Rätsel, daß Klubs und Spieler sich dies gefallen lassen.[60]

Dabei versprach *Bild* vor einigen Jahren mal Besserung. Nach dem Suizid von Fußballtorwart Robert Enke erscheint im Dezember 2009 bei *Süddeutsche.de* ein Artikel zum »Umgang mit Tabus« und zur »Frage nach dem öffentlichen Druck auf einen Profispieler«: »Seit dem Enke-Tod beginnt in Sportredaktionen ein Nachdenken über die Vergabe von Spielernoten: Selbst *Bild* will sensibler werden.« Auch das Boulevardblatt sei »nicht einfach so zur Tagesordnung übergegangen«:

Über vieles sei diskutiert worden, auch über Noten, und man sei schließlich zu dem Ergebnis gekommen, bei der Benotung so weiter zu machen wie bisher, sagt [der stellvertretende *Bild*-Sportchef Walter M.] Straten. Auch in seiner Redaktion soll es zu einem etwas sensibleren Umgang mit den Zensuren kommen: »Wir werden wohl mit extremen Noten etwas vorsichtiger sein«, sagt der stellvertretende *Bild*-Sportchef. Man werde sich einmal mehr überlegen, »ob der Spieler, der eine klare Torchance vergeben hat, oder der Torwart, der den Ball hat durchflutschen lassen, eine Sechs bekommt oder eine Fünf reicht«.[61]

Einen Monat später verliert Enkes Verein, Hannover 96, gegen Hertha BSC 0:3. *Bild am Sonntag* vergibt die Noten: Torwart: 6, Abwehr: allesamt 6, Mittelfeld: allesamt 6, Sturm: allesamt 6.[62] *Bild* nennt die Mannschaft im Spielbericht »Die roten Voll-Versager«[63].

Ein Freund, ein guter Freund

Hin und wieder kommt es vor, dass Sportredakteure sich nicht in Beschimpfungen ergehen, sondern im Gegenteil. Lothar Matthäus zum Beispiel ist seit vielen Jahren ein guter Freund der *Bild*-Redaktion: Er liefert ihr exklusive Zitate zu seinem Sport- und Privatleben[64], schreibt Gastbeiträge[65], schaut mit ihr gemeinsam Fußball[66]. Sie wirft, wenn irgendwo eine Trainerstelle frei wird, immer wieder seinen Namen in den Ring: »Matthäus neuer Hertha-Trainer?«[67] »MATTHÄUS – In Hannover steht Lothar auf der Liste«[68]. »Und was ist dran an den Gerüchten, dass er Kamerun-Trainer wird?«[69] »Matthäus nach Bielefeld?«[70] »Matthäus bald in Düsseldorf?«[71] »MATTHÄUS – Nationaltrainer von Israel?«[72] »Bundestrainer-Suche – Matthäus – Ich denke schon über die deutsche Aufstellung nach«.[73] (Keine dieser Stellen hat Lothar Matthäus bekommen.)

Auch und gerade in schwierigen Situationen unterstützt die *Bild*-Redaktion nicht selten ihre Sportsfreunde. Als im Juni 2020 bei einem behördlich angeordneten Massentest mindestens 1.500 von etwa 7.000 Mitarbeitern eines Schlachtbetriebs positiv auf das Coronavirus getestet werden, ist *Bild*-Chefkolumnist Alfred Draxler zur Stelle. In einem Kommentar[74] verteidigt er einen Kumpel, den Fleischfabrikanten Clemens Tönnies (»Wir kennen uns schon viele Jahre, wir haben uns über den Fußball kennengelernt«), dessen Betrieb zum Coronahotspot wurde. Zu diesem Zeitpunkt ist Tönnies noch Aufsichtsratsvorsitzender beim FC Schalke 04.

Draxlers guter Bekannter sei nun »das wahrscheinlich größte Feindbild Deutschlands«. Das Motto laute: »Schlachtet das Schwein!« Der *Bild*-Autor fragt sich, »ob wir es uns damit nicht zu einfach machen«. Er zeigt auf den Landrat, der von der Situation doch hätte wissen müssen, und auf den Ministerpräsidenten Nordrhein-Westfalens. Und eigentlich seien die Probleme in der Fleischindustrie »(auch) die Probleme von uns allen!«. Clemens Tönnies hingegen sei einfach »Teil eines kranken Systems«. Billige Arbeitskräfte, »die häufig unter erbärmlichen Bedingungen leben«, gebe es auch bei Tönnies, »ja, aber nicht nur bei ihm«. Immerhin habe Tönnies »kein Gammelfleisch verkauft«, und »Hygiene-Probleme im Unternehmen« seien auch nicht bekannt. Alfred Draxler ist sich sicher: »Sollte Clemens Tönnies eine eindeutige Schuld nachgewiesen werden, dann wird er dafür gradestehen. Dafür kenne ich ihn.« Draxler kennt auch die Leute gut, für die er im Oktober 2015 eine Verteidigungsschrift verfasst. Nachdem der *Spiegel* über einen mutmaßlichen deutschen Stimmenkauf bei der Vergabe der Fußball-WM 2006 berichtet[75], schreibt Draxler bei *Bild.de*, er habe »in den vergangenen Tagen eine Intensiv-Recherche angestellt, bei der mir zugute kam, dass ich handelnde Personen wie Franz Beckenbauer, Wolfgang Niersbach, Günter Netzer, Fedor Radmann seit Jahren gut kenne, teilweise sogar sehr gut kenne«.[76] Er habe »lange und intensiv« mit diesen Leuten gesprochen, und die hätten ihm alle gesagt, dass an den Vorwürfen gegen sie nichts dran sei. Draxler garantiert, dass er eine »Beeinflussung bei dieser Recherche« komplett ausgeschlossen habe. Drei Jahre später kommt raus, dass Alfred Draxler seinen Text vor Veröffentlichung an Wolfgang Niersbach und an Elvira Netzer, die Frau von Günter Netzer, geschickt haben soll.[77] Betreff der E-Mail laut *Spiegel*-Recherchen: »Ich kann noch alles ändern.«

»Pseudoseriös und verschwörerisch«

Der verbreitete Glaube, der *Bild*-Sportteil sei anders als der Rest der Zeitung, ist sicher gut für Marketingzwecke; inhaltlich trifft er aber nicht zu. Es erscheinen dort genauso Falschmeldungen und Erfundenes, dort werden genauso Menschen vorgeführt.

Und unter *Bild*-Chef Julian Reichelt nimmt, wie im Rest des Blatts, auch im Sportteil die Politisierung zu. Als die deutschen Nationalspieler Mesut Özil und İlkay Gündoğan im Mai 2018 dem türkischen Präsidenten Recep Tayyip Erdoğan Trikots ihrer Vereine überreichen, titelt *Bild*: »Schäbige Propaganda für Erdogan!«[78]

Und schreibt: »Während sich die meisten Fußballstars um politische Aussagen drücken – nach dem Motto ›Man muss Sport und Politik trennen‹ –, bekennen sich hier deutsche Nationalspieler zu einem Despoten, der die Türkei zu einem autoritären Staat umformt.« Damit startet *Bild* eine Artikelserie voller harscher Kritik, vor allem an Mesut Özil. In den kommenden Wochen wird in den *Bild*-Medien sein Rauswurf aus der Nationalmannschaft ins Spiel gebracht[79], frühere Fußballstars dürfen sich über Özil auslassen[80]. Am selben Tag wie die *Bild*-Titelseite zur »schäbigen Propaganda« erscheint bei *Bild.de* ein weiterer Artikel zum Thema: »EINER SPRACH ZU-HAUSE NUR TÜRKISCH«[81]. Die Redaktion geht der Frage nach: »Wie deutsch sind Gündogan und Özil wirklich?« Beide Spieler haben einen deutschen Pass, beide sind in Deutschland geboren und aufgewachsen, beide spielen seit Jahren für deutsche Nationalmannschaften. Laut *Bild* müsse man aber mal genauer nachgucken, wie deutsch sie »wirklich« sind.

Einen Monat später steht auf der *Bild*-Titelseite: »LOTHAR MATTHÄUS KNALLHART – ›Özil fühlt sich nicht wohl im DFB-Trikot‹«[82]. Die deutsche Nationalmannschaft spielt zu dieser Zeit bei der Fußballweltmeisterschaft in Russland, Matthäus ist WM-Kolumnist für *Bild*. Er habe bei Özil »auf dem Platz oft das Gefühl, dass er sich im DFB-Trikot nicht wohl fühlt, nicht frei ist, ja fast: als ob er gar nicht mitspielen möchte«. In einem Kommentar des Springer-Blatts *Welt* wird Matthäus' Kritik als »pseudoseriös und verschwörerisch« bezeichnet:

Ähnlich pseudoseriös und verschwörerisch unkte Weltmeister Lothar Matthäus kürzlich. Özil fühle sich im Nationaltrikot nicht wohl, so Matthäus. Das ist infam. Die Aussage suggerierte, dass der in Gelsenkirchen geborene Sohn türkischer Einwanderer Identitätsprobleme hat, dabei spielt Özil seit seiner Jugend in der Nationalmannschaft, er ist einer ihrer verdientesten Repräsentanten.[83]

Dass Matthäus' »infame« Kolumne im eigenen Haus, in *Bild* erschienen ist, wird in dem *Welt*-Kommentar nicht erwähnt.

In dieser Zeit ist Mesut Özil selbst dann der Buhmann, wenn er übel angegangen wird. Nach dem letzten WM-Gruppenspiel, beim Gang in die Kabine, wird er von einer Person auf der Tribüne rassistisch beleidigt. Özil lässt sich das nicht bieten und muss von mehreren Leuten zurückgehalten werden. Zwei Tage später schreibt *Bild*: »ÖZIL – 2x Ärger und sonst nix«[84]. Ärger Nummer 1: das Treffen mit Erdoğan. Ärger Nummer 2: der Vorfall nach dem Spiel. Die bewusste Teilnahme an einem Treffen mit einem Autokraten auf der einen Seite, eine Beleidigung durch eine fremde Person auf der anderen – für *Bild* alles dieselbe kritikwürdige Sache, die sie Özil vorhalten: »Es begann mit Zoff und endete mit Zoff.«

Im Juli 2018 schreibt Mesut Özil drei folgenreiche Tweets. Im ersten versucht er, das Treffen mit Erdoğan zu erklären.[85] Im zweiten beklagt er Rassismus in Medien, von Sponsoren, Politikern, der Gesellschaft.[86] Im dritten tritt er aus der deutschen Nationalmannschaft zurück.[87] Özils Kritik ist wuchtig und öffentlichkeitswirksam, wird aber auch von mehreren Seiten kritisiert. Sie sei »an diversen Stellen« eine Nummer zu groß ausgefallen, steht zum Beispiel bei *Spiegel Online*.[88] *Bild* titelt am nächsten Tag: »ÖZIL – Jammer-Rücktritt«[89] und »Özils wirre Jammer-Abrechnung mit Deutschland!«[90] Darin kein Abwägen, dass Özils Rechtfertigung für das Erdoğan-Treffen fragwürdig und schwach ist, man die Rassismus-Vorwürfe aber ernst nehmen sollte; oder dass jegliche Selbstkritik fehlt, die Kritik an gesellschaftlichen Zuständen und medialen Kampagnen dennoch gerechtfertigt sein kann.[91] Die fünf *Bild*-Autoren, darunter Chefredakteur Julian Reichelt, befinden in ihrer »BILD-Analyse« stattdessen: »pures Selbstmitleid«, »Starrsinn pur«, »frei erfundener Unfug«, »ein Ablenkungsmanöver«, »eine Dreistigkeit« – »GESAMTURTEIL: Ein an Selbstgerechtigkeit nicht mehr zu überbietender Jammer-Rücktritt!«.

Sieben Jahre zuvor ist der Blick der *Bild*-Redaktion auf Mesut Özil noch ein gänzlich anderer. »50 JAHRE TÜRKISCHE GAST-ARBEITER – ›Meine Disziplin ist deutsch, meine Gelassenheit türkisch‹«, lautet eine Überschrift im September 2011. Der Artikel beginnt mit: »BILD stellt 50 Beispiele für gelungene Integration vor. Heute: Fußballnationalspieler Mesut Özil«.[92]

»Und dann müsst ihr so eine Kack-Geschichte machen«

Neben dem Kritisieren von Despotenfreunden, dem Niedermachen von »Versagern« und dem Lustigmachen über taumelnde Sportler beherrschen Mitarbeiter der *Bild*-Sportredaktion auch besondere Recherchemethoden.

Vor einem Testspiel von Borussia Dortmund, nicht weit von der Heimat des damaligen BVB-Trainers Jürgen Klopp entfernt, hat Klopp 2008 eine Bitte, wie sich ein *Bild*-Reporter später erinnert[93]: »Er hat mir vorher gesagt: ›Tu mir einen Gefallen, geh nicht zu meiner Mutter, sie ist heute im Stadion.‹« Dann beginnt das Spiel. Und was macht der *Bild*-Reporter?

> Bin zu der Mutter hingegangen, hab mich nur kurz vorgestellt, 'n Smalltalk mit ihr gehalten, und bin wieder abgehauen. Und ich schätze mal, das waren 80 bis 90 Meter Entfernung, die der Klopp da irgendwie gucken musste, um das überhaupt mitzubekommen.

Auf der anschließenden Pressekonferenz habe Klopp ihm unter dem Tisch gegen das Schienbein getreten und mit grimmigem Gesicht gesagt: »Ich hab' genau gesehen, dass du bei meiner Mutter warst, das hatte ich dir doch extra gesagt, dass du da nicht hingehen sollst.« Als der Reporter Jahre später davon erzählt, grinst er. Es sei einer seiner »lustigsten Momente in sieben Jahren mit Jürgen Klopp« gewesen. Auch das gehört zum Repertoire eines *Bild*-Mitarbeiters, sogar im Sportteil: Menschen behelligen, die man nicht behelligen soll.

Einige Jahre später gerät ein anderer *Bild*-Reporter mit Jürgen Klopp aneinander. Nach einem intensiven Spiel mit vier Toren fragt er den Trainer auf der Pressekonferenz: »Haben Sie sich kurz Gedanken um den Linienrichter gemacht?« Im Spiel war BVB-Spieler Marco Reus mit dem Linienrichter zusammengeprallt, es war aber nichts passiert, kurzer Handschlag, und es ging weiter. Eigentlich eine Kleinigkeit, doch für den Sportteil von *Bild* der wichtigste Part des Spiels. »Rambo Reus – Dortmunder räumt den Linienrichter ab«[94], lautet am Tag darauf die Überschrift. Klopp, heißt es im

Artikel, habe auf die Frage von *Bild*, ob ihm der Linienrichter leidtue, nur genervt mit »Nein!« geantwortet. Tatsächlich war seine Antwort ein bisschen länger. Nachdem der Reporter seine Frage gestellt hat, fragt Klopp zunächst zurück: »Von welcher Zeitung sind Sie?«»*Bild*«, antwortet der Reporter, woraufhin Klopp nickt, tief ein- und ausatmet und sagt: »Nee. So viel Fußball heute. Und dann müsst ihr so eine Kack-Geschichte machen. Boah, ist das ein Drecksleben. Das tut mir echt leid.«[95]

11.

»Erste Videos aus der Terror-Nacht von Wien!«

Bild und ihre TV-Pläne

Wer es bisher nicht mitbekommen hat: Gestern gab es in Trier eine vermeintliche Amokfahrt eines vermeintlich psychisch Gestörten, der dabei vermeintlich eine alte Frau und ein Baby umgebracht hat.

Er nutze bewusst das Wort »vermeintlich«, schreibt der rechte Verschwörungserzähler Hagen Grell am 2. Dezember 2020 in seinem Telegramkanal, einen Tag, nachdem ein Mann in der Innenstadt von Trier fünf Menschen totgefahren und weitere verletzt hat[1]. Grell traut der offiziellen Version des Vorfalls nicht. Es gebe schließlich einen Augenzeugen, »der 5 Meter vom Tatort entfernt lebt und eine bizarr andere Geschichte vom Tathergang erzählt«. Als Beweis präsentiert Grell seinen Followern ein knapp dreiminütiges Video mit dessen Aussagen.[2] Das gleiche Video verbreitet am selben Tag auch der Telegramkanal »Gerechtigkeit für das Vaterland« und schreibt dazu: »FALSE FLAG IN TRIER«[3] – bei der Amokfahrt solle es sich also um ein Täuschungsmanöver handeln, eine verdeckte Operation der Regierung oder der Geheimdienste, alles nur ein großer Fake. Schlagersänger Michael Wendler und Koch Attila Hildmann springen bei dem Thema ebenfalls auf und verbreiten in ihren Telegramkanälen die Posts von Hagel Grell und »Gerechtigkeit für das Vaterland«.[4]

Fast 300 000 Mal werden die Behauptungen des Augenzeugen, der »eine bizarr andere Geschichte vom Tathergang erzählt«, aufgerufen. Das Video stammt von: *Bild-TV*.

Knapp eine Stunde nach der Amokfahrt in Trier ist die *Bild*-Redaktion live auf Sendung. Das Moderationsduo spricht von einem inzwischen festgenommenen Mann, der mit seinem Wagen in eine Menschenmenge gefahren sein soll. Über viereinhalb Stunden wird die »BREAKING-NEWS«-Sondersendung, die bei *Bild.de* zu sehen ist, dauern.[5] Bereits nach einer Viertelstunde sagt der Moderator: »Und wir haben jetzt einen Augenzeugen in der Leitung, der diese Amokfahrt, diese Tat ganz offenbar aus nächster Nähe miterlebt hat.« Dieser »Augenzeuge« sagt zu Beginn allerdings erst mal, dass er gar nichts gesehen habe, schließlich habe er »einen kurzen Mittagsschlaf gehalten, und meine japanische Verlobte, die gerade zu Besuch hier ist in Trier, hat mich aus dem Schlaf gezerrt und gerissen und gesagt: ›Manfred, Manfred, komm mal schnell ans Fenster, da ist irgendwas passiert‹«. Dennoch darf Manfred bei *Bild-TV* anschließend das erzählen, was in den verschwörerischen Telegramkanälen für die »FALSE-FLAG«-Aufregung sorgt: »Halb schlaftrunken« am Fenster angekommen, sehe er plötzlich, »wie ein Mensch nach dem anderen einfach umkippt«. Deswegen sei er überrascht, jetzt von einer Amokfahrt zu hören, »weil man hat von diesem Auto nichts gesehen oder zumindest nichts mehr gesehen«. Die Menschen seien »unabhängig von irgendeinem Kraftfahrzeug auf der Stelle umgefallen, als wären die ohnmächtig geworden«. Sein erster Gedanke sei gewesen: »Das ist vielleicht eine Vergiftung, Giftgase oder irgendwas in der Art.«

Anstatt das Interview abzubrechen oder kritisch nachzufragen oder klarzustellen, dass das alles nicht zu dem passt, was man bisher über den Vorfall weiß, bestärkt ihn der *Bild*-Moderator: »Das sind ganz beeindruckende und erschütternde Schilderungen von Ihnen.« Später in der Sendung lässt die Redaktion den »Augenzeugen« noch einmal zu Wort kommen. Er nutzt die Chance, um eine »Stellungnahme« vorzutragen, in der es unter anderem darum geht, dass irgendwelche Männer ja auch »mit einer Axt ihre Frauen zerstückeln«.

Das kommt dabei raus, wenn *Bild* Fernsehen macht.

TV-Revoluzzer Reichelt

Bereits im September 2016 ruft Julian Reichelt, damals nur für *Bild.de* verantwortlich, im Gespräch mit dem *NDR*-Medienmagazin *Zapp* eine Bewegtbild-»Revolution« aus: »Man kann es Angriff aufs Fernsehen nennen. Man kann es Revolution nennen. Ich nenne es Revolution.«[6] Drei Jahre später, im Oktober 2019, wird dieser Umsturzplan konkreter. Reichelt, inzwischen *Bild*-Gesamtchef, erzählt im Interview mit dem *Spiegel* von seinem großen Vorhaben im TV-Markt: Er und seine Redaktion wollen »exklusive News zeigen und emotionale Geschichten erzählen«, antwortet er auf die Frage, was *Bild-TV* bieten könne, was Sender wie *RTL*, *ntv*, *Sat.1* oder die Öffentlich-Rechtlichen nicht längst schon zeigen. Die meisten Fernsehsender, so Reichelt, »machen das, was wir uns vorstellen, eben nicht«. Als Beispiel nennt er die *Bild*-Berichterstattung kurz zuvor aus dem brennenden Amazonasgebiet. Dazu habe es zwar auch Beiträge bei anderen Sendern gegeben, aber nicht mit Teams, »die im brennenden Regenwald stehen und mit Menschen reden, um die herum alles gerodet wird«, sondern nur »aus dem Hotelzimmer«. (Anders als Reichelt behauptet, standen Reporter von mehreren TV-Sendern im brennenden Regenwald und redeten mit Menschen, um die herum alles gerodet wurde, zu sehen etwa in *Das Erste*, beim *ZDF* und bei *RTL*.[7]) Eine weitere angebliche Lücke, die *Bild-TV* laut Reichelt schließen will: »Wo findet die Realität, die wir auf der Seite 2 von *Bild* abbilden, im Fernsehen statt? Etwa, dass Menschen, die 40 Jahre gearbeitet haben, jetzt Flaschen sammeln müssen.«[8] (Tatsächlich laufen im Fernsehen häufig Reportagen über Menschen, die Flaschen sammeln müssen, um über die Runden zu kommen, etwa im *ZDF*[9], im *RBB*[10], im *NDR*[11], bei *ARD-alpha*[12], bei *Arte*[13] oder bei *Sat.1*[14].) Zum Start liege der inhaltliche Fokus von *Bild-TV* auf »News, auch harten News, Sport, Entertainment«, sagt Reichelt im Februar 2021 im Interview mit dem Medienjournalisten Daniel Bouhs. Im Programm solle es um all das gehen, »was Menschen in ihrem Leben am meisten betrifft«.

Genauso wie in der *Bild*-Zeitung und bei *Bild.de* sollen auch bei *Bild-TV* Geschichten mit »pointierten Formulierungen« präsentiert und Gefühle ausgelöst werden, so Reichelt: »Wir erzählen sie über Emotionen, wir erzählen sie über Menschen, wir erzählen sie auch mal zugespitzt, wir erzählen sie in vielleicht einfacheren und kürzeren Worten.« Die Schlagzeile werde auch bei *Bild-TV* ein Stilelement von *Bild* bleiben, sagt Reichelt. Sein ambitioniertes Ziel für 2021: »Ich möchte, dass *Bild* Ende des Jahres von den Menschen, von vielen Menschen als ihr täglicher Newssender wahrgenommen wird.«[15]

Sollte das gelingen, wird ein nie realisierter Traum von Axel Springer Wirklichkeit. Der Verleger versuchte schon früh, auch Zugriff aufs Fernsehen zu bekommen, schreibt Wolfgang Michal im *Freitag*: »Axel Cäsar Springer wollte zeitlebens ins Fernseh-Geschäft. Für einen einzigen Sender, sagte Europas mächtigster Verleger 1961, würde er alle seine Blätter verkaufen.« Springer habe es immer wieder probiert:

> Mal versuchte er, eine Sendelizenz in Liechtenstein zu ergattern, um von dort aus in die Bundesrepublik senden zu können, mal forderte er die Auslieferung des ZDF an die Verleger. Er mobilisierte seine Lobbyisten in den Parlamenten, trieb die Gründung der »Fernsehgesellschaft Berliner Tageszeitungen« voran und wollte die NDR-Tochter »Studio Hamburg« kapern.[16]

Nichts davon funktionierte. Ähnlich erfolglos ist der Verlag 2005, 20 Jahre nach Springers Tod, als er versucht, *ProSiebenSat.1* komplett zu übernehmen. Die Pläne scheitern am Bundeskartellamt.[17] Nun soll es also mit einem eigenen *Bild*-Sender klappen. Springer soll zum Start etwa 22 Millionen Euro investieren.[18]

Von den anfangs angekündigten 18 Stunden Live-Fernsehen pro Tag[19] ist allerdings längst nicht mehr die Rede. Im Interview mit dem Branchenmagazin *Horizont* spricht *Bild*-Geschäftsführer Lars Moll im Dezember 2020 nur noch von »bis zu acht, zehn Stunden am Tag«.[20] Einige *Bild-TV*-Sendungen werden jedoch bereits nach wenigen Monaten ersatzlos gestrichen.[21] Laut Reichelt seien das sowieso nur »Trainings und Transformationsübungen« gewesen[22], durch den Wegfall wolle man »zusätzliche Freiräume« schaffen.[23] Die Live-Berichterstattung, so der *Bild*-Chef, sei nach wie vor der zentrale Aspekt bei *Bild-TV*: Wenn irgendwo irgendwas Dramatisches, Aufsehenerregendes, Spektakuläres passiere, wolle der Sender mit dabei sein. Dann könnten die vielen Reporter in ganz Deutschland losgeschickt, Live-Schalten organisiert, Pressekonferenzen besucht, Experten-Interviews geführt werden. Der große *Bild*-Apparat, das volle Programm.[24]

Bild in empathisch

Die drastisch sinkende Auflage der Printausgabe treibt auch *Bild* dazu, nach neuen Geldquellen zu suchen. Im Fernsehgeschäft locken attraktive Werbetöpfe. Selbst wenn *Bild-TV* nur einen kleinen Teil des gesamten TV-Werbebudgets erobern könnte, wären das enorme Einnahmen. Reichelt sagt im *Spiegel*:»Fernsehen ist ein Verdrängungsmarkt, aber mit 4,5 Milliarden Euro ein extrem großer.«[25] Der Einstieg der US-amerikanischen Beteiligungsgesellschaft Kohlberg Kravis Roberts & Co. (KKR) beim Springer-Verlag im Jahr 2019 dürfte die TV-Pläne zusätzlich vorangetrieben haben.[26] KKR investierte zuvor schon kräftig in den deutschen TV-Markt.[27]

Neben den lukrativen Einnahmemöglichkeiten sieht Julian Reichelt in *Bild-TV* aber auch eine Chance, Nähe und Transparenz herzustellen und damit das Image von *Bild* zu verbessern. Dass die Zuschauer bei *Bild-TV* sehen können, wer die Menschen sind, die das Programm machen, schaffe laut Reichelt»eine vollkommen neue Nähe auch zu unserem Publikum. Und ich glaube, die Nähe tut uns gut.« Er könne sich vorstellen, dass *Bild* sich durch *Bild-TV* verändern wird: Die Redaktion sei nun in der Lage,»Geschichten anders und, allein dadurch, dass man unsere Kollegen sieht, empathischer« zu erzählen.[28]

Wo genau diese ungewöhnliche *Bild*-Empathie in Zukunft zu erleben sein soll und in welcher Größenordnung das alles stattfinden wird, stehe noch nicht fest, sagt Reichelt 2019 im *Spiegel*:»Das Minimalszenario heißt Internetfernsehen. Oder die große Version, also Kabel und Satellit mit einer technischen Abdeckung von 90 Prozent der Haushalte.« Im April 2021 verkündet der Springer-Verlag, dass es die»große Version« werden soll: Noch vor der Bundestagswahl soll ein eigener *Bild*-Fernsehsender starten, mit»Live-Programm von täglich bis zu sechs Stunden«. Unabhängig vom Ausspielweg wolle er aber »kein klassisches lineares TV machen, sondern eines mit der Optik und Anmutung des Youtube-Zeitalters und den technologischen Mitteln von 5G«.[29] Wenn Smartphones mit einer ordentlichen Kamera und einer guten Verbindung den Qualitätsansprüchen genügen, bietet das völlig neue Möglichkeiten, gerade was die Schnelligkeit der Berichterstattung angeht. Das Warten auf einen Übertragungswagen oder ein Kamerateam ist dann nicht mehr nötig. Es komme nicht darauf an, »das perfekt polierte Erlebnis des Bildes« zu liefern, so Reichelt, bei *Bild-TV* dürfe es auch mal wackeln und etwas skurril sein.[30]

Tatsächlich schafft es seine Redaktion, mit vergleichsweise wenigen Bordmitteln einiges auf die Beine zu stellen. Vor allem die Sendungen, die *Bild* vorher planen kann, funktionieren aus *Bild*-Sicht: Bei der wöchentlichen politischen Talkrunde »Die richtigen Fragen«[31] zum Beispiel sind Ministerpräsidenten zu Gast im Studio, Bundesminister, Fraktionschefs, Parteivorsitzende. Die Sendung ist zwar erkennbar simpler produziert als die Polit-Talkshows bei den Öffentlich-Rechtlichen, sie liefert aber regelmäßig Aussagen und Informationen, über die auch andere Medien berichten. Die von *Bild* gedrehten Dokumentationen über »Die ISIS-Braut«[32], die »Clans von Berlin«[33] oder »Das Horror-Haus von Höxter«[34] sind zwar stark boulevardesk, wären ähnlich aber auch zum Beispiel bei *Spiegel TV* denkbar.

Problematisch bis katastrophal wird es, wenn es *Breaking News* gibt. Dann entsteht der Zwang, Sendeminuten zu füllen, auch wenn es noch gar kein Material gibt, mit dem man etwas füllen könnte. In solchen Situationen schaltet die Redaktion dann dankend zu einem »Augenzeugen«, der gerade noch geschlafen hat und etwas von »Giftgas« und zerstückelten Frauen erzählt. Oder die *Bild*-Moderatoren verbreiten gleich selbst allerlei Gerüchte, die sie irgendwo aufgeschnappt haben – und sich später als falsch herausstellen.

Falsche Geiselnahme, falsche Schießerei, falsches Video

Am 2. November 2020 schießt ein Mann in der Wiener Innenstadt auf mehrere Menschen und tötet vier von ihnen. Der Täter, den die Polizei noch am selben Abend erschießt, soll Sympathisant der Terrororganisation »Islamischer Staat« gewesen sein. Die österreichische Regierung geht daher von einem islamistischen Terroranschlag aus.[35] *Bild-TV* berichtet über vier Stunden live.[36] Nach gut einer halben Stunde verbreitet die Moderatorin das erste falsche Gerücht. Sie fragt einen zugeschalteten Terrorexperten:

Jetzt in diesem Moment erreichen uns auch Nachrichten, dass es an einem dritten Ort in Wien zu einer Geiselnahme gekommen sein soll. Wie passt das jetzt in diesen Amoklauf oder diesen Terrorangriff herein? Erst die Schüsse, jetzt also auch eine Geiselnahme.

Der Terrorexperte antwortet: Diese Geiselnahme »in einem Schnellrestaurant« sei »mit sehr, sehr großer Wahrscheinlichkeit« mit den Schüssen in der Wiener Innenstadt in einen Zusammenhang zu setzen. Aus seiner Sicht gebe es »einen unmittelbaren Konnex«.

Es hat keine Geiselnahme in einem Schnellrestaurant gegeben.[37]

Kurze Zeit später sagt derselbe Terrorexperte:

Aktuell habe ich gerade gehört, dass in der U-Bahn-Linie U3 es zu einer Schießerei gekommen sein soll.

Eine Schießerei im U-Bahn-Netz hat nie stattgefunden.[38]

Bild-Vizechefredakteur Paul Ronzheimer spricht nun von »einer Geiselnahme in einem Hotel«.

Auch diese Geiselnahme hat es nicht gegeben.[39]

Der Terrorexperte ist wieder dran. Er erzählt von »Schüssen im Stadtpark« und sagt, »dass sich einer der Täter selbst in die Luft gesprengt haben soll«.

Weder das eine noch das andere stimmt.[40]

Eine *Bild*-Reporterin, die zufällig an diesem Abend in der Innenstadt Wiens unterwegs war, wird zugeschaltet. Sie wiederholt noch einmal:

Es ist klar, dass es eine Geiselnahme gab. Es ist klar, dass es Schüsse beziehungsweise eine Gewalttat in einer U-Bahn gekommen ist. Und mehr wissen wir ehrlicherweise noch nicht. Also noch nicht, was ich dir als Fakten nennen kann. Das sind die Sachen, die wir ganz genau wissen.

Nichts davon ist richtig.

Spekulieren über Tote

Nun ist ein anderer Terrorexperte zugeschaltet. Die Moderatorin fragt ihn:

Manche Medienberichte aus Österreich sprechen von bis zu zehn Tätern. Ist das, kann man das als normal überhaupt bezeichnen in so einer Situation, aber zehn Täter, für was spricht das?

Es gab keine zehn Täter.[41]
Der Terrorexperte spekuliert über mögliche Tote:

Ich gehe eher davon aus, dass wahrscheinlich eher so zehn Tote, ein Dutzend Tote mindestens zu beklagen sein werden.

Es wurden vier Menschen vom Attentäter getötet, und dazu der Attentäter durch die Polizei.[42]
Die *Bild*-Redaktion spielt ein Video ein, auf dem mehrere Menschen vor Polizisten auf Motorrädern weglaufen, manche greifen die Polizisten auch an.
Dieses Video zeigt nicht eine Szene aus Wien, sondern eine aus Barcelona.[43]
Eine weitere Reporterin wird zugeschaltet:

Was wir gesehen haben, das ist ja ein ähnliches Szenario, was wir hier in Wien zumindest bisher sehen können, wie der Anschlag auf *Charlie Hebdo*. Wenn Sie sich daran erinnern: Da war auch ein Kommando, das eben losgestürmt ist und dann geschossen hat und versucht hat, dann zu entkommen. Und dass es damals auch eine Geiselnahme ja auch gegeben hat. Gleichzeitig auch immer wieder mehrere parallele Terroranschläge. So was Ähnliches als Muster scheint hier heute Abend in der österreichischen Hauptstadt abzulaufen.

In Wien gab es kein »Kommando«. Es gab keine Terroristen, die geflüchtet sind. Es gab keine Geiselnahme. Und es gab auch keine »parallelen Terroranschläge«.

Ein *Bild*-Chefreporter beschreibt ein Video aus Wien, auf dem zu sehen ist, wie der Attentäter auf einen Passanten schießt: Das Verhalten des Täters zeige »ein Stück weit«, »dass es dort offenbar eine Ausbildung gegeben hat, denn das ist das typische Vorgehen, was Dschihadisten in ihrer Ausbildung in arabischen Ländern bekommen«. Der Täter soll zwar den Plan gehabt haben, sich dem sogenannten »Islamischen Staat« in Syrien anzuschließen. Er ist allerdings in der Türkei daran gehindert und wieder nach Österreich geschickt worden. Eine »Ausbildung in arabischen Ländern« hat er nicht bekommen.[44]

Der frühere *RTL*-Chefredakteur Hans Mahr, der inzwischen als Berater für *Bild-TV* tätig ist[45], steht im Studio und erzählt:

Eine Frau, die ich persönlich kenne, hat mir berichtet: Sie war in einem Lokal […], da wurden die Leute alle in den ersten Stock raufbefördert und dort evakuiert. Von dort haben sie zuschauen können, wie vier der Terroristen, wir haben vorher den Film gesehen, vier der Terroristen entwaffnet wurden und festgenommen wurden.

Die Personen sind nicht »vier der Terroristen«.

»Schüsse, Blut, Menschen rennen um ihr Leben«

Hans Mahr erzählt, er habe »nicht nur Gerüchte, sondern fast schon Mitteilungen, dass es bis zu sieben Tote sein könnten, die dieses Attentat gefordert haben kann«.
Es wurden nicht sieben Menschen getötet.
Und noch einmal Mahr:

211

Man darf auch nicht vergessen: Das Erstaunliche bei diesem Attentat war, dass es so viele Täter, so viele, die miteinander verbunden waren, hier in Aktion getreten sind. Bei all den anderen Anschlägen waren es ein, zwei, drei Täter. Diesmal sprechen wir von Minimum sechs Tätern, manche Berichte sogar von zehn.

Auch das stimmt nicht.

Zwischen all diesen Falschmeldungen sagt eine der Reporterinnen:

Wir müssen da im Moment extrem aufpassen, weil natürlich in diesen angespannten Situationen sich alle möglichen Gerüchte verbreiten. Also alles muss auch vorsichtig berichtet werden und dann auch verifiziert werden.

Während die *Bild*-Mitarbeiter selbst »alle möglichen Gerüchte« über den Sender jagen, müssen sie natürlich auch etwas zeigen. Die Redaktion spielt in Dauerschleife verschiedene Videos aus Wien ein, der Großteil scheint aus den Sozialen Netzwerken zu stammen. Eines zeigt eine Szene vor einem Restaurant: Eine Person liegt in einer Blutlache. Anfangs ist diese Stelle noch verpixelt, später nimmt die *Bild*-Redaktion diese Verpixelung raus. Auch in dem Video, das zeigt, wie der Attentäter auf einen Passanten schießt, ist das Opfer erst unkenntlich gemacht. Später ist die Unkenntlichmachung verschwunden.[46] Die Wiener Polizei bittet bei Twitter eindringlich darum, keine Videoaufnahmen zu verbreiten, weil dies unter anderem die Einsatzkräfte gefährden könne.[47] Dennoch steht nach Veröffentlichung des Polizei-Tweets auf der *Bild.de*-Startseite: »Schüsse, Blut, Menschen rennen um ihr Leben – ERSTE VIDEOS AUS DER TERROR-NACHT VON WIEN!«[48]

Ein Anschlag »aus einem Hobby heraus«

Die *Bild-TV*-Sendung zum Anschlag in der österreichischen Hauptstadt ist kein einmaliger Ausrutscher. Das wilde Rumraten, das Streuen von falschen Gerüchten, das Gefährden von Polizeieinsätzen kommt in *Breaking-News*-Situationen häufiger vor. Auch während des rassistischen und antisemitischen Anschlags in Halle.

Ein Rechtsextremist versucht dort im Oktober 2019 vergeblich, in eine Synagoge einzudringen. Auf der Straße davor erschießt er ein erstes Opfer, später in einem Döner-Imbiss ein zweites.[49] Zufällig ist ein *Sport-Bild*-Mitarbeiter in der Nähe der Tatorte. *Bild-TV* schaltet direkt zu ihm.[50] Er erzählt, dass das Sondereinsatzkommando (SEK) gerade eingetroffen sei, und verrät auch gleich, wohin das SEK nun unterwegs ist und was es momentan macht. Später nennt der Reporter den Namen einer Straße, in der die Einsatzkräfte angeblich gerade Häuser durchsuchen. Bei einem Interview mit einer Anwohnerin hält er die Kamera extra so, dass man die Frau nicht sehen kann – sie möchte anonym bleiben, »ja, aus Angst«, wie der Reporter erklärt. Nach dem Gespräch verrät er, wo und in welcher Straße die Frau arbeitet. Ein *Bild*-Chefreporter erzählt, dass es einer »aktuellen Information« zufolge einen Toten in der Synagoge gebe. Das ist falsch. Außerdem vermutet er, dass ein Täter sich vielleicht noch im Nahbereich der Synagoge aufhalte, sich vielleicht in einem Haus verschanze und vielleicht sogar Geiseln in einer Wohnung genommen habe. Der Täter ist da schon längst geflüchtet, niemand hat sich verschanzt, eine Geiselnahme gibt es nicht. Im *Bild-TV*-Studio steht ein Redakteur, den der Moderator als »Waffenkenner« vorstellt. Er begutachtet Videoaufnahmen, auf denen der Täter mit seinen Waffen zu sehen ist, spekuliert, ob es sich um einen Waffensammler handelt, und hat eine Theorie: Der Anschlag könnte doch »aus einem Hobby heraus entstanden« sein.

Vier Monate später, im Februar 2020, erschießt ein Mann im hessischen Hanau neun Menschen in beziehungsweise vor zwei Bars, später tötet er auch seine Mutter.[51] *Bild-TV* ist in der Nacht wieder mit einem Liveprogramm dabei.[52] Mehrere *Bild*-Reporter und der Moderator spekulieren über die möglichen Hintergründe der Tat. Ein Reporter, der in Hanau vor Ort ist, sagt:

Ich habe aus relativ gut unterrichteten Quellen in Hanau hier erfahren – aber ich muss dazu sagen: Das sind nur Spekulationen –, dass es sich bei dem Täterumfeld um Russen handeln könnte.

Der Moderator will wissen, ob »vielleicht das Umfeld dieser Shisha-Bar Schrägstrich Sportsbar auf irgendwelche Motive oder Hintergründe dieser Tat hindeuten« könnte. *Bild*-Chefreporter Frank Schneider, der auch zu den Anschlägen in Halle und in Wien Gerüchte verbreitet hat, die sich als falsch herausstellten, ist dieses Mal ebenfalls dabei. Er bringt die organisierte Kriminalität ins Spiel:

> Wenn jetzt möglicherweise diese Bars von Menschen betrieben werden, die Streit mit anderen haben, oder es geht da um Vormacht, worum auch immer, oder eben Schutzgelderpressung. Es kann ja auch sein, dass die Betreiber der Bars schlicht und ergreifend kein Schutzgeld bezahlen wollten. Das wäre dann natürlich, wie gesagt, eine Qualität, die hat es in Deutschland so noch nicht gegeben. Aber das wären jetzt alles reine Spekulationen.

Florian von Heintze, Stellvertreter des Chefredakteurs, steht im *Bild-TV*-Studio und sagt: »Es verdichten sich allerdings dann doch wohl die Hinweise darauf, dass es eher im kriminellen Milieu sich abspielt das Ganze.« Chefreporter Schneider sieht es ähnlich – und die Schuld möglicherweise auch bei den Angegriffenen. Auf die Frage des Moderators, »in welchem Milieu« sich die Tat abgespielt haben könnte, antwortet er:

> Das Milieu kann eigentlich nur sein, dass es möglicherweise um Delikte geht im Drogenmilieu oder es geht um Schutzgelderpressung. Was genau die Hintergründe sind, kann man natürlich momentan noch nicht sagen, weil man nicht weiß, was in diesen Bars genau passiert, welche Kundschaft dort verkehrt, was es für Vorfälle vielleicht in jüngster Vergangenheit gab. Das muss man jetzt im Einzelnen klären.

Am Ende stellt sich raus: Der Täter ist kein Russe, sondern Deutscher, er ist auch kein Schutzgelderpresser und kommt auch nicht aus dem Drogenmilieu«. Das Bundeskriminalamt hält seine Tat für rassistisch motiviert.[53]

Die Spekulationen erinnern an die Schlagzeilen zu einer Mordserie in den Jahren 2000 bis 2006, bei der alle neun Opfer einen Migrationshintergrund hatten. Die Morde wurden in der Berichterstattung lange als »Döner-Morde« bezeichnet, auch von der *Bild*-Zeitung.[54] Im April 2006 schreibt sie, es gebe vier heiße Spuren zu den Fällen: »Drogenmafia, organisierte Kriminalität, Schutzgelderpressung, Geldwäsche.«[55] Den Opfern wurden kriminelle Geschäfte unterstellt, die Morde als mögliche Reaktionen türkischer Krimineller beschrieben. Nichts davon war richtig. Wie sich später herausstellte, wurde die Mordserie von den Neonazis des sogenannten »NSU« verübt.

Bild als »Werkzeug des Täters«

Neben den vorurteilsbeladenen, falschen Spekulationen zu Tätern und Opfern oder dem Verraten des Polizeivorgehens steckt eine weitere große Gefahr in der Notwendigkeit, das oft mehrstündige Liveprogramm von *Bild-TV* irgendwie zu bebildern.

Am 15. März 2019, nur kurz nach den ersten Meldungen über Schüsse im neuseeländischen Christchurch[56], steht auf der *Bild.de*-Startseite: »Terror-Angriff auf zwei Moscheen in Christchurch (Neuseeland) – 17 MINUTEN MORD-FELDZUG – Killer filmte, wie er Männer, Frauen, Kinder erschießt«.[57] Mit dem Hinweis »MIT VIDEO« wirbt die Redaktion um Klicks. *Bild.de* zeigt eine zusammengeschnittene Version der Aufnahmen, die der rechtsterroristische Täter auf seiner Facebookseite live streamte. Jene Videosequenzen, in denen Menschen erschossen werden, sind rausgeschnitten. Stattdessen sind Standbilder mit Leichen und Blut zu sehen, auch ein Opfer, das direkt vor dem Täter steht, kurz bevor es erschossen wird. Schüsse sind zu hören.[58]

Auf die Frage, welche Rolle Vorbilder für Amokläufer oder Terroristen spielen, sagt die Kriminologin Britta Bannenberg:

Alle Täter haben sich an anderen orientiert, besonders an den Amokläufern der Columbine Highschool. Die Tat war medial besonders inszeniert – einer der Täter hatte eine Homepage, über die er seinen Hass verbreitet hat. Außerdem ist ein Video eines Teils dieser Tat ins Internet gelangt. Das ist Nachahmungsmaterial für Pubertierende, die Vorbilder suchen: Sie sehen die Klamotten der Täter, sehen, wie sie herumstolzieren.[59]

In ihrem Sammelband »Die mediale Inszenierung von Amok und Terrorismus« schreiben die Wissenschaftler Frank J. Robertz und Robert Kahr:

> Schulamokläufer und Terroristen sichern sich durch das kalkulierte Ausüben von Gewalt einen Platz in den Schlagzeilen der Weltpresse. Sie folgen damit einer bewährten Kommunikationsstrategie, die ebenso menschenverachtend wie durchschaubar ist. Dieses Kalkül der Täter geht insbesondere dann auf, wenn Medien die destruktiven Botschaften der Täter ungefiltert weitertragen. Sie verbreiten auf diese Weise Angst in der Gesellschaft, belasten die Opfer und liefern im schlimmsten Fall eine Inspiration für Nachahmer.[60]

Bild-Chef Julian Reichelt sagt zu den Aufnahmen aus Christchurch hingegen: »Wir zeigen diese Bilder ganz bewusst. Wir glauben, dass wir diese Bilder zeigen müssen.« Journalismus sei dazu da, »Bilder der Propaganda und Selbstdarstellung zu entreißen und sie einzuordnen«.[61] Allerdings findet in dem Video, das bei *Bild.de* zu sehen ist, so gut wie keine Einordnung statt; die Redaktion blendet lediglich ein paar Sätze ein, die beschreiben, was man gerade sieht. Ansonsten reicht sie die »Propaganda und Selbstdarstellung« lediglich weiter.

Der Täter von Christchurch habe das mediale Echo einkalkuliert, sagt der Medienwissenschaftler Bernhard Pörksen. *Bild* betreibe »Attentatspornografie«.[62] Zu einem ähnlichen Urteil kommt der Deutsche Presserat: *Bild.de* bekommt für die Berichterstattung eine Rüge – die Redaktion habe sich »zum Werkzeug des Täters gemacht«.[63]

Die Aufnahmen aus Christchurch liefen nicht bei *Bild-TV*; das Projekt existierte in der Form damals noch nicht. Die Redaktion nutzt aber heute für den Sender immer wieder nicht verifizierte Videos, auf die sie im Internet stößt. Und sie bietet seit Jahren Amokläufern und Terroristen eine Plattform für deren Inszenierung: 2009 druckt die *Bild*-Zeitung ein großes Foto des Amokläufers von Winnenden. Sie hat dafür extra den Kopf des Täters auf den Körper eines Mannes in schwarzer Kampfuniform montiert, eine Waffe ist auf die

Leserschaft gerichtet. Das Foto im Blatt ist fast einen halben Meter hoch.[64] 2014 schreibt *Bild.de* über die »massive Propagandaschlacht im Internet« des sogenannten »Islamischen Staats«. Dort »vermarkten die Terroristen regelrecht ihren Kampf!«.[65] Gleichzeitig baut die *Bild*-Redaktion wiederholt aus exakt diesen Propagandafotos und -videos ganze Artikel und zeigt in zahlreichen Beiträgen die »barbarischen«, »widerwärtigen«, »perversen« und »niederträchtigen« Szenen.[66] 2016 ist der Amokläufer von München mehrere Tage lang Dauergast auf der *Bild.de*-Startseite. Die Fotos, die ihn zeigen, sind nicht verpixelt.[67] Dabei warnt der Psychologe Jens Hoffmann schon seit Jahren[68] genau davor: »Zeigt nicht das Gesicht des Täters, nennt nicht den Namen. Er soll nicht zur ›Berühmtheit‹ werden, sondern dem Vergessen anheimfallen. Das kann Nachahmer abschrecken.«[69] 2018 veröffentlicht *Bild.de* Fotos, auf denen ein Amokläufer aus Florida mit seinen Waffen posiert. Die Redaktion zeigt ihn genau so, wie er gesehen werden will.[70] Nur wenige Wochen später titelt *Bild.de*: »SCHARIA-GERICHT IM KINDERZIMMER – Bruder (20) rammt seiner Schwester (17) Messer in die Brust – Schwer verletzt – Familie dreht Video von der Tat«. Dazu der Hinweis »MIT VIDEO«[71], allerdings nur für zahlende *Bild-plus*-Kunden. Auf den Aufnahmen sieht und hört man, wie das Mädchen seine Brüder anfleht, einen Krankenwagen zu rufen, wie einer der Brüder in die Kamera sagt, dass er den Anblick, wie seine Schwester stirbt, genieße. Die Familie wollte all das offenbar dokumentieren. *Bild* hilft ihr beim Verbreiten. Das Video verschwindet erst von *Bild.de*, als sich die zuständige Staatsanwaltschaft bei der Redaktion meldet.[72]

Im Schnitt 260 Zuschauer

Wie viele Leute wollen so was sehen? Wie viele lassen sich freiwillig stundenlang mit Gerüchten füttern, die sich später als falsch herausstellen? Wie viele hängen an den Lippen der Moderatoren, die über eine Mitschuld der Opfer spekulieren? Wird Julian Reichelt nach den Abrufzahlen von *Bild-TV* gefragt, bleiben seine Antworten auffallend unkonkret. Dem Medienmagazin *kress pro* sagt er 2020:

Unsere Erwartungen wurden komplett übertroffen. An unseren erfolgreichsten Tagen wie den großen Pressekonferenzen der Kanzlerin haben wir jeweils bis zu drei Millionen Nutzer erreicht. Wir haben knapp siebenstellige Zugriffe bei allen großen Live-Lagen.[73]

Dem Medienjournalisten Daniel Bouhs antwortet Reichelt im Februar 2021 auf die Frage nach den Zuschauerzahlen, dass diese »extrem schwankend« seien: »Die Kombination aus Live und Clip outs führt bei allem, was wir an relevanten Sachen haben, zu hoch sechs- bis siebenstelligen Abrufen.«[74]

Die Quoten von *Bild-TV* »gelten konzernintern als enttäuschend«, schreibt hingegen Kai-Hinrich Renner im Dezember 2020 in der *Berliner Zeitung*. Er nennt konkrete Zahlen:

> Wie mau das Interesse an dem Angebot ist, geht aus internen Zahlen hervor, die der *Berliner Zeitung* vorliegen. Die Sondersendung zur US-Präsidentschaftswahl etwa verfolgten in der Nacht vom 3. auf den 4. November im Schnitt ganze 11 166 Zuschauer. Sogar auf dem Höhepunkt der Berichterstattung zwischen 5:30 und 9:30 Uhr lag ihre Zahl bei nur 22 440. Für *Bild Live* ist das aber ein sensationell hoher Wert. Denn die durchschnittliche Zahl der Zuschauer, die sich Livesendungen des Boulevardmediums anschauen, »schwankt zur Zeit zwischen 1000–3000«. So steht es in den internen *Bild*-Unterlagen.

Nicht mal in den für Reichelt so wichtigen *Breaking-News*-Situationen sehe es viel besser aus, so Renner: »Die Sondersendung zur Amokfahrt von Trier verfolgten am Dienstag im Schnitt nur 5069 Zuschauer.« Bei herkömmlichen Beiträgen sei die durchschnittliche Zuschauerzahl nicht mal vierstellig: »Einen Bericht zu einer Suchaktion nach einer verschwundenen Zweijährigen sahen am Vormittag im Schnitt ganze 626 *Bild*-User. Und zu einem Interview mit Tesla-Chef Elon Musk anlässlich der Verleihung des Axel-Springer-Awards versammelten sich am Dienstagnachmittag durchschnittlich 260 Unentwegte vor den Bildschirmen.«[75]

Schaut man sich die Abrufe des *Bild*-Kanals bei Youtube an, wo die Redaktion so gut wie alle *Bild-TV*-Videos hochlädt, bestätigt sich dieser Eindruck.[76] Man muss relativ lange suchen, um einen Beitrag mit mehr als einer Million Gesamtaufrufe zu finden. Vereinzelt liegen Videos im sechsstelligen Bereich, viele haben zwischen 10 000 und 50 000 Aufrufe, einige aber auch nur 2.000 oder 3.000.

Ein wichtiger Unterschied zwischen den Gesamtaufrufen, die der *Bild*-Chef nennt (beispielsweise habe die gut zwölfstündige Sondersendung zur US-Wahl[77] insgesamt 1,2 Millionen Views verzeichnet), und der durchschnittlichen Zuschauerzahl, die die *Berliner Zeitung* nennt: Sie sind für verschiedene Werbemärkte relevant. Kai-Hinrich Renner schreibt, Reichelts Zahlen seien für den digitalen Werbemarkt durchaus von Bedeutung, der Fernsehwerbemarkt sei für Medienhäuser jedoch weitaus lukrativer als die digitale Reklame.»Dort ist jedoch die durchschnittliche Zuschauerzahl das Maß aller Dinge. Und mit den miserablen Quoten, die *Bild Live* derzeit einfährt, wäre da nicht viel zu holen«, so Renner.

Da muss man sich schon was Besonderes einfallen lassen, damit etwas Geld reinkommt.

»Und auf einmal schüttelt er sich die müllermilch«

»Welche Sorte hätten Sie denn gern?«, fragt ein Mann, der als Butler verkleidet im Studio des *Bild*-Fußball-Talks *Reif ist Live* steht und ein Tablett voller Müllermilch dabeihat.»Erdbeer, bitte«, antwortet der Chefredakteur des *Bild*-»Sport-Kompetenzcenters«. Und der Butler sagt dem Werbeslogan entsprechend:»Natürlich. Und wie immer: geschüttelt, nicht gerührt.«[78]

Manchmal shaken die Moderatoren auffällig ein Fläschchen mit dem Milchgetränk, während sie dem Namensgeber der Sendung, dem Fußballexperten Marcel Reif, eine Frage stellen, manchmal nippen sie extra lang an ihrem Glas mit dem Sponsorentrunk, wenn die Kamera auf sie hält. Das Bauerntheater kommt bei den Zuschauern nicht besonders gut an. In die Kommentare bei Youtube schreiben sie:

Und auf einmal schüttelt er sich die müllermilch, ich Dreh ab

Ihr macht euch mit dieser Müllermilch lächerlich!!

Diese unfassbar dumme Werbung ist soooooooooo peinlich und zum fremdschämen.

Diese Werbung nervt ungemein

Wegen dieser beschissenen Werbung werde ich mir nie wieder auch nur 1 einzige Flasche Müller Milch kaufen.

Die Besuche des Müllermilch-Butlers werden nach einigen Folgen wieder eingestellt. Das Flaschenschütteln hört auf, das Kopfschütteln geht weiter.

12.

»Die toten Kinder von Winnenden«

Bild und ihre Opfer

Im Frühjahr 1992 wird *Bild*-Reporter Kurt Molzer ins Büro seines Redaktionsleiters gerufen. Molzer ist damals Chefreporter der *Bild*-Redaktion in Halle und hat über seine Erlebnisse später ein Buch[1] geschrieben, in dem auch diese Geschichte vorkommt. Der Chef habe sich eine Zigarette angezündet, die Beine auf den Tisch geschwungen und berichtet, dass auf einer Landstraße in der Nähe von Halle bei einem Autounfall nach einem Discobesuch drei junge Menschen gestorben seien. Allerdings habe die Polizei die Angehörigen noch nicht informiert. Die Aufgabe des Reporters sei nun, der Mutter eines der Opfer die Todesnachricht zu überbringen und sie außerdem zu überreden, ein Foto ihres Sohnes aus dem Familienalbum rauszurücken, das in der morgigen Ausgabe gedruckt werden soll.

Der Reporter steigt in seinen Wagen und fährt zu dem Kaufhaus, in dem die Mutter des Opfers als Verkäuferin arbeitet. Er hält auf dem Parkplatz und bleibt im Auto sitzen. »Ich kann das nicht, ich kann das nicht ...«, denkt er, »aber ich muss. Muss ich wirklich? Natürlich nicht. Und dennoch, ich werde es tun, komm schon, jetzt oder nie.«

Frau B. berät gerade eine Kundin. Als sie fertig ist, kommt sie auf den Reporter zu. »Bitte, was kann ich für Sie tun, junger Mann?«

»Guten Tag, Frau B.«, sagte ich mich schwacher Stimme, »Frau B., mein Name ist Kurt Molzer, ich komme vom Springer Verlag. Sie müssen jetzt sehr stark sein …« Ich stockte einen Moment und sah zu Boden. Dann nahm ich all meine Kraft zusammen und sprach sie aus, die elf Worte der Hiobsbotschaft: »Es tut mir so leid für Sie, Ihr Sohn ist tot.«

Sie wurde kalkweiß und rang nach Luft: »Nein …, nein, … nein.«

»Ein Autounfall, in der Nacht von Samstag auf Sonntag. In dem Wagen waren insgesamt drei Personen, sie sind alle tot.«

»Nein …, nein.«

Sie taumelte. Zwei Kolleginnen eilten herbei und stützten sie.

»Du meine Güte, was ist denn passiert?«, fragte die eine mit weit aufgerissenen Augen.

»Mein Sohn …, mein Sohn …, nein.«

»Was denn, was denn?«

»Mein Sohn ist tot.«

»Um Gottes Willen, ja wie denn? Sind Sie von der Polizei?«

»Nein, ich komme vom Springer-Verlag.«

Die Frau wird in den Mitarbeiterraum gebracht, dort legt sie sich auf eine Couch, ihre Kolleginnen reichen ihr ein Glas Wasser. Der *Bild*-Reporter steht daneben. Sein Auftrag ist noch nicht zu Ende. In seinem Buch schreibt er, er habe sich »eine sehr lange Zeit« für diesen Moment geschämt, inzwischen habe er sich aber verziehen – »das Christentum verzeiht selbst Mördern«.

»Frau B.«, sagt er und tritt vor die Couch, bereit, dieser »gebrochenen Frau, die schwer atmete und schwarze Schatten unter den Augen hatte, eine dreckige Lüge ins Gesicht zu sagen«:

»Frau B., der Tod Ihres Sohnes soll nicht umsonst gewesen sein. Der Springer-Verlag möchte einen Nachruf veröffentlichen, auch als Warnung für alle anderen jungen Autofahrer, damit sie mehr achtgeben im Straßenverkehr. Dafür brauchen wir allerdings ein Foto von Ihrem Sohn.«

Die Wahrheit hätte so lauten müssen: »Frau B., die *Bild*-Zeitung plant für morgen eine fette Schlagzeile über einen Verkehrsunfall mit drei Toten, und wir brauchen dafür unbedingt ein Foto Ihres Sohnes. Am liebsten hätten wir natürlich die Fotos von allen Opfern, das würde die Story insgesamt runder machen, die Leser wollen den Toten nämlich in die Gesichter sehen, das liegt in der Natur der Sache, es erhöht den Gruseleffekt und unsere Auflage.«

»Sie gingen mir alle auf den Leim«, schreibt der Reporter. Als sie gerade aufstehen und zum Haus der Frau fahren wollen, um das Foto zu besorgen, kommt jemand auf die Idee, dass man vielleicht erst mal bei der Polizei nachfragen sollte, was überhaupt passiert ist. Da verabschiedet sich der Reporter. »Für den Leichenfledderer von BILD gab es hier nichts mehr zu tun.«

Exklusiv auf der Intensivstation

»Witwenschütteln« wird die Praxis genannt, wenn Reporter Menschen ausfindig machen, die gerade einen geliebten Menschen verloren haben, und diese so lange bedrängen, bis verwertbare Zitate oder Fotos dabei herausspringen. Es ist bedauerlich, dass sich dieser Begriff etabliert hat, weckt er doch fast cartoonhafte Assoziationen: Der Reporter schüttelt die Witwe, während ihr Kopf lustig wackelt und die Fotoalben aus ihrer Tasche plumpsen. Die Realität hingegen ist so furchtbar, dass sie für viele Betroffene kaum zu ertragen ist.

Als Günter Wallraff im September 2020 in einem Interview des Medienmagazins *Nitro* gefragt wird, was er bei seiner Undercover-Arbeit bei *Bild* besonders schlimm fand, sagt er:

Das sogenannte Witwenschütteln oder wenn Kinder Opfer eines Sexualmordes wurden und die Eltern nicht bereit waren, einem Reporter der *Bild* ein Foto ihres Kindes herauszugeben. Dann hörten die Eltern den Standardsatz: »Wenn Sie uns das Foto nicht freiwillig geben, wir haben auch Fotos aus dem Leichenschauhaus, und das sieht dann gar nicht so gut aus.«[2]

Dass Journalisten Fotos von Opfern beschaffen, kommt auch bei anderen Medien vor. Das Vorgehen von *Bild*-Mitarbeitern ist aber besonders gut dokumentiert, es gibt zahlreiche Geschichten dazu.

Viele wurden uns von Betroffenen selbst erzählt, von Angehörigen, Anwälten, Notfallseelsorgern, die miterlebt haben, mit welchen Mitteln *Bild* versucht, an Fotos und Informationen zu gelangen. Erzählt werden sie aber auch von den Reportern selbst.

Ein paar Jahre nachdem der *Bild*-Chefreporter in Halle der Frau den Tod ihres Sohnes verkündet hatte, wird in Berlin eine andere *Bild*-Reporterin ins Büro ihres Redaktionsleiters gerufen. Kerstin Dombrowski ist zu diesem Zeitpunkt noch nicht lange bei *Bild* (auch sie hat über ihre Erlebnisse später ein Buch geschrieben, in dem sie diese Geschichte erzählt[3]). Als sie ins Büro kommt, erinnert sie sich, stehe ein Strauß Blumen auf dem Tisch, der Chef lächle sie freundlich an. »Leider waren die Blumen nicht für mich, wie ich schnell erfuhr.« Stattdessen bekomme auch sie einen Auftrag. Eine 18-Jährige war mit ihrem Auto gegen einen Baum gerast, ihre beste Freundin starb auf dem Beifahrersitz, sie selbst lag auf der Intensivstation. »Und nun sollte ich«, schreibt Dombrowski, mit den Blumen in der Hand »ins Krankenhaus gehen, mich als Freundin ausgeben und versuchen, ein Interview zu bekommen, um herauszufinden, wie man sich fühlt, wenn man gerade seine beste Freundin totgefahren hatte«.

Als die Reporterin das Büro wieder verlässt, kommen ihr die Tränen. »Das wollte ich auf keinen Fall machen!« Schließlich steigt sie aber doch ins Auto und fährt zum Krankenhaus, weil sie nicht den Mut aufbringt, den Chefs zu sagen, dass sie die Geschichte nicht machen würde. Als sie auf dem Krankenhausparkplatz aus dem Auto steigt, ist ihr schlecht.

Die Eltern zu treffen, davor hatte ich am meisten Angst. Was sollte ich denen sagen? Wahrscheinlich würden sie mich wüst beschimpfen oder sogar handgreiflich werden. Mit Recht, das war mir bewusst. Warum war es so wichtig, mit der Fahrerin zu sprechen? Es war doch klar, wie schlimm dieser Unfall für sie sein musste. Konnte man das Mädchen jetzt nicht in Ruhe lassen? Womöglich verschlimmerte mein Besuch ihren Gesundheitszustand? Wie würden die Ärzte reagieren? Trotz aller Bedenken fragte ich am Empfang nach der Intensivstation und stieg in den Fahrstuhl – als auftragserfüllende Hülle. Mein Gewissen ließ ich im Auto.

Vor dem Zimmer angekommen, wird sie von einer Krankenschwester abgewiesen. Außer den Eltern dürfe niemand ins Zimmer, keine Ausnahme. Mit leeren Händen fährt die Reporterin zurück in die Redaktion. Diesmal hat *Bild* keinen Erfolg, das trauernde Mädchen bleibt unbehelligt.

In vielen, vielen Fällen geht es anders aus. Wie im Winter 2016 in einem Krankenhaus in Niedersachsen. Auf der Intensivstation liegt eine Frau mit lebensgefährlichen Verletzungen. Ihr Mann hatte auf sie eingestochen, ihr dann ein Seil um den Hals gebunden und sie an seinem Auto hinter sich hergezogen. »Das Opfer des Blut-Schleifers kämpft um sein Leben«[4], titelt *Bild* kurz darauf. Bebildert ist der Artikel mit einem großen Foto der Frau, die im Bett auf der Intensivstation liegt und mit Schläuchen beatmet wird. Der Bruder, heißt es im Artikel, habe der Veröffentlichung des Fotos zugestimmt, »weil die Familie dokumentieren will, was geschehen ist«. Knapp zwei Wochen später sagt der Bruder in der *Süddeutschen Zeitung,* dass er von der *Bild*-Anfrage völlig überrumpelt gewesen sei: »Ich war verwirrt, wie im Nebel, und die sagten noch, so ein Foto würde [meiner Schwester] nützen.«[5]

Wenn die Fotobeschaffer nicht persönlich erscheinen, bedrängen sie Verletzte oder Angehörige mitunter auch per Telefon, E-Mail oder Social Media. Nach einem Skiunfall in Österreich zum Beispiel, bei dem 2008 ein Mädchen starb und ein anderes verletzt wurde, bekommt eine Freundin der beiden über ein Soziales Netzwerk folgende Nachricht:

Liebe [...], entschuldige bitte, dass ich Dich hier so von der Seite anschreibe. Mein Name ist [S.]. Ich bin Journalist und bearbeite gerade diesen furchtbar tragischen Ski-Unfall in Österreich. Wir werden für morgen in der BILD noch einmal auf einige Details eingehen (Pistengefahren und was man in Zukunft besser machen kann, um ähnliches zu verhindern: Helme, etc.). Es tut mir sehr leid, dass Eure Freundin so schwer verunglückt ist. Für uns wäre es wichtig, noch einmal einige Details von der Piste zu bekommen. Hast Du denn einen Draht zur [zweites Unfallopfer]? Gestern haben die Behörden gesagt, sie sei mittlerweile ausgeflogen und es gehe ihr den Umständen entsprechend. Vielleicht kann sie bei all der Tragik zumindest noch dabei helfen, ein Problem mit der Piste oder ähnlichem aufzuklären. Wie gesagt, bitte entschuldige den »Überfall« hier. Ich bin entweder hier erreichbar oder telefonisch in der Redaktion Köln unter 0221-[…].

Ich wünsch Dir einen nicht ganz so schweren Tag

[S.] [6]

Reporter im Blutrausch

Spricht man mit ehemaligen Reportern der *Bild*-Zeitung, liest man Interviews mit ihnen oder Bücher, die sie geschrieben haben, werden zwei Dinge deutlich: Viele haben es gemacht – trauernde Angehörige überrumpelt, bedrängt, getäuscht, um an Fotos zu kommen. Und viele von ihnen hatten am Anfang damit zu kämpfen.

Wie Peter Huth, früherer stellvertretender *Bild*-Chef, der 2016 in einem Interview erzählt, bei seinem ersten Einsatz als Fotobeschaffer habe er bei den Nachbarn einer Familie geklingelt, die bei einem Flugzeugabsturz ums Leben gekommen war. Als die Nachbarn öffneten, habe er »sofort angefangen zu heulen«.[7] Kurt Molzer, der ehemalige *Bild*-Reporter in Halle, schreibt in seinem Buch, die Todesnachricht an die Mutter zu überbringen und sie dann noch anzuschwindeln, das seien »die schrecklichsten Momente meiner Journalistenlaufbahn« gewesen. Offenbarte sich hier nicht »mit aller Deutlichkeit die grundsätzliche Haltung des Blattes sowie die Charakterlosigkeit seiner Macher«?

Dass nämlich kein Leid groß genug sein kann, um es nicht noch größer zu machen; indem man die Leidtragenden in einer Pietät und Anstand außer Acht lassenden Weise täuscht; indem man sich bei ihnen einschleicht und ihr Vertrauen missbraucht, einzig für den Zweck, ihre durch Unfall, Mord oder Totschlag ums Leben gekommenen Liebsten einer sensationsgeilen Öffentlichkeit anschaulich präsentieren zu können – nämlich anhand von Bildmaterial und möglichst genauer Beschreibung der persönlichen Eigenschaften. Erzählen Sie mal, wie war er denn so, Ihr Sohn? Das interessiert unsere Leser natürlich, er macht ja einen so lebenslustigen Eindruck auf den Fotos. Lebenslustig war ein beliebtes Wort bei BILD, es ergab so einen unter die Haut gehenden Antagonismus zum schweren, schicksalhaften Leid: Vom kleinen lebenslustigen Hugo blieb nach der Rottweiler-Attacke nur noch ein blutiger Torso.[8]

Doch viele kommen in ein regelrechtes »Jagdfieber«, wie der *Spiegel* 1995 ehemalige *Bild*-Reporter zitiert: »Die Hatz nach den tränenrührenden Zitaten der Mutter eines Mordopfers oder den Kinderfotos des Mörders gerät zum sportiven Abenteuer.«[9] Ex-*Bild*-Volontärin Sabine Rückert, heute stellvertretende Chefredakteurin der *Zeit*, sagt dem *Spiegel* damals: »Du bist im Blutrausch und denkst nicht mehr nach.« Oder wie Kerstin Dombrowski es in ihrem Buch formuliert, als sie an den Tag zurückdenkt, an dem sie nach einem Flugzeugabsturz völlig empathielos die Angehörigen, Freunde und Kollegen der Opfer abtelefoniert:

In der Welt, in der ich mich jetzt befand, zählte nicht der Mensch, sondern die Schlagzeile. Meine Wahrnehmung hatte sich verschoben, ich schien mein Gehirn abgegeben zu haben – wie ein Jünger einer Sekte. Einzig auf das Lob der Chefs kam es an. An die armen Angehörigen der Absturzopfer und daran, wie sie sich wohl gerade fühlten, dachte ich nicht. Für mich gab es nur noch Geschichten, Schlagzeilen und Fotos.[10]

Diesen rauschartigen Zustand beschreiben viele ehemalige *Bild*-Reporter. Einige mit Scham und Schuldgefühlen, andere mit Stolz. 2002 erinnert sich der ehemalige *Bild*-Chefredakteur Udo Röbel im *Tagesspiegel*:

Hatte man etwa bei einem Unglück die Adresse von Hinterbliebenen herausgefunden, ist man sofort hingefahren, klar. Beim Abschied aber hat man die Klingelschilder an der Tür heimlich ausgetauscht, um die Konkurrenz zu verwirren. Ich war damals oft mit dem selben Fotografen unterwegs, wir hatten eine perfekte Rollenaufteilung. Er hatte eine Stimme wie ein Pastor und begrüßte die Leute mit einem doppelten Händedruck, herzliches Beileid, Herr … Ich musste dann nur noch zuhören. So kamen wir an die besten Fotos aus den Familienalben.[11]

Werden die Macher der *Bild*-Zeitung heute auf solche Methoden angesprochen, argumentieren sie, das sei nun mal der Job eines guten Journalisten. Darum habe sie den Begriff »Witwenschütteln« nie gemocht, sagt zum Beispiel 2016 die damalige *Bild*-Chefin Tanit Koch: Er werte »klassische journalistische Arbeit« ab. »Es ist Recherche bei Betroffenen, und Recherche ist Grundlage von gutem Journalismus«:

> Wir gehen deshalb so intensiv auf die Betroffenen ein, weil Menschen sich mit Opfern und Angehörigen identifizieren. Diese Empathie hält eine Gesellschaft zusammen. Es sind eben nicht nur gemeinsame Glücksmomente wie der WM-Sieg, sondern auch die gemeinsame Trauer. Medien vermitteln diesen Gemeinsinn, das Mitgefühl. Es ist oft das einzig Positive, was aus tragischen Ereignissen erwächst.[12]

Fotos aus Angehörigen rauszupressen, ist letztlich also ein Dienst am Leser. Ja, ein Dienst an der Gesellschaft. Sagen die *Bild*-Macher. Vor allem aber sei es: ein Dienst an den Opfern.

Als *Bild* beispielsweise 2017 nach dem Terroranschlag auf ein Konzert in Manchester zahlreiche Fotos von Opfern ohne Genehmigung veröffentlicht, heißt es zur Begründung, diese Fotos »aus den glücklichen Tagen der ermordeten Kinder« seien veröffentlicht worden, »damit sie uns mit ihrem Lächeln, ihrer Hoffnung, ihrer Schönheit in Erinnerung bleiben. Als ein Zeugnis der Liebe, das uns von den Terroristen unterscheidet.«[13]

Oder als *Bild.de* im April 2019 das Foto einer in Thailand ermordeten deutschen Urlauberin groß auf der Startseite zeigt. Nachdem beim Presserat eine Beschwerde eingeht, erklärt *Bild*: »Es zeigt die Frau glücklich und lebensfroh. So wie sie sich selber sah. Die Redaktion wollte, dass sie mit dieser sympathischen Ausstrahlung und nicht als anonymes Opfer eines Verbrechers in Erinnerung bleibt.«[14]

Immer wieder behaupten die *Bild*-Verantwortlichen, dass die »Personalisierung der Berichterstattung« die »Dimension des Ereignisses« erst greifbar werden lasse und ein »Totengedenken« erst ermögliche: »Ohne Einbeziehung ihrer Identität« würden die Opfer »auf anonyme Zahlen in der Unfallstatistik reduziert«.[15] Die *Bild*-

Medien, so darf man das wohl verstehen, tun den Opfern und Angehörigen also einen Gefallen, indem sie solche Fotos veröffentlichen. Wie es vielen Hinterbliebenen wirklich damit geht, musste Familie Schill erfahren.

»Die *Bild*-Zeitung zieht Profit aus unserem Leid«

Am 11. März 2009 bekommt Uwe Schill auf der Arbeit einen Anruf von seiner Frau. »In der Schule von Chantal gibt es einen Amoklauf«, sagt sie.[16] Chantal ist ihre 15-jährige Tochter. Zunächst denkt der Vater, so beschreibt er es einige Jahre später: »Ich fahre dorthin und hole unsere Tochter ab. Meine Frau und ich werden sie dann beruhigen und darüber reden.« Er setzt sich ins Auto und fährt los. Als auf dem Weg zur Schule immer mehr zivile Einsatzfahrzeuge mit Blaulicht an ihm vorbeirasen, wird ihm klar, dass etwas Furchtbares passiert sein muss. An der Realschule in Winnenden angekommen, sucht er nach seiner Tochter, er fragt Mitschüler, Polizisten, den Einsatzleiter, doch niemand weiß etwas. Er versucht es wieder und wieder auf Chantals Handy, doch er hört »immer nur ihr glucksendes Lachen auf dem Anrufbeantworter«. Zuerst hofft er noch, dass sie gleich selbst rangeht und sagt, dass sie nur leicht verletzt sei und es ihr gut gehe. Dann hofft er, dass eine Krankenschwester den Anruf entgegennimmt und sagt: »Ihre Tochter wird gerade operiert, es geht ihr bald wieder gut.«

Nach einigen Stunden erfährt er: Seine Tochter ist tot. Sie ist eine von fünfzehn Menschen, die der Amokläufer erschossen hat, bevor er sich selbst das Leben nahm.

Zwei Stunden später steht der erste Reporter bei Familie Schill in der Haustür und will Fotos von Chantal. »Kein Ausdruck des Beileids, keine Rücksicht, kein Mitgefühl«, erinnert sich der Vater später. »Mein ältester Sohn hat ihn dann von der Tür gewiesen.« Es klingeln noch weitere Reporter. Ob es Fotos von der Tochter gebe? Ob die Tochter einen Freund habe? Ob sie den Täter gekannt habe? Dann klingelt das Telefon. Wieder Reporter. Ob es Fotos gebe? Im Ort »gibt es bald mehr Journalisten als Polizisten«, berichtet die *Zeit*: Sie »schleichen tagelang von Tür zu Tür, schauen in die Vorgärten, gucken in die Briefkästen. Sie finden die Telefonnummer eines Nachbarsjungen heraus, der mit dem Amokläufer früher Tischtennis gespielt haben soll, und überziehen das verstörte Kind mit Interviewanfragen.«[17]

Derweil sitzen die Reporter der *Bild*-Zeitung im Wohnzimmer eines Mitschülers von Chantal und lassen sich vor laufender Kamera dessen mit Pflastern überklebte Schussverletzungen zeigen. Der Junge kann zu den Fragen (»Was hatte er für eine Waffe?«, »Was hatte er an?«, »Wie oft hat er geschossen?«, »Hat denn jemand geschrien?«) nicht viel sagen. Er schüttelt wiederholt den Kopf, atmet tief durch. Dann filmen die *Bild*-Reporter ihn dabei, wie er nach einem alten Klassenfoto sucht. Als er es findet, zoomen sie auf das Foto und dann weiter auf das Gesicht eines der Mädchen. »Chantal ist eine der ermordeten Schülerinnen«, sagt der *Bild*-Reporter aus dem Off. Endlich haben sie ihr Foto.

In den Tagen darauf veröffentlicht *Bild* weitere Fotos von Chantal und den anderen Todesopfern, druckt sie riesengroß in der Bundesausgabe, ohne jede Unkenntlichmachung. »Wir hätten das nie erlaubt«, sagt Chantals Vater später. »Dreimal hintereinander sind Bilder von Chantal erschienen, ohne dass wir das gewollt hätten. Die *Bild*-Zeitung und andere, auch Fernsehsender, ziehen Profit aus unserem Leid.« Das Bild ihrer Tochter wird fremdbestimmt, niemand fragt überhaupt noch. Die Fünfzehnjährige sei »attraktiv«[18], schreibt *Bild*, »das Mädchen mit den langen dunklen Haaren, dem mal verträumten, mal nachdenklichen und ernsten Blick«[19]. Andere Medien schreiben Dinge wie: »Ihre Welt ist das Geheimnis der Dunkelheit, der Nacht, Regen, Winter.«[20] Die Eltern erkennen Chantal in vielen Schilderungen kaum wieder. »Da wird ein Mensch, den man liebt, um den man trauert, mit Eigenschaften belegt, die zum Teil völlig falsch sind«, sagt Uwe Schill. »Die beschreiben einen Menschen, den sie gar nicht kennen, und missbrauchen ihn durch das Andichten falscher Charakteristika noch zusätzlich.« – »An die Stelle ihrer Tochter«, hält die *Zeit* damals fest, »ist das Amokopfer Chantal getreten, eine Kunstfigur, die sich gut inszenieren lässt.«[21]

Die Eltern gehen davon aus, dass sich die Fotobeschaffer einige Bilder ihrer Tochter aus Sozialen Netzwerken besorgt haben. »Die reißen die Bilder an sich und fragen nicht danach, was wir Hinterbliebenen denken und fühlen.«

Bei *Bild* ist so etwas jedoch offenkundig kein Karrierehindernis: Einer der Reporter, die damals in Winnenden auf Jagd waren, heißt Julian Reichelt.[22] Bei den Eltern entschuldigt hat sich *Bild* bis heute nicht.»Aber das wäre sowieso geheuchelt«, sagt der Vater von Chantal,»sie haben ja nichts an ihrem Verhalten geändert.« Während er darüber spricht, bleibt er ganz ruhig. Wut habe er in all den Jahren nie empfunden, sagt er. Nur»eine ganz große Traurigkeit«.

Quelle: SchülerVZ

Der Amoklauf von Winnenden sei»eine Zäsur« gewesen, sagt der Medienanwalt Christian Schertz zehn Jahre danach in einem Interview mit dem Medienmagazin *Zapp*:»Während früher die Boulevardjournalisten, die Witwenschüttler, irgendwo eingebrochen sind, um sich Fotos zu besorgen, musste man hier eigentlich nur in die Sozialen Netzwerke gehen.«[23] Damals sind in Deutschland die Plattformen StudiVZ und SchülerVZ (die ähnlich funktionierten wie Facebook) auf dem Höhepunkt ihrer Popularität, mehr als zehn Millionen Nutzer, darunter viele Kinder und Jugendliche, posten dort täglich ihre Fotos, Gedanken und andere Details aus ihrem Privatleben.[24] Eine Goldgrube.

Dies sei mit das erste Mal gewesen, sagt Schertz, dass sich Medien »wirklich bewusst, massiv und nachhaltig in den Sozialen Netzwerken bedient haben«. So veröffentlicht etwa der *Stern* Fotos der Kinder von SchülerVZ, ebenso der *Focus* und *RTL*. Auf die Frage, ob die Angehörigen der Veröffentlichung zugestimmt haben, und wenn nein, warum man sie trotzdem zeige, wollen danach weder der *Stern* noch der *Focus* noch *RTL* antworten.[25]

Auch *Bild* durchforstet die Profile der getöteten Kinder und druckt die erbeuteten Fotos über Tage hinweg ab (»Die toten Kinder von Winnenden. Hier sehen wir noch einmal ihr unbeschwertes Leben«[26]). Auf Nachfrage behauptet der *Bild*-Sprecher damals, der Redaktion sei die Entscheidung»nicht leicht« gefallen, aber das öffentliche Interesse sei »so überragend«, dass man die Fotos »auch ohne Einwilligung« zeigen dürfe[27] – ein von *Bild* oft angeführtes Argument, dem Presserat, Journalistenverbände und Gerichte ebenso oft widersprechen. Nur weil Menschen zufällig Opfer eines schrecklichen Unglücks oder Verbrechens würden, rechtfertige dies nicht, identifizierend über sie zu berichten, geschweige denn, einfach Fotos aus ihrem Facebookprofil abzudrucken. »Die sozialen Netzwerke sind kein Selbstbedienungsladen«, sagt der Sprecher des Deutschen Presserates 2019 zum zehnten Jahrestag des Amoklaufs von Winnenden: »Es gehört vielmehr zur grundsätzlichen Verantwortung der Presse, nicht alle im Netz verfügbaren Informationen zu übernehmen.«[28] Viele Rechtsexperten sehen das genauso: Die Praxis, Fotos von Opfern ohne die Einwilligung der Abgebildeten oder ihrer Angehörigen abzudrucken, sei »eklatant rechtswidrig«.[29]

Selbst der Facebook-Chef spricht sich dagegen aus. Als Mark Zuckerberg (der vom Axel-Springer-Verlag regelrecht angehimmelt wird; Springer-Chef Mathias Döpfner nennt ihn »a wonderful human being«[30], *Bild*-Kolumnist Franz Josef Wagner sieht ihn in einer Reihe mit Mutter Teresa und Nelson Mandela[31]) Anfang 2016 in Deutschland ist und vom Axel-Springer-Verlag unter großem Brimborium einen Preis überreicht bekommt, veranstaltet er einen Tag später eine öffentliche Fragestunde. Dazu reichen wir vom *Bildblog* die Frage ein, was er davon halte, dass *Bild* sich regelmäßig Opferfotos bei Facebook besorgt und dann ohne Erlaubnis veröffentlicht. Er sagt sinngemäß: So etwas dürfe bei privaten Fotos nicht passieren.[32]

Doch egal, was der eigentlich so verehrte Facebook-Chef sagt, egal, was der Presserat sagt, was Journalistenverbände sagen, was Anwälte und Richter sagen, was Psychologen und Notfallseelsorger sagen, was die Angehörigen und Abgebildeten sagen. Sie können bitten, flehen, drohen, verklagen – die Opferfotos lässt sich *Bild* nicht nehmen.

»HABT IHR SIE NOCH ALLE?«

»Horror-Unfall in Südtirol«[33], titelt die Zeitung im Januar 2020 nach einem Verkehrsunfall im Südtiroler Ahrntal, bei dem mehrere Menschen ums Leben gekommen sind. Die Gesichter der Opfer zeigt *Bild* groß und unverpixelt auf der Titelseite, auch online werden sie zur Schau gestellt und zur Gewinnsteigerung eingesetzt: »Erfahren Sie mit BILDplus, wer die Opfer des Totrasers [...] waren.« Weiterlesen kann nur, wer bezahlt.[34] Als Quelle für die Fotos der Unfallopfer gibt *Bild*, wie oft in solchen Fällen, nur »Privat« an.

In den Tagen darauf melden sich Freunde einiger der Opfer bei uns; sie alle sagen, dass das Verhalten der *Bild*-Zeitung für die Familien nur schwer zu ertragen sei. Und dann meldet sich Katarina, die auf der *Bild*-Titelseite als eines der Todesopfer abgebildet ist (»Diese jungen Leben zerstörte der Totraser«). Abends schreibt sie bei Facebook:

LIEBE BILD? Wie kann das passieren? Ich bin am Leben und es wird wahllos ein Bild genommen, vor gefühlt 8 Jahren ins Netz gestellt, obwohl ich nicht betroffen bin? HABT IHR SIE NOCH ALLE? Schlimm genug, dass ihr mit der Story Kohle verdient![35]

Katarina war gar nicht in Südtirol, sie hat überhaupt nichts mit dem Unfall zu tun; sie heißt nur so ähnlich wie eines der Opfer. *Bild* hat das falsche Facebookprofil geplündert.

Es ist bei Weitem nicht das erste Mal.

Im Juni 2012 macht Hannah W. gerade Raucherpause, als sie erfährt, dass sie tot ist. Auf ihrem Handy liest sie einen Artikel auf *Bild.de*: »Blutiges Drama in der Studenten-WG«. In Berlin soll ein Mann zunächst seine Mitbewohnerin getötet und sich dann selbst verletzt haben. Gezeigt wird ein Foto, auf dem Polizeiautos vor dem Haus stehen – und ein Foto von Hannah W., das *Bild* sich von ihrem Blog besorgt hat. Bildunterschrift: »Warum musste Hannah K. sterben?« Dass der Nachname nicht übereinstimmt, hatten die Fotobeschaffer offenbar nicht bemerkt, obwohl er im Impressum des Blogs stand, von dem sie das Foto übernommen hatten. Auch Studienfach, Wohnort und Alter stimmten nicht überein.[36]

Sofort postet Hannah W. bei Facebook, dass sie lebt und nichts mit der Sache zu tun hat. Dann ruft sie ihre Eltern an und sagt ihnen, dass, was immer sie auch über den Mord in Berlin hören, nicht stimme. Nach und nach bekommt sie immer mehr besorgte Nachrichten, einem Freund von ihr wird schon kondoliert.[37] Im Laufe des Tages nimmt *Bild* nach »Hinweisen von Lesern« den Artikel offline und veröffentlicht eine Richtigstellung, doch die Sache ist in der Welt; noch zwei Tage später wird Hannah W.s Mutter von Kollegen gefragt, warum sie denn zur Arbeit komme, nach so einem schrecklichen Verlust.

Im Juli 2017 berichtet die *Bild*-Regionalausgabe in Sachsen-Anhalt von einem SEK-Einsatz im Harz. Ein Mann hatte Familienmitglieder mit einer Waffe bedroht und sich anschließend in seinem Zimmer verschanzt. Das SEK stürmte die Wohnung. Der Mann schoss auf die Einsatzkräfte, traf einen von ihnen. Die Beamten schossen zurück. Der Mann starb. »SEK erschießt Kalaschnikow-Mann!«, titelt *Bild* und druckt daneben das unverpixelte Foto eines Mannes, das von Facebook stammt. »Feuerte auf das SEK: Daniel H. (28). Jetzt ist er tot.«[38] In Wahrheit hat auch dieser Abgebildete überhaupt nichts damit zu tun.[39] Wieder erklärt *Bild* die falsche Person für tot. Und diesmal sogar: einen Unschuldigen zum Täter.

Zum Mörder gemacht

Auch das kommt immer wieder vor, weil sich die Fotojäger von *Bild* im falschen Facebookprofil bedienen. 2014 etwa berichtet *Bild am Sonntag*, ein 14-jähriges Mädchen sei von ihrem Ex-Freund hingerichtet worden (»78 Messerstiche!«[40]), und zeigt dazu einen jungen Mann – der, wie sich später herausstellt, nichts damit zu tun hatte.[41] Nach dem Amoklauf von Winnenden zeigt *Bild* unter der Schlagzeile »Die kranke Welt des Killers«[42] über eine halbe Seite einen 10-jährigen Jungen beim Schießtraining. Dies sei der Amokläufer, schreibt *Bild*: »Das Auge am Visier, den Finger am Abzug: Früh lernte er den Umgang mit Waffen.« Auch dieser Junge war in keiner Weise an der Tat beteiligt.[43]

Solche Fehler wären etwas weniger fatal, wenn *Bild* die mutmaßlichen Täter wenigstens angemessen verpixeln würde. Doch die bekommen in der Regel höchstens einen schwarzen Balken über die Augen gelegt, was keinen großen Unterschied macht; dem falschen 78-Messerstiche-Mörder hatte *Bild* auch einen Augenbalken gegeben, erkannt wurde er von Freunden, Nachbarn und Kollegen trotzdem, wie er uns auf Nachfrage sagt.

Auf diese Weise hängt die *Bild*-Zeitung unschuldigen Menschen aber nicht nur Morde an. Sie macht sie auch zu Vergewaltigern, zu Islamisten, zu Drogenbaronen[44]. Millionenfach gedruckt, gelesen und geteilt, sind die falschen Anschuldigungen schwer wieder aus der Welt zu schaffen.

Dem Fußballer Mimoun Azaouagh etwa unterstellt *Bild* Anfang 2015 in großer Aufmachung, er sei womöglich Salafist und sei ins Visier des Staatsschutzes geraten.[45] Der Bericht habe ihn »geschockt«, sagt der Mann später dem Fußballmagazin *11 Freunde*[46], die Behauptungen von *Bild* seien »absoluter Quatsch«. Salafisten seien für ihn keine Muslime, sondern Verbrecher, mit diesen Leuten habe er nichts tun. Doch die Geschichte wird sofort von etlichen Medien aufgegriffen. Und sie hat Konsequenzen:

Sogenannte Bekannte haben mich vor dem Bericht herzlich umarmt und mit mir gequatscht, jetzt sind alle distanziert. Das merke ich allein an der Art und Weise, wie sie mir die Hand geben. Auf der Straße ziehen Eltern ihre Kinder zur Seite, weil sie im Kopf haben: Das ist Azaouagh, der Salafist.

Auch Wochen später muss seine Familie mit den Folgen der Berichterstattung leben:

Mein Bruder leitet seit fünf Jahren in einer internationalen Schule ein Fußballtraining. Einen Monat nach der Veröffentlichung hat er einen Anruf der Direktorin bekommen, die auf einmal ein Führungszeugnis von ihm sehen wollte. Sie erklärte lediglich, es sei damals vergessen worden. Doch im Endeffekt kann man ja eins und eins zusammenzählen.

Auf seine eigene Karriere habe die Berichterstattung ebenfalls Einfluss gehabt, sagt der Fußballer: »Viele Vereine, die mich auf dem Zettel hatten, haben mich deswegen gestrichen. Da bin ich sicher.« Ähnliches muss zwei Jahre später Christoph Harting durchleben. Der Bundespolizist und Olympiasieger im Diskuswerfer hat spätabends auf dem Weg nach Hause einen Autounfall. Es sei zu einer »leichten seitlichen Berührung« zwischen einem anderen Fahrzeug und seinem gekommen, sagt Harting später dem *Stern*: »Hierbei handelt es sich aber lediglich um einen Bagatellschaden. Danach habe ich angehalten und die Polizei gerufen, um den Sachverhalt aufnehmen zu lassen. Anschließend bin ich in mein Auto gestiegen und nach Hause gefahren.«[47]

Wenig später titelt die *Bild*-Bundesausgabe auf der ersten Seite: »Olympia-Held Christoph Harting: SUFF-UNFALL«[48]. Im Artikel heißt es unter der Überschrift »SUFF! CRASH! AUSRASTER!«, Harting habe »BILD-Recherchen« zufolge »unter offenbar erheblichem Alkoholeinfluss einen Unfall verursacht«. Danach sei er »völlig aufgebracht« auf den Fahrer des anderen Autos losgegangen. Selbst die hinzugerufene Polizei habe ihn »nur schwer bändigen können«. Harting habe sich gegenüber den Beamten derart aggressiv verhalten, dass er auf die Wache gebracht worden sei, wo man eine Blutentnahme angeordnet und seinen Führerschein einbehalten habe. Und obwohl Harting die Geschichte noch am selben Tag gegenüber einer Nachrichtenagentur als »erlogene Falschdarstellung«[49] zurückweist, wird sie auch von vielen anderen Medien verbreitet.

Harting wehrt sich juristisch gegen *Bild*. Die Zeitung muss daraufhin eine Gegendarstellung abdrucken (»Ich hatte keinen Suff-Unfall.«), darin schreibt sie: »Herr Harting hat recht. Wir bitten Herrn Harting um Entschuldigung.«[50] Da ist die Geschichte allerdings schon zwei Monate in der Welt. Man müsse sich »das einfach mal vorstellen«, sagt Harting damals im Interview mit *Sat.1*:

Da veröffentlicht ein Medium erlogene Tatsachen, und das zieht so einen elenden Rattenschwanz mit sich: Man rechtfertigt sich an Stellen, die einen einfach nur unterstützen sollten, das heißt, sei es die Bundespolizei als mein Arbeitgeber, seien es meine Sponsoren oder der Deutsche Leichtathletikverband – man erklärt sich, erklärt die Situation, erklärt, dass an dieser ganzen Story nichts dran ist, dass man rechtliche Schritte ergriffen hat, und trotz allem: Das Vertrauen, das dabei verloren geht, das kann man einfach nicht wieder gutmachen.

Damit aber noch nicht genug, es gibt auch im privaten Bereich – ich bin Familienvater, habe eine zehnjährige Tochter, und das Letzte, was ich machen würde, wäre das, was man mir da vorgehalten hat, das muss man einfach mal ganz klar sagen – und man wird dann auch im privaten Bereich in eine Rechtfertigungsschiene gedrückt, die einfach nur unangenehm ist.[51]

In der Berichterstattung über (vermeintliche) Täter zeigen sich auch viele Parallelen zur Berichterstattung über (vermeintliche) Opfer. Wenn *Bild* gleich losfährt zum Elternhaus eines Tatverdächtigen, Nachbarn abfängt, Angehörige, Freunde und Mitschüler behelligt, in Fotoalben und Facebookprofilen wühlt, dann sind die Reporter wieder im Blutrausch. Und es gibt Phasen, in denen dieser Rausch über viele Tage, manchmal gar über Wochen anzuhalten scheint. Eine dieser Phasen beginnt am 24. März 2015.

An diesem Dienstagmorgen ist der Germanwings-Flug mit der Flugnummer 4U9525 auf dem Weg von Barcelona nach Düsseldorf. Um 10.41 Uhr stürzt die Maschine in den französischen Alpen ab. Alle 150 Menschen an Bord sterben.

»VIELE DEUTSCHE TOT!«

Was danach in der *Bild*-Redaktion passiert, lässt sich erahnen, wenn man die Schilderungen von Kerstin Dombrowski liest[52], die zwei Jahrzehnte zuvor in der *Bild*-Redaktion eine ähnliche Nachricht reinbekommt. Damals stürzt ein Flugzeug mit 189 Insassen vor der Dominikanischen Republik ab, niemand überlebt. Sofort herrsche in der Redaktion Durcheinander, schreibt die ehemalige *Bild*-Reporterin, jeder hänge am Telefon, alle hätten nur ein Ziel: die Passagierliste. Sie seien »im Jagdfieber«, wie auch sie es formuliert. Über einen »privaten Kontakt« treibe einer der Kollegen die Liste schließlich auf, alle seien ganz aufgeregt. Und während einige die Liste abtelefonierten, um Interviews mit Angehörigen zu bekommen[53], würden andere *Bild*-Reporter zusammen mit Fotografen am Flughafen warten, um alle Menschen anzusprechen, die auf dem Weg zum Flughafengebäude sind:

> Sie versuchten, die Leute abzufangen, bevor sie die Ankunftshalle betraten, denn dort waren für die Hinterbliebenen Räume eingerichtet worden, in denen sie von Polizisten und Psychologen betreut wurden und vor allem aber: in denen sie vor den Journalisten geschützt waren. Später erfuhr ich, dass ein besonders hemmungsloser Kollege […] sich tatsächlich in diesen abgesperrten Bereich eingeschlichen haben soll. »Sind Sie Betroffener?«, ist er angeblich gefragt worden, woraufhin er geantwortet haben soll, dass er sehr betroffen sei. Und schon war er drin. Im abgesperrten Bereich konnte er dann in Ruhe Namen, Adressen und Geschichten sammeln, ungestört von lästigen Boulevardkollegen.

20 Jahre später, nach dem Absturz des Germanwings-Flugzeugs, wartet ebenfalls ein *Bild*-Reporter am Flughafen und fotografiert die ankommenden Menschen, von denen viele gerade erst erfahren haben, dass ihre Kinder, Eltern, Freunde, alle Insassen tot sind. Großaufnahmen der weinenden Angehörigen erscheinen wenig später auf der Startseite von *Bild.de*: »VIELE DEUTSCHE TOT!«[54]

Unter den Absturzopfern befinden sich auch 16 Schülerinnen und Schüler sowie zwei Lehrerinnen eines Gymnasiums in Nordrhein-Westfalen. Wenige Stunden nach dem Absturz gehen beim Pressesprecher der Stadt die ersten Anrufe ein. Schnell werden es immer mehr, aus Deutschland, Europa, der ganzen Welt. Kamerateams und Übertragungswagen rücken an, Dutzende Journalisten postieren sich vor der Schule und richten ihre Kameras auf die schockierten Kinder, die gerade ihre Freunde verloren haben. Ein Schüler schreibt bei Facebook:

> Wer zum Gedenken eine Kerze abstellen oder einen Moment an der Treppe zum Gymnasium innehalten möchte, fühlt sich wie im Zoo oder auf einem Laufsteg:

Vor einer Front aus teilweise über 50 Kameras wird jeder Emotionsausbruch von den geifernden Kameraleuten schnell eingefangen und geht kurz darauf um die Welt und wird von distanzierten Stimmen kommentiert. Als ob man nicht sehen würde, dass es den Menschen hier schlecht geht![55]

Ein Schüler berichtet später, dass Journalisten Handykameras in Blumensträußen versteckt haben sollen, um heimlich Exklusivbilder aufzunehmen. Andere hätten sich als Notfallseelsorger verkleidet und unter die Trauernden gemischt. Reporter klingeln bei den Schülern zu Hause, bei den Nachbarn, rufen immer wieder auf ihren Handys an.»Durch Anrufe mit unterdrückter Rufnummer stellte sich bei den Betroffenen zum Teil ein Angstzustand ein«, schreibt der Schüler, die Anrufe kommen»selbst nachts«.[56] Die Reporter sind wieder auf der Jagd.

Und die *Bild*-Zeitung macht reichlich Beute. Sie veröffentlicht ein Klassenfoto, auf dem einige der Opfer des Absturzes zu sehen sind, außerdem eine Seite gefüllt mit weiteren Fotos von Opfern, alle unverpixelt. Einige stammen von Facebook, andere wurden auf einem Marktplatz abfotografiert, wo Freunde die Fotos zum Gedenken aufgestellt hatten, wieder andere fanden die Fotobeschaffer an den Arbeitsplätzen der Verstorbenen, in einem Versicherungsbüro, in einem Feuerwehrhaus. Zu den Fotos gibt *Bild* auch die Namen der Opfer an, in einigen Fällen auch ihre Wohnorte, Berufspläne, Hobbys und andere private Dinge.[57] Eine *Bild*-Sprecherin teilt damals auf Nachfrage mal wieder mit, das müsse nun mal sein, nur so werde»die Tragik deutlich und fassbar«.[58]

Bild-Autor Franz Josef Wagner fabuliert währenddessen in seiner Kolumne darüber,»was alles geschah in diesem Flugzeug«, bevor es abstürzte:

Knabberten die Passagiere Nüsse, tranken sie Cola, guckten sie in die Sonne durch das Kabinenfenster? Nervten die Babys, die quengelten? Wie war die Stimmung in dem Flugzeug, das in den Tod flog? Ich hoffe, sie waren glücklich, bevor sie starben. Nette Stewardessen ...

Es ist so furchtbar. Ich will kein Wort mehr darüber schreiben.
Herzlichst,
Ihr F. J. Wagner[59]

Als Zeichen des Protests gegen diese »pietätlosen und dummen« Zeilen wird kurz darauf eine Onlinepetition gegen Wagners Kolumne gestartet. 45 000 Menschen unterschreiben.[60]

»DER AMOK-PILOT«

Am Tag nach dem Absturz teilt die französische Staatsanwaltschaft in Marseille mit, dass es so aussehe, als habe der deutsche Co-Pilot die Maschine vorsätzlich zum Absturz gebracht.[61]

Eilig baut die Weltpresse vor der Schule ihre Zelte ab und rast zum Heimatort des Co-Piloten. Hunderte Journalisten fallen in das Städtchen ein und versammeln sich auf der Straße vor dem Elternhaus des Mannes. Sie belagern die Kirche, in der seine Mutter arbeitet. Sie durchkämmen den Ort auf der fiebrigen Suche nach Verwandten, Nachbarn, irgendwem, der irgendwas sagt. *Bild* wird schließlich fündig und zitiert einen Pizzabäcker.[62] Der weiß auch nicht, was an Bord des Flugzeugs passiert ist, aber die *Bild*-Zeitung hat das Urteil ohnehin schon gefällt. Andreas Lubitz, der Co-Pilot, ist für sie schon lange vor Abschluss der offiziellen Ermittlungen[63] ein »Massenmörder«. Zwei Tage nach dem Absturz füllt ein Foto von ihm die Titelseite. »DER AMOK-PILOT«, steht daneben in riesigen Buchstaben.[64]

Es ist der Beginn einer »Spurensuche«[65], wie *Bild* es nennt, die über Jahre andauern wird. Unermüdlich wühlen *Bild*-Reporter im Privatleben des Mannes. Sie zitieren aus persönlichen Briefen, veröffentlichen sein Tagebuch (*Bild* exklusiv: »Das Psycho-Tagebuch des Amok- Piloten«[66]), legen Teile seiner Finanzen offen, drucken immer wieder Details aus den Ermittlungsakten, die nicht für die Öffentlichkeit bestimmt sind. Sie fahren zum Haus der Großeltern und befragen Nachbarn zur Kindheit des Mannes. Sie machen Ausbildungskollegen ausfindig, klingeln bei Tanten und Freunden. Sie veröffentlichen Fotos seiner Wohnung – seine Küche, seine Einkäufe, sein Bett – und Fotos seines Kinderzimmers im Haus seiner Eltern.

»Muss das sein?«, fragt Anne Fromm in der *taz*, nachdem *Bild* »die geheime Kranken-Akte«[67] des Mannes und ein Video vom Haus seiner Eltern veröffentlicht hat. »Welchen Nutzen haben wir Leser daraus? Haben seine Eltern in dieser schrecklichen Situation kein Recht auf Ruhe vor Journalisten?«[68] Der Deutsche Presserat appelliert währenddessen an die Medien, den im Pressekodex verankerten Schutz der Identität der Betroffenen zu wahren.[69] »Furchtbar, dass er das tun muss«, schreibt Fromm: »Ethik gehört zum journalistischen Handwerk. Wer im Angesicht einer solchen Katastrophe glaubt, er könnte sie unter Voyeurismus und Sensationshascherei begraben, hat die Berufsbezeichnung nicht verdient. Was die *Bild*-Zeitung seit Dienstag zeigt, hat mit Journalismus nicht mehr viel zu tun. Das ist auch kein guter Boulevard. Das ist einfach ekelhaft.«

Kurz nach der Beerdigung des Co-Piloten gelangt ein *Bild*-Reporter auf den Friedhof und fotografiert ohne Erlaubnis das Grab des Mannes, die Kränze, die Abschiedsworte der Angehörigen. Die Fotos erscheinen tags darauf groß auf der *Bild*-Titelseite: »Amok-Pilot heimlich beerdigt!«[70]. Im Innenteil prangt der letzte persönliche Gruß der Eltern an ihren toten Sohn als riesige Überschrift über dem Artikel. Auch online zeigt *Bild.de* das Grab groß auf der Startseite. Details gibt es aber nur gegen Bezahlung:

Wer alles zur Beerdigung kam, wie sich Verwandte und Freunde von dem Amok-Flieger verabschiedeten und was die Angehörige eines Friedhofsnachbarn sagt, lesen Sie mit BILDplus![71]

Kurze Zeit später setzen Unbekannte das Grab in Brand.

Die Wut richtet sich aber nicht allein gegen den Co-Piloten, sondern mit der Zeit auch zunehmend gegen dessen Eltern. Als diese ein Jahr nach dem Absturz erstmals öffentlich in Erscheinung treten, indem sie in einer Anzeige in ihrer Lokalzeitung ihren Freunden und Nachbarn für die Unterstützung in der schweren Zeit danken und schreiben, sie hätten »einen liebenswerten und wertvollen Menschen verloren«, schimpft *Bild*, die Danksagung habe »die Wunden der Angehörigen der Opfer wieder aufgerissen!«[72].

Als die Eltern am zweiten Jahrestag des Absturzes ein von ihnen in Auftrag gegebenes Gutachten vorstellen, in dem das Verschulden ihres Sohnes, etwaige Ermittlungsfehler und die Fehlerhaftigkeit der Medienberichterstattung untersucht wurden[73], urteilt *Bild*, ihre Botschaft sei »verstörend«, ein »Schlag ins Gesicht« der Hinterbliebenen.[74] *Bild am Sonntag* statuiert: »Elternliebe hat Grenzen!«[75] Und Franz Josef Wagner fragt die Eltern in seiner Kolumne: »Wie kann die Zeit Wunden heilen, wenn Sie sie wieder aufkratzen?« Die *Bild*-Redaktion engagiert sogar einen Professor für Psychiatrie, um den Vater aus der Ferne »analysieren« zu lassen. Ergebnis: »Herr Lubitz will seine Familie reinwaschen.«[76] Der Vater selbst sagt in einem Interview mit der *Zeit*, er wolle einfach nur die Wahrheit herausfinden, »genauso wie die anderen Angehörigen, die hier einen geliebten Menschen verloren haben«.[77]

Nach der Vorstellung ihres Gutachtens ziehen sich die Eltern wieder aus der Öffentlichkeit zurück. Nur auf einem kleinen Blog, das den Namen ihres Sohnes trägt, veröffentlichen sie hin und wieder Einträge. Darin dokumentieren sie unter anderem die seit Jahren andauernde Belagerung durch Journalisten, die hinter ihnen her seien »wie der Teufel hinter der Seele«. Immer wieder würden sich Kamerateams in der gegenüberliegenden Garageneinfahrt aufbauen, ihre Autos außer Sichtweite am Rand des Wohngebietes geparkt. Würden sie angesprochen, hätten sie es plötzlich eilig zu verschwinden.

Dokumentiert werden im Blog der Eltern auch die »vielen Lügen der *Bild*-Zeitung«, die versuche, »in einer reißerischen Berichterstattung ein negatives Bild zu generieren«.[78] Wie die Behauptung, der Co-Pilot habe sich im Internet den Namen »Skydevil« gegeben, eine Exklusivmeldung der *Bild am Sonntag* (»Ein Name, der im Nachhinein gruseln lässt. Er beschreibt das Leben zwischen seinem Traum, durch den Himmel zu fliegen, und dem Kampf mit den Dämonen, die seine Seele besetzten«[79]). Die Meldung wird von Medien auf der ganzen Welt aufgegriffen. Dabei kommt in den Ermittlungen später heraus, dass der Benutzername offenbar gar nicht existierte.[80] Korrigiert haben die *Bild*-Medien die Sache nie, die Behauptung ist immer noch online.

Besonders bemerkenswert ist auch eine Geschichte, die am 28. März, drei Tage nach dem Absturz, die *Bild*-Titelseite füllt.

Die Geschichte von Maria W.

Als die Ermittlungen zur Absturzursache gerade erst begonnen haben, liefert die *Bild*-Zeitung in ihrer »AMOK-PILOT«-Berichterstattung jenes »Puzzleteilchen«, wie es die *Zeit* später beschreibt, »das noch fehlte zum Bild eines Wahnsinnigen«[81]: ein exklusives Interview mit der Ex-Freundin des Co-Piloten. »In BILD spricht jetzt die Frau, die diesem Mann sehr, sehr nah war.«[82] Fünf Monate lang sei Maria W. (Name von *Bild* geändert) als Stewardess und Geliebte mit Andreas Lubitz durch Europa geflogen, schreibt *Bild*, die Nächte hätten sie heimlich in Hotels verbracht. Doch er habe »Probleme« gehabt, zitiert *Bild* die Frau, er sei »in Gesprächen plötzlich ausgerastet«, habe sie angeschrien. Sie habe »Angst« vor ihm gehabt. Nachts habe er von Flugzeugabstürzen geträumt. Und schließlich die endgültige Bestätigung: Er habe die Tat angedeutet.

>»Als ich vom Absturz hörte, ging mir immer wieder ein Satz durch den Kopf, den er sagte:
>›Eines Tages werde ich etwas tun, was das ganze System verändern wird, und alle werden dann meinen Namen kennen und in Erinnerung behalten.‹ Ich wusste nie, was er damit meint, aber jetzt ergibt es einen Sinn.«

Das Interview geht um die Welt. Die *BBC*[83] berichtet, der *Guardian*[84], die *New York Times*[85]. Was eine Weile später jedoch nicht mehr um die Welt geht: Offenbar hat die Frau gelogen.

Zwei Jahre nach Erscheinen des Interviews sagt der zuständige Staatsanwalt auf Nachfrage der *Zeit*, er gehe davon aus, dass die Geschichte der Frau »erfunden ist«[86]. Auch der Vater von Andreas Lubitz hält sie für eine Erfindung.

Bild-Chef Julian Reichelt veröffentlicht daraufhin eine Stellungnahme, in der er die Berichterstattung verteidigt und den Vater attackiert:

>Wir können menschlich verstehen, dass Herr Lubitz damit hadert, dass sein Sohn für einen Massenmord an 149 unschuldigen Menschen verant-

wortlich ist, indem er sie bei seiner Amoktat mit in den Tod gerissen hat. Sein weiteres Zweifeln an dieser tragischen Verantwortung zeigt, dass er bei seinem Sohn möglicherweise wohl nicht alles, insbesondere aus dessen Privatleben, mitbekommen hat.[87]

Reichelt droht mit »entsprechenden Schritten«, sollte »die wahrheitsgemäße Berichterstattung über dieses Verbrechen in Frage« gestellt werden. Die »nachvollziehbaren seelischen Nöte von Herrn Lubitz« dürften »kein Anlass für die Diskreditierung journalistischer Berichterstattung sein«.

Drei Monate später meldet sich der Pressesprecher von *RTL* zu Wort. »Wir können vollumfänglich bestätigen, dass Maria W. ihre Geschichte frei erfunden hat«, teilt er gegenüber *Buzzfeed* mit.[88] Denn auch bei der *RTL*-Redaktion habe sich die Frau gemeldet und behauptet, die Ex-Freundin des Co-Piloten zu sein. Nach mehreren Treffen und monatelanger Recherche hätten die Reporter die Frau aber der Lüge überführt. Schließlich habe sie explizit zugegeben, dass sie ihre Geschichte erfunden habe. Und es gibt viele weitere Indizien, die dafür sprechen, dass die Frau gelogen hat. Die Journalistin Petra Sorge hat viele davon zusammengetragen, über mehrere Jahre hinweg intensiv zu dem Fall recherchiert. Auch sie kommt zu dem Schluss, dass die Frau offenbar eine Hochstaplerin sei.[89] Die *Bild*-Zeitung hat bis heute keinen Beweis dafür vorgelegt, dass die Geschichte stimmt. Sie behauptet, die Frau habe dem *Bild*-Reporter ein Foto von sich und dem Co-Piloten gezeigt. Gedruckt hat sie dieses angebliche Foto jedoch nie. Die Staatsanwaltschaft hält die Geschichte der Frau also für erfunden[90], die Eltern des Co-Piloten halten sie für erfunden, *RTL* hält sie für erfunden.[91] Nur *Bild* hält weiter an ihr fest: Das Interview mit der »Ex-Freundin« ist auch heute noch (gegen Bezahlung) auf *Bild.de* zu lesen.[92]

»*Bild* hat die Sache noch viel viel schlimmer gemacht«

Nun steht Menschen, die zu *Bild*-Opfern geworden sind, in der Regel die Möglichkeit offen, sich juristisch zu wehren. Doch viele Betroffene haben zum Zeitpunkt der Berichterstattung natürlich ganz andere Sorgen. Wie eine Familie in einem kleinen Dorf in Baden-Württemberg im Winter 2019. Damals kommt eines ihrer Familienmitglieder, ein 32-jähriger Mann, bei einem Lawinenunglück in Österreich ums Leben. Zunächst überlebt er noch dank eines Airbags, doch während er bis zu den Knien im Schnee feststeckt, wird er von weiteren Schneemassen verschüttet. Die Bergretter können ihn nicht mehr wiederbeleben.

Drei Tage später steht seine Familie immer noch unter Schock. Sie ist gerade dabei, die Beerdigung vorzubereiten, als *Bild* die Geschichte als Aufmacher auf der Titelseite bringt, inklusive großem, unverpixeltem Foto des Mannes, das aus seinem Facebookprofil stammt. Im Innenteil druckt *Bild* ein weiteres Foto von ihm, nennt seinen Namen, sein Alter, seinen Beruf, seinen Wohnort. Auch online zeigt sie sein Gesicht groß auf der Startseite.

Eine gute Bekannte des Mannes schreibt uns damals, dass die Familie der Veröffentlichung nie zugestimmt habe. »Niemand möchte einen Medienrummel, alle sind unter Schock.« Einige Wochen später schreibt sie uns:

Diese Sensationshascherei der *Bild* hat gerade die Eltern wahnsinnig mitgenommen. Sie hatten das nicht erwartet und wurden in der sensibelsten Phase ihres Lebens so hart getroffen. Ich kann nur sagen, dass die *Bild* die Sache noch viel viel schlimmer gemacht hat.

Da die Familie selbst keine Kraft hat, wendet sich die Bekannte damals in ihrem Auftrag an einen Anwalt, der gegen die Berichterstattung vorgeht. Wenig später löscht *Bild* die Fotos aus dem Onlineartikel. (Siehe zu dem Fall auch das Interview im nächsten Kapitel.)

Komplizierter wird es für Angehörige, deren Familienmitglied ein (mutmaßlicher) Täter ist. Dann gilt er im juristischen Sinne schnell als Person der Zeitgeschichte, das heißt, er genießt mitunter nicht das gleiche Maß an Persönlichkeitsschutz, das Menschen zugesprochen wird, die zufällig Opfer eines Unglücks oder Verbrechens geworden sind. Zum Beispiel muss ein Mörder unter Umständen hinnehmen, dass sein Name veröffentlicht wird. Vor Gericht wird in solchen Fällen abgewägt: Überwiegt das Informationsinteresse der Öffentlichkeit oder das Persönlichkeitsrecht des Betroffenen? Das bedeutet natürlich nicht, dass (mutmaßliche) Straftäter *gar keine* Persönlichkeitsrechte mehr haben, dass man automatisch ihre Gesichter zeigen, aus ihren Krankenakten zitieren und ihre Elternhäuser ablichten darf. Schon oft haben Gerichte solche Artikel und Fotos für rechtswidrig erklärt. Die Macher der *Bild*-Zeitung hält das jedoch nicht davon ab, es wieder und wieder zu tun.

Sie lassen sich auch nicht davon abhalten, dass Angehörige – sowohl von Tätern als auch von Opfern – immer wieder erklären, dass ihnen durch die Berichterstattung noch viel mehr Leid zugefügt wird. Für *Bild* dürfte es nicht zuletzt eine eiskalte Kosten-Nutzen-Rechnung sein: Was würde dieser Artikel bringen, und wie viel würde es kosten, wenn sich der Betroffene dagegen wehrt?

In vielen Fällen, schreiben die Medienanwälte Dominik Höch und Christian Schertz in ihrem Buch »Privat war gestern«, sei die Gefahr für *Bild* »nicht sonderlich groß, dass der Betreffende sich juristisch wehrt und der Zeitung damit Kosten verursacht«. Bei Prominenten, die häufig Medienanwälte haben, gehe *Bild* dieses Risiko »nicht mehr so schnell ein«. Nicht-Prominente, insbesondere »aus schwierigen sozialen Verhältnissen, sind leichtere Opfer«.[93]

Zumal, *wenn* sich mal jemand wehrt, die Kosten für *Bild* oft nicht allzu hoch ausfallen. 2011 zum Beispiel wehrt sich eine Frau, die im Verdacht steht, ihr neugeborenes Baby getötet zu haben: Die Berichterstattung (»Für ihr Luxus-Leben! Polizistin ersticht Baby mit Schere«) verstoße gegen die Unschuldsvermutung, sagt sie, und die Gerichte geben ihr recht: Die *Bild*-Berichterstattung sei »marktschreierisch, sensationsheischend und vorverurteilend«. Außerdem hätte ihr Gesicht nicht unverpixelt gezeigt werden dürfen, so die Richter. Sie verurteilen den Axel-Springer-Verlag zu einer Schmerzensgeldzahlung von 6.000 Euro[94] – kein ernsthaftes Problem für ein Milliardenunternehmen.

Darum fordern Medienanwälte immer wieder, dass Zivilgerichte sehr viel höhere Entschädigungen für Opfer ausurteilen müssten, was einen Präventiveffekt haben könne: Dann würden Medien irgendwann abwägen, ob es sich für sie noch rechne, rechtswidrig Fotos zu veröffentlichen.[95] Aber noch rechnet es sich. Juristen sprechen auch vom »kalkulierten Rechtsbruch«[96]: Die Redaktion weiß um die rechtlichen Probleme, macht es aber trotzdem, weil sie auch weiß, dass sich der potenzielle Schaden stark in Grenzen hält. Der potenzielle Schaden für die Betroffenen dagegen ist umso größer. Sie müssen (selbst, wenn sie eindeutig im Recht sind) mit jahrelangen Gerichtsverfahren rechnen, wenn sie sich gegen *Bild* wehren. Und mit heftiger Gegenwehr – juristischer und publizistischer. Viele haben für solche Kämpfe gar nicht die finanziellen Mittel und die Zeit, von der Kraft ganz zu schweigen. So bleibt Opfern der *Bild*-Zeitung oft nichts anderes übrig, als den Wahnsinn über sich ergehen zu lassen. So etwas kann krank machen, Beziehungen und Freundschaften zu Bruch gehen lassen. Es gibt sogar Fälle, in denen sich Menschen nach der *Bild*-Berichterstattung das Leben genommen haben.

Wenn nach Schlagzeilen Menschen sterben

Wie im Mai 1998, als *Bild* auf der Titelseite private Details über den Gesundheitszustand eines bekannten Schauspielers veröffentlicht (TV-Star »in der Psychiatrie«[97]), von denen einige »einfach gelogen waren«, wie seine Lebensgefährtin später sagt.[98] Umgehend wird das Haus von Journalisten belagert, das Telefon klingelt ununterbrochen. »Das ist doch mein Todesurteil«, sagt der Mann laut seiner Lebensgefährtin. »Ist das mein Leben? Habe ich denn nie Theater gespielt und Filme gedreht?« In der Nacht darauf begeht er Suizid. Der zuständige Polizeisprecher teilt am Tag darauf mit, es lägen »ganz konkrete Erkenntnisse darüber vor, daß die Berichterstattung Mitauslöser für den Selbstmord« war.[99]

Acht Jahre später bestehen auch nach dem Suizid eines Fleischhändlers laut Polizeiangaben »keine Zweifel daran«, dass er im Zusammenhang mit dem »Medieninteresse in den letzten Tagen« stehe.[100] Noch am Tag zuvor hatte *Bild* die Schlagzeile »So macht sich die Gammelfleisch-Mafia die Taschen voll«[101] mit einem großen, halbherzig anonymisierten Foto des Mannes illustriert. Nach dem Tod des Mannes sagt sein Anwalt, die Vorverurteilung in der Berichterstattung habe ihn mit zu dem Suizid bewogen.[102]

Über den Suizid des Fleischhändlers berichtet am Tag danach auch die *Bild*-Zeitung. Dass die (eigene) Berichterstattung womöglich mitverantwortlich dafür sein könnte, wird dabei, anders als in vielen anderen Medien, verschwiegen. Stattdessen veröffentlicht sie einen Leserbrief, in dem Gerlinde W. schreibt: »Gebt jedem, der sich an dieser Sauerei beteiligt hat, täglich eine deftige Mahlzeit mit dem Gammelfleisch. Dann erledigt sich das eine oder andere Problem von selbst.«[103]

Bei solchen Extremfällen, schreibt Journalist und *Bildblog*-Mitgründer Christoph Schultheis im Jahr 2012, handele es sich häufig »um psychisch angeschlagene Menschen, bei denen ein falscher, irreführender oder ohne Not maßlos übertriebener Medienbericht auch nach eigenen Aussagen ›das Fass zum Überlaufen gebracht‹ hat«. Dennoch müsse man »nach ähnlichen Fällen in anderen Medien, auch Boulevardmedien, lange (und oft sogar erfolglos) suchen. Bei *Bild* nicht.«[104]

Im Februar 2021 stirbt ein Model, das durch Auftritte im Reality-TV und als Freundin eines Profifußballers bekannt wurde. Die Obduktion ergibt laut der Berliner Generalstaatsanwaltschaft »keine Hinweise für ein Fremdverschulden«[105]; vermutlich hat sich die 25-Jährige das Leben genommen. Vorausgegangen war ihrem Tod eine »Liebes-Schlammschlacht«, wie *Bild* es im Dezember 2020 nennt: »ES GEHT UM LIEBE UND VERRAT!«[106] Aus der »Liebes-Schlammschlacht« wird schnell eine »Trennungs-Schlammschlacht«[107], und *Bild* ist mittendrin: »JETZT WIRD'S RICHTIG SCHMUTZIG«, formuliert sie und veröffentlicht innerhalb weniger Tage mehr als ein halbes Dutzend Artikel.[108] Genüsslich zitiert sie aus den »privaten Nachrichten« der Frau[109] und lässt den Fußballer in einem exklusiven Interview schwere Vorwürfe gegen sie erheben (»Es geht um Alkohol, Druck und Erpressung«), obwohl gar nicht feststeht, ob diese überhaupt zutreffen.[110] Er habe die Beziehung nun beendet, sagt er darin, »zu meiner eigenen Sicherheit und zur Sicherheit meiner Familie«.[111]

»Was der Boulevard früher noch allein anrichtete, wird heute von den sozialen Medien potenziert«, schreibt die *Zeit* ein paar Tage später und zitiert aus Beschimpfungen, die die Frau daraufhin im

Netz erhalten habe:»Du bist ein Nichts«,»Du bist das Allerletzte«.[112] Wenige Tage später wird sie tot aufgefunden.

Günter Wallraff weiß von vielen weiteren Fällen zu berichten, in denen sich Menschen, nachdem unter anderem *Bild* über sie berichtet hatte, das Leben genommen haben. Er besitze»zahlreiche Abschiedsbriefe« von solchen Menschen.[113] Manche davon sind in seinem Buch»Zeugen der Anklage« nachzulesen[114].

Und es ist davon auszugehen, dass *Bild* noch andere Menschen gefährdet hat – Menschen, die in der Zeitung gar nicht vorkamen. Grund dafür ist ein Phänomen, das seit vielen Jahrzehnten bekannt ist.

Mitte der Siebzigerjahre weist der amerikanische Soziologe David Phillips nach, dass immer, wenn die *New York Times* prominent über einen Suizid berichtet, die Zahl der Suizide deutlich ansteigt. Je länger und prominenter berichtet wird, desto größer wird der folgende Anstieg. Phillips erkennt auch örtliche Zusammenhänge: Wenn beispielsweise ein Suizid nur in New York groß auf der Titelseite behandelt wird, nicht aber in Chicago, steigt die Zahl der Selbstmorde in New York stärker als in Chicago. Während eines längeren Zeitungsstreiks hingegen geht die Zahl der Suizide signifikant nach unten.[115]

Anfang der Achtziger zeigt das *ZDF* die fiktive Serie»Tod eines Schülers«, in dem sich ein Jugendlicher das Leben nimmt. Hinterher nimmt die Zahl ähnlicher Suizide bei jungen Männern um 175 Prozent zu.[116] »Werther-Effekt« nennt man dieses Phänomen. Der Begriff geht auf den Goethe-Roman»Die Leiden des jungen Werther« zurück, in dem ein junger Mann Suizid begeht. Nachdem das Buch erschienen war, sollen sich viele junge Männer auf die gleiche Weise das Leben genommen haben.

Auch nach dem Suizid des bekannten Fußballers Robert Enke, über den deutsche Medien im Jahr 2009 sehr detailliert berichten, steigt die Zahl der Suizide nach der gleichen Methode deutlich an – in den ersten beiden Wochen um 138 Prozent. Forscher beobachten auch längerfristige Folgen: Im Vergleich zu den zwei Jahren vor Enkes Tod steigt die Zahl ähnlicher Suizide in den zwei Jahren danach um 19 Prozent.[117] Auch in Japan haben Wissenschaftler einen solchen Nachahmeffekt nachgewiesen. Und in Österreich. Und in Großbritannien. Und in Korea. Und in Australien. Und in der Schweiz. Und in zahllosen weiteren Studien, die belegen, dass die Berichterstattung über Suizide weitere Suizide verursachen kann.[118] Insbesondere im Anschluss an die Berichterstattung über Suizide von Prominenten. In einer 2020 veröffentlichten Untersuchung kommen Forscher der Medizinischen Universität Wien zu dem Ergebnis, dass die Suizidrate in der Allgemeinbevölkerung durchschnittlich um 13 Prozent ansteigt, wenn intensiv über Prominentensuizide berichtet wird. Wird dabei die Suizidmethode genannt, nehmen Suizide nach der gleichen Methode um 30 Prozent zu.[119]

Viele Institutionen – darunter die Weltgesundheitsorganisation, die Deutsche Depressionshilfe, die Deutsche Gesellschaft für Suizidprävention und der Deutsche Presserat – empfehlen Journalisten daher, zurückhaltend über Suizide zu berichten. Medien sollten zum Beispiel darauf verzichten, die Methode und den Ort zu nennen oder abzubilden. Sie sollten romantisierende Beschreibungen vermeiden, nicht prominent auf der Titelseite berichten und möglichst kein Foto des Betroffenen zeigen. Es gibt noch eine Reihe weiterer, simpler Empfehlungen, die seit Jahren in Leitfäden für Journalisten veröffentlicht werden[120], in der Hoffnung, dass diese sich daran halten und damit vermeiden, dass sich noch mehr Menschen das Leben nehmen.

Bild berichtet aber über Suizide so wie auch über alle anderen Themen: laut, emotional, personifiziert, verzerrt, maßlos übertrieben. Oft auf der Titel- und Startseite, oft mit Fotos und in riesiger Aufmachung. Häufig beschreibt die Redaktion detailliert, mit welcher Methode und an welchem Ort der Suizid stattgefunden hat. In vielen Fällen benutzt sie haargenau die Formulierungen (»sah keinen anderen Ausweg mehr«), die laut Forschern vermieden werden sollten. Manchmal trifft sie nicht mal Minimalvorkehrungen wie die Nennung von Hilfsangeboten (zum Beispiel die Telefonseelsorge, die man, wenn man Suizidgedanken hat oder über andere Dinge sprechen möchte, anonym und kostenlos per Mail und Chat auf Telefonseelsorge.de oder unter 0800 111 0 111 und 0800 111 0 222 erreichen kann).

Dabei ist der *Bild*-Zeitung der Werther-Effekt durchaus ein Begriff. Im September 2014 schreibt sie nach einer Suizidserie in einem Kölner Gefängnis selbst darüber: Dies sei ein »häufig beobachteter Nachahmungs-Effekt (›Werther-Effekt‹): Auf einen Selbstmord folgten schnell weitere«.[121] Im selben Artikel werden vier verschiedene Suizidmethoden detailliert beschrieben.

Die Berichterstattung über Suizide »kann Leben kosten«, betont Ende 2020 auch der Suizidforscher David Gunnell von der University of Bristol. Die Kernbotschaft laute: »Medienschaffende müssen den Preis in Form der Gesundheit der Bevölkerung und der Folgen für Angehörige und Freunde sorgfältig gegen eine sensationslüsterne und allzu detaillierte Berichterstattung über diese tragischen Todesfälle abwägen.«[122] Eine Abwägung, die *Bild* nicht allzu schwerfallen dürfte.

»In die größte Trauer deines Lebens rein«

Viele Menschen werden aus Zufall Opfer der *Bild*-Zeitung. Weil sie zufällig so heißen wie ein Mörder oder Vergewaltiger. Weil sie zufällig Opfer eines Unglücks geworden sind. Oder weil sie zufällig einen geliebten Menschen verloren haben. Daneben gibt es aber auch Personen, die von *Bild* offenbar ganz gezielt angegriffen werden. Wie der *Löwenzahn*-Moderator Peter Lustig, der als Kinderhasser dargestellt wurde, nachdem er die *Bild*-Zeitung kritisiert hatte (vgl. Kapitel 3). Oder Oliver Pocher, der es im Oktober 2004 mit *Bild* zu tun bekommt.

Damals wird der Komiker in einer Talkshow gefragt, ob es auch ein Thema gebe, über das er keine Witze reiße. Ja, antwortet Pocher, beim Thema Kindesmissbrauch sei er »extrem sensibilisiert«. Er erzählt von einem Fall, der sich mehr als zehn Jahre zuvor in seiner Heimat zugetragen und von dem er selbst erst viel später erfahren habe. Man habe zwar versucht, dem Mädchen zu helfen, doch das sei offenbar nicht zur Aussage bereit gewesen. Unter solchen Umständen sei es schwierig, »das vor Gericht auch durchzubringen«, sagt Pocher. Der Täter laufe noch frei herum, was ihn wütend mache. »Da kommt's einem ehrlich gesagt hoch. Das ist etwas, das einem sehr nahegeht.«[123]

Einige Tage später titelt *Bild* auf der ersten Seite: »Oliver Pocher – TV-Star schützt Kinder-Schänder«[124]. Ein »Skandal«, schreibt *Bild*:

Pocher habe in der Talkshow zugegeben, dass er »vom Mißbrauch an einem Mädchen weiß. Er hat den Täter aber nicht angezeigt!« Dass der Fall Jahre zurückliegt und Pocher erst viel später davon mitbekam, verschweigt die Zeitung.

Pocher wehrt sich juristisch; eine Woche später muss *Bild* eine Gegendarstellung veröffentlichen (und schreibt dazu: »Herr Pocher hat Recht«).[125] Mit ihm selbst habe *Bild* nie gesprochen, sagt Pocher damals der *Zeit*:

> Erst nach der Veröffentlichung habe eine *Bild*-Redakteurin bei seiner Managerin angerufen – und gedroht, weitere belastende Informationen zu veröffentlichen, wenn Pocher weiterhin nicht bereit sei, mit *Bild* zu reden. *Bild* bestreitet den Vorwurf der Erpressung nicht. Offenbar hatte sich der Comedy-Star unbeliebt gemacht, weil er sich weigerte, dem Blatt ein Interview zu geben. Vor allem nach dem Erfolg seiner Werbekampagne für den Media-Markt […] habe es »viele Anfragen von *Bild* gegeben, ich habe immer abgelehnt«, sagt Pocher.[126]

Im Sommer 2001 wird auch Charlotte Roche erpresst, im schlimmsten Moment ihres Lebens. Damals sterben ihre drei Brüder bei einem Autounfall. Der erste Anruf auf ihrem Handy nach dem Unglück sei von ihrem Vater gewesen, schildert Roche später, der zweite von einem Mann, der sich als *Bild*-Reporter vorgestellt habe. Roche drückt alle folgenden Anrufe weg, spricht mit niemandem, verlässt das Haus kaum noch.[127]

Ein paar Wochen später steht sie mit ihrem damaligen Mann an der Straße und wartet auf ein Taxi. Dabei macht ihr Mann einen Witz, sie lachen. »Und dann wurde das fotografiert«, erzählt sie später. Mit dem Foto sei sie dann erpresst worden. Am Telefon habe man ihr gesagt: Wir haben Bilder, auf denen du lachst, kurz nachdem deine Brüder gestorben sind. Entweder du gibst uns ein Interview, oder wir machen dich fertig. Dann schreiben wir: So gut geht es ihr, obwohl ihre Brüder tot sind!

»In die größte Trauer deines Lebens rein«, sagt Roche.

Die *Bild*-Zeitung bestreitet die Vorwürfe in den Jahren darauf immer wieder und behauptet, die Anrufe seien nicht von ihr gekommen.

Als Roche einen neuen Lebensgefährten hat, wird sie wieder auf der Straße »abgeschossen«, wie sie erzählt. Und wieder sei sie damit unter Druck gesetzt worden:

> Das waren einfach unvorteilhafte Bilder, das wussten die auch. Ich hatte keine Schminke, so 'nen Schlabber-Schlafanzug und superfettige Haare. Wir waren auf dem Weg zum Altpapier und hatten ganz viele kleingerissene Pappkartons unter dem Arm. So sahen wir halt aus.

Dann sei sie angerufen und sozusagen bedroht worden: Entweder, wir nehmen die hässlichen Bilder und schreiben, was wir wollen, oder ihr stellt freiwillig mit schönen Bildern eure Liebe vor. Wieder habe sie abgelehnt. *Bild* habe das Foto ein paar Jahre später veröffentlicht, als sie mit ihrem Roman »Feuchtgebiete« in die Bestsellerlisten aufsteigt. Neben dem Paparazzifoto des Paares druckt *Bild* die Schlagzeile: »Charlotte Roche – Das ist ihr Feuchtgebieter«. Erzählt hat Charlotte Roche all das noch mal in einer 2019 erschienenen Folge des Podcasts *Hotel Matze*[128]. Besonders geprägt habe sie der Schock darüber, »dass Leute beruflich so einen Anruf tätigen und mir – in mein Ohr! – sagen: Wir machen dich fertig. Obwohl wir wissen, was dir gerade passiert ist, weil uns ist unsere Zeitung wichtig und wir wollen diesen Artikel.« Für sie sei nach wie vor »richtig schwer schockierend«, dass Menschen »wirklich so arbeiten, dass die sich Journalisten nennen«:

> Ich hab' dann immer hochgerechnet, dass jeden Tag solche Anrufe gemacht werden, bei ganz vielen Leuten. Überall, wo Scheidungen sind oder Krebserkrankungen oder Menschen einfach Menschen verlieren – deren Druck ist, das in die Zeitung zu bekommen, und zwar gnadenlos. Das ist deren Arbeitsweise. Bis heute. Und für mich ist das einfach wichtig, immer zu sagen: Dass Leute, die das kaufen und vielleicht witzig finden oder das ironisch lesen, dass die so ein Verhalten unterstützen.

Darum müsse man Geschichten wie ihre ab und zu erzählen, sagt sie, »damit die Leute wissen, wie die Artikel in der *Bild*-Zeitung entstehen«. Als sie gefragt wird, warum sie die Sache heute, gut 20 Jahre später, immer noch beschäftige, sagt sie, das sei »ganz klar ein Konservieren von Wut«, sie sei damals »sehr, sehr verletzt« worden. »Einen vollkommen traumatisierten Menschen zu erpressen, um eine größere Auflage zu haben für seine Dreckszeitung«, das sei »für immer und ewig in einem konserviert«.

13.

»Wie sie damit schlafen können, ist mir ein Rätsel«

Interview mit einem Betroffenen

Im Januar 2018 wird der 32-jährige Janosch beim Skifahren in Österreich von einer Lawine verschüttet und kommt dabei ums Leben. Kurz darauf berichten die Bild-Medien in großer, reißerischer Aufmachung über den Unfall, mit einem unverpixelten Foto von Janosch auf der Online-Startseite und der Titelseite der Zeitung:»Seine Freundin sah alles mit an – Doppel-Lawine tötet Mathe-Lehrer«. Für Bild ein ganz normaler Mittwoch. Business as usual. Was es hingegen für Janoschs Familie bedeutet, beschreibt uns im Interview sein Bruder Nico.

Nico, wie war dein Verhältnis zu *Bild*, bevor dein Bruder verunglückt ist?

Ich habe früher im Malergeschäft von meinem Opa gearbeitet, und auf dem Bau hat man ja häufiger mal die *Bild*-Zeitung in der Hand. Ich habe also oft die Schlagzeilen gelesen und auch die Sensationshascherei bemerkt, die die *Bild* da betreibt, aber zu dieser Zeit hatte ich eher einen distanzierten Bezug dazu. Ich habe mir zum Beispiel nie große Gedanken darüber gemacht, wie es den Angehörigen derjenigen geht, über die dort berichtet wird. Das geht in dem ganzen *Bild*-Lärm einfach unter, wenn jede Schlagzeile versucht, die nächste zu übertreffen. Da stumpft man irgendwann ab, wenn man das häufiger liest. So war das jedenfalls bei mir, bis der Unfall passiert ist.

Wie ist das damals abgelaufen?

Anfang Januar war ich zusammen mit meinem Bruder in Österreich zum Skifahren. Wir haben beide eine Skilehrerlizenz und sind häufig zusammen unterwegs gewesen. Nach ein paar Tagen habe ich mich dann auf die Rückreise nach Deutschland gemacht, während Janosch im Skigebiet geblieben ist, um noch ein bisschen weiterzufahren. Einen Tag später hat mich seine Freundin angerufen und mir gesagt, dass Janosch tot ist.

Das war natürlich ein Schock. Ich hätte mir niemals vorstellen können, wie schlimm so was ist. Man kann dann einfach gar nichts. Man ist völlig taub. Ich bin dann zur Unfallstelle gefahren, wo Janosch in einer kleinen Kapelle aufgebahrt wurde. Meine Familie und die Freundin meines Bruders sind wenig später auch dazugekommen. Dieses Gefühl lässt sich nicht beschreiben. Man ist einfach zerstört. Es gibt nichts, was in dem Moment eine Rolle spielt. Begreifen oder verarbeiten kann man es sowieso nicht. Man steht so unter Schock und weiß gar nicht, was man machen soll.

Irgendwann sind wir dann nach Hause gefahren, aber ohne die Leiche meines Bruders, man kann die natürlich nicht einfach so mitnehmen, die muss von einem Leichenbestatter überführt werden. Zu Hause – unser Heimatdorf ist sehr klein, ungefähr 2.000 Einwohner – bin ich in einen Aktionismus verfallen und habe versucht, mich um die ganzen Sachen zu kümmern, den Ablauf der Beerdigung zu planen, die Trauerkärtchen zu gestalten und so weiter.

Und irgendwann in diesen Tagen haben dann zwei Personen an unserer Tür geklingelt. Sie haben sich als Reporter und Reporterin von der *Bild* vorgestellt und wollten wissen, ob sie uns Fragen zum Vorfall stellen dürften. Meine Mutter war an der Tür, sie hat sofort gesagt, dass wir das auf keinen Fall wollen, und die Tür wieder geschlossen.

Haben auch andere Medien geklingelt?

Nein, andere Presseanfragen gab es keine. Nur von der *Bild*. Die hat auch noch ein, zwei Mal angerufen, aber auch darauf sind wir nicht weiter eingegangen. Und eigentlich dachten wir, damit hätte sich das erledigt.

... und habt weitergemacht mit den Vorbereitungen für die Beerdigung.

Ja, mein Vater hat sich dann über Nacht mit einem Bestatter auf den Weg nach Österreich gemacht, um den Leichnam meines Bruders zu überführen. Und genau in dieser Nacht ist die *Bild*-Titelgeschichte erschienen. Ein Freund, der das online gesehen hatte, hat mich gleich angerufen. Meine erste Sorge war, dass mein Vater an der Autobahn morgens um fünf Uhr tanken geht oder sich einen Kaffee holt und an der Tankstelle eine *Bild*-Zeitung sieht, wo ihn ein Foto von seinem verstorbenen Sohn anschaut. Deshalb habe ich ihn dann angerufen, um ihn vorzuwarnen. Ich kann mich noch erinnern, dass ihn das extrem getroffen hat. Er konnte gar nicht fassen, dass überhaupt irgendjemand versucht, Profit daraus zu schlagen, dass sein Sohn gestorben ist. Das hat ihm ziemlich den Boden unter den Füßen weggezogen.

Woher hatten die Reporter das Foto deines Bruders?

Das war das Titelbild auf Janoschs Facebookseite, ein Porträtfoto von ihm in Skikleidung. Daran hatten wir natürlich gar nicht gedacht, dass jemand versuchen würde, daraus Geld zu machen. Dass irgendjemand so geschmacklos sein könnte und sich ohne zu fragen Fotos von meinem Bruder nimmt. Danach haben wir sofort Janoschs Social-Media-Profile unzugänglich gemacht.

Unser Bürgermeister schlug dann auch vor, dass wir sicherheitshalber bei der Beerdigung jemanden von der Polizei dahaben sollten. Denn wenn sich die *Bild* einfach so das geistige Eigentum von Leuten nimmt, wird sie womöglich auch nicht davor zurückschrecken, auf einer Beerdigung vorbeizuschauen, wenn es ihren Verkaufszahlen zuträglich ist. Darum war auf der Beerdigung ein Sicherheitsdienst vor Ort, der sich darum gekümmert hat, dass niemand mit offensichtlicher Fotoausrüstung auf den Friedhof gelangt.

Nachdem die Titelseite erschienen war, hat sich der Unfall deines Bruders wahrscheinlich schnell herumgesprochen.

Ja, das führte zu ein paar unangenehmen Momenten, weil Leute geklingelt haben, die wir gar nicht kannten. Das hat vor allem immer meiner Mutter ziemlich zugesetzt, wenn da wieder irgendjemand vor der Tür stand.

Stimmte die Berichterstattung von *Bild* eigentlich? Also war der Artikel wenigstens faktisch korrekt?

Ich kann mich nicht mehr an den genauen Wortlaut erinnern, nur dass die Schlagzeile in die Richtung ging, dass seine Freundin alles mitansehen musste. Danach habe ich mich gar nicht mehr getraut weiterzulesen, weil ich das schon so ekelhaft fand. Das klingt ein bisschen danach, als hätte Janosch das absichtlich gemacht oder als wäre er bewusst ein Risiko eingegangen. Als wäre ihm überhaupt nicht wichtig gewesen, was das auslöst. Dabei hatte mein Bruder sich so gut, wie es nur irgendwie geht, auf das Freeriden vorbereitet und alle Sicherheitsvorkehrungen getroffen, die man treffen kann: Er hatte einen Airbag-Rucksack an, er hatte ein Lawinensuchgerät, mehr geht einfach nicht. Das ist das Restrisiko, das man bei solchen Fahrten noch hat. Und von der *Bild* klang das für mich so, als hätte er sich da einfach blindlings runtergestürzt, als hätte er es nicht besser gewusst.

Bei unserer lokalen Tageszeitung hingegen hatten wir das Gefühl, dass der Bericht im Sinne einer objektiven Berichterstattung sachlich und angemessen geschrieben war. Die hat im Gegensatz zur *Bild* auch weder Janoschs Namen noch sein Foto veröffentlicht.

Habt ihr euch damals bei *Bild* gemeldet, um gegen die Berichterstattung vorzugehen?

Nein, dazu hat uns einfach die Kraft gefehlt. Gerade vor der Beerdigung muss man sich um extrem viel kümmern. Wir wollten das auch alles persönlich und so gut wie möglich machen, um meinem Bruder gerecht zu werden. Um etwas gegen die Berichterstattung auszurichten, hätten wir ja mit der *Bild* diskutieren müssen, und wenn die sich quergestellt hätte, hätten wir uns einen Anwalt nehmen müssen. Und das ist in so einer Trauerphase, zumindest bei uns wäre das absolut undenkbar gewesen, dass wir die Energie und die Sachlichkeit dafür aufbringen. Absolut unmöglich.

Zum Glück hat sich dann eine Freundin bei uns gemeldet, die von der Berichterstattung mitbekommen hatte. Die hat sich dann in unserem Namen an einen Anwalt gewandt, damit die *Bild* zumindest auf ihrer Website das Foto rausnimmt oder wenigstens verpixelt. Das konnte der Anwalt mittels einer Abmahnung dann auch erreichen. Dafür sind wir bis heute extrem dankbar. Denn das war eines der schlimmsten Dinge an der Geschichte: Dass die *Bild* die Kontrolle darüber hat, mit welcher Erinnerung mein Bruder geht. Dass das letzte Bild von der *Bild*-Zeitung kontrolliert wird und nicht von Janosch selbst oder von uns.

Hinzu kommt, dass es ein besonderes Foto war. Zu Weihnachten hatten wir immer eine Tradition, dass wir unseren Großeltern einen Kalender mit Familienfotos schenken, da war auch immer dieses Foto dabei. Und es war eines der Lieblingsfotos von Janosch, darum hat er es auch als sein Facebook-Titelbild ausgesucht. Darauf war er einfach fröhlich, und man hat ihn dabei gesehen, was er am liebsten gemacht hat, nämlich Skifahren. Und so was dann im Kontext einer so schrecklichen und geschmacklosen Meldung auf der *Bild*-Titelseite zu sehen, setzt es in ein völlig ungerechtes Licht. Es missbraucht dieses Foto auf eine Weise, dass alle schönen Erinnerungen daran kaputt gemacht werden. Darum bin ich heute unheimlich froh, dass unsere Freundin gegen die *Bild* vorgegangen ist. Ich muss ehrlicherweise sagen, dass ich damals dachte: Ja gut, jetzt haben sie es eh schon zigtausend Mal auf der Titelseite gedruckt, da bringt es auch nichts mehr, wenn wir das online verpixeln lassen. Aber im Nachhinein bin ich schon sehr froh darüber, weil es sonst für alle Zeit so im Internet stehen würde.

Wie ist dein Verhältnis zu *Bild* heute?

Ich habe seitdem keine *Bild*-Zeitung mehr angefasst und werde das wahrscheinlich auch nie mehr machen. Ich könnte mich jetzt auch gar nicht mehr durch diesen Sensationsstoff unterhalten lassen. Diese Schlagzeilen über Privatschicksale, die man als Entertainment sieht oder gar nicht wirklich als Realität wahrnimmt, weil sie ja oft so reißerisch geschrieben sind, dass sie fast schon fiktiv klingen. Die könnte ich gar nicht mehr so distanziert betrachten wie

259

früher. Selbst wenn ich die Zeitung noch mal lesen würde, würde es mich so hart treffen, wie die *Bild* mit den Schicksalen von Menschen umgeht, weil ich mir inzwischen vorstellen kann, wie schlimm sich das anfühlt.

Bist du wütend auf die *Bild*-Reporter?

Nein, ich bin einfach nur angeekelt und schockiert, dass man mit so was sein Geld verdienen will und muss. Wie Leute damit schlafen können, bei der *Bild* so etwas zu machen, ist mir ein absolutes Rätsel. Da habe ich vorher überhaupt nicht dran gedacht, dass deren Beruf ja ist, Einzelschicksale von Leuten so reißerisch darzustellen, dass sie damit Geld verdienen. Ohne Rücksicht auf irgendwelche Verluste bei den jeweiligen Personen.

14.

»Verbissen-verkniffene Das-darf-man-nicht-Ayatollahs«

Bild und die Kritik

An einem Montag im Mai 2019 fängt um Punkt 14.30 Uhr jemand an, den Wikipedia-Eintrag der *Bild am Sonntag* zu bearbeiten. Zielstrebig löscht der Benutzer kritische Passagen und entfernt Statistiken, die den dramatischen Auflagenverlust verdeutlichen. Stattdessen fügt er neue Absätze mit werbenden Floskeln und (falschen) Informationen ein, die die Zeitung in ein besseres Licht rücken. Fast eine Stunde lang bearbeitet er den Eintrag. Der Name des fleißigen Benutzers: »Verlagsleitung BILD Gruppe«.[1]

Der Account gehört, wie sich später herausstellt, tatsächlich zum Axel-Springer-Verlag.[2] An diesem Nachmittag doktert er so massiv am Eintrag der *Bild am Sonntag* herum, dass schließlich ein Wikipedia-Administrator eingreift und viele der Änderungen rückgängig macht. »Bitte keine Werbesprache in einer Enzyklopädie!«, ermahnt er. Doch schon am nächsten Morgen um kurz nach acht ist die »Verlagsleitung BILD Gruppe« zurück. Wieder entfernt sie die unbequemen Auflagenstatistiken aus dem Eintrag und bringt stattdessen blumige PR-Phrasen unter (»Unter dem Claim ›Deutschland am Sonntag – Bild am Sonntag‹ möchte die Zeitung ein entspanntes Sonntagsgefühl bei ihren Lesern vermitteln« und so weiter). Zwar wird sie erneut mehrmals aufgefordert, diese »Selbstverschönerung aus dem Hause Springer« zu unterlassen, kurzzeitig wird sogar ihr Account gesperrt, doch auch das hält sie nicht davon ab, den Eintrag weiter zu manipulieren. Den Abschnitt »Kritik«, in dem darauf verwiesen wird, dass *Bild am Sonntag* Peter Lustig als Kinderhasser verunglimpft hatte, löscht sie einfach.

Für die Macher der *Bild*-Medien ist das keine unbekannte Strategie, mit Kritik umzugehen: löschen, verschweigen, verstecken. Wenn sich zum Beispiel Prominente negativ über *Bild* äußern, gibt sich die Redaktion große Mühe, ihren Lesern diese Kritik vorzuenthalten. Als die Zeitung 2018 behauptet, Helene Fischer könne aufgrund eines Infekts womöglich »nie wieder singen« und habe einen »Wunderheiler aus den USA« einfliegen lassen[3], veröffentlicht die Sängerin einen langen Facebookpost über ihren Gesundheitszustand, in dem sie unter anderem schreibt, die Wunderheiler-Geschichte sei »totaler Quatsch«[4]. Über diesen Beitrag berichtet auch *Bild*, druckt ihn in der Zeitung ab – setzt dabei eine Bildunterschrift jedoch exakt so, dass ausgerechnet die kritischen Worte von Helene Fischer verdeckt werden.[5]

Ein ähnlicher Fall im Jahr darauf, als der TV-Moderator Walter Freiwald bekannt gibt, dass er unheilbar erkrankt ist. Bei Twitter schreibt er:

Bevor die @BILD oder @RTLde irgendwelche Unwahrheiten über meine Person verbreiten, will ich selbst mitteilen, dass ich unheilbar krank geworden bin und diese Krankheit nicht überleben werde.[6]

Bild macht daraus kurzerhand:

»Bevor irgendwelche Unwahrheiten über meine Person verbreitet werden, will ich selbst mitteilen, dass ich unheilbar krank geworden bin und diese Krankheit nicht überleben werde.«[7]

Für *Bild*-Kritik ist in *Bild* eben kaum Platz.

Auch aus den eigenen Reihen lässt sie sich offenbar nur schwer ertragen: Ein *Bild*-interner Slack-Kanal soll vom ursprünglichen Namen »beef« – als Ort, an dem Redaktionsmitglieder mal Dampf ablassen können, wenn sie mit etwas nicht zufrieden sind – inzwischen in »beef_candy« umbenannt worden sein, als Ort, an dem man doch auch mal etwas loben kann.

Sorry not sorry

Wird die *Bild*-Zeitung von einem Gericht dazu verdonnert, eine Gegendarstellung abzudrucken, wählt sie dafür meist den Samstag – dann werden in der Regel weniger Ausgaben verkauft als an Wochentagen.[8] (Zu der Wunderheiler-Quatschgeschichte etwa erwirkt der Anwalt von Helene Fischer eine Gegendarstellung, die *Bild* auch abdruckt – an einem Samstag.[9]) Ohnehin scheint es wenige Dinge zu geben, die *Bild*-Macher so sehr schmerzen wie Gegendarstellungen. Hinter den Kulissen, sagen sowohl ehemalige Mitarbeiter als auch Anwälte, die mit solchen Fällen zu tun hatten, sei *Bild* sehr darauf erpicht, diese abzuwenden.

Muss die Redaktion aber doch mal etwas korrigieren, passiert das oft äußerst unauffällig. Im Fall des jungen Mannes etwa, den *Bild am Sonntag* beschuldigt hatte, ein Mädchen mit 78 Messerstichen hingerichtet zu haben, obwohl er gar nichts mit der Tat zu tun hatte (vgl. Kapitel 12), veröffentlicht die Zeitung später zwar eine Richtigstellung. Doch sie ist tief im Blatt versteckt, auf Seite 14, als Randbemerkung in einer Meldungsspalte, neben der Nachricht »Nilpferd (39) stirbt an Tennisball«. Allein die Überschrift des ursprünglichen Artikels war größer als die gesamte Richtigstellung. (Und dass die Redaktion sich das Foto des falschen Mannes ohne Erlaubnis bei Facebook besorgt hatte, lässt sie unerwähnt.)[10] Während den ursprünglichen Artikel oft Tausende, womöglich Millionen von Menschen sehen, dürfte von der Korrektur nur ein kleiner Bruchteil etwas mitbekommen.

»ABGELEHNTER ASYLBEWERBER VERGEWALTIGTE MÄDCHEN (14)«, heißt es im November 2018, dazu ein riesiges Foto eines Afghanen, der auch groß auf der Titelseite gezeigt wird (unter der politisch aufgeladenen Überschrift »Schon wieder!«[11]). *Bild* schreibt: »Obwohl sich das Mädchen heftig wehrte, vergewaltigte der Mann es!« Die Redaktion fordert ungeduldig: »Abschieben statt Strafprozess!« Und kritisiert die angebliche Untätigkeit der Politik: »Warum muss bloß immer erst etwas Schlimmes passieren, bevor gehandelt wird?«[12]

Drei Monate später wird bekannt, dass das Mädchen die Vergewaltigung erfunden hat. Die Ermittlungen gegen den Afghanen werden eingestellt.[13]

Die *Bild*-Zeitung druckt über diese neue Erkenntnis: kein Wort. Für die Vorverurteilung des Mannes hatte sie noch die halbe Titelseite und fast die ganze Seite 3 der Bundesausgabe freigeräumt. Dass die Ermittlungen eingestellt wurden, ist ihr nicht mal eine kleine Meldung wert. Wir fragen damals bei Julian Reichelt nach, ob es noch eine Richtigstellung geben wird, doch er antwortet nicht. Wir fragen auch bei Christian Senft nach, dem Sprecher des Axel-Springer-Verlags. Wieder keine Antwort. Kurz nach unserer Anfrage erscheint bei *Bild.de* dann doch noch eine Meldung zur Einstellung der Ermittlungen – gerade mal vier Sätze lang.[14] Dass sie selbst den Mann zum »TÄTER« erklärt hatte, erwähnt die Redaktion an keiner Stelle.

Der beschuldigte Afghane im Übrigen wurde nach Angaben seines Anwalts von seinen Mitbewohnern als Kinderschänder beschimpft und aus dem Flüchtlingsheim vertrieben. Er habe sich dann als Obdachloser auf der Straße durchschlagen müssen.[15]

Ein weiterer Weg für *Bild*, mit eigenen Fehlern umzugehen: andere dafür verantwortlich machen. Im November 2015 teilt die Stuttgarter Staatsanwaltschaft mit, dass gegen einen Mann aus Baden-Württemberg wegen illegalen Waffenhandels ermittelt werde. Er habe Schusswaffen über das Internet ins Ausland verkauft, unter anderem nach Paris. Und weil dort im selben Monat Terroristen einen Anschlag verübten, bei dem 130 Menschen getötet und über 600 verletzt wurden, prüfe man nun, ob es vielleicht einen Zusammenhang gebe.[16]

Für die *Bild*-Redaktion steht die Sache jedoch längst fest: »Mord-Waffen kamen aus Deutschland!«, titelt sie. »DEUTSCHER VERKAUFTE VIER KALASCHNIKOWS AN DIE TERRORISTEN«.[17] Sofort begeben sich die *Bild*-Reporter auf »Spurensuche«, verhören die Mutter des Mannes, drucken ein großes, halbherzig verpixeltes Foto und veröffentlichen persönliche Details über ihn, von seinem Geburtsort bis zu seiner Schuhgröße.[18] Zwei Wochen später teilt die Staatsanwaltschaft mit, dass der Mann nichts mit dem Anschlag zu tun hatte: Die Ermittlungen hätten ergeben, dass er die Waffen drei Tage *nach* dem Anschlag verschickt hatte und *keine* davon nach Paris ging. Ein Zusammenhang könne also ausgeschlossen werden.[19]

Bild versteckt daraufhin eine kleine Meldung im Blatt (um einmal die Größenverhältnisse zu verdeutlichen: Die Korrekturmeldung ist ungefähr so groß wie das Wort »Mord« in der ursprünglichen Überschrift). Statt sich darin für ihre voreilige Falschbehauptung zu entschuldigen, wälzt die Redaktion die Schuld allerdings auf die Staatsanwaltschaft ab, denn die sei sich angeblich ja sicher gewesen, dass die Waffen aus Deutschland kamen. Dass erst *Bild* den Verdacht als Tatsache verkauft hatte, wird nicht erwähnt.[20]

Nun ist das Herunterspielen, Verstecken und Löschen der eigenen Fehler und der Kritik daran aber nicht immer eine erfolgreiche Strategie. So ist beispielsweise der anfangs erwähnte Versuch des Verlags, den Wikipedia-Eintrag der *Bild am Sonntag* zu manipulieren, ziemlich nach hinten losgegangen: Nachdem wir im *Bildblog* darüber berichtet hatten, wurden die Änderungen allesamt rückgängig gemacht, der Eintrag wurde von anderen Wikipedia-Autoren überarbeitet, vor allem der Abschnitt »Kritik« wurde deutlich ausgebaut; inzwischen ist er länger als je zuvor. Auch dass der Verlag versucht hatte, den Eintrag aufzuhübschen, ist ironischerweise nun in ebenjenem Eintrag zu lesen.

Damit so etwas passiert, müssen die Falschmeldungen der *Bild*-Medien – beziehungsweise ihre Versuche, Kritik daran verschwinden zu lassen – aber erst mal entdeckt und öffentlich kritisiert werden. Und oft braucht es massiven Druck von außen, damit *Bild* einen Fehler überhaupt eingesteht, geschweige denn korrigiert. So lief es schon unter Kai Diekmann.

»Wir sind Schwanz!«

Ende Januar 2001, damals ist Kai Diekmann seit gerade mal vier Wochen im Amt des *Bild*-Chefredakteurs, druckt seine Zeitung ein mehrere Jahre altes Foto, das den damaligen Bundesumweltministers Jürgen Trittin auf einer Demonstration zeigt. In den Händen seiner Nebenmänner befinden sich, wie *Bild* behauptet und mit roten Pfeilen markiert, ein Schlagstock und ein Bolzenschneider. »Was machte Minister Trittin auf dieser Gewalt-Demo?«, fragt *Bild* in der Überschrift.[21] Tatsächlich ist jedoch, wie auf dem unbeschnittenen Originalfoto zu erkennen ist, der »Schlagstock« bloß ein Seil, der »Bolzenschneider« nur ein Handschuh.[22]

Diekmann braucht damals mehrere Tage und viel öffentlichen Druck, um sich bei Trittin dafür zu entschuldigen.[23] Als andere Medien über den Fall berichten und einige dabei fälschlicherweise schreiben, *Bild* habe Trittin einen Schlagstock »in die Hand montiert«, geht Diekmann juristisch gegen diese Medien vor und fordert den Abdruck von Gegendarstellungen.[24] Wenn andere einen Fehler machen, geht es bei *Bild* nämlich auf einmal ganz schnell.

Und obwohl die Aus-Handschuh-wird-Bolzenschneider-Geschichte ganz schön peinlich ist, erzählt Diekmann sie in den darauffolgenden Jahren immer wieder gern. 2009 zum Beispiel macht er sie zum Gegenstand des ersten Eintrags auf seinem persönlichen Blog und amüsiert sich in halbironischer Großkotzigkeit über das Geschehen von damals (»Enttäuscht hat mich bei dieser Geschichte vor allem eines: Dass einige Kollegen mir tatsächlich eine Kampagne unterstellten. Liebe Leute – glaubt ihr ernsthaft, ich würde solche Anfängerfehler machen?!«[25]). Unter Diekmanns Leitung entwickelt sich diese Haltung im Hause *Bild* zu einer weiteren Strategie, auf Kritik zu reagieren: belustigt, kumpelhaft, selbstironisch. Als wäre das alles ein großes Spiel.

Der öffentlichen Wahrnehmung von *Bild* kommt diese Haltung in dieser Zeit sehr zugute. 2010 schreibt die *FAZ*:

> Wer es wagte, sich mit *Bild* anzulegen, der sah sich schon immer einer Übermacht gegenüber, konnte aber stets darauf hoffen, wenigstens den

moralischen Sieg zu erringen. Nicht einmal das scheint nun mehr sicher. Deutlich hat *Bild* an Boden gutgemacht, und zwar mit Waffen, die man eher bei ihren Feinden wähnte: intelligente Agitation, Witz und Ironie. Und wer sich den *Bild*-Chef als jemanden vorstellt, der keinen Spaß versteht, keine Kritik verträgt und seinen dunklen Geschäften im Verborgenen nachgeht, der ist bei Diekmann an der falschen Adresse.[26]

Die Spuren der vergnügten Streitigkeiten zwischen Diekmann und einigen seiner Kritiker finden sich noch heute. Wie das Kunstwerk an der Fassade des ehemaligen *taz*-Gebäudes in Berlin, das einen breitbeinigen Diekmann zeigt, dessen überdimensionaler Penis sich über fünf Stockwerke nach oben schlängelt. Es entstand nach einem Rechtsstreit zwischen Diekmann und der *taz*, die dem *Bild*-Chef in einem Satirebeitrag eine missglückte Penisverlängerung angedichtet hatte. Diekmann klagte, versöhnte sich aber später mit der *taz*, wurde sogar Mitglied ihrer Genossenschaft und machte sich immer wieder einen Spaß daraus, sie zu necken, indem er beispielsweise Hunderte Exemplare einer gefälschten *taz*-Ausgabe drucken und vor ihrer Redaktion verteilen ließ, Titelschlagzeile:»Wir sind Schwanz! – Die Redaktion verlangt: Der Pimmel über Berlin muss bleiben!«[27]

Unter Julian Reichelt wäre so etwas kaum denkbar. Seit er den Chefposten übernommen hat, dominieren bei *Bild* zwei Strategien, mit Gegenwind umzugehen. Nummer eins: ignorieren. Nummer zwei: zurückschlagen.

»Er widert mich an«

Im Oktober 2015 sorgt in den Sozialen Medien ein Foto für Aufsehen. Auf einer Demo der»Pegida«-Bewegung wird ein Mann gesichtet, der einen Galgen hochhält,»reserviert« für Angela Merkel und Sigmar Gabriel.[28] Als das Foto viral geht, geht *Bild* auf die Jagd nach dem»Galgen-Mann« und wird wenig später fündig:

Ein heruntergekommenes Mehrfamilienhaus. Die Wohnung liegt im Erdgeschoss. Alles wirkt trist. Der BILD-Reporter klingelt – nach wenigen Sekunden öffnet Bernd A. in Jogginghose und T-Shirt.[29]

Und genau so – in Jogginghose und T-Shirt in der Tür seiner Privatwohnung – präsentiert *Bild* ihn nun groß und unverpixelt in der Bundesausgabe (online auch, aber nur gegen Bezahlung). Das Foto wurde der Perspektive nach aus Hüfthöhe aufgenommen, der Name des Fotografen wird nicht angegeben.

Noch am selben Tag erklärt der Mann in einem Interview, *Bild* habe ihn »still und heimlich« abgelichtet und obwohl es »eindeutig untersagt war, dass da Fotos gemacht werden«.[30]

Wir vom *Bildblog* beschweren uns daraufhin beim Presserat, weil wir das Vorgehen von *Bild*, ganz egal, wie sehr man den Mann, seine Aktion und »Pegida« ablehnt, für einen Verstoß gegen den Pressekodex halten. Dort heißt es in Ziffer 8, dass die Presse »das Privatleben des Menschen und seine informationelle Selbstbestimmung« achten solle und dass »bloße Sensationsinteressen keine identifizierende Berichterstattung« rechtfertigen.[31] (Wie der Mann aussah, war vorher schon bekannt und in *Bild* zu sehen. Dafür, ihn noch einmal an der Tür seiner Wohnung zu fotografieren, sprach also nur das Sensationsinteresse.)

In unserem Blogeintrag dazu schreiben wir auch noch mal eigens an Julian Reichelt gerichtet:

> Bevor hier Missverständnisse aufkommen (Herr Reichelt, gut aufpassen): Es geht nicht um den Galgen, der war schäbig und hatte mit »Satire«, wie es der Mann nennt, nichts zu tun. Es geht darum, dass auch besorgte Flachzangen Grundrechte haben.[32]

Doch Julian Reichelt kann oder will das nicht verstehen. In einer Reihe wutschnaubender Tweets attackiert er uns daraufhin persönlich und unterstellt uns eine ideologische Nähe zu den Fremdenfeinden von »Pegida«.

»@Bildblog 🖤 #Pegida«, twittert er. »Mats Schönauer kämpft beim Presserat für den Galgen-Träger.« »Unglaublich« sei das.[33] Nächster Tweet: »Und dessen Anwalt mag Hakenkreuz-Krawatten. @Bildblog und Mats Schönauer in bester Gesellschaft!«[34] Nächster Tweet: »Was ich von Schönauer halte, der mir Brandstiftung vorwirft und dabei mit Pegida-Hetzern paktiert: Er widert mich an.«[35]

In weiteren Tweets spricht Reichelt von »Schönauers Verteidigungsschrift für den Pegida-Hetzer«,[36] klagt: »Schönauer hat sich schon lange ideologisch verirrt«[37] und behauptet: »@Bildblog marschiert für Pegida«[38]. Seine Tweets werden teilweise vom offiziellen *Bild*-Twitter-Account an dessen 1,13 Millionen Follower weiterverteilt.

Als wir im Sommer 2015 darüber schreiben, dass *Bild* in der Berichterstattung über einen Prozess gegen zwei Rückkehrer des »Islamischen Staates« die Gesichter der Angeklagten unverpixelt gezeigt und damit die Anweisung des Gerichts missachtet hatte[39], schreibt Reichelt, wir hätten »Mitgefühl für Mörderbanden, die Journalisten den Kopf abschneiden«[40], und würden uns »als Schutzmacht von ISIS-Anhängern«[41] positionieren.

Als wir ein paar Wochen später darüber berichten, wie *Bild* jahrelang Angst und Misstrauen gegenüber Ausländern geschürt hat[42], reagiert Reichelt mit einem langen, wütenden Statement auf der offiziellen *Bild*-Facebookseite[43], in dem er allerdings nicht auf unsere tatsächliche Kritik eingeht. Stattdessen behauptet er, wir hätten ihn »als Flüchtlingshasser verleumdet«, und führt dann zahlreiche Beispiele auf, wie er und seine Kollegen sich privat für Flüchtlinge engagiert hätten. »Sollten Mats Schönauer und Stefan Niggemeier sich auf ähnliche Weise engagiert haben, würde ich das gern hören«, schreibt er und scheint wieder mal nicht verstehen zu wollen, worum es eigentlich geht: nicht um persönliches Engagement, sondern um publizistische Verantwortung. Wir hatten seiner Zeitung vorgeworfen, Fakten zu verdrehen und zu verschweigen, um aufregende Schlagzeilen präsentieren zu können, die dann wiederum in Sozialen Netzwerken und den Köpfen vieler Leser die Stimmung gegen Geflüchtete anheizen. Er aber stellt es so dar, als hätten wir ihm vorgeworfen, als Privatmensch Geflüchtete zu hassen.

Reichelt zeigt sein beachtliches Talent darin, Dinge falsch zu verstehen, besonders dann, wenn es darum geht, Kritik von Zensur zu unterscheiden. Als *Bild* etwa in der Hochphase der sogenannten Flüchtlingskrise mit reißerischen Schlagzeilen wie »Jetzt kommen die Afghanen!« Stimmung macht und wir diese kritisieren[44], twittert Reichelt: »Hey @Bildblog, warum geht Ihr mit Euren zärtlichen Träumen von Zensur nicht nach Nordkorea? Die mögen Realität auch nicht.«[45] Häufig steigert er diese Argumentation sogar so weit, dass er behauptet, wir wollten *Bild* komplett verboten sehen; er bezeichnet uns als »Zensurbehörde mit Allmachtsphantasien«[46], als »ideologischen Betonkopf-Verein«[47], als »geistige Brandstifter«[48], als »verbissen-verkniffene Das-darf-man-nicht-Ayatollahs«[49] mit »ideologischer Borniertheit und historischer Blindheit«[50], »antifreiheitlicher Mentalität«[51] und »autoritären Verbotsphantasien«[52]. Und er hält fest: »Gibt für mich kaum einen schöneren Sound als das hilflose Gejaule und Gezeter der @Bildblog-Community.«[53]

Auffällig ist, dass Reichelt mit diesen Attacken häufig ziemlich allein dasteht. Kaum jemand retweetet oder likt solche Tweets, oft nicht mal die Leute aus seiner eigenen Redaktion.

Das große Ablenkungsfeuerwerk

Keinerlei Fehler einzugestehen, die eigene Berichterstattung aggressiv zu verteidigen, und zu versuchen, Kritiker zu diskreditieren, ist unter Reichelt ein Standardvorgehen geworden. Als *Bild* im Februar 2018 höchstpeinlich auf *Titanic* reinfällt (vgl. Nachwort), gibt der *Bild*-Chef kurz danach ein Interview, in dem er behauptet: »Wir sind nicht auf *Titanic* reingefallen.«[54] Nicht *Bild* sei schuld an dem Fiasko, sondern *Titanic*. Nicht mangelnde Recherche habe dazu geführt, sondern »hoch professionell organisierter Betrug«. *Bild* als armes, unschuldiges Opfer der organisierten Satirekriminalität. Doch dieser Rechtfertigungsversuch zeigt damals keine große Wirkung; Reichelt und seine Redaktion bleiben weiterhin das Gespött der (Sozialen) Medien. Also schwenkt der *Bild*-Chef um. In den nächsten Tagen geht es auf seinem Twitter-Account fast nur noch um eines: Darum, dass *Titanic*-Redakteur Moritz Hürtgen, der maßgeblich an der Reinlegeaktion beteiligt war, dem russischen Staatssender *Russia Today* ein Interview dazu gegeben hat. *Titanic* stelle sich »wissentlich in den Dienst eines Regimes, das Journalisten verfolgt«[55], twittert Reichelt und wirft in zahlreichen Tweets unter anderem immer wieder die Frage auf, ob Hürtgen Geld dafür bekommen habe, »im Lieblingssender von Holocaust-Leugnern und Verschwörungstheoretikern«[56] aufzutreten. Reichelt geht also in die Offensive und lenkt die Diskussion auf diesen einen Aspekt – das Interview bei *Russia Today* –, um damit Hürtgen, *Titanic* und die Aktion als Ganzes zu diskreditieren:»Wer professionell gezielte Desinformation betreibt und damit *Russia Today* bedient, kann sich nicht auf Freiheit der Satire berufen«[57], schreibt er.

Auch das ist eine seit Langem beobachtbare Taktik bei *Bild*: Kleinigkeiten rauspicken, um damit die gesamte Kritik zu entkräften. Schon Anfang der Nullerjahre, als viele Medien darüber berichten, dass Charlotte Roche von *Bild* erpresst worden sein soll (vgl. Kapitel 12), und *Bild* sich anschließend in zahlreichen Gerichtsverfahren gegen bestimmte Punkte in der Berichterstattung wehrt, heißt es damals (nicht nur) aus der Redaktion des *Stern*, man habe das Gefühl, der Axel-Springer-Verlag verfolge eine ganz bestimmte Strategie: viele nebensächliche Punkte anzugreifen, um die Kritik an den haarsträubenden Methoden von *Bild* unberechtigt erscheinen zu lassen.[58]

Von solchen Tricks gibt es einige. Georg Streiter, der früher selbst bei *Bild* gearbeitet hat und später stellvertretender Regierungssprecher war, schreibt:

Wer – wie ich – lange Jahre bei Boulevard-Zeitungen gearbeitet hat, kennt auch die Kniffe, mit denen man immer halbwegs überleben kann, auch wenn man gerade ins Klo gegriffen hat. Eine Rettungs-Regel z. B. lautet: wenn Du falsch berichtet hast, lass die Korrektur aussehen wie eine neue Enthüllung. Die veredelte Variante: zünde zusätzlich ein großes Feuerwerk, das ablenkt.[59]

Ein Musterbeispiel dafür sei die Kampagne gegen die Integrationsbeauftragte der Bundesregierung im Dezember 2018 (»INTEGRATIONSBEAUFTRAGTE SCHAFFT ›WEIHNACHTEN‹ AB«[60]), in der *Bild* zunächst einen groben Fehler gemacht hatte[61]. Am folgenden Tag erscheint zwar eine kleine, halbherzige Korrektur, allerdings eingebettet in eine ganze Seite weiterer, noch heftigerer Angriffe auf die Ministerin (»Warum ist SIE Integrationsministerin?«[62]). Damit also, schreibt Streiter,»niemand mit halbwegs intaktem Verstand« merke, dass *Bild* hier die Berichterstattung von gestern »ziemlich verschwurbelt korrigiert«, versuche die Redaktion nun, die Ministerin auf einer kompletten Seite »nach allen Regeln der Kunst hinzurichten«.

Es muss aber nicht immer gleich hingerichtet werden, um vom eigenen Versagen abzulenken. Im Januar 2020 etwa berichtet *Bild* über einen »JOB-HAMMER IM NORDEN«[63]: Die Ministerpräsidentin von Finnland wolle eine 24-Stunden-Woche einführen – nur vier Tage in der Woche à sechs Stunden arbeiten –, was jedoch gar nicht stimmt. Zwar sprach sie tatsächlich mal über die Vier-Tage-Woche und den Sechs-Stunden-Tag, aber erstens nie in Kombination (also: entweder eine kürzere Arbeitswoche *oder* kürzere Arbeitstage) und zweitens nie in ihrer Rolle als Ministerpräsidentin. Sie hatte diese Punkte lediglich mal kurz auf einer Podiumsdiskussion angesprochen, als sie noch Transportministerin war. Danach passierte in der Sache aber nichts mehr; in ihrem Regierungsprogramm wird das Thema nicht mal erwähnt.[64] »Das Thema steht nicht auf der Agenda«[65], stellt kurz darauf auch die finnische Regierung klar.

»Rolle rückwärts bei den Finnen!«, verkündet die *Bild*-Redaktion daraufhin, als hätte nicht sie die Recherche vergeigt, sondern die Ministerpräsidentin einen Rückzieher gemacht: »Kriegt die Regierungschefin kalte Füße? – Doch keine Vier-Tage-Woche bei den Finnen«[66]. Die Korrektur wird also kurzerhand als neue Enthüllung verkauft, das eigene Verschulden nicht mal erwähnt.

In den meisten Fällen lässt *Bild* die eigenen Fehler aber gänzlich unkorrigiert, und auf Kritik reagieren häufig weder der Chefredakteur noch die Pressestelle noch sonst irgendwer. Wenn wir *Bild* beziehungsweise den Axel-Springer-Verlag für Beiträge im *Bildblog* etwas fragen, mit einem Fehler konfrontieren oder um eine Stellungnahme bitten, bekommen wir in vielen Fällen – das gilt auch für die Anfragen, die wir für dieses Buch an *Bild* und Reichelt gestellt haben – entweder gar keine Antwort oder den lapidaren Hinweis des Pressesprechers: »Zu Redaktionsinterna äußern wir uns nicht.«[67]

»SAGEN SIE DEM PRESSERAT IHRE MEINUNG!«

Auch der Deutsche Presserat findet bei *Bild* nur selten Gehör. Das sogenannte Selbstkontrollorgan deutscher Print- und Onlinemedien gibt seit 1973 den Pressekodex heraus, der in zahlreichen, bis heute immer wieder aktualisierten Richtlinien regelt, wie Journalisten und Medien sich bei ihrer Arbeit verhalten sollten: von der »Achtung vor der Wahrheit« bis zur »Trennung von Werbung und Redaktion«, vom »Grundsatz der Unschuldsvermutung« bis zum »Schutz der Persönlichkeit« von Unglücksopfern.[68] Fast alle großen Verlage in Deutschland, darunter auch der Axel-Springer-Verlag, haben sich verpflichtet, den Pressekodex einzuhalten. Wenn Zeitungen, Zeitschriften oder Onlinemedien dagegen verstoßen, kann der Presserat eine »öffentliche Rüge« gegen sie aussprechen, das ist seine schärfste Sanktion.

Von sich aus wird der Presserat in solchen Fällen nicht tätig, sondern nur auf Beschwerde hin. Einreichen kann eine solche Beschwerde jeder, der findet, dass der Pressekodex verletzt wurde. Daraufhin wird das Medium mit der Beschwerde konfrontiert und bekommt Gelegenheit zur Stellungnahme, bevor der Beschwerdeausschuss des Presserats über den Fall berät und, je nachdem, eine Rüge ausspricht oder nicht.[69]

Eine Zeit lang nahm Julian Reichelt die Beantwortung solcher Beschwerden selbst in die Hand, oft verfasste er dann lange Stellungnahmen, aus denen im Kern hervorging, dass *Bild* richtig gehandelt habe und die Beschwerde Unfug sei. Im Februar 2020 erklärt er jedoch, dass er Anfragen des Presserats »bis auf weiteres jetzt nicht mehr beantworten werde«. Auslöser ist eine Beschwerde über einen Artikel, in dem *Bild* unverpixelte Fotos von Opfern gezeigt und einen Mann fälschlicherweise zum Mörder gemacht hatte.[70] Der Leser, der sich an den Presserat wandte, hatte dazu geschrieben: »Tut endlich was gegen diese Zeitung oder es müssen andere Lösungen her.« Reichelt sieht darin eine Bedrohung und ein Beispiel für »freiheitsfeindliche Anfragen von Durchgeknallten«. Er wirft dem Presserat vor, sich »selber deutlich wichtiger zu machen und zu nehmen, als er ist«. Das Gremium handele »natürlich extrem ideologisch«.[71]

Bisweilen ignoriert die *Bild*-Zeitung den Presserat aber nicht, sondern geht aktiv gegen ihn vor. Als sie etwa im Mai 2010 dafür gerügt wird, dass sie einen Mann, der wegen sexuellen Missbrauchs vor Gericht stand, unverpixelt gezeigt hatte, schreibt sie, der Presserat halte »den Wunsch der Täter nach Anonymität für wichtiger als den Anspruch der Bürger auf klare und vollständige Information«.[72] (Und unterschlägt dabei wieder mal, dass es dem Presserat nicht einfach um den »Wunsch der Täter nach Anonymität« geht, sondern um ein fundamentales Recht, das auch kriminellen Menschen zusteht, nämlich das Recht auf informationelle Selbstbestimmung.) An ihre Leser gerichtet schreibt die *Bild*-Redaktion: »Was sagen Sie dazu? Schreiben Sie dem Presserat!« Und veröffentlicht dessen Adresse, Fax-Nummer und E-Mail-Adresse. Innerhalb kürzester Zeit gehen Hunderte Nachrichten beim Presserat ein, viele davon voller Beleidigungen. Einige *Bild*-Leser unterstellen gar, der Presserat selbst sei von Pädophilen beherrscht und würde sich nur deshalb auf die Seite der Täter schlagen.[73] An der Entscheidung des Presserats ändert die *Bild*-Kampagne nichts.

Im Jahr darauf, nachdem die *Bild*-Redaktion vom Presserat gerügt wurde, weil sie das Gesicht eines vor Gericht stehenden Kindesentführers gezeigt hatte, druckt sie einen weiteren großen Artikel, in dem sie das Gesicht erneut unverpixelt zeigt (»Diesen Kindesentführer soll BILD nicht mehr zeigen dürfen«[74]). Und wieder fordert sie die Leser unter dem Artikel auf, dem Presserat die Meinung zu geigen; wieder veröffentlicht sie seine Adresse, E-Mail-Adresse, Fax- und Telefonnummer; wieder gehen Hunderte wütende Nachrichten ein; und wieder ändert der Presserat nichts an seiner Entscheidung.[75]

Im Juni 2015 noch mal von vorn: Der Presserat rügt die Hamburger *Bild*-Ausgabe, weil sie einen Jugendlichen gezeigt hatte, der wegen Mordes verurteilt wurde. »SAGEN SIE DEM PRESSERAT IHRE MEINUNG!«, fordert *Bild* anschließend und bindet in ihren Protest sogar die Eltern des Mordopfers ein, die mit betroffenem Blick ein Foto ihrer Tochter in die Kamera halten – unter der Überschrift: »DAS denkt der Presserat über den Mord an unserer Tochter!«[76]

Völlig verrügt geworden

Doch so heftig sich die *Bild*-Redaktion auch gegen den Presserat wehrt: Gerügt wird sie trotzdem, und zwar mehr als jedes andere Medium in Deutschland. Von den 846 öffentlichen Rügen, die der Presserat zwischen 1986 und dem ersten Quartal 2021 ausgesprochen hat, gingen ganze 233 – mehr als ein Viertel – an die *Bild*-Medien. Erst mit weitem Abstand folgt mit 23 Rügen die Berliner Boulevardzeitung *B.Z.* (die ebenfalls zum Axel-Springer-Verlag gehört), Platz drei belegt die Erotikzeitschrift *Coupé* mit 16 Rügen.[77]

Am häufigsten verstößt *Bild* gegen den Schutz der Persönlichkeit (»Die Presse achtet das Privatleben des Menschen und seine informationelle Selbstbestimmung«): Mehr als die Hälfte aller Rügen gegen *Bild* bezieht sich auf diesen Grundsatz, meist geht es um Fotos von Unglücks- und Verbrechensopfern. Als zweit- und dritthäufigste Verstöße (13 und 12 Prozent) folgen die Sensationsberichterstattung (»Die Presse verzichtet auf eine unangemessen sensationelle Darstellung von Gewalt, Brutalität und Leid«) und die Missachtung der Sorgfaltspflicht (»Recherche ist unverzichtbares Instrument journalistischer Sorgfalt«), danach mit jeweils 8 Prozent Verstöße gegen die Unschuldsvermutung sowie die Missachtung der Wahrheit und der Menschenwürde.

Bewirken konnten die massenhaften Rügen jedoch offenkundig – nichts. »Der Presserat hat in seiner Geschichte an der Praxis gerade der Boulevardmedien nichts, aber auch gar nichts ändern können«, sagt auch Medienanwalt Christian Schertz im September 2020 dem *Deutschlandfunk*.[78] Bis auf das Aussprechen der Rügen hat der Presserat keinerlei Sanktionsmittel, und selbst das wird häufig einfach ignoriert. Zwar sind gerügte Medien angehalten, die Rügen abzudrucken, so steht es im Pressekodex, doch tun sie es nicht – wie die *Bild*-Zeitung, die seit Mitte 2019 keine einzige Rüge mehr abgedruckt hat[79] –, hat der Presserat kein Mittel, sie zu zwingen. Echte Konsequenzen müssen Verlage vonseiten des Presserats also nicht fürchten, weshalb er schon seit Jahrzehnten als »zahnloser Tiger«[80] bezeichnet wird.

Tatsächlich ist es so, dass sich die *Bild*-Zeitung sogar damit brüstet, das meistgerügte Medium zu sein: Im August 2015 präsentiert sie in einer Marketingbroschüre eine Grafik, die zeigt, dass sie mehr als ein Viertel aller jemals erteilten Presseratsrügen kassiert hat, und schreibt dazu:

Wir geben den Menschen alles, was Reibung erzeugt. Wir unterhalten. Wir kämpfen. Wir klären auf. Aber vor allem: Überall, wo Gefühle sind, bringen wir sie in Wallung.[81]

»Ich habe manchmal das Gefühl gehabt«, so auch Anwalt Schertz, »dass gerade bei *Bild*, in den schlimmsten Zeiten der *Bild*-Zeitung, die Rügen eher sogar fast als Ehrung angesehen wurden. Nach dem Motto ›Da haben wir mal wieder richtig gerockt‹. Und deswegen mache ich keinen Hehl daraus, bei allem Respekt vor der Institution selbst und der Idee, dass [der Presserat] in der Praxis leider nichts verändert hat und auch keine Wirkung entfaltet.«[82]

Das Einzige, was wirklich helfe, »gegen diese Medien und solche Verrohung der Medien vorzugehen«, seien »presserechtliche Schritte bei Gericht«. Nur dann drohten auch echte Strafen und vor allem: Strafzahlungen mit abschreckendem Charakter.

Und auch die Kämpfe vor Gericht ficht *Bild* notfalls mit allen Mitteln. Wenn es sein muss, geht sie durch sämtliche Instanzen bis zum Bundesgerichtshof, zum Bundesverfassungsgericht oder gar zum Europäischen Gerichtshof für Menschenrechte, auch wenn das Jahre dauern und hohe Kosten verursachen kann.

Als *Bild* beispielsweise im Sommer 2015 ohne Genehmigung das Grab des kurz zuvor beerdigten Germanwings-Co-Piloten fotografiert und groß auf der Titelseite zeigt (vgl. Kapitel 12), wehren sich die Eltern juristisch dagegen und bekommen im Dezember 2015 Recht: Das Berliner Landgericht untersagt die Veröffentlichung. *Bild* aber will das nicht hinnehmen und geht in Berufung. Im Januar 2017 weist die nächste Instanz, das Berliner Kammergericht, die Berufung jedoch zurück. Auch das wollen die *Bild*-Macher nicht hinnehmen und ziehen vor den Bundesgerichtshof. Und auch der urteilt – im November 2020, also mehr als fünf Jahre nach der ursprünglichen Berichterstattung –, dass durch die Fotos die Privatsphäre verletzt und eine Art »Grabtourismus« gefördert werde. Also werden sie –»im Namen des Volkes« – einmal mehr für unzulässig erklärt.[83]

Oft scheint es *Bild* aber schlichtweg egal zu sein, was die Gerichte sagen. Im August 2016, einige Monate nachdem das Landgericht entschieden hatte, dass die Grabfotos die Privatsphäre der Familie verletzen (und sogar die evangelische Kirche den Abdruck der Fotos kritisiert hatte[84]), wird auf dem Grab des Co-Piloten das provisorische Holzkreuz durch einen Grabstein ersetzt. Und was macht die *Bild*-Redaktion? Sie schickt erneut einen Fotografen auf den Friedhof, lässt ihn wieder das Grab ablichten und druckt die Fotos wieder groß in der Zeitung ab (»DAS GRAB DES AMOK-PILOTEN«[85]).

So hat sich in den vergangenen Jahren immer und immer wieder gezeigt, dass sich die *Bild*-Medien weder durch Rügen des Presserats noch durch Urteile der Gerichte noch durch irgendwelche anderen kritischen Stimmen beirren lassen. In Einzelfällen können massiver öffentlicher Druck, hohe Strafzahlungen oder drohende Gegendarstellungen vielleicht mal eine versteckte Korrektur oder persönliche Rechtfertigung des Chefredakteurs erwirken, doch wirklich geändert hat sich an ihren Methoden auch dadurch nichts. Gerade unter Julian Reichelt ist *Bild* so brachial, manipulativ und rücksichtslos wie lange nicht mehr.

Warum?

Unbeantwortet bleibt – auch für Leute wie uns, die sich seit Jahren jeden Tag mit der *Bild*-Zeitung und ihren Machern beschäftigen – eine große Frage: warum?

Warum werben sie damit, häufiger als jede andere Redaktion gegen journalistische Grundsätze zu verstoßen? Warum verbreiten sie Kontaktdaten von Gegnern und lassen zu, dass diese aufs Übelste beleidigt und bedroht werden? Warum schüren sie mit verdrehten und erfundenen Geschichten Stimmung gegen Minderheiten? Warum korrigieren sie es nicht angemessen, wenn sie versehentlich völlig unbeteiligte Menschen zu Mördern oder Vergewaltigern erklärt haben? Warum machen sie Opfer von Unglücken und Verbrechen ein weiteres Mal zu Opfern? Warum vergrößern sie das Leid

277

von trauernden Angehörigen? Warum untergraben sie mit falschen Behauptungen das Vertrauen in das Justizsystem? Und in die Wissenschaft? Warum geben sie Attentätern immer wieder eine riesige Plattform, obwohl dadurch Nachahmungstaten provoziert werden können? Warum berichten sie spektakulär über Suizide, wohl wissend, dass sich danach noch mehr Menschen das Leben nehmen könnten? Warum ergötzen sie sich an den »heißen Kurven« minderjähriger Mädchen? Warum treten sie auf Flüchtlinge ein, auf Hartz-IV-Empfänger, auf die Ärmsten der Armen?

Geht es bloß um Auflage? Um Profit? Um Macht? In vielen Fällen mag das zutreffen, dennoch lässt sich das Vorgehen der *Bild*-Redaktion oft auch damit nicht erklären. Vielleicht ist es wirklich so, wie es in Christopher Nolans »The Dark Knight« heißt: Einige Menschen könne man »nicht kaufen, einschüchtern, sie zur Vernunft bringen oder mit ihnen verhandeln. Einige Menschen wollen die Welt einfach nur brennen sehen.«[86]

»Neue Schmutzkampagne bei der SPD!«

Ein Nachwort von Kevin Kühnert

Im Gästezimmer meiner Großeltern, in dem ich als Kind gelegentlich die Nacht verbrachte, stand neben dem Ausklappsofa und einem verstimmten Klavier auch eine etwas in die Jahre gekommene Schrankwand. Zwischen allerlei Staubfängern beherbergte diese auch eine kleine Büchersammlung, in der ich abends gerne stöberte. Ich erinnere mich nicht mehr sehr gut daran, was ich bei diesen Gelegenheiten alles las. Aber ein Buch hat mich gefesselt und blieb langfristig in Erinnerung: Günter Wallraffs Undercover-Recherche »Der Aufmacher« aus dem Innenleben der *Bild*. Seither steht für mich fest, dass dieser Zeitung mit Vorsicht begegnet werden muss.

Trotzdem kamen auch meine Kindheit und Jugend nicht gänzlich ohne *Bild* aus. Im Urlaub, wenn die Berge nah und die Abozeitung meiner Eltern fern waren, fand mit den morgendlichen Brötchen meist auch eine Ausgabe der *Bild* den Weg auf den Frühstückstisch. Gelesen haben wir sie immer mit gesunder ironischer Distanz. Den Sportteil meist deutlich detaillierter als alles andere und mit ganz besonderer Aufmerksamkeit natürlich die Bundesliga-Saisonprognosen von Max Merkel:»Geschmeidig wie eine Litfaßsäule« gehörte da noch zu den freundlicheren Analysen.

Solche anekdotischen Erinnerungen verdeutlichen die Besonderheit dieser Zeitung. Sie prägt unser gesellschaftliches Gedächtnis. Dafür müssen wir weder ihrem Stil noch ihrem Inhalt zustimmen. Menschen wie ich, die gerne ein leicht spöttisches »Na ja, *Bild* halt …« auf der Zunge tragen, sind trotzdem Teil der tagtäglichen Vervielfältigungsmaschinerie des Blattes. Wir rollen die Augen über den »Wir-sind-Papst«-Titel[1] und mokieren uns, wenn die nächste Kältefront aus östlicher Himmelsrichtung mal wieder als »Russenpeitsche«[2] bezeichnet wird. Aber wir prägen uns das ein. Auch ich präge es mir ein. Während meine Erinnerungen an seitenlange Reportagen oft schon nach wenigen Tagen verblassen, bleiben *Bild*-Geschichten im Kopf und gehen *Bild*-Schlagzeilen in den allgemeinen Sprachgebrauch über. Doch wie gelingt das?

Auf Grundlage eigener Erlebnisse, Beobachtungen und Rekonstruktionen rund um den Jahreswechsel 2017/2018 möchte ich versuchen darzustellen, wie *Bild* auf dieser Grundlage Politik macht. Wie sie sich und ihrem Publikum mühevoll ein Bühnenbild baut, das fortan ausgeschmückt und bespielt wird. Mit Parteien, die der Lächerlichkeit preisgegeben, und handelnden Personen, die dafür als Statisten eingesetzt werden. Nach *Bild*-Drehbuch, versteht sich.

Als sogenannte Person des öffentlichen Lebens erfahre ich seit mehr als drei Jahren hautnah, was es bedeutet, wenn *Bild* Debatten prägt. Täglich werde ich auf der Straße, in der Bahn oder im Supermarkt erkannt und nicht selten auch angesprochen. Für einen Politiker ist das durchaus eine sehr hilfreiche Ausgangslage. Doch während das letzte Porträt in der *Zeit* oder der Gastbeitrag im *Spiegel* dabei nur selten Erwähnung findet, pflastern Spurenelemente der *Bild*-Berichterstattung meinen Weg. »Ach nee, das Milchgesicht!«, ist so ein Beispiel.

»Dieses Milch-Gesicht will Merkel stürzen«, schrieb *Bild* nämlich am 17. Januar 2018.[3] Das Milchgesicht war ich. Keine zwei Monate zuvor zum Juso-Vorsitzenden gewählt und direkt in eine recht nervenaufreibende Auseinandersetzung um die Wiederauflage der Großen Koalition hineingestolpert, sollte ich nun der bundesweiten Öffentlichkeit vorgestellt werden. Der zweite Parteitag innerhalb weniger Wochen stand unmittelbar bevor und für die Vor- und Nachberichterstattung wurden die Rollen verteilt: der glücklose Parteichef Martin Schulz, Andrea »Bätschi« Nahles, die vermeintlich zitternde Kanzlerin und als David gegen die vielen Goliaths halt das Milchgesicht von den Jusos.»Juso-Chef« genügte offenbar nicht, vielleicht weil zu viele die Jusos nicht kannten und dahinter wohl irgendeine Jesus-Jugendgruppe vermutet hätten.

Aus heutiger Perspektive wundere ich mich über meine damalige Naivität, wenn ich rekapituliere, dass erst in diesem Januar 2018 meine persönliche Auseinandersetzung mit der Frage begann, wie ich in meiner politischen Funktion mit *Bild* umgehen möchte.

Als ich im Sommer 2017 entschied, wenige Monate später für den Vorsitz der Jusos zu kandidieren, waren solche Gedanken in vielerlei Hinsicht weit weg. Klar, die SPD schlitterte sehenden Auges in eine krachende Wahlniederlage hinein, eine Jamaikakoalition zeichnete sich ab. Meine Perspektive war also die des designierten Vorsitzenden der Jugendorganisation einer Oppositionspartei. In dieser Funktion beschränkt sich die persönliche Medienstrategie im Wesentlichen auf die Frage, ob man wirklich jedes Schülerzeitungsinterview annimmt – oder nur jedes zweite.

Als der FDP-Vorsitzende Christian Lindner verkündete, es sei besser, nicht zu regieren, als falsch zu regieren[4], standen wir fünf Tage vorm Juso-Bundeskongress und hatten eine Handvoll Presseanmeldungen. Am Tag nach seiner Erklärung registrierten sich Journalisten im Minutentakt. Auch *Bild* war dabei, was uns aber nicht weiter kümmerte.

Es gehört wohl zum Erfolgsgeheimnis dieser Zeitung, dass sie es schafft, ihren schlechten Ruf von konkreten journalistischen Begegnungen erst mal zu entkoppeln. Zumindest bei mir hat das funktioniert. Dieser Autosuggestion folgend, haben nämlich immer nur die anderen Pech mit *Bild* – man selbst passt ja schließlich auf. Selbstverständlich wäre ich damals in der Lage gewesen, aus dem Stand einen zehnminütigen Vortrag darüber zu halten, warum *Bild* nicht zu trauen ist und was sich dieses Blatt schon alles geleistet hat. Mein innerer Günter Wallraff hätte jedem ausführlich erklärt, warum man sich von den vier großen Buchstaben lieber fernhalten sollte. Doch die logische Konsequenz zu ziehen und mir selbst ein Kontaktverbot aufzuerlegen, das kam mir nicht in den Sinn. Ob dabei Naivität, Angst, überbordendes Selbstvertrauen oder eine Mischung aus alldem eine Rolle gespielt hat? Aus heutiger Perspektive schwierig zu beantworten.

Wer seinen persönlichen Umgang mit *Bild* nicht beizeiten klärt, der ist jedenfalls dazu verdammt, Erfahrungen der besonderen Art zu machen. Der Öffentlichkeit als »Milchgesicht« vorgestellt zu werden, das gehört dabei noch zu den angenehmeren.

Im Januar 2018 häuften sich die Kontaktaufnahmen durch die *Bild*-Redaktion. Und mit jeder Anfrage trat jemand anderes auf den Plan. Manches lud zum Schmunzeln ein, so zum Beispiel die Anfrage aus dem *Bild*-Parlamentsbüro für das Format »Fahrt ins Wochenende«[5], bei dem Politiker im Dienst- oder Privatwagen ins Wochenende begleitet werden. Da ich ehrenamtlich Politik mache und weder über einen Dienstwagen noch über einen privaten Pkw verfüge, musste ich »leider« absagen.

Der nächste Geschichtenjäger stellte sich per E-Mail als Chefreporter vor und hatte für das digitale Kennenlernen gleich mal ganz tief in seinen investigativen Werkzeugkoffer gegriffen. Er schrieb:

> Noch eine Bitte: da wir zu morgen noch ei [sic] SPD-Stück machen, in dem Herr Kühnert vorkommt, bitte ich Sie noch um etwas Persönliches zu Herrn Kühnert:
> - Sie erwähnten, dass er noch arbeitet: WAS UND WO, WIE VIELE STUNDE/WOCHE
> - Ist er liiert
> - Wie groß ist er?
> - Hobbys
> - Herkunft
> - Vorbild in der SPD – noch schöner: unter den alten Juso-Chefs
> - Sieht er sich selbst als linker Sozialdemokrat?

Wir beantworteten ihm recht wortkarg alle Fragen, die noch im Entferntesten etwas mit Politik zu tun hatten, und verwiesen des Weiteren auf eine presseöffentliche SPD-Versammlung, auf der ich noch am selben Abend in Berlin-Friedenau zur Frage der Großen Koalition eine Podiumsdiskussion hatte. Es war der 16. Januar, noch vier Tage bis zum Parteitag in Bonn, auf dem über die Aufnahme von Koalitionsverhandlungen entschieden werden sollte. Der Kalender war seit Wochen von montags bis sonntags übervoll, und gemeinsam mit meinem Pressesprecher versuchte ich, irgendwie das Pensum zu bewältigen.

Am Abend in Berlin-Friedenau wurden wir vor dem sehr kleinen Veranstaltungsgebäude von einem riesigen Pressepulk empfangen. Fernsehen, Zeitungen, Fotografen – alles dabei. Mittendrin war auch der *Bild*-Chefreporter, dem wir die Einladung geschickt hatten. Wegen eines vorherigen Termins waren wir recht spät dran und mussten uns beeilen, doch er stellte sich uns in den Weg und verkündete, er wolle jetzt noch vier Fragen stellen. Das war weder zeitlich machbar, noch war es abgesprochen. Also setzte er sich ins Publikum und hörte sich die gesamten zwei Stunden mürrisch an.

An diesem Abend ist mir erst richtig klar geworden, wie *Bild* arbeitet. Der Chefreporter brauchte, wie es schien, persönlich eingefärbtes Material für seine dramaturgische Hinleitung zum SPD-Parteitag. Wichtig war dafür nicht so sehr, welche inhaltliche Kritik ich gegen die Große Koalition vorbrachte. Wichtig war, wer das Milchgesicht ist, das angeblich Angela Merkel stürzen will. Also harrte er aus, um nach Ende der Veranstaltung den nächsten Anlauf zu wagen.

Plötzlich waren es nicht mehr vier Fragen, sondern zehn Minuten, die er verlangte. Von einer Bitte konnte beim besten Willen nicht die Rede sein. Wir erklärten ihm geduldig, dass wir keine Interviews nach dem Wegelagererprinzip geben, und wurden im nächsten Moment schon inkonsequent. Denn um der wirklich ermüdenden Diskussion um 22 Uhr entfliehen zu können, bot ich ihm an, uns seine vier Fragen einfach per E-Mail zukommen zu lassen. In diesem Moment hatte ich verloren, wusste es aber noch nicht. Er schlug ein, und um 23.03 Uhr hatten wir sage und schreibe 16 Fragen im Posteingang, die auch noch zum Interview erklärt wurden.

Von einem journalistisch geführten Gespräch, in dem die Fragen auch auf vorherige Antworten Bezug nehmen und gegebenenfalls auch noch mal nachhaken, konnte bei diesem »Interview« per E-Mail nicht die Rede sein. Ganz im Gegenteil. Phasenweise war der Fragenkatalog gar mit einer Art Regieanweisung versehen:

BILD: Ist Ihnen die SPD bisher zu zahm und leise? (wäre die Stelle für die Forderung nach mehr Polarisierung)

Tags darauf bekam er Antworten auf zwölf seiner Fragen von uns zurück. Nicht dabei waren Antworten auf die Fragen, wann ich wohl mein Studium abschließen würde und welche Bedeutung der Ring an meinem rechten Ringfinger habe. Es folgte ein Mailwechsel, in dessen Verlauf er die Nicht-Beantwortung einzelner Fragen beklagte (»Stellen Sie sich vor, er sitzt vor einer Kamera und wird gefragt …«) und die Qualität der Antworten als »doch sehr wohlfeilgeschliffen …« kritisierte.

Das Interview, das nie ein Interview war, erschien dann versehen mit einem Foto aus dem kleinen Veranstaltungssaal in Berlin-Friedenau.[6] Das Foto, das dem Leser den Eindruck vermitteln konnte, es bilde den Moment des vermeintlichen Interviews ab, zeigt ironischerweise den Moment, in dem ich ein (wirkliches) Interview abgelehnt habe. Für den stimmigen Gesamteindruck wirft manch einer eben auch noch das letzte bisschen Selbstachtung über Bord.

In den verbleibenden wenigen Tagen bis zum Bundesparteitag der SPD erschien dann von demselben Journalisten noch ein reißerischer Artikel mit dem bezeichnenden Titel »Wieso heißt der Juso-Chef ausgerechnet KEVIN?«[7]. Und am Vorabend des Parteitags verfolgte uns ein *Bild*-Fotograf nach einer ausgiebigen Podiumsdiskussion in Bonn noch um 23 Uhr bis zu einer Kneipe, in der wir ein wohlverdientes Feierabendbier trinken wollten. Auf den Hinweis, hier sei nun aber wirklich Schluss, erwiderte er, dass es sich bei mir ja nun mal um eine öffentliche Person handeln würde, und da sei leider nicht Schluss. Zehn Minuten später hatte ich gelernt, dass man einen ungestörten Feierabend mit Bier und Zigarette zum Preis eines letzten Fotos draußen vor der Tür erkaufen kann.

Der Parteitag beschloss knapp die Aufnahme von Koalitionsverhandlungen samt anschließender Mitgliederbefragung, und die Woche endete mit einem Kommentar in der *Bild am Sonntag*: »Wir brauchen mehr Kevins in der Politik«. »Der kleine Kevin« habe »die große SPD« aufgemischt, hieß es dort.[8] David, Goliath, die Geschichte nahm Fahrt auf.

Es blieben zu diesem Zeitpunkt noch sechs Wochen Zeit, bis die SPD endgültig über das Zustandekommen einer neuen Regierung entscheiden sollte. Aus heutiger Perspektive ergibt sich sehr klar, dass *Bild* für diesen Zeitraum bereits ein grobes Drehbuch vorschwebte. In den Hauptrollen eine klassische *Bild*-Mischung: Ausländer, ein Hund, das Milchgesicht – und ein ominöser Russe, von dem die Redaktion Ende Januar aber noch gar nicht ahnte, dass er die Bühne betreten würde.

Während wir also im Juso-Büro die NoGroKo-Tour planten und alle Hände voll zu tun hatten, muss in der *Bild*-Redaktion der Wunsch gewachsen sein, das Milchgesicht noch besser kennenzulernen. Und so meldete sich am 8. Februar ein weiterer Mitarbeiter des Politikressorts bei meinem Pressesprecher Benni, und zwar mit dieser in vielerlei Hinsicht unnachahmlichen Mail:

Lieber Benjamin,
ich bin […] aus dem Politik-Ressort der BILD und wollte mich erneut wegen Kevin Kühnert melden. Es würde mich sehr freuen, wenn wir in Kontakt kämen, da BILD in den kommenden Wochen mehrere große Aktionen zur Mitgliederbefragung plant und Kevin natürlich einer der Hauptprotagonisten ist.
Ich glaube, dass ein gemeinsamer Bekannter […] mich vielleicht schon dir oder Kevin gegenüber erwähnt hat.
Beste Grüße & einen schönen Tag

Angesichts des kumpelhaften Tonfalls erscheint es mir notwendig zu betonen, dass weder Benni noch ich den Redakteur bis dahin kannten. Wir waren also definitiv nicht per Du miteinander, aber das scheint mir hier das kleinste Problem gewesen zu sein. Viel interessanter ist die Formulierung, wonach *Bild* »große Aktionen zur Mitgliederbefragung plant«. Was sollte das sein? Welche Aktionen – neben dem Tag der offenen Tür in der Redaktion – plant denn bitte schön eine Zeitung? Und was soll das für ein Journalismus sein, der bereits Hauptprotagonisten für Geschichten auserkoren hat, die bislang gar nicht stattgefunden haben? Selbstverständlich ist es nach dieser Mail zu keinem Treffen oder Gespräch mit dem Redakteur gekommen.

Doch währenddessen hatte sich das Karussell des Irrsinns schon weitergedreht. In den Fokus gerieten nun die 463.723 Mitglieder der SPD. Oder besser gesagt: einige wenige von ihnen. Denn pünktlich zum Meldeschluss für abstimmungswillige SPD-Neumitglieder am 6. Februar um 18 Uhr titelte *Bild* tags darauf: »Ausländer dürfen über deutsche Regierung abstimmen«[9]. Und Chefredakteur Julian Reichelt spuckte auf Seite 2 in einem Kommentar Gift und Galle. »Nur Deutsche können also entscheiden, wer Deutschland regiert«, hielt er wutschnaubend fest, um kurz darauf zu konstatieren, die SPD würde dieses »eigentlich unumstößliche Prinzip« mit ihrem Mitgliedervotum unterwandern. Insbesondere Kühnert würde »ohne Rücksicht auf Verluste« mobilisieren.[10] Kleiner hatte er es nicht im Angebot.

Einatmen. Ausatmen. Stimmte das wirklich? Der erste Teil streng genommen schon. Die Wählerinnen und Wähler entsenden bei der Bundestagswahl Abgeordnete in den Deutschen Bundestag. Der Bundestag wählt Kanzler beziehungsweise Kanzlerin, der oder die anschließend ein Kabinett vorschlägt, welches vom Bundespräsidenten ernannt wird. Alle an diesem demokratischen Prozess Beteiligten müssen qua Gesetz deutsche Staatsbürger sein. Nur unterschlägt Julian Reichelt, dass die Mitglieder der SPD in keine Phase dieses Prozesses aktiv eingriffen. Selbst wenn sie gewollt hätten, sie hätten es gar nicht gekonnt.

Das Einzige, worüber sie abzustimmen hatten, war ein Koalitionsvertrag. Also eine Verabredung über politische Ziele und Projekte zwischen CDU, SPD und CSU, die frei gewählten Abgeordneten niemals ins Handwerk pfuschen kann. Solche Koalitionsverträge wurden und werden von allen Parteien, die irgendwo eine Regierung tragen, beschlossen. Zum Beispiel auf Parteitagen. So stimmten bei der CDU im Jahr 2013 sage und schreibe 181 Delegierte über den Eintritt in eine Große Koalition ab.[11] Die Legitimation war also viel geringer als bei der SPD, die 2018 bereits zum zweiten Mal alle ihre Mitglieder zur Abstimmung rief.[12]

Selbstverständlich wusste Julian Reichelt das alles. Aber es hielt ihn nicht davon ab, seine Leser aufzustacheln. Immerhin waren wir zu diesem Zeitpunkt im fünften Monat nach der Bundestagswahl, und die Ungeduld ob der schleppenden Regierungsbildung wuchs. Da verfing so eine ordentliche Portion Volkszorn natürlich bestens. Garniert wurde das Ganze in der Berichterstattung dann noch mit

Zitaten eines Staatsrechtlers, der artig zu Protokoll gab, dass er das alles als »verfassungsrechtlich höchst fragwürdig« empfinde. Nur um im darauffolgenden Satz kleinlaut einzugestehen, dass das Bundesverfassungsgericht das Verfahren in der Vergangenheit mehrmals bestätigte.[13] Und so blieb der mit viel Pathos insinuierte Skandal aus, nicht jedoch, ohne der SPD noch eine amtliche Breitseite zu verpassen. Irgendwas wird schon hängen bleiben.

Doch damit nicht genug. Erinnern wir uns an die Ankündigung des *Bild*-Redakteurs, wonach im Hause Springer »große Aktionen zur Mitgliederbefragung« geplant seien. Wenige Tage später war es so weit, und die Zeitung präsentierte der staunenden Öffentlichkeit Lima. Lima war damals drei Jahre alt, eine Hündin und – so die Redaktion – kürzlich SPD-Mitglied geworden.[14] Zudem war Lima spanischer Herkunft, allerdings schien der Status als »Ausländerin« hier ausnahmsweise keine besondere Aufmerksamkeit zu genießen. Und so platzierte die Redaktion in einem länglichen Artikel mit stolzgeschwellter Brust eine Aneinanderreihung von E-Mails und anderen Schriftstücken, die innerhalb der vorangegangenen zwei Wochen an Lima verschickt wurden. Der mit Abstand größte Teil waren automatisierte SPD-Mitgliedermailings. So wurden weitere Zweifel am SPD-Mitgliederentscheid gesät. Seht her, jetzt lassen die verrückten Sozis sogar schon Hunde über das Schicksal des Landes abstimmen!

Doch auch in diesem Fall argumentierte *Bild* an den Tatsachen vorbei. Ja, mit entsprechend böswilliger Motivation kann man in der SPD – wie auch in jeder anderen Partei – Fantasiepersonen online als Neumitglieder registrieren lassen. Schließlich können Parteien aus guten Gründen nicht auf das Melderegister zugreifen, um mal eben Daten abzugleichen. So weit, so unspektakulär. Doch darum ging es *Bild* ja gar nicht. Das Blatt trat an, den Beweis zu erbringen, dass Hinz und Kunz den Mitgliederentscheid der SPD manipulieren könnten. Ein erheblicher Vorwurf.

Und dafür wurde dann auch das ganz große Geschütz aufgefahren. Mit Staatstrauer-Miene trat der damalige stellvertretende Chefredakteur Nikolaus Blome vor die Kamera, um zum Volk zu sprechen. Seine These: Wenn Lima über die GroKo abstimmen könne, dann könnten das schließlich auch Leute mit »gänzlich humorlosen Motiven«. Er fabulierte über »Rechtsaußen-Aktivisten« und »Putins Trolle«, sprach von einer »möglicherweise manipulierten Mitgliederentscheidung« und steigerte sich in die abstruse These hinein, dass »diese Mitgliederbefragung am Ende eine Gefahr für unsere Demokratie ist«. Glaubte man Blome, dann hatte Spürhund Lima hier gemeinsam mit *Bild* einen Staatsstreich erschnüffelt und gerade noch rechtzeitig Laut gegeben. Wuff! Sein Fazit: »Die SPD muss diese Sache stoppen!«[15]

Es gab da nur noch ein klitzekleines Problem, denn *Bild* hatte eine nicht ganz unwesentliche Information unterschlagen. Voraussetzung zur Teilnahme an der Abstimmung war das Ausfüllen einer eidesstattlichen Versicherung, die den Abstimmungsunterlagen beigefügt werden musste.[16] Die Titel-Überschrift »Dieser Hund darf über die GroKo abstimmen«[17] war – bei allem Respekt vor den Fähigkeiten von Lima – die gedruckte Unwahrheit. Wäre tatsächlich ein Stimmzettel im Namen von Lima eingegangen, dann hätten sich Herrchen, Frauchen oder Nikolaus Blome wohl strafbar gemacht.

Das Verschweigen dieser Tatsache stieß auch dem Presserat unangenehm auf, sodass dieser wenige Wochen später die Berichterstattung wegen eines Verstoßes gegen die im Pressekodex verankerte Sorgfaltspflicht missbilligte.[18] Mitbekommen haben dürfte das aber freilich kaum jemand, während der *Bild*-Titel ausgiebig in aller Munde war.

Für die Redaktion müssen es anstrengende Wochen gewesen sein. Denn nicht nur Lima nahm hechelnd Anlauf, das Mitgliedervotum der SPD zu torpedieren. Nein, *Bild* war in diesen Tagen noch einer weiteren großen Sache auf der Spur. Ein anonymer Hinweisgeber wollte nämlich über belastbare Hinweise verfügen, dass Milchgesicht Kühnert im Bunde mit einem Russen namens Juri Soziale Netzwerke für gesteuerte Stimmungsmache gegen die Neuauflage der Großen Koalition nutzen wollte. Auszüge des mutmaßlichen Mailverkehrs wurden der Redaktion zugespielt. Und während sich Julian Reichelt vor unserem inneren Auge drei Zigaretten gleichzeitig anzündet – eine große House-of-Cards-Story fest im Blick –, musste der schwer beschuldigte Jusochef ja zumindest noch mit den Vorwürfen konfrontiert und um Stellungnahme gebeten werden.

Und so erreichte uns am 15. Februar am Göttinger Hauptbahn-
hof eine E-Mail aus der Redaktion. Wir waren mitten in unserer
NoGroKo-Tour und hetzten von Termin zu Termin, als wir mit den
Anschuldigungen erstmals konfrontiert wurden. Es meldete sich der
freundliche Redakteur, der am 8. Februar die »großen Aktionen«
angekündigt hatte. Er richtete – dieses Mal formvollendet siezend –
folgende Nachricht an uns:

Sehr geehrter Herr Kühnert,
Sehr geehrter Herr Köster,
mein Name ist [...] (Redaktion Politik & Wirtschaft BILD).
BILD liegt ein E-Mail-Wechsel vor, der zwischen Kevin Kühnert und ei-
ner Person namens »Juri« geführt worden sein soll.
Beginnend am 06.02 2018, Auszüge dieser Konversation sende ich Ihnen
anbei.
Auf dem Inhalt des E-Mail-Wechsels aufbauend, habe ich folgende Fra-
gen an Kevin Kühnert:
• Sind diese E-Mails authentisch?
• Ist es richtig, dass Sie diese E-Mail-Konversation geführt haben (Aus-
züge anbei)?
• Ist es richtig, dass Juri kein Mitglied der Jusos oder der SPD ist?
• Ist es richtig, dass Juri Ihnen anbot, die Kampagne gegen die GroKo so-
wohl konzeptionell als auch finanziell zu unterstützen?
• Ist es richtig, dass Sie die angebotene Unterstützung schriftlich ange-
nommen haben?
• Ist es richtig, dass der Kontakt zu Juri über ein anderes Juso-Mitglied
zustande gekommen ist?
• Ist es richtig, dass Sie Juri zugesagt haben, ihm ein Daten-Set für die
Werbe-Kampagne auf Facebook zu schicken?
• Ist es richtig, dass Sie keine Bedenken hatten, das Angebot von Juri an-
zunehmen, solange es den Anschein hat, die Jusos würden dafür be-
zahlen?
Um die schriftliche Beantwortung der Fragen bitte ich Sie bis heute, Don-
nerstag, 15. Februar, 15 Uhr.
Mit freundlichen Grüßen

Da ist man erst mal sprachlos. Auch wenn man als Beschuldigter natürlich schon im selben Moment weiß, dass das alles erstunken und erlogen ist.

Unsere Reaktion schwankte zwischen hysterischem Lachen ob der Absurdität der Geschichte und ernsthafter Sorge, wie man in einer so sensiblen Phase solch schwerwiegende Vorwürfe zügig und glaubwürdig ausräumen kann. Auch war zu diesem Zeitpunkt ja noch gar nicht absehbar, welche Wellen der Vorgang schlagen würde. Bleibt es eine *Bild*-Geschichte oder springen andere Medien auf? Wie soll ich in den kommenden zwei Wochen täglich mehrere Diskussionen vor großem Publikum und quer durch alle Medien bestreiten, während für Außenstehende die Frage im Raum steht, ob ich meine politischen Ziele vielleicht mithilfe russischer Hacker durchsetzen möchte? Und überhaupt: Wer bringt so was in Umlauf? Und weshalb?

Wir gingen arbeitsteilig vor. Während ich versuchte, mein Tagesprogramm zu bewältigen, kümmerte sich Benni um die Causa Juri. Er sprach mit der Parteizentrale, holte unter anderem die Einschätzung aus dem Justiziariat der SPD ein. Wahrheitsgemäß wiesen wir alle Vorwürfe zurück. Erläuterten auch, weshalb der Mailverlauf aus technischen Gründen nicht authentisch sein könne, dass mein Englisch für das Sprachniveau in den uns präsentierten Mails nicht ausreiche und dass ich auch noch nie eine Mail mit »Kev« gezeichnet hätte. Das Parteijustiziariat teile *Bild* mit, dass routinemäßig erwogen werde, Strafanzeige gegen unbekannt zu stellen.

Am Nachmittag erreichen uns weitere *Bild*-Nachfragen, unter anderem mit der Bitte um Authentifizierung der Serverdaten. All das fühlte sich wie ein ganz mieser Film an, aber wir hatten kurzfristig alles Menschenmögliche unternommen, um zur Aufklärung beizutragen. Was blieb, war die beklemmende Frage, wie die Berichterstattung am nächsten Tag wohl ausfallen würde.

Meine erste Titelgeschichte in der *Bild* hatte ich mir anders vorgestellt. Ich war entsetzt, als ich den Aufmacher der Druckausgabe vom 16. Februar 2018 weiß auf schwarz vor mir sah: »Neue Schmutz-Kampagne bei der SPD! Es geht um brisante Mails, den Juso-Chef und einen Mann namens Juri«. Und im Blatt: »SPD will

Strafanzeige wegen E-Mail erstatten«.[19] Kein Wort an prominenter Stelle, das die Glaubwürdigkeit der Quelle infrage stellte. Kein klar erkennbarer Hinweis auf dem Titel darauf, dass wir die Vorwürfe rundheraus und unmissverständlich zurückgewiesen hatten. Der Satz »Seine Erklärung gegenüber BILD klingt plausibel« wurde in einem Bildtext auf Seite 2 versteckt. Und die Klarstellung, dass es für die Echtheit der Mails keine Beweise gab, fand sich im allerletzten Satz des dazugehörigen Artikels. Für Außenstehende blieb hängen, dass die Angelegenheit zwar unübersichtlich sein mochte, die SPD und das Milchgesicht aber nicht so ganz koscher sein können. Na, herzlichen Dank!

Während kein anderes Medium vergleichbar prominent auf den Zug aufsprang und uns Nachrichten von Journalisten erreichten, die versicherten, die einsehbaren Informationen für keineswegs belastbar und glaubwürdig zu halten, entschied sich *Bild* auf Seite 1 und 2 für eine Leistungsschau des Boulevardjournalismus. Für mich war der Tag gelaufen, noch bevor er richtig begonnen hatte.

Warum hebt die *Bild* eine Geschichte auf den Titel, für die sie keine stichhaltigen Beweise hat und bei der sie die Verteidigungslinie des Beschuldigten selbst als plausibel klassifiziert? Warum attestiert sie eine »Schmutz-Kampagne bei der SPD«, wenn eigentlich vieles dafür spricht, dass es sich um eine Schmutzkampagne GEGEN die SPD handelt? Warum leitet die *Bild* ihren Artikel mit der Feststellung ein: »Die SPD kommt aus den Schlagzeilen nicht heraus«, wenn die *Bild* selbst dafür verantwortlich ist, die SPD trotz mehr als dürftiger Informationslage exakt dort platziert zu haben? Die Antwort ist so einfach wie ernüchternd: Weil *Bild* es kann. Und weil sie es will.

Für Außenstehende mag der entscheidende Plottwist sein, dass sich einige Tage und Wendungen später das Satiremagazin *Titanic* als Urheberin der Geschichte zu erkennen gab.[20] Für mich bestand der Plottwist jedoch vielmehr darin, dass dieser Versuch, *Bild* einen vermeintlichen Skandal unterzujubeln, erfolgreich war. Und dass er *Bild* demaskierte.

Grund zur Freude ist das nicht, eher schon zur Sorge. Denn im Winter 2018 zeigte sich ganz ungeschminkt das Bild einer Politikredaktion, die an Kampagnen arbeitet. Aus nicht enden wollenden Koalitionsverhandlungen und allgemeiner GroKo-Unlust wurde eine toxische Mischung angerührt, in der die SPD einem ausgiebigen Säurebad unterzogen werden sollte.

Dabei hat die *Bild*-Zeitung mehrfach ihre Rolle als einordnende Beobachterin verlassen, um selbst ins Geschehen einzugreifen. Sie hat sich dazu entschieden, das große politische Theaterstück nicht nur zu beschreiben, sondern es phasenweise in ein Improtheater zu verwandeln. Eines, in dem neue Regieanweisungen aus dem Publikum gerufen, Hauptdarsteller nach Belieben umgruppiert und Statisten bei Bedarf flexibel ins Stück eingeführt werden. Und schlussendlich war sie sogar bereit, einer mehr als abenteuerlichen Räuberpistole die ganz große Bühne zu geben.

Nicht etwa, weil das journalistisch geboten gewesen wäre. Das Gegenteil war der Fall, und so hagelte es kurz darauf auch einen weiteren Rüffel des Presserats, diesmal eine Rüge für die Titelseite vom 16. Februar.[21] Nein, die *Bild* schluckte die Satire der *Titanic* vielmehr voller Dankbarkeit und Begeisterung, weil dieser sorgsam ausgelegte Köder so hervorragend in ihren Speiseplan hineinpasste. Es muss ein Moment großen Glücks gewesen sein, erkauft um den Preis der Wahrhaftigkeit.

Später äußerte sich *Bild*-Chefredakteur Julian Reichelt aufschlussreich in einem *Spiegel*-Interview:

Spiegel: Aber Sie schrieben auf Seite eins von einer »Schmutz-Kampagne bei der SPD« …
Reichelt: Ja. Denn die Mails waren geschrieben im Namen der SPD.
Spiegel: Aber sie stammten nicht von der SPD. *Titanic* will sie geschrieben haben.
Reichelt: Aber im Namen von Kevin Kühnert. Wenn ich Mails eines *Spiegel*-Redakteurs fälsche, ist das auch eine Kampagne, die beim *Spiegel* spielt.
Spiegel: Das ist eine sehr weitgehende Auslegung.
Reichelt: Das ist meine Auslegung.[22]

Die letzte Antwort sollte nicht als Unfähigkeit zur Entschuldigung missverstanden werden, sondern als das, was sie ist: ein Prinzip und Bekenntnis.

Das Problem ist nämlich nicht, dass *Bild* eine Boulevardzeitung ist. Vielfältiger Politikjournalismus braucht auch den Boulevard. Und gegen emotionalisierte und personalisierte Berichterstattung ist nichts einzuwenden, solange journalistische Grundstandards gewahrt bleiben. Der Rest ist Geschmackssache. Das Problem ist vielmehr, dass einige bei *Bild* dem Größenwahn verfallen sind, Schicksal spielen zu können. Und dass sie zu oft damit durchkommen, weil wir sie gewähren lassen. Ich habe meine Lektion diesbezüglich Anfang 2018 gelernt und verstanden, dass unmissverständlich Abstand gehalten werden muss, wenn methodische Grenzen überschritten werden. Und heute, drei Jahre später, weiß ich, dass man auf diese Weise abends auch besser in den Schlaf findet.

Dank

Wir danken den Lesern, Unterstützern und Hinweisgebern des *Bildblogs*.

Wir danken Stefan Niggemeier, Christoph Schultheis und Lukas Heinser sowie allen ehemaligen und aktuellen *Bildblog*-Autoren für ihre unermüdliche Arbeit.

Wir danken Martin Breitfeld, dem Team des KiWi-Verlags, Sven Krüger, Daniel Wichmann, Kevin Kühnert, Günter Wallraff, Rezo, A. F., A. K., C. F., C. H., C. M., C. S., C. U., F. H., G. J., L. K., M. S., N. B., N. K., U. S., U. Z., all denen, die aus verständlichen Gründen nicht mal mit Initialen auftauchen möchten, Saskia, Sarah & Lotta und den vielen anderen klugen, netten und geduldigen Personen, die uns in den vergangenen Monaten unterstützt haben.

Wir danken allen Menschen, die uns ihre Geschichten erzählt haben.

Ohne euch wäre dieses Buch nie entstanden.

Wer uns seine eigene Geschichte erzählen will, uns Infos zukommen lassen oder uns auf Fehler hinweisen möchte, kann uns an buch@ bildblog.de schreiben.

Anmerkungen

»Die dunkelsten Zeiten der Bild«

1 Bild, 18. Dezember 2019

2 https://web.archive.org/web/20191218200648 /https://www.bild.de/bild-plus/unterhaltung/ leute/leute/guenther-jauch-todes-drama-bei-familie-jauch-66764772,view=conversionTo Login.bild.html

3 BGH-Urteile VI ZR 246/19 sowie VI ZR 250/19. Für unzulässig erklärt wurden in diesem Fall allerdings nur die Fotos, nicht die Textberichterstattung.

4 Siehe z. B. auch Udo Branahl: Medienrecht. Eine Einführung. 6., überarbeitete und aktualisierte Auflage, Wiesbaden 2009

5 Dieses und die nächsten Zitate von Reichelt stammen aus dem Podcast des Hamburger Abendblatts, 3. September 2019: https://www. abendblatt.de/podcast/entscheider-treffen-haider/article226979519/Bild-Chef-Reichelt-Ich-verachte-die-Fuehrung-der-AfD.html

6 Bildblog.de ist ein unabhängiges, journalistisches Internetangebot, das 2004 von den Journalisten Stefan Niggemeier und Christoph Schultheis gegründet wurde und seitdem die kleinen und großen Fehltritte der Bild-Medien dokumentiert. Es finanziert sich zu einem kleinen Teil über Werbung, zum größten Teil über die Unterstützung von Lesern.

7 Nach »Der Aufmacher« gründete Wallraff einen Hilfsfonds für Bild-Opfer und veröffentlichte noch weitere Bücher über Bild: »Zeugen der Anklage – Die ›Bild‹-beschreibung wird fortgesetzt« (Köln 1979), »Das BILD-Handbuch bis zum Bildausfall« (Hamburg

1981) und »Günter Wallraffs BILDerbuch« (Göttingen 1985).

8 Neben Bildblog.de setzt sich beispielsweise Übermedien.de immer wieder kritisch mit Bild auseinander, auch im Spiegel, in der Zeit, der taz, der Süddeutschen Zeitung, in Youtube- und TV-Sendungen wie Walulis Story oder dem NDR-Magazin Zapp und anderen Medien erscheinen immer wieder ausführlich recherchierte Beiträge über Bild. Zudem gibt es eine Vielzahl an Büchern und wissenschaftlichen Studien, die man zum Beispiel über die Deutsche Nationalbibliothek (dnb.de) oder Google Scholar (scholar.google.de) finden kann.

9 z. B. https://www.facebook.com/nouripour1/ posts/752804051476557 Vgl. Kapitel 3

10 z. B. https://bildblog.de/34965/kachelmann-paparazzo-verliert-doppelt/

1. »Keine Gnade mit den Griechen!«

1 Der Spiegel, Nr. 9/1976

2 Münchner Merkur, 9. Oktober 2017

3 Bild, 22. März 1976

4 Cornelia Voss: Textgestaltung und Verfahren der Emotionalisierung in der BILD-Zeitung, Münchner Studien zur literarischen Kultur in Deutschland, Band 31, Frankfurt am Main 1999

5 NINA Norsk institutt for naturforskning: The fear of wolves: A review of wolf attacks on humans, Trondheim 2002

6 https://www.spiegel.de/gesundheit/diagnose/ deutschland-unnatuerliche-todesfaelle-blitz-pilzvergiftung-tierbiss-a-1121159.html

7 https://www.bundestag.de/resource/blob/563294/83068d6297590248dd89375affd358c4/WD-8-041-18-pdf-data.pdf oder auch: Dokumentations- und Beratungsstelle des Bundes zum Thema Wolf: Konzept zum Umgang mit Wölfen, die sich Menschen gegenüber auffällig verhalten – Empfehlungen der DBBW, 2018

8 Die Zeit, 22. September 1978

9 https://www.bild.de/regional/hamburg/hamburg-aktuell/12-tote-schafe-im-herzogtum-lauenburg-neuer-killer-wolf-im-norden-61305786.bild.html

10 https://www.bild.de/regional/hamburg/hamburg-aktuell/neuer-problemwolf-gw924m-abgewandert-aber-er-hat-einen-nachfolger-66318666.bild.html

11 https://www.bild.de/regional/hamburg/hamburg-aktuell/der-neue-wolf-ist-ein-nasen beisser-schaf-attacken-in-schleswig-holstein-69138584.bild.html

12 https://www.bild.de/regional/hamburg/hamburg-aktuell/wieder-schaf-tot-kommt-der-problem-wolf-jetzt-jede-nacht-60214998.bild.html

13 Bild, 6. August 2015

14 Screenshot unter https://bildblog.de/69032/kruemel-und-der-boese-wolf/

15 Bild Hannover, 7. August 2015

16 https://www.nlwkn.niedersachsen.de/start seite/aktuelles/presse_und_offentlichkeits arbeit/pressemitteilungen/chihuahua-riss-horn bostel-wolfsverdacht-ausgeraeumt-136190.html

17 Beispiele: https://bildblog.de/112605/wer-macht-angst-vorm-boesen-wolf/

18 Bild Hannover, 15. August 2015

19 https://www.bild.de/bild-plus/news/inland/news-inland/raubtiere-in-deutschland-wie-gefaehrlich-sind-wolfshybriden-60125906.bild.html

20 https://www.bild.de/politik/kolumnen/pol itik-inland/kommentar-zum-wolf-schuss-verb ot-es-muss-wohl-erst-ein-kind-sterben-6011 4174.bild.html

21 https://www.bild.de/politik/inland/politik-inland/groko-streit-ueber-woelfe-muss-der-wolf-erst-das-rotkaeppchen-fressen-59876570.bild.html

22 Bild Dresden, 26. Februar 2016

23 https://www.bild.de/regional/hannover/wolf/freigeben-50775206.bild.html

24 https://www.bild.de/regional/bremen/bremen-aktuell/1-wolfs-demo-vor-dem-rat haus-schuetzt-endlich-unsere-tiere-58299994.bild.html

25 https://www.bild.de/regional/leipzig/raub tiere/der-wolf-muss-weg-53355188.bild.html

26 https://www.dbb-wolf.de/wolfsmanagement/herdenschutz/schadensstatistik

27 https://sz-magazin.sueddeutsche.de/politik/wer-hat-angst-vorm-boesen-wolf-85974

28 https://dip21.bundestag.de/dip21/btd/19/005/1900594.pdf

29 https://www.dbb-wolf.de/totfunde/statistik-der-todesursachen

30 https://www.bild.de/bild-plus/news/inland/news-inland/selbstjustiz-unbekannte-toeten-immer-mehr-woelfe-60261900.bild.html

31 Bild, 16. April 1968

32 Peter Jordan: Presse und Öffentlichkeit, Schriften zur politischen Bildung, Frankfurt am Main 1970

33 Gudrun Kruip: Das »Welt«-»Bild« des Axel Springer Verlags, Studien zur Ideengeschichte der Neuzeit, Band 3, München 1999

34 https://www.axelspringer.com/de/unter nehmen/grundsaetze-und-werte

35 https://www.zeit.de/2012/18/Axel-Springer-Verlag/seite-2

36 Gudrun Kruip: Das »Welt«-»Bild« des Axel Springer Verlags, Studien zur Ideengeschichte der Neuzeit, Band 3, München 1999

37 Bild, 7. Februar 1968

38 https://www.medienarchiv68.de

39 dpa-Meldung, z. B. in Nordwest-Zeitung, 20. April 1968

40 Bei der Möbelhaus-Geschichte fällt noch ein Detail auf: Bild behauptet damals, es sei nicht nur das Wort »BILD« auf die Möbel gesprüht worden, sondern auch »Springer« auf die Fensterscheiben. Und in die Möbel habe man die Buchstaben »AS« geritzt. In den Gladbecker Lokalzeitungen, die damals ausführlich über den Fall berichten (Danke an das Gladbecker Stadtarchiv!), wird jedoch überall nur das Wort »BILD« erwähnt. Die WAZ schreibt damals übrigens noch: »Man sollte sich hüten, voreilige Schlüsse zu ziehen. Man sollte nicht sagen – wie es schon zu hören war – ›wieder die Studenten‹.

Denn nichts deutet bisher darauf hin, daß der Brand im Möbelhaus Buick irgend etwas mit den Unruhen der letzten Tage zu tun hat. […] Möglich ist vieles: ein Racheakt aus bisher allerdings nicht bekannten Motiven, vielleicht auch die Enttäuschung eines Einbrechers, der auf Geld hoffte, nichts fand und dann anfing, zu kratzen, zu schneiden, zu spritzen – und vielleicht zu brandschatzen. Ziehen wir also keine voreiligen Schlüsse – Vorurteile helfen meist nicht weiter.« Am selben Tag schiebt Bild die Tat den Demonstranten in die Schuhe.

41 Die Zeit, 26. April 1968

42 Bild, 3. Juni 1967:»Ein junger Mann ist gestern in Berlin gestorben. Er wurde Opfer von Krawallen, die politische Halbstarke inszenierten. […] Gestern haben in Berlin Krawallmacher zugeschlagen, die sich für Demonstranten halten. Ihnen genügte der Krach nicht mehr. Sie müssen Blut sehen.«

43 Bild, 5. Juni 1967

44 Der Spiegel, Nr. 26/1967

45 Heinz Kulas: Ein »Springer-Lexikon« von »Absurd« bis »Zusammenrottung«, in: B. Jansen; A. Klönne: Imperium Springer, S. 189–204, zit. n. Kruip, 1999

46 Peter Jordan: Presse und Öffentlichkeit, Schriften zur politischen Bildung, Frankfurt am Main 1970

47 https://www.spiegel.de/panorama/gesell schaft/duesseldorf-anonymer-schmaehbrief-an-griechische-gastronomen-a-1021793.html

48 Bild, 26. Februar 2015

49 Bild, 20. Oktober 1961

50 Peter Jordan: Presse und Öffentlichkeit, Schriften zur politischen Bildung, Frankfurt am Main 1970

51 z. B. https://www.bild.de/politik/ausland/wolfgang-schaeuble/deutschland-sagt-danke-wolfgang-schaeuble-39843002.bild.html

52 https://bildblog.de/tag/pleite-griechen/

53 z. B. https://www.bild.de/politik/ausland/griechenland-krise/fliegen-die-griechen-aus-versehen-aus-dem-euro-40088534.bild.html

54 https://www.bild.de/politik/ausland/alexis-tsipras/griechenlands-regierung-der-natio nalen-rettung-griechos-radikalos-39531384.bild.html

55 https://www.bild.de/bild-plus/politik/ausland/griechenland-krise/falscher-brief-39852946.bild.html

56 https://www.bild.de/geld/wirtschaft/griechenland/regierung-will-konzept-in-bruessel-vorstellen-39719420.bild.html

57 zit. n. http://www.stefan-niggemeier.de/blog/20565/schock-griechlands-radikalos-nakedbike-rider-regierung-haelt-frist-ein/

58 zit. n. http://www.stefan-niggemeier.de/blog/20565/schock-griechlands-radikalos-nakedbike-rider-regierung-haelt-frist-ein/

59 https://www.bild.de/bild-plus/politik/ausland/griechenland-krise/graphologin-ueber-varoufakis-unterschrift-39893064.bild.html

60 https://www.nytimes.com/2015/03/20/world/europe/greco-german-fingergate-gets-stranger-and-stranger.html

61 https://bildblog.de/63553/der-griechen-teufel-mit-dem-einzack/

62 https://bildblog.de/63166/die-radikalos-kampagnen-der-brandstifter-journalisten/

63 Bild, 1. März 2010

64 https://www.bild.de/news/standards/kommentar-von-einar-koch-12338604.bild.html

65 https://www.bild.de/politik/ausland/griechenland/zofft-sich-mit-eurogruppe-39577422.bild.html

66 http://print-wuergt.de/2010/03/07/griechen/

67 https://www.boeckler.de/pdf/p_imk_study_45_2016.pdf

68 Rede von Axel Schäfer im Deutschen Bundestag, 27. Februar 2015, https://www.youtube.com/watch?v=4G5jv2fmHC4

69 https://www.n-tv.de/politik/Wir-beleidigen-niemals-ein-Land-article14601751.html

70 Christoph Weller: Warum gibt es Feindbilder?, in: Jochen Hippler, Andrea Lueg: Feindbild Islam oder Dialog der Kulturen, Aktualisierte und erweiterte Neuauflage, Hamburg 2002

71 https://www.bild.de/bild-plus/politik/inland/politik-inland/wer-prassen-darf-oder-sparen-muss-so-gibt-merkel-2020-unsere-steuern-aus-66334950.bild.html

72 https://www.bild.de/politik/inland/politik-inland/umwelthilfe-die-diesel-hasser-wollen-uns-das-boellern-verbieten-59162872.bild.html

73 z. B. https://www.bild.de/politik/ausland/despotismus/despoten-check-45767732.bild.html oder https://www.bild.de/news/standards/franz-josef-wagner/lieber-juergen-todenhoefer-25094232.bild.html, siehe auch https://www.bild.de/politik/inland/syrien-krise/jugenschuetzer-ruegt-bild-wegen-kriegsfotos-44882190.bild.html

74 Bild, 13. Februar 2013

75 https://www.bild.de/politik/ausland/syrien-krise/bild-reporter-am-fluss-des-todes-29478732.bild.html

76 Bild, 14. Februar 2012

77 Bild, 6. März 2018

78 https://www.fr.de/politik/guttenberg-bild-zeitung-11421669.html

79 https://twitter.com/jreichelt/status/561994501968121857

80 https://www.bild.de/politik/inland/horst-seehofer/warum-in-muenchen-europas-untergang-beginnen-koennte-44492736.bild.html

81 https://www.bild.de/politik/ausland/militaer/darum-scheitert-die-hurensohn-strategie-43098542.bild.html

82 https://11freunde.de/artikel/verdammt-in-alle-ewigkeit/408934

83 https://www.bild.de/sport/fussball/fifa-wm-2018/matthaeus-sollte-keine-blutigen-haende-schuetln-56248478.bild.html

84 https://www.bild.de/politik/2009/barack-obama-partys-7128118.bild.html

85 https://www.bild.de/politik/ausland/barack-obama/us-praesident-soll-die-koffer-packen-38447486.bild.html

86 https://www.bild.de/politik/ausland/barack-obama/der-ohnmaechtigste-maechtigste-49860446.bild.html

87 https://www.bild.de/politik/inland/bild-kommentar/analyse-julian-reichelt-zur-muenchner-sicherheitskonferenz-50508262.bild.html

88 https://www.bild.de/politik/ausland/bild-kommentar/von-julian-reichelt-48632262.bild.html

89 https://www.bild.de/politik/ausland/julian-reichelt/warum-trump-richtig-gehandelt-hat-51202526.bild.html

90 https://www.bild.de/politik/2019/politik/kommentar-israel-politik-der-usa-wer-trump-fuer-dumm-haelt-irrt-total-60826338.bild.html

91 Bild, 9. Januar 2020

92 https://bildblog.de/5704/wie-ich-freiherr-von-guttenberg-zu-wilhelm-machte/

93 https://www.bild.de/news/standards/bild-kommentar/kommentar-von-michael-back-haus-15648644.bild.html

94 https://www.bild.de/politik/topics/jahres-rueckblick/die-deutschland-bewegten-wulff-guttenberg-steinmeier-14759274.bild.html

95 https://www.bild.de/politik/2011/karl-theodor-zu-guttenberg/minister-liebling-im-sturm-vorfaelle-gorch-fock-afghanistan-feldpost-gegenoffensive-15648542.bild.html

96 https://www.bild.de/news/standards/kommentar-10439202.bild.html

97 https://www.sueddeutsche.de/politik/gutten-berg-stellt-bundeswehr-buch-vor-der-kriegs-minister-klaert-auf-1.975103

98 Bild, 28. August 2010

99 Bild, 4. November 2010

100 https://www.bild.de/unterhaltung/musik/total-verschossen-auf-der-wiesn-14053270.bild.html

101 Bild, 29. Oktober 2010

102 https://www.bild.de/politik/2010/in-welches-amt-stuermt-er-2011-14295868.bild.html

103 https://bildblog.de/26528/frau-zu-gutten-berg-haelt-wenig-von-starkult/

104 https://www.bild.de/politik/2010/hier-rockt-deutschlands-heimliche-first-lady-14093876.bild.html

105 https://bildblog.de/26528/frau-zu-gutten-berg-haelt-wenig-von-starkult/

106 Bild, 15. Dezember 2010

107 https://www.sueddeutsche.de/politik/guttenbergs-doktorarbeit-summa-cum-laude-mehr-als-schmeichelhaft-1.1060779

108 Süddeutsche Zeitung, 16. Februar 2011

109 https://www.zeit.de/politik/deutschland/2011-02/guttenberg-wahrheit

110 https://www.bild.de/news/standards/franz-josef-wagner/post-von-wagner-16015226.bild.html

111 https://www.bild.de/news/standards/post-von-wagner-9546034.bild.html

112 https://www.bild.de/politik/2011/ist-er-jetzt-aus-der-schusslinie-16100136.bild.html

113 https://www.sueddeutsche.de/medien/buchvorstellung-der-kleine-waehlerhasser-berliner-baende-1.1084384

114 Der Spiegel, Nr. 9/2011

115 Der Spiegel, Nr. 9/2011

116 https://bildblog.de/28247/man-darf-nicht-bescheissen/

117 Bild, 24. Februar 2011

118 https://www.spiegel.de/politik/deutschland/umfragen-bild-de-leser-revoltieren-gegen-guttenberg-a-747445.html

119 https://www.bild.de/politik/2011/karl-theodor-zu-guttenberg/war-mit-verteidigungs minister-im-krieg-afghanistan-16219778.bild. html

120 z. B. https://www.bild.de/bild-plus/politik/inland/politik-inland/guttenberg-legt-neue-doktorarbeit-vor-neun-jahre-nach-plagiats affaere-72355804.bild.html

121 https://www.bild.de/video/clip/politik-inland/corona-news-das-sagt-guttenberg-ueber-neue-ausgangs-regeln-69529298 -69530028.bild.html

122 https://www.bild.de/bild-plus/politik/kolumnen/kolumne/tuerkei-bundeswehr-in-syrien-einsetzen-karl-theodor-zu-gutten-berg-zum-plan-von-a-65546988.bild.html oder https://www.bild.de/news/standards/karl-theodor-zu-guttenberg/deutschlands-ver antwortung-34471160.bild.html

123 https://www.bild.de/unterhaltung/leute/leute/wiesn-stammtisch-von-bild-muenchen-grosse-gaudi-mit-guttenbergs-und-co-5742 7970.bild.html

124 https://www.bild.de/politik/inland/karl-theodor-zu-guttenberg/was-wird-kt-53059814. bild.html

2.»Frieden schaffen mit Atomwaffen!«

1 https://www.axelspringer.com/de/pressein formationen/julian-reichelt-kehrt-an-seinen-arbeitsplatz-zurueck-kuenftig-doppelspitze-mit-alexandra-wuerzbach

2 https://www.spiegel.de/wirtschaft/unter nehmen/julian-reichelt-compliance-verfahren-gegen-bild-chefredakteur-a-578bd2fb-4548-4b47-aef8-01e3bb4e1354 Zuvor waren einige der Vorwürfe bereits von Comedian Jan Böhmermann, Journalist Friedrich Küppersbusch und Journalist Lorenz Maroldt angedeutet worden, siehe dazu etwa https://uebermedien. de/58184/reichelt-oder-die-moerderische-frage -wer-mit-wem-schlief/

3 Die Zeit, 11. März 2021

4 https://www.fr.de/kultur/gesellschaft/bild-zeitung-julian-reichelt-compliance-verfahren-boulevard-medien-90237844.html

5 Bild, 26. Mai 2020

6 https://twitter.com/JoergStoye/status/1264963842997714945

7 https://twitter.com/domliebl/status/1264935266185293826

8 https://twitter.com/c_drosten/status/1264934434756755456 – Anfangs ist in dem Screenshot auch die Handynummer des Bild-Mitarbeiters zu sehen. Nach Kritik löscht Drosten diesen Tweet wieder und postet die Bild-Anfrage noch einmal, diesmal ohne Handynummer.

9 Zum Beispiel hier: https://www.georgstreiter.de /995-2/, hier: https://www.spiegel.de/netzwelt/bild-zeitung-gegen-christian-drosten-bloss-nicht-vernuenftig-a-1d69020c-870d-435b-a348-5ee447a975f4 und hier: https://www.faz.net/aktuell/feuilleton/debatten/bild-gegen-den-vi-rologen-drosten-versuch-einer-vernichtung-16787133.html

10 https://soundcloud.com/user-661543280/15-mit-bild-chefredakteur

11 Der Spiegel, Nr. 23/2020

12 https://www.tagesspiegel.de/gesellschaft/medien/bild-chef-julian-reichelt-mein-an spruch-bild-als-ehrlichstes-medium-deutsch lands/19396996.html

13 https://bildblog.de/86804/julian-reichelts-fehler-zwischen-anspruch-und-wirklichkeit/

14 https://www.titanic-magazin.de/news/mio miogate-juri-kuehnert-bild-und-titanic-9482/

15 https://www.spiegel.de/spiegel/julian-reich elt-ueber-die-titanic-affaere-der-bild-a-11950 47.html

16 https://bildblog.de/123780/bild-zeigt-private-whatsapp-nachrichten-eines-kindes-dessen-geschwister-gerade-getoetet-wurden/

17 https://bildblog.de/123855/bericht erstattung-aus-solingen-bild-chef-erkennt-keine-fehler/

18 https://uebermedien.de/58665/alter-chef-neue-kultur-mathias-doepfner-erklaert-den-bild-leuten-was-sich-aendern-soll-und-was-nicht/

19 Der Spiegel, Nr. 17/2018

20 Bild-Titelschlagzeilen aus dem März 2013

21 Bild-Titelschlagzeilen aus dem März 2018

22 Der Spiegel, Nr. 17/2018

23 https://www.tagesspiegel.de/gesellschaft/medien/aufstieg-im-axel-springer-verlag-julian-reichelt-wird-vorsitzender-der-chefredakteure-bei-bild/19352036.html

24 https://www.spiegel.de/kultur/gesellschaft/bild-chefredakteurin-tanit-koch-verlaesst-die-zeitung-julian-reichelt-uebernimmt-a-1191054.html

25 https://www.zeit.de/kultur/2016-12/kai-diekmann-axel-spinger-bild-herausgeber-abschied

26 https://meedia.de/2018/07/18/die-alte-garde-ist-am-ende-und-zwar-ueberall-springer-ceo-mathias-doepfner-ueber-die-aufloesung-von-leadership-modellen-in-politik-und-medien/

27 https://bildblog.de/629/629/

28 https://bildblog.de/18326/leitfaden-wie-hetze-ich-gegen-ein-land-auf/

29 http://www.stefan-niggemeier.de/blog/22108/ein-lebenslanger-makel-warum-springer-kachelmann-635-000-euro-zahlen-soll/ und https://bildblog.de/23568/in-sachen-schwarzer-kachelmann/ und https://www.lto.de/recht/nachrichten/n/kachelmann-axel-springer-verlag-bild-schadenersatz-schmerzensgeld-bgh/

30 http://www.stefan-niggemeier.de/blog/18217/bild-stuerzte-wulff-mit-einer-falsch-meldung-das-kuemmert-aber-keinen/

31 Bild, 26. Mai 2006

32 Gerhard Henschel: Gossenreport – Betriebsgeheimnisse der Bild-Zeitung, Berlin 2006

33 https://www.zeit.de/politik/deutschland/2018-02/tafel-essen-angela-merkel-aufnahme-stopp-auslaender

34 https://www.bild.de/politik/inland/tafel/das-meint-bild-54986072.bild.html

35 https://www.tagesspiegel.de/politik/mann-mit-den-haaren-im-gesicht-gabriel-entschuldigte-sich-bei-schulz/20962266.html

36 https://www.bild.de/politik/inland/bild-kommentar/erbaermlich-54764452.bild.html

37 Der Spiegel, Nr. 17/2018

38 Der Spiegel, Nr. 17/2018

39 https://www.bild.de/politik/ausland/weltwirtschaftsforum/weiter-weg-von-den-menschen-geht-nicht-54596436.bild.html

40 https://meedia.de/2018/02/21/zwischen-wutbuerger-organ-und-boulevard-groteske-kehrt-springers-bild-zur-alten-kampfblatt-mentalitaet-zurueck/

41 https://www.amazon.de/BILD-Macht-Deutschland-Staffel-1/dp/B08PS4JGRM

42 https://go-public.jimdofree.com/

43 https://rp-online.de/panorama/bild-chefredakteur-diekmann-und-kolumnistin-kessler-verheiratet_aid-8524529

44 https://www.spiegel.de/panorama/leute/hochzeit-in-der-reha-kohls-soehne-fehlten-beim-jawort-a-553030.html

45 https://www.bild.de/politik/inland/politik-inland/bild-meint-die-kanzlerin-sollte-umkehren-56010530.bild.html

46 https://www.bild.de/politik/inland/politik-inland/das-meint-bild-merkel-bringt-die-cdu-in-lebensgefahr-68722782.bild.html

47 https://www.bild.de/politik/kolumnen/kolumne/corona-krise-die-alarmstimmung-schadet-deutschland-72437402.bild.html

48 https://www.nwzonline.de/politik/lockdown-corona-deutschland-dezember-januar-einzelhandel-supermaerkte-friseure-kontakte-weihnachten-feiern-pyrotechnik-feuerwerk-silvester-schule-kita-kindergarten-arbeitsplatz-masken-abstand-altenpflege-tests-gastronomie-liefern-abholen-gottesdienste_a_50,11,976199868.html

49 https://www.bild.de/regional/ruhrgebiet/ruhrgebiet-aktuell/beamtin-positiv-getestet-corona-alarm-bei-bochumer-polizei-72162016.bild.html

50 https://www.bild.de/regional/koeln/koeln-aktuell/telekom-shop-geschlossen-corona-alarm-auf-koelner-schildergasse-72142944.bild.html

51 https://www.bild.de/regional/berlin/berlin-aktuell/coronavirus-berliner-ehepaar-loest-nach-urlaub-in-england-corona-alarm-aus-72093848.bild.html

52 https://www.bild.de/regional/muenchen/muenchen-aktuell/landkreis-starnberg-corona-alarm-in-asylbewerberheim-71556772.bild.html

53 https://www.bild.de/regional/hannover/hannover-aktuell/72-infektionen-in-verteilzentrum-corona-alarm-bei-ups-70926940.bild.html

54 https://www.bild.de/regional/berlin/berlin-aktuell/corona-alarm-an-berliner-schulen-eine-dicht-eine-offen-70734006.bild.html

55 https://www.bild.de/regional/frankfurt/
frankfurt-aktuell/wittlich-corona-alarm-im-
schlachthof-71083214.bild.html

56 https://www.horizont.net/medien/nach
richten/bild-chefredakteur-julian-reichelt-
verlogenheit-ekelt-mich-an-172110

57 https://www.theguardian.com/world/2020/
jul/16/bild-zeitung-tabloid-julian-reichelt-
angela-merkel-germany

58 https://www.n-tv.de/der_tag/Bild-Haltung-
zu-Fluechtlingen-hat-viele-Leser-gekostet-
article18997721.html

59 https://uebermedien.de/30565/asyl-nicht-
mehr-ohne-irrsinn-denken/

60 Bild, 3. August 2018

61 Bild Stuttgart, 11. August 2018

62 Bild, 19. Juli 2018

63 Der Spiegel, Nr. 17/2018

64 https://www.theguardian.com/world/2020/
jul/16/bild-zeitung-tabloid-julian-reichelt-
angela-merkel-germany

65 Der Spiegel, Nr. 17/2018

66 https://www.bild.de/unterhaltung/leute/ein
samer-koenig-und-ewiges-kind-8841474.bild.
html

67 https://www.bild.de/unterhaltung/leute/
der-mensch-hinter-der-maske-5179650.bild.
html

68 https://www.bild.de/news/2007/trauer-tiere-
1521272.bild.html

69 https://www.bild.de/news/2007/bild-leser-
danke-1531800.bild.html

70 https://www.bild.de/news/2006/raketen-
libanon-644278.bild.html

71 https://www.bild.de/politik/2011/libyen-
krise/bild-reporter-strasse-des-todes-vor-ben
gasi-16978386.bild.html

72 https://www.bild.de/politik/2010/mein-kol
lege-ist-tot-11078958.bild.html

73 https://www.bild.de/politik/ausland/libyen-
krise/us-fotograf-stirbt-in-misrata-17554828.
bild.html

74 https://www.bild.de/news/2007/bild-besuch
-lebensraum-1657398.bild.html

75 https://www.bild.de/news/vermischtes/tator
terde-3193488.bild.html

76 https://www.bild.de/news/vermischtes/
serie-umwelt-suenden-3136316.bild.html

77 https://www.bild.de/news/standards/kom
mentar-10895348.bild.html

78 https://www.bild.de/politik/ausland/syrien-
krise/bild-reporter-reichelt-in-der-kriegs
hoelle-von-aleppo-31767228.bild.html

79 https://www.bild.de/politik/ausland/libyen-
krise/bild-reporter-julian-reichelt-berichtet-
17471472.bild.html

80 https://www.bild.de/politik/ausland/syrien-
krise/julian-reichelt-kriegsreporter-bild-
29728398.bild.html

81 https://www.horizont.net/medien/nach
richten/julian-reichelt--paul-ronzheimer-wir-
sind-wie-pinky-and-the-brain-183269

82 https://meedia.de/2016/04/12/das-heutige-
bildblog-halte-ich-fuer-ideologischen-quatsch-
julian-reichelt-im-meedia-gespraech-2/

83 https://www.bild.de/news/standards/kom
mentar-11527446.bild.html

84 https://www.bild.de/news/standards/kom
mentar-10054570.bild.html

85 https://www.bild.de/politik/ausland/wlad
imir-putin/so-spaltet-putin-den-westen-
33195114.bild.html

86 https://www.bild.de/politik/ausland/wlad
imir-putin/jetzt-ist-er-der-maechtigste-mann-
der-welt-35142238.bild.html

87 https://www.bild.de/bild-plus/politik/inland
/politik-inland/cyber-angriff-die-hacker-
koennten-mehr-in-der-hinterhand-
haben-59366050.bild.html

88 https://www.bild.de/bild-plus/politik/inland
/politik-inland/cyber-angriff-auf-deutschland-
wen-erwischte-es-besonders-hart-59364234.
bild.html

89 https://www.sueddeutsche.de/digital/
hackerangriff-festnahme-tatverdaechtiger-
1.4278860

90 Siehe zum Beispiel https://www.fnp.de/hes
sen/hessen-hacker-angriff-politiker-umfas
sende-analyse-soll-motivation-taeters-heraus
finden-zr-11848737.html und https://www.su
eddeutsche.de/politik/datendiebstahl-cyberkri
minalitaet-prominente-bka-1.4487126

91 Der Spiegel, Nr. 23/2020

92 Julian Reichelt: Kriegsreporter – Ich will von
den Menschen erzählen, 2009

93 Screenshots aus dem Slack-Kanal liegen uns
vor.

94 https://www.bild.de/politik/ausland/politik-

ausland/donald-trump-analyse-zum-tv-duell-biden-hat-seine-chance-verpasst-73170134. bild.html

95 https://www.amazon.de/BILD-Macht-Deutschland-Staffel-1/dp/B08PS4JGRM

96 https://www.horizont.net/medien/nach richten/julian-reichelt--paul-ronzheimer-wir-sind-wie-pinky-and-the-brain-183269

97 https://www.amazon.de/BILD-Macht-Deutschland-Staffel-1/dp/B08PS4JGRM

98 Die Zeit, 1. März 2018

99 https://kress.de/news/detail/beitrag/139481-tanit-kochs-emotionaler-abschiedsbrief-ihr-seid-bild-und-bild-ist-einzigartig.html

100 https://twitter.com/BILDblog/status/852190413440024577

101 Nach dem Erscheinen eines Spiegel-Porträts über ihn im April 2018, in dem es auch um Reichelts Verhalten bei Twitter ging (Titel: »Im Stahlgetwitter«), hat er seine Aktivitäten bei dem Kurznachrichtendienst deutlich zurückgefahren. Inzwischen beschränkt er sich fast nur noch aufs Verbreiten von Tweets anderer Leute.

102 https://bildblog.de/86374/julian-reichelt-will-den-spiegel-nicht-als-quelle-nennen/

103 https://bildblog.de/66357/wie-glenn-green wald-mal-versuchte-mit-julian-reichelt-zu-diskutieren/

104 https://bildblog.de/66118/julian-reichelt-reist-mit-snowden-auf-dem-holzweg-richtung-russland/

105 https://www.horizont.net/medien/nachrichten/julian-reichelt--paul-ronzheimer-wir-sind-wie-pinky-and-the-brain-183269

106 https://www.bild.de/video/clip/bundestagswahl2017/julian-reichelt-auf-cnn-mit-analyse-53319574.bild.html

107 https://twitter.com/bbcnewsnight/status/1164291852637368321

108 Der Spiegel, Nr. 17/2018

109 https://kress.de/news/detail/beitrag/139098-die-widersprueche-des-bild-chefs.html

110 https://www.bild.de/geld/wirtschaft/dieter-zetsche/so-viel-verdient-der-daimler-boss-39807180.bild.html

111 https://www.bild.de/bild-plus/sport/fussball/hsv/geheime-gehaltsliste-56390218.bild.html

112 Bild, 22. November 2018

113 https://www.bild.de/sport/fussball/bundesliga-macher-3359750.bild.html

114 https://www.bild.de/bild-plus/sport/mehr-sport/handball/handball-wm-2019-was-unsere-handball-stars-verdienen-59603684,jsRedirectFrom=conversionToLogin.bild.html

115 https://www.bild.de/bild-plus/sport/mehr-sport/eishockey/eishockey-wm-2019-die-gehaltsliste-der-deutschen-nationalmann schaft-61944542.bild.html

116 https://www.bild.de/bild-plus/unter haltung/tv/tv/tatort-stars-was-sie-pro-folge-verdienen-65618940,jsRedirectFrom=conver sionToLogin.bild.html

117 https://bildblog.de/117318/bringt-julian-reichelt-die-familien-der-tv-koeche-in-gefahr/

118 https://www.bild.de/bild-plus/geld/wirtschaft/wirtschaft/bild-verraet-es-was-kassiert-eigentlich-ein-gewerkschafts-boss-70530372.bild.html

3. »Schicken Sie uns Ihre Urlaubsfotos aus der Flammenhölle!«

1 Christoph Schultheis: Nachwirkungen der »Bild«-Berichterstattung, in: Christian Schertz, Thomas Schuler (Hg.): Rufmord und Medienopfer – Die Verletzung der persönlichen Ehre, Berlin 2012

2 https://taz.de/!454631/

3 Bild, 9. März 2006

4 https://www.titanic-magazin.de/heft/klassik/2000/august/wm1/

5 https://bildblog.de/72882/fuereinander-da-zu-sein/

6 Bild, 8. Juli 2000

7 https://shop.titanic-magazin.de/bild-leser-beschimpfen-titanic.html

8 Bild, 5. November 2014

9 Handelsblatt, 22. Mai 2015

10 Peter Jordan: Presse und Öffentlichkeit, Schriften zur politischen Bildung, Frankfurt am Main 1970

11 Tobias Lobe: BILD – Von der Vision eines Verlegers zur nationalen Institution, in: Carsten Baumgarth (Hg.): Erfolgreiche Führung von Medienmarken, Wiesbaden 2004

12 Peter Jordan: Presse und Öffentlichkeit,

Schriften zur politischen Bildung, Frankfurt am Main 1970

13 Axel Springer Verlag: Ein Bild von BILD, Käuferanalyse, Hamburg 1995

14 https://www.bild.de/news/bild-kaempft/bild-kaempft-fuer-sie/versicherung-zahlt-nicht-gerfried-wartet-drei-jahre-auf-5000-euro-69138476.bild.html

15 https://www.bild.de/news/bild-kaempft/rentenversicherung/renate-gorell-bekommt-asthma-kur-12416626.bild.html

16 https://www.bild.de/news/bild-kaempft/bild-kaempft-fuer-sie/nach-bild-bericht-500-rentner-haben-wieder-klopapier-69909956.bild.html

17 https://www.bild.de/news/bild-kaempft/zahlen/bild-kaempft-in-zahlen-19206696.bild.html

18 Hans Jürgen Arlt, Wolfgang Storz: Drucksache »Bild« – Eine Marke und ihre Mägde, Eine Studie der Otto Brenner Stiftung, Frankfurt am Main 2011. Siehe zu »Bild kämpft für Sie« auch Günter Wallraff, Zeugen der Anklage, Köln 1979

19 https://www.bild.de/sport/wm-2006-deutschland/wm-reporter-508008.bild.html

20 https://www.bild.de/sport/wm-2006-deutschland/handy-reporter-bild-540806.bild.html

21 https://www.bild.de/sport/wm-2006-deutschland/wm-handy-reporter-566568.bild.html

22 https://www.bild.de/sport/wm-2006-deutschland/handy-reporter-610918.bild.html

23 https://www.bild.de/sport/wm-2006-deutschland/handy-reporter-610918.bild.html

24 https://www.verbaende.com/news.php/DJV-warnt-vor-Presseausweis-fuer-BILD-Leserreporter?m=40955

25 z. B. https://bildblog.de/90884/ihr-gaffer-seid-echt-das-letzte-aber-eure-fotos-nimmt-bild-gern/ oder https://bildblog.de/95811/wer-stoppt-die-verdammten-gaffer-bild-de-auf-jeden-fall-nicht/

26 https://bildblog.de/1669/erwischt/

27 https://www.bild.de/news/leserreporter/diane-kruger/diane-kruger-und-joshua-jackson-weihnachten-in-deutschland-27796976.bild.html

28 https://bildblog.de/42037/unfassbar-2/

29 https://bildblog.de/3149/von-puffgaengern-und-psychisch-kranken/

30 https://bildblog.de/91444/schicken-sie-uns-ihre-urlaubsfotos-aus-der-flammenhoelle/

31 https://www.bild.de/news/ausland/news-ausland/essen-und-getraenke-gratis-bild-laedt-sie-zum-leser-stammtisch-auf-mallorca-ein-64208226.bild.html

32 https://www.bild.de/video/clip/leserstammtisch/leserstammtisch-regensburg-63206204.bild.html

33 https://www.bild.de/regional/hamburg/hamburg-aktuell/bild-leser-stammtisch-ein-luxus-dampfer-voller-fragen-65415034.bild.html

34 https://www.bild.de/news/inland/65-jahre-bild/bild-kommt-zu-ihnen-deutschlandtour-durch-65-staedte-52847944.bild.html

35 Julian Reichelt in einem Interview mit Horizont, 10. Januar 2019, https://www.horizont.net/medien/nachrichten/bild-chefredakteur-julian-reichelt-verlogenheit-ekelt-mich-an-172110

36 https://bildblog.de/106477/julian-reichelts-auflagen-maerchen/

37 Auflagenentwicklung laut IVW, jeweils von IV/2005 bis IV/2020

38 agma Media-Analyse: Pressemedien II 2020

39 Ähnlich hohe Verkaufszahlen erreichen zeitweise höchstens britische Boulevardtitel wie die Sun oder die Daily Mail: https://www.pressgazette.co.uk/most-popular-newspapers-uk-abc-monthly-circulation-figures/

40 agof daily digital facts, Einzelmonat Februar 2021

41 IVW, Februar 2021

42 In Stormarn: 31 von 1.000 Einwohnern, Pinneberg: 29, Harburg: 29. Alle Berechnungen basieren auf der Verbreitungsanalyse der IVW, 2020

43 https://www.bild.de/regional/berlin/ist-ein-berliner-4063372.bild.html

44 https://www.mediaimpact.de/data/uploads/2020/07/bild_factsheet_2020_juli.pdf

45 Axel Springer Verlag: Qualitative Analyse der BILD-Zeitung, Hamburg 1965

46 journalist, Nr. 7/2018

47 agma Media-Analyse: Pressemedien II 2020

48 https://www.axelspringer.com/de/presse informationen/bild-startet-millennials-channel

49 https://www.bild.de/byou/2016/kim-jong-un/kim-jong-un-quiz-44059394.bild.html

50 https://www.bild.de/byou/2015/vagina/kiffen-laesst-vagina-austrocknen-42779008.bild.html

51 https://meedia.de/2015/11/13/wie-laufen-bento-ze-tt-und-byou-eine-erste-zwischen bilanz/

52 https://meedia.de/2017/02/02/wollen-viel-lauter-auftreten-und-viel-mehr-krach-machen-springers-ehrgeizige-noizz-plaene/

53 https://www.mediaimpact.de/data/uploads/2018/08/NOIZZ_VKU18.pdf

54 http://www.kleinreport.ch/news/diskretes-ende-fur-noizzde-die-bild-will-die-jugend-zukunft-direkt-ansprechen-96071/

55 https://bildblog.de/119370/to-b-or-not-to-b/

56 https://bildblog.de/118998/spekulationen-zum-taeter-von-hanau-warum-bild-live-der-letzte-mist-ist/

57 https://www.hessenschau.de/panorama/bka-stellt-klar-hanauer-attentaeter-war-rechts extremist,bka-chef-hanau-morde-100.html

58 https://www.wuv.de/medien/bildboykott_aok_chef_befeuert_welle_der_solidaritaet

59 https://www.cicero.de/innenpolitik/bild-zeitung-solingen-kritik-drohungen-argumente-boykott/plus

60 https://medieninsider.com/mord-solingen-bild-kritik-reaktion/1697/

61 https://www.deutschlandfunk.de/getoetete-kinder-in-solingen-bild-chef-verteidigt.2907.de.html? dram:article_id=483731

62 https://www.sueddeutsche.de/medien/bild-doepfner-springer-solingen-1.5032740

63 https://www.der-postillon.com/2013/10/eklat-korrekt-recherchierte-nachricht.html

64 »Diese Zeitung ist ein Organ der Niedertracht. Es ist falsch, sie zu lesen. Jemand, der zu dieser Zeitung beiträgt, ist gesellschaftlich absolut inakzeptabel. Es wäre verfehlt, zu einem ihrer Redakteure freundlich oder auch nur höflich zu sein. Man muß so unfreundlich zu ihnen sein, wie es das Gesetz gerade noch zuläßt. Es sind schlechte Menschen, die Falsches tun.« Max Goldt: Mein Nachbar und der Zynismus, in: Der Krapfen auf dem Sims, Berlin 2001

65 https://www.reddit.com/r/de/comments/78vn32/darf_ich_vorstellen_der_maxgoldtbot/

66 Die Zeit, 1. März 2018

67 https://www.bild.de/politik/inland/wir-hel fen/wir-unterstuetzen-die-bild-aktion-42387 390.bild.html

68 https://bildblog.de/70018/wer-nicht-fuer-bild-werben-will-muss-gegen-fluechtlinge-sein/

69 https://twitter.com/KaiDiekmann/status/644084905643778048

70 https://twitter.com/KaiDiekmann/status/644121151808122880

71 https://www.zeit.de/hamburg/aktuell/2015-09/04/migration-st-pauli-laedt-1000-fluecht linge-zum-testspiel-gegen-dortmund-ein-0415 5003

72 https://www.fcstpauli.com/news/archiv/bring-your-duschgel/

73 https://www.nytimes.com/2015/09/10/sports/soccer/german-soccer-clubs-open-their-gates-to-refugees.html

74 https://bildblog.de/70149/wer-nicht-fuer-bild-werben-will-muss-gegen-fluechtlinge-sein-3/

75 »Gemeinwohlatlas 2019«, herausgegeben von HHL Leipzig Graduate School of Management sowie Center for Leadership and Values in Society der Universität St. Gallen, https://www.gemeinwohlatlas.de/de/atlas

76 Bild, 22. Dezember 2014

77 Diese und folgende Zitate: https://bildblog.de/62469/vom-untergang-des-abendlandes-kann-bild-ein-liedchen-singen/

78 https://www.spiegel.de/politik/deutschland/anti-islam-demo-pegida-demonstranten-singen-stille-nacht-in-dresden-a-1010039.html

79 Immerhin: Spiegel Online und FAZ.net haben ihre Artikel später transparent korrigiert: https://www.spiegel.de/politik/deutschland/pegida-gruene-und-spd-regen-muslimische-lieder-zu-weihnachten-an-a-1009884.html und https://www.faz.net/aktuell/politik/inland/als-zeichen-gegen-pegida-muslimische-lieder-im-gottesdienst-13336584.html

80 http://www.bild.de/politik/inland/weih nachten/wirbel-um-weihnachts-gottesdienst-mit-muslimischen-lieder- 39077422.bild.html

81 https://www.facebook.com/nouripour1/posts/752804051476557

82 https://bildblog.de/62469/vom-untergang-des-abendlandes-kann-bild-ein-liedchen-singen/

83 http://www.presseportal.de/pm/56001/2913566/stellungnahme-bild-zu-omid-nouri-pour

84 https://www.bild.de/politik/inland/politik-inland/tik-tok-aerger-fuer-die-tagesschau-kanal-bei-china-konzern-mit-rundfunkgebuehren-66166778.bild.html sowie https://www.bild.de/politik/inland/politik-inland/tagesschau-betreibt-tiktok-kanal-nicht-mit-unseren-gebuehren-66166482.bild.html Lediglich die Axel-Springer-Akademie betreibt einen TikTok-Account.

85 https://t3n.de/news/social-media-team-bild-715038/

86 https://meedia.de/2018/07/25/das-like medien-ranking-im-juni-neuer-fabelrekord-fuer-bild-erstmals-mehr-als-5-mio-interaktionen/ basierend auf Daten von 10000flies.de

87 z. B. https://bildblog.de/101669/sofort-ersch iessen-den-eselsohn/ oder https://bildblog.de/111243/bild-duldet-schwulenfeindliche-hetze/, dazu auch https://meedia.de/2018/08/13/kommentar-umfrage/

88 https://onlinemarketing.de/social-media-marketing/interview-die-welt

89 https://www.axelspringer.com/de/inside/united-artist-niddal-salah-eldin

90 z. B. https://bildblog.de/121059/bei-mord verdacht-macht-bild-einen-deutschen-wieder-zum-fluechtling/

91 Bild Düsseldorf, 13. September 2017 sowie https://www.facebook.com/bild/posts/1015619 2447355730

92 https://bildblog.de/93040/bild-liefert-wieder -futter-fuer-rechte-hetzer/

93 Bild am Sonntag, 30. November 2014

94 https://web.archive.org/web/201502080813 43/http://www.csu-landtag.de/index.php? ka=1&ska=4&idn=946

95 https://bildblog.de/62255/das-bams-maerchen-vom-weihnachtsmarktverbot/

96 http://www.berlin.de/ba-friedrichshain-kreuzberg/politik-und-verwaltung/bezirks verordnetenversammlung/online/vo020. asp?VOLFDNR=5612, siehe auch https:// gruene-xhain.de/richtigstellung-wir-moegen-wintermaerkte-und-weihnachtsmaerkte/ und https://taz.de/Mythos-Winterfeste-in-Berlin/ !5025974/

97 Stuttgarter Zeitung, 26. Oktober 2002. Protokolliert wurde der Beitrag von Journalist Kai Biermann, der zum Tod von Lustig noch mal klarstellte: »Er hasste Kinder nicht«, https://www.zeit.de/kultur/film/2016-02/peter-lustig-kinder-geruecht/komplettansicht

98 Bild am Sonntag, 3. November 2002

99 Hamburger Abendblatt, 5. November 2002

100 Die Welt, 4. November 2002

101 Express, 4. November 2002

102 Neon, 11. März 2013; nach diesem Interview wird Peter Lustig von Bild auf der Titelseite prompt zum »Verlierer« erklärt. Als Begründung gibt die Redaktion an: »Peter Lustig (75), Ex-Moderator der Kindersendung ›Löwenzahn‹, arbeitete bei den legendären ›Ich bin ein Berliner‹-Rede von John F. Kennedy als Tontechniker des Sender [sic] Freies Berlin. Weil er ›das Signal sauber zum Sender bekommen musste‹, bekam er von der Rede nichts mit (›Neon‹). BILD meint: Lustig!« – siehe https://bild.de/47354/die-rache-folgt-auf-dem-fusse/

4. »WIR sind jetzt eure APO!«

1 Bild, 14. Oktober 2014

2 Bild, 9. November 2016

3 Bild, 14. Januar 2017

4 https://twitter.com/BILD/status/105683856 3206254592

5 Bild, 30. Oktober 2018

6 Bild, 1. November 2018

7 Bild, 2. November 2018

8 Bild, 3. November 2018

9 Bild am Sonntag, 4. November 2018

10 Bild, 6. November 2018

11 Bild, 12. November 2018

12 https://www.bild.de/politik/inland/politik-inland/cdu-machtkampf-friedrich-merz-stellt-sich-den-fragen-der-bild-leser-58406088.bild. html

13 Video von Daniel Bouhs: »Wie Julian Reichelt mit seiner Bewegt-BILD angreift«, 6. Februar 2021, https://www.youtube.com/watch? v=9Z7y82CetSo

14 https://www.bild.de/video/clip/millionaer/sind-sie-millionaer-herr-merz-58420282.bild. html

15 https://www.bild.de/politik/inland/politik-inland/millionaer-friedrich-merz-bild-leser-debatte-ueber-den-cdu-politiker-58460164.bild.html

16 https://www.bild.de/bild-plus/politik/inland/politik-inland/neiddebatte-um-friedrich-merz-reichenforscher-erklaert-beweggruende-58501924.bild.html

17 Bild, 20. November 2018

18 Bild, 17. November 2018

19 Bild, 24. November 2018

20 Bild, 28. November 2018

21 Bild am Sonntag, 2. Dezember 2018

22 https://bildblog.de/104791/mit-bild-am-sonntag-habe-ich-nie-gesprochen/

23 https://www.vice.com/de/article/pa5z89/bild-am-sonntag-cdu-parteivorsitz-wahl-merz-kramp-karrenbauer-spahn

24 Bild am Sonntag, 9. Dezember 2018

25 Bild am Sonntag, 25. November 2018

26 Der Tagesspiegel, 7. November 2018

27 taz, 1. Dezember 2018

28 Trotz aller Bild-Bemühungen gewinnt am Ende übrigens nicht Friedrich Merz, sondern Annegret Kramp-Karrenbauer.

29 Bild, 29. September 2020

30 https://bildblog.de/wp-content/merkelcoronaorakel06.png – Die Überschrift hat die Redaktion später in »Darum ist die Merkel-Prognose 2 Monate früher eingetreten« geändert. Im Teaser vor der Bild-plus-Paywall steht weiterhin: »Das Kanzlerinnen-Orakel lag meilenweit daneben.«

31 https://www.blaetter.de/ausgabe/2018/juli/bild-gegen-merkel

32 https://taz.de/Die-Bild-Zeitung-und-Friedrich-Merz/!5552019/

33 https://www.tagesspiegel.de/wirtschaft/brief zustellung-springer-uebernimmt-mehrheit-der-pin-ag/972006.html

34 Die genaue Bezeichnung lautet: Tarifvertrag über Mindestlöhne für die Branche Briefdienstleistungen.

35 https://www.faz.net/aktuell/wirtschaft/unternehmen/briefzusteller-mindestens-9-euro-stundenlohn-fuer-die-postboten-1462186.html

36 Bild, 19. September 2007

37 Bild, 20 September 2007

38 Bild, 29. September 2007

39 Bild, 5. Oktober 2007

40 https://www.abgeordnetenwatch.de/bundes tag/16/abstimmungen/postmindestlohn

41 https://taz.de/Springer-zieht-sich-aus-Pin-AG-zurueck/!5189920/

42 https://www.axelspringer.com/de/presseinformationen/axel-springer-ueber nimmt-mehrheit-an-pin-group-ag

43 https://taz.de/Die-Bild-Zeitung-und-Friedrich-Merz/!5552019/

44 Der Spiegel, Nr. 51/2007

45 https://taz.de/Die-Bild-Zeitung-und-Friedrich-Merz/!5552019/

46 https://www.dw.com/de/kommentar-am-ende-ein-hinterzimmer-deal/a-49449237

47 https://www.zeit.de/politik/ausland/2019-07/ursula-von-der-leyen-eu-kommis sionspraesidentin-wahlsieg

48 Bild, 4. Juli 2019

49 https://www.bild.de/politik/ausland/politik-ausland/von-der-leyen-soll-eu-chefin-werden-zu-kurz-gedacht-63039230.bild.html

50 https://www.bild.de/bild-plus/politik/inland/politik-inland/ursula-von-der-leyen-soll-kom missionschefin-das-koennte-sich-raechen-63098126.bild.html

51 https://www.bild.de/politik/ausland/politik-ausland/von-der-leyen-kuer-zur-eu-chefin-in-der-kritik-wahl-muss-verschoben-werden-630 81896.bild.html

52 https://www.bild.de/politik/ausland/politik-ausland/eu-poker-waehler-in-bild-wir-fuehlen-uns-ausgetrickst-63092596.bild.html

53 https://www.bild.de/politik/inland/politik-inland/umfrage-mehrheit-traut-von-der-leyen-eu-amt-nicht-zu-63096846.bild.html

54 Bild, 6. Juli 2019

55 Bild am Sonntag, 7. Juli 2019

56 Bild, 16. Juli 2019

57 https://web.archive.org/web/20190716185 246/https://www.bild.de/

58 Bild, 17. Juli 2019

59 https://www.bild.de/politik/kolumnen/kolumne/kommentar-zur-wahl-von-der-leyens-zeit-fuer-veraenderung-63339568.bild.html

60 https://twitter.com/drumheadberlin/status/1151183856525074433

61 Bild am Sonntag, 12. April 2020

62 Bild, 27. Januar 2021

63 Bild, 28. Januar 2021

64 Bild, 29. Januar 2021

65 Bild, 30. Januar 2021

66 Bild, 30. Januar 2021

67 Bild, 2. Februar 2021

68 Bild, 4. Februar 2021

69 Bild, 5. Februar 2021

70 Bild, 13. Februar 2021

71 Der Spiegel, 19. Juni 2006

72 https://www.sueddeutsche.de/politik/
strache-video-fpoe-oesterreich-ibiza-1.4451784

73 https://www.faz.net/aktuell/politik/ausland/
kurz-kuendigt-neuwahl-an-16193572.html

74 https://www.oe24.at/oesterreich/politik/
kurz-kickl-kann-nicht-gegen-sich-selbst-
ermitteln/380781500

75 https://www.stern.de/politik/ausland/
oesterreichs-kanzler-kurz-wegen--bild--
interview-in-der-kritik--8718426.html

76 https://www.bild.de/bild-plus/politik/
ausland/politik-ausland/bild-bei-sebastian-
kurz-der-kanzler-spricht-ueber-das-oesi-
beben-62026060.bild.html

77 Bild, 20. Mai 2019

78 Zum Beispiel:»Sie haben in der Koalition
häufig Ihre gute Zusammenarbeit mit Strache
erwähnt, in dem Video zeigt sich dagegen jemand, der Österreich bereit ist zu verkaufen für
seinen persönlichen Profit. Wie konnten Sie diesem Mann vertrauen, der schon in der Vergangenheit aufgefallen ist?«, und:»Vor anderthalb
Jahren, als Sie die Koalition eingegangen sind,
haben Sie viele gewarnt. Warum wollten Sie mit
diesen rechten Spinnern überhaupt regieren?«

79 Auf die Bild-Frage »In Deutschland gilt
Kanzlerin Angela Merkel, die zu Ihnen ein un-
terkühltes Verhältnis hat, von Anfang an als
scharfe Kritikerin einer Koalition mit der FPÖ.
Hat Merkel Recht behalten?« zum Beispiel antwortet Kurz:»Wenn ich auf die inhaltliche Arbeit blicke, kann ich nur sagen, soviel wie in den
letzten beiden Jahren in Österreich weiter gegangen ist an Reformen, an Veränderungen im
Land, das muss uns erst mal jemand nachma-
chen. Und ich glaube, dass die Menschen sehr
froh darüber sind, dass die Wirtschaft gut läuft,
deutlich besser als in vielen anderen Ländern,
dass wir keine Schulden mehr machen, dass die
Arbeitslosigkeit zurückgeht, dass der Standort

Österreich attraktiver geworden ist, dass große
Unternehmen hier investieren. Dass wir das
erste Land in Europa sind, das flächendeckend
5G ausbaut, dass wir zurück auf dem Erfolgs-
weg sind nach jahrelangem Stillstand.«

80 https://www.bild.de/bild-plus/politik/
ausland/politik-ausland/bild-bei-sebastian-
kurz-der-kanzler-spricht-ueber-das-oesi-
beben-62026060.bild.html

81 Zum Beispiel hier: https://www.bild.de/
politik/ausland/politik-ausland/us-aussen
minister-pompeo-bei-bild-die-deutsche-
regierung-ist-enttaeuschend-73024370.bild.
html und hier: https://www.bild.de/video/clip/
politik-ausland/us-aussenminster-pompeo-
china-wird-fuer-corona-schaeden-haften-
muessen-70016666-70019404.bild.html

82 Zum Beispiel hier: https://www.bild.de/video
/clip/politik-ausland/richard-grenell-live-im-
bild-talk-fuerchten-sie-die-mullah-rache-herr-
us-botscha-67116454.bild.html, hier: https://
www.bild.de/video/clip/richard-grenell/us-bot
schafter-richard-grenell-sagt-deutschland-
koenne-trumps-lieblingsland-werden-61550
986,pAi=true.bild.html und hier: https://www.
bild.de/video/clip/news/richard-grenell-der-
us-praesident-ist-heiss-darauf-wieder-zu-
arbeiten-73244824-73245114.bild.html

83 https://taz.de/Die-Bild-Zeitung-und-
Friedrich-Merz/!5552019/

84 https://www.tagesschau.de/inland/pkw-
maut-199.html

85 https://www.bild.de/bild-plus/politik/
inland/politik-inland/groko-halbzeit-merkels-
murks-regierung-das-bild-zeugnis-65865628.
bild.html

86 https://www.bild.de/politik/inland/-
politik-inland/steuer-schwarzbuch-klatsche-
fuer-berlin-wegen-uebersteuerter-corona-
hilfen-73608692.bild.html

87 https://www.bild.de/politik/inland/
inland/die-zehn-schlimmsten-faelle-hier-
wurde-ihr-steuergeld-verschwendet-58244222.
bild.html

88 https://www.spiegel.de/politik/deutsch
land/pkw-maut-bundesrechnungshof-
sieht-verstoesse-gegen-haushalts-und-
vergaberecht-a-1294374.html

89 https://www.manager-magazin.de/politik/
deutschland/pkw-maut-debakel-koennte-
steuerzahler-500-millionen-euro-kosten-
a-1278374.html

90 https://www.bild.de/bild-plus/politik/inland/politik-inland/groko-halbzeit-merkels-murks-regierung-das-bild-zeugnis-65865628.bild.html

91 https://twitter.com/BILD/status/1149782887039995904

92 https://www.bild.de/politik/inland/politik/andreas-scheuer-spricht-mit-bild-lesern-was-laeuft-da-verkehrt-herr-verkehrsmini-63265950.bild.html

93 https://www.bild.de/politik/inland/politik/andreas-scheuer-spricht-mit-bild-lesern-was-laeuft-da-verkehrt-herr-verkehrs-mini-63265950.bild.html

94 Bild, 13. Juli 2019

95 https://www.amazon.de/BILD-Macht-Deutschland-Staffel-1/dp/B08PS4JGRM

96 https://uebermedien.de/55892/so-dicht-an-bild-dass-man-ausser-bild-nichts-mehr-sieht/

97 Bild, 17. Dezember 2013

98 https://www.bild.de/politik/inland/migrationspolitik/wie-viel-kosten-uns-die-neuen-zuwanderer-34017172.bild.html

99 https://www.bild.de/politik/inland/apo/wann-wird-der-strom-endlich-billiger-34209960.bild.html

100 Bild, 31. Dezember 2013

101 https://www.bild.de/politik/inland/politik-inland/bild-petition-merkel-sollabschiebung-zur-chefsache-machen-53581188.bild.html

102 https://www.bild.de/politik/inland/abschiebung/bild-leser-petition-an-kanzlerin-merkel-53709616.bild.html

103 https://www.amazon.de/BILD-Macht-Deutschland-Staffel-1/dp/B08PS4JGRM

104 Bild, 15. Januar 2014

105 https://www.bild.de/politik/inland/politik/andreas-scheuer-spricht-mit-bild-lesern-was-laeuft-da-verkehrt-herr-verkehrs-mini-63265950.bild.html

106 Bild: »Der Kampf um Merkels Nachfolge! Friedrich Merz stellt sich den Fragen der BILD-Leser«, 14. November 2018, https://www.youtube.com/watch?v=CdulEmjDPlw

107 https://www.mediaimpact.de/data/uploads/2020/01/factsheet-bild-2020.pdf

108 Peter Jordan: Presse und Öffentlichkeit, Schriften zur politischen Bildung, Frankfurt am Main 1970

5. »Wer klaut, darf bleiben!«

1 Nachzulesen sind die Schilderungen des Lehrers etwa in Die Zeit, 30. Juli 2020

2 https://www.bild.de/regional/ruhrgebiet/ruhrgebiet-aktuell/dortmund-drei-schueler-sollen-lehrer-mord-erneut-geplant-haben-6205 1142.bild.html

3 https://www.bild.de/bild-plus/regional/ruhr-gebiet/ruhrgebiet-aktuell/mordkomplott-an-dortmunder-gesamtschule-jetzt-spricht-der-lehrer-62084932.bild.html

4 https://www.bild.de/regional/ruhrgebiet/ruhrgebiet-aktuell/lehrer-in-hinterhalt-gelockt-serkan-droht-haft-wegen-versuchten-mordes-70638560.bild.html

5 z. B. https://www.bild.de/regional/duesseldorf/raubueberfall/knast-fuer-brutale-kirmes-raeuber-50589702.bild.html oder https://www.bild.de/regional/nuernberg/nuern berg-news/urteil-im-pruegel-prozess-von-amberg-haftstrafe-nur-fuer-haupttaeter-61807 528.bild.html oder https://www.bild.de/regional/frankfurt/frankfurt-am-main/prozess-um-doppelmord1-53552124.bild.html

6 Siehe z. B. https://bildblog.de/110769/drei-verdaechtige-zwei-anonym-eine-vorlage-fuer-rechte-scharfmacher/ oder https://www.facebook.com/aliceweidel/posts/2516637005014186

7 Dieses und die nächsten Zitate: http://www.pi-news.net/2019/05/wegen-schlechter-noten-migrant-plante-hammermord-an-lehrer/

8 Im rechten Blog Politically Incorrect heißt es daher auch: »Während ja angeblich bei solchen Taten für die Berichterstattung die Ethnie der Tatverdächtigen keine Rolle spielt (Ziffer 12.1 Pressekodex), interessieren sich dennoch die meisten Bürger für dieses Detail, insbesondere die Leser von PI NEWS und natürlich auch der Autor dieses Artikels. Von allen ›Qualitätsmedien‹ bietet nur die BILD einen entsprechenden Anhaltspunkt: Der Vorname des Haupttäters sei ›Serkan‹.« http://www.pi-news.net/2019/05/wegen-schlechter-noten-migrant-plante-hammermord-an-lehrer/

9 https://www.bild.de/regional/ruhrgebiet/ruhrgebiet-aktuell/dortmund-versuchter-mord-an-lehrer-serkan-17-muss-in-den-knast-71719628.bild.html

10 z. B. https://www.wr.de/staedte/dortmund/zeuge-gesucht-dortmunder-schueler-wollten-lehrer-toeten-id217490031.html oder https://

www1.wdr.de/nachrichten/ruhrgebiet/schueler-locken-lehrer-in-hinterhalt-toeten-dortmund-100.html oder https://www.morgenpost.de/vermischtes/article217490639/Schueler-woll ten-Lehrer-mit-Hammer-toeten-was-verhinder te-den-Plan.html

11 Bild, 14. August 1991

12 Bild, 25. August 1986

13 Bild, 2. April 1992

14 Bild, 23. November 2010

15 https://bildblog.de/25526/bittere-halb wahrheiten/

16 Bild, 2. August 2016

17 Bild, 6. Oktober 2017

18 Bild, 6. Januar 2018

19 Bild, 1. August 2016

20 https://www.bild.de/politik/kolumnen/ kolumne/bild-ombudsmann-hass-briefe-an-bild-63338892.bild.html

21 https://www.bild.de/bild-plus/news/inland/ news-inland/vergewaltigung-in-herne-teenager -liessen-maedchen-14-bewusstlos-liegen-6319 4476.bild.html

22 https://www.bild.de/regional/leipzig/leipzig-news/leipzig-razzia-in-zirkus-szene-wohnung-durchsucht-65985706.bild.html

23 https://www.bild.de/regional/ruhrgebiet/ polizei/versuchtes-toetungsdelikt-in-kleve-45163892.bild.html

24 https://www.bild.de/spiele/spiele-news/e-sport/berliner-ist-e-sport-welt meister-52846986.bild.html

25 https://www.bild.de/regional/muenchen/ muenchen-aktuell/schlaeger-17-gefasst-fest nahme-nach-toedlicher-pruegel-attacke-66 558246.bild.html

26 https://www.bild.de/bild-plus/regional/mu enchen/muenchen-aktuell/feige-attacke-auf-polizist-das-ist-der-messerstecher-von-muen-chen-66587394.bild.html

27 Thomas Hestermann: Berichterstattung über Gewaltkriminalität. Wie häufig nennen Medien die Herkunft von Tatverdächtigen? Eine Exper-tise für den Mediendienst Integration, 2019: https://mediendienst-integration.de/fileadmin/ Expertise_Hestermann_Herkunft_von_Tatver-daechtigen_in_den_Medien.pdf

28 https://www.lto.de/recht/nachrichten/n/lsg-nrw-urteil-l-19-as-129-13-arbeitssuche-mig-ranten-hartz/

29 Bild, 11. Oktober 2013

30 Bild, 12. Oktober 2013

31 https://bildblog.de/52364/ein-hartz-fuer-auslaender/

32 So lauten die einzigen Bild-Überschriften, die wir zwischen 2014 und 2020 finden konnten, in denen Rumänen und Bulgaren erwähnt werden: »Immer mehr Bulgaren und Rumänen kassieren Stütze« (Bild, 2. April 2014), »Nach den Rumä-nen und Bulgaren: Jetzt schickt die Bettel-Ma-fia greise Krücken-Afghanen« (Bild Frankfurt, 30. Mai 2014), »1. Hartz-IV-App für Rumänen und Bulgaren« (Bild, 19. September 2014), »Tau-sende Bulgaren und Rumänen sollen Leistungen erschlichen haben« (Bild Ruhrgebiet, 27. April 2018), »Rumänen und Bulgaren zahlen kaum Knöllchen« (Bild Ruhrgebiet 28. Mai 2019). Zur Berichterstattung über Sinti und Roma siehe außerdem z. B. https://bildblog.de/47248/bild-kaempft-fuer-ihn/ oder https://bildblog. de/51423/deutschlands-fleissigste-hetzer/

33 https://www.bild.de/geld/wirtschaft/zuwan derung/droht-uns-eine-roma-welle-29296194. bild.html

34 Bild, 6. März 2013

35 Dass in der Statistik gar nicht erfasst wird, wie viele der Tatverdächtigen Roma sind, schreibt die Bild-Zeitung selbst – es hält sie aber nicht davon ab, die Zahlen trotzdem als Beleg für die angeblich gestiegene Kriminalität unter Roma anzuführen.

36 Bei solchen Statistiken ist aus mehreren Gründen Vorsicht geboten. Abgesehen davon, dass lediglich die Zahl der Verdächtigen ange-geben wird und nicht die der Täter, gibt es noch einige andere Gründe, warum sich aus diesen Zahlen keine klaren Aussagen über die Krimi-nalitätsentwicklung ableiten lassen. Mehr dazu siehe: https://bildblog.de/46985/die-wahrheit-ueber-die-wahrheit-ueber-roma/

37 Bild Düsseldorf, 29. Februar 2020 so-wie als Zwischenüberschrift: https://www. bild.de/regional/frankfurt/frankfurt-aktuell/ darmstadt-roletta-b-49-zockte-1-5-mio-euro-bei-rentnern-ab-69109370.bild.html

38 https://www.facebook.com/SintiRomaPride/ photos/a.811140212679029/898710567255326

39 Bild, 23. Juli 2019

40 https://www.facebook.com/lvz.de/posts/ 2628715323828252?comment_id=2628751263 824658&comment_tracking=%7B%22tn%22 3A%22R%22%7D

41 Bild, 23. Juli 2019

42 Bild, 24. Juli 2019

43 https://www.bild.de/politik/kolumnen/kolumne/kommentar-zum-schweinefleisch-verbot-in-kita-mehrheitsverachtung-63466512.bild.html

44 Inzwischen gelöscht, Screenshot unter https://bildblog.de/113281/bild-zieht-wieder-in-den-schnitzelkrieg/

45 https://twitter.com/cdusachsen/status/1153625925885603840

46 Inzwischen gelöscht, Screenshot unter https://bildblog.de/113281/bild-zieht-wieder-in-den-schnitzelkrieg/

47 https://www.facebook.com/burkhard.jung/posts/2234347543543627

48 Bild, 24. Juli 2019

49 https://bildblog.de/113345/schweinische-luege/

50 Später ändert Bild.de die Passage im Online-Artikel, verschweigt aber weiterhin, dass es Thementage zu allen Religionen gibt: https://www.bild.de/news/inland/news-inland/debatte-ueber-schweinefleisch-in-kitas-kniefall-vor-den-falschen-63490776,jsPageReloaded=true.bild.html

51 Bild, 27. August 2018

52 https://www.facebook.com/BILDnews/posts/2123556057679147

53 https://bildblog.de/101377/wie-bild-mit-falschen-ueberschriften-den-hass-auf-den-islam-fuettert/

54 https://www.saarland-fernsehen.com/2017/08/09/commercon-schulen-brauchen-mehr-entlastung/

55 Bild, 10. August 2017

56 https://www.saarbruecker-zeitung.de/nachrichten/politik/topthemen/politiker-aus-dem-saarland-berichten-von-hass-mails_aid-33605919 sowie https://uebermedien.de/18950/arabisch-kommt-uns-nicht-in-die-schule/

57 https://uebermedien.de/18950/arabisch-kommt-uns-nicht-in-die-schule/

58 Print-Ausgaben von Bild (ohne Bild am Sonntag) von 2014 bis 2020; Datenbank: Genios

59 Bild, 12. Juli 2019

60 Bild Düsseldorf, 24. Mai 2019

61 Bild, 30. März 2016

62 Bild, 19. Juni 2014

63 Jochen Hippler, Andrea Lueg: Feindbild Islam oder Dialog der Kulturen. Aktualisierte und erweiterte Neuauflage, Hamburg 2002

64 Wenige Monate später verlässt Fest den Axel-Springer-Verlag »auf eigenen Wunsch«. 2016 tritt er der AfD bei, siehe https://www.axelspringer.com/de/presseinformationen/personalien-veraenderungen-bei-bild-am-sonntag sowie https://www.spiegel.de/politik/deutschland/nicolaus-fest-ex-bild-am-sonntag-vize-tritt-afd-bei-a-1115321.html

65 Bild am Sonntag, 27. Juli 2014

66 https://www.dw.com/de/die-bild-bombe-islam-hetze-emp%C3%B6rt/a-17815883

67 Tweet inzwischen gelöscht. Details zu der Geschichte: https://bildblog.de/59135/kein-platz-fuer-judenhass-fuer-moslemhass-aber-schon/

68 2017–2019: Bundeskriminalamt: Politisch motivierte Kriminalität im Jahr 2019. Bundesweite Zahlen. 2020: https://www.sueddeutsche.de/politik/extremisten-901-islamfeindliche-taten-1.5200113

69 Eine Sechs-Zeilen-Meldung in Bild, 5. März 2018

70 Bild, 16. April 2019; ein Vergleich siehe: https://bildblog.de/109793/judenhass-pfui-moslemhass-naja/ Natürlich ist es richtig, groß über Antisemitismus jeder Art zu berichten. Aber warum nicht ähnlich groß über Islamfeindlichkeit?

71 Bild, 29. August 2015

72 https://www.bild.de/politik/ausland/fluechtlingskrise/neue-fluechtlings-welle-jetzt-kommen-die-afghanen-43105124.bild.html

73 https://www.bild.de/politik/ausland/fluechtlingskrise/in-slowenien-tausende-kommen-wir-koennen-nicht-mehr-43110464.bild.html sowie Screenshot unter https://twitter.com/bildblog/status/657592907424247808

74 Bild, 29. September 2015

75 Bild, 8. Januar 2016

76 Bild, 15. Januar 2016

77 Alexander Bulk: Bild dir deinen Hass. Wie die Bild-Zeitung gegen Geflüchtete und People of Color schreibt, Münster 2019

78 Bild, 29. September 2019

79 Bild, 16. Januar 2016

80 Bild, 9. Oktober 2015

81 Bild, 12. Oktober 2015

82 Bild, 23. September 2015

83 Bild, 6. Oktober 2015

84 Bild, 6. Oktober 2015

85 Bild, 3. Februar 2016

86 Bild, 6. Oktober 2015

87 Bild, 25. Januar 2016

88 Bild, 28. September 2015

89 Bild, 26. Januar 2016

90 Bild, 8. Oktober 2015

91 Bild, 30. Oktober 2015

92 https://bildblog.de/73263/dirk-hoerens-halbe-hartz-wahrheit-ueber-fluechtlinge/

93 https://www.bild.de/geld/wirtschaft/fluecht ling/nur-jeder-50te-findet-einen-job-43786808. bild.html

94 https://bildblog.de/74949/erschreckend-nur-jeder-50-journalist-erledigt-seinen-job/

95 Bild am Sonntag, 7. Januar 2018

96 Der »Gemeinsame europäische Referenzrahmen für Sprachen« gibt verschiedene »Kompetenzniveaus« beim Erlernen von Sprachen vor. Es gibt sechs verschiedene Stufen: A1 (Einstieg), A2 (Grundlagen), B1 (Mittelstufe), B2 (gute Mittelstufe), C1 (fortgeschrittene Kenntnisse), C2 (exzellente Kenntnisse), siehe auch: https://de.wikipedia.org/wiki/Gemeinsamer_europ%C3%A4ischer_Referenz rahmen_f%C3%BCr_Sprachen

97 https://bildblog.de/95827/bild-medien-lassen-fluechtlinge-durch-deutschkurse-fallen/

98 https://twitter.com/AfD_LV_SH/status/949914856941150208

99 https://twitter.com/Georg_Pazderski/status/950279838564278272

100 https://twitter.com/Lambsdorff/status/950011757573159154

101 https://twitter.com/jreichelt/status/950079060411125761

102 Bild, 8. Februar 2016

103 Laut Auskunft des Sächsischen Staatsministeriums des Innern lag die Zahl der Zuwanderer (d. h.: Asylbewerber, geduldete Ausländer, Kontingent-/Bürgerkriegsflüchtlinge sowie Personen, die sich unerlaubt in Sachsen aufhalten) zum Stichtag 30. September 2014 bei 12.865.

104 https://www.medienservice.sachsen.de/medien/news/201165

105 https://web.archive.org/web/201603132

35242/https://www.mdr.de/sachsen/kriminal statistik-zuwanderer-sachsen100.html

106 https://www.saechsische.de/mehrheit-ver haelt-sich-rechtskonform-3278992.html

107 Bild Leipzig, 18. Dezember 2015

108 Bild, 4. Juli 2016

109 https://bildblog.de/79605/wie-bild-mit-sex-mob-alarm-vorlagen-fuer-rechte-hetzer-liefert/

110 z. B. https://www.dailymail.co.uk/news/article-3673302/Leaked-German-sex-crime-report-confirms-surge-child-rapes-migrants.html

111 z. B. https://rp-online.de/nrw/staedte/duesseldorf/wirbel-um-internes-papier-jeder-sexuelle-uebergriff-im-schwimmbad-ist-einer-zu-viel_aid-9624685 Hierbei geht es wohlgemerkt erst mal nur um Anzeigen, nicht um Verurteilungen. Und: Die Taten, die als Sexualdelikte angezeigt werden können, sind sehr unterschiedlich. Sie reichen von penetrantem Beobachten und Fotografieren in der Umkleidekabine übers Grapschen bis zu Vergewaltigungen. Natürlich ist nichts davon zu verharmlosen, und jeder Vorfall muss verfolgt werden. Von einem Massenphänomen, wie Bild es darstellt, ist aber nicht auszugehen.

112 https://www.fr.de/politik/kein-sexmob-alarm-schwimmbaedern-11098058.html

113 https://www.zeit.de/gesellschaft/zeit geschehen/2017-12/koelner-silvesternacht-2015-sexuelle-uebergriffe-ermittlungen

114 https://bildblog.de/79605/wie-bild-mit-sex-mob-alarm-vorlagen-fuer-rechte-hetzer-liefert/

115 Bild Frankfurt, 6. Februar 2017 sowie https://web.archive.org/web/20170206225440/http://www.bild.de/bild-plus/regional/frankfurt/frankfurt-am-main/sex-mob-silvester-50124 352,view=conversionToLogin.bild.html

116 z. B. https://www.breitbart.com/europe/2017/02/08/victims-of-new-years-eve-mig rant-attacks-come-forward-they-grabbed-me-everywhere/

117 Bild Frankfurt, 7. Februar 2017

118 https://www.faz.net/aktuell/gesellschaft/kriminalitaet/silvester-in-der-fressgass-ein-sex-mob-den-keiner-gesehen-hat-14865014.html

119 https://bildblog.de/86448/bild-fuettert-rechte-hetzer-mit-sex-mob-geruecht/

120 Bild Frankfurt, 14. Februar 2017

121 https://www.fnp.de/frankfurt/silvester-uebergriffe-fressgass-vorgetaeuscht-10490641.html

122 Bild Frankfurt, 15. Februar 2017; im Mai 2018 tauchen die beiden Kronzeugen wieder in den Medien auf, diesmal aber in anderem Zusammenhang: Die Frau wird ermordet aufgefunden, der Betreiber der Bar wird festgenommen und im März 2020 wegen Mordes zu lebenslanger Haft verurteilt. Er bestreitet die Tat bis zum Schluss, als Motiv nimmt das Gericht Habgier an, siehe etwa https://www.faz.net/aktuell/rhein-main/frankfurt/mord-im-frankfurter-niddapark-lebenslange-haft-fuer-jan-m-16681484.html

123 Bild, 29. Mai 2018

124 Bild, 21. Juni 2018, siehe auch https://bildblog.de/99371/bild-weiss-kaum-etwas-und-schreit-asyl-skandal/

125 Bild, 20. Juni 2018

126 Bild, 3. August 2018

127 Bild, 4. Juni 2018, siehe auch https://bildblog.de/100591/von-bild-vermittelter-eindruck-vom-bamf-skandal-taeuscht-offenbar/

128 Bild, 17. August 2018; dieser Beitrag von Julian Reichelt bezieht sich unter anderem auf einen Mann, den Bild als den »Leibwächter von Osama bin Laden« bezeichnet, siehe dazu auch https://bildblog.de/100041/wie-bild-mit-einer-vorverurteilung-den-rechtsstaat-in-verruf-bringt/ oder https://bildblog.de/100843/bild-zum-fall-sami-a-populismus-statt-aufklaerung/ oder https://bildblog.de/107285/die-differenzierte-abschiebe-debatte-in-bild-wenn-es-um-deutsche-geht/

129 z. B. Bild Dresden, 15. April 2017

130 z. B. Bild, 17. August 2018

131 z. B. Bild, 20. Juni 2018

132 Siehe auch https://uebermedien.de/30565/asyl-nicht-mehr-ohne-irrsinn-denken/ oder https://bildblog.de/98996/wie-bild-bruecken-fuer-die-afd-baut/

133 Bild Stuttgart, 11. August 2018

134 Bild, 29. März 2018

135 Bild, 3. August 2018

136 https://www.neuemedienmacher.de/laudatio-zur-verleihung-der-goldenen-kartoffel-2018-an-bild-chef-julian-reichelt/

137 Rede von Julian Reichelt bei der Verleihung der »Goldenen Kartoffel« 2018: https://www.pscp.tv/w/1MYxNyrAEzRJw

6. »Das wird man ja wohl noch sagen dürfen«

1 Die Zeit, 1. November 1974 sowie 28. Februar 1975. Zum Programm und zur Geschichte des BFD siehe auch Richard Stöss (Hrsg.): Parteien-Handbuch. Die Parteien der Bundesrepublik Deutschland 1945–1980. Band 1: AUD–CDU, Wiesbaden 1986 sowie Andreas Schulze: Kleinparteien in Deutschland. Aufstieg und Fall nicht-etablierter politischer Vereinigungen, Wiesbaden 2004

2 z. B. Bild am Sonntag, 16. Juni 1974

3 Michael Jürgs: Der Fall Axel Springer. Eine deutsche Biographie, München 1995

4 https://www.bild.de/politik/inland/verkehrsunfall/ihr-gaffer-seid-echt-das-letzte-51492540.bild.html

5 https://bildblog.de/95811/wer-stoppt-die-verdammten-gaffer-bild-de-auf-jeden-fall-nicht/

6 https://www.bild.de/geld/wirtschaft/fleisch/billig-fleisch-aus-dem-supermarkt-52281750.bild.html

7 https://bildblog.de/90643/alles-hat-eine-moral-nur-die-wurst-hat-zwei/

8 z. B. https://www.bild.de/politik/inland/julian-reichelt/eine-mahnung-fuer-uns-alle-53301030.bild.html

9 Podcast des Hamburger Abendblatts, 3. September 2019: https://www.abendblatt.de/podcast/entscheider-treffen-haider/article226979519/Bild-Chef-Reichelt-Ich-verachte-die-Fuehrung-der-AfD.html

10 Podcast des Hamburger Abendblatts, 3. September 2019: https://www.abendblatt.de/podcast/entscheider-treffen-haider/article226979519/Bild-Chef-Reichelt-Ich-verachte-die-Fuehrung-der-AfD.html

11 http://www.quotenmeter.de/n/119781/bild-chef-julian-reichelt-ein-klassisches-interview-mit-der-afd-wird-es-bei-uns-nicht-geben

12 Bild, 30. August 2017

13 Bild am Sonntag, 29. Oktober 2017

14 https://www.bild.de/video/clip/politik-inland/weidel-im-interview-55093822.bild.html

15 Podcast des Hamburger Abendblatts, 3. September 2019: https://www.abendblatt.de/podcast/entscheider-treffen-haider/article 226979519/Bild-Chef-Reichelt-Ich-verachte-die-Fuehrung-der-AfD.html

16 https://www.sueddeutsche.de/politik/rede-bei-der-afd-jugend-gauland-hitler-nur-vogelschiss-in-deutscher-geschichte-1.3999749

17 Bild am Sonntag, 17. Februar 2019

18 https://www.bild.de/politik/inland/alexander-gauland/hoecke-gehoert-zur-seeleder-afd-53032724.bild.html, https://www.bild.de/politik/inland/alice-weidel/im-bams-interview-53685906.bild.html, https://www.bild.de/video/clip/politik-inland/weidel-im-interview-55093822.bild.html, https://www.bild.de/bildplus/politik/inland/politik-inland/afd-gaulander-verfassungsschutz-hat-nichts-gegen-unsin-der-hand-60179478.bild.html

19 Podcast des Hamburger Abendblatts, 3. September 2019: https://www.abendblatt.de/podcast/entscheider-treffen-haider/article 226979519/Bild-Chef-Reichelt-Ich-verachte-die-Fuehrung-der-AfD.html

20 z. B. Bild am Sonntag, 12. Oktober 2014; Bild, 26. November 2014; Bild.de, 26. März 2015; Bild, 25. April 2015; Bild.de, 10. August 2016

21 https://bildblog.de/92159/bild-korrigiert-afd-unsinn-den-afd-in-bild-am-sonntag-verbreiten-darf/

22 http://www.quotenmeter.de/n/119781/bildchef-julian-reichelt-ein-klassisches-interviewmit-der-afd-wird-es-bei-uns-nicht-geben

23 Bild, 24. August 2010

24 Der Spiegel, Nr. 34/2010

25 Bild, 23. August 2010; so lautet auch der Titel des Buches.

26 Bild, 26. August 2010

27 Christian Fuchs, Paul Middelhoff: Das Netzwerk der Neuen Rechten. Wer sie lenkt, wer sie finanziert und wie sie die Gesellschaft verändern, Reinbek bei Hamburg 2019

28 Am 26. August 2010 erscheint lediglich neben dem großen Sarrazin-Abdruck (»THILO SARRAZIN SCHREIBT ÜBER DEN ISLAM – ›Bei keiner anderen Religion ist der Übergang zu Gewalt und Terrorismus so fließend‹«) ein kleinerer Artikel mit Gegenstimmen (»Bundesregierung und die SPD kritisieren Sarrazin«).

29 Bild, 24. August 2010

30 z. B. Bild, 25. August 2010

31 Bild, 25. August 2010

32 Bild, 25. August 2010

33 Bild, 23. August 2010

34 Bild, 24. August 2010

35 Bild, 25. August 2010

36 Dieses und alle folgenden Zitate von Wolfgang Lieb: https://www.heise.de/tp/features/Die-Bild-Zeitung-benutzte-Sarrazin-wie-ein-Bauchredner-seine-Puppe-3386903.html

37 Bild, 4. September 2010

38 Oliver Decker et al.: Die Mitte in der Krise. Rechtsextreme Einstellungen in Deutschland 2010, Friedrich-Ebert-Stiftung, 2010

39 https://www.swr.de/report/presse/11-neue-studie-islamfeindlichkeit-in-deutschlandnimmt-zu/-/id=1197424/did=7005542/nid=1197424/1n5dhko/index.html

40 Oliver Decker et al.: Die Mitte in der Krise. Rechtsextreme Einstellungen in Deutschland 2010, Friedrich-Ebert-Stiftung, 2010

41 https://www.swr.de/report/presse/11-neue-studie-islamfeindlichkeit-in-deutschlandnimmt-zu/-/id=1197424/did=7005542/nid=1197424/1n5dhko/index.html

42 https://www.swr.de/report/presse/11-neue-studie-islamfeindlichkeit-in-deutschlandnimmt-zu/-/id=1197424/did=7005542/nid=1197424/1n5dhko/index.html

43 Oliver Decker et al.: Die stabilisierte Mitte. Rechtsextreme Einstellung in Deutschland 2014

44 https://buchmarkt.de/sortimenterservice/bestenlisten/media-control-thilo-sarrazinmeistverkauftes-politik-sachbuch-desjahrzehnts/

45 Als Bild beispielsweise im Sommer 2016 »SEX-MOB-ALARM IM SCHWIMMBAD« ausruft (was sich später als Falschmeldung entpuppt, vgl. Kapitel 5), wird die Geschichte am rechten Rand eifrig herumgereicht, auch von Gruppierungen, die den Medien eigentlich nicht trauen. So teilt etwa die »Bürgerinitiative Ausländerstopp München« den Bild-Artikel bei Facebook mit dem Kommentar: »Die Zustände lassen sich auch für die etablierten Lügenmedien immer schwerer unter den Teppich kehren.« Siehe https://bildblog.de/79605/wie-bild-mit-sex-mob-alarm-vorlagen-fuer-rechtehetzer-liefert/

46 Der Spiegel, Nr. 17/2018

47 NZZ am Sonntag, 6. November 2020; siehe

auch https://twitter.com/SimonHurtz/status/1339971862495977472

48 https://twitter.com/PBahners/status/1039899261817765894

49 https://www.bild.de/politik/inland/julian-reichelt/eine-mahnung-fuer-uns-alle-53301030.bild.html

50 Bild, 25. September 2017

51 z. B. https://bildblog.de/60433/schutzwesten-gegen-asylbewerber/

52 dpa, 19. August 2015

53 https://www.bild.de/regional/leipzig/sexualkunde/unterricht-an-schulen-42247422.bild.html

54 https://bildblog.de/69168/generation-porno journalismus/

55 Ein anderes Beispiel: https://uebermedien.de/25645/die-luege-von-der-sex-broschuere-fuer-kita-kinder/

56 https://www.gwi-boell.de/de/2017/07/24/die-gender-ideologie-will-unsere-kinder-ihrer-sexuellen-identitaet-verunsichern-und

57 https://archiv.afd-fraktion-sachsen.de/presse/pressemitteilungen/sexualitaet-braucht-keine-staatliche-foerderung-9966.html

58 Bild, 8. März 2018

59 https://bildblog.de/97005/bild-manifest-bringt-falsches-und-verdrehtes-aus-der-diesel-hoelle/

60 https://www.duh.de/fileadmin/user_upload/download/Projektinformation/Verkehr/dieselgate/EKI/180301_Übersicht_Diagramm_PEMS-Messungen_Maerz_2016-Dez_2017.pdf

61 z. B. https://bildblog.de/106530/bild-wirft-nebelkerzen-ins-diesel-durcheinander/

62 Bild, 4. April 2018

63 Bild, 4. April 2018

64 Bild, 28. Februar 2018

65 Bild, 4. April 2018

66 https://www.bild.de/politik/kolumnen/kolumne/kommentar-zum-neuen-diesel-fahrverbot-angriff-auf-unser-land-58459582.bild.html

67 https://bildblog.de/108263/wes-brot-ich-ess-des-auto-ich-verteidige/

68 https://www.bild.de/politik/inland/politik-inland/rolle-rueckwaerts-kommt-jetzt-das-verbot-fuers-diesel-fahrverbot-59724874.bild.html

69 Bild, 23. Januar 2019

70 Bild, 10. März 2018

71 Bild, 10. März 2018

72 https://bildblog.de/106710/die-ganz-besondere-bild-wahrheit-zum-tempolimit/

73 https://bildblog.de/111722/stimmung-ohne-limit/

74 Bild, 10. März 2018

75 Bild, 3. April 2018

76 https://www.facebook.com/540404695989874/posts/2142063602490634/

77 https://www.afdbundestag.de/gauland-allgemeines-tempolimit-ist-staatliche-willkuer/

78 https://www.faz.net/aktuell/wirtschaft/europawahl-afd-fuerchtet-sich-vor-einem-ende-der-autoindustrie-16158641.html

79 https://www.spiegel.de/politik/afd-mit-neuer-strategie-die-angstmacher-a-00000000-0002-0001-0000-000163612063

80 https://www.afd.de/ja-zum-diesel/

81 Bild, 6. März 2019

82 https://www.elbkinder-kitas.de/de/ueber_uns/aktuelles/pressemitteilungen/stellungnahme_z_berichterstattung_zu_verkleidung_an_fasching.html

83 https://www.morgenpost.de/vermischtes/article216598017/Hamburg-Kita-will-keine-Indianerkostueme-Leiterin-wehrt-sich-gegen-Goebbels-Vergleiche.html, siehe auch https://situationsansatz.de/wp-content/uploads/2020/12/Text-Shitstorm-Nov-2020.pdf

84 Statistisches Bundesamt: Statistiken der Kinder- und Jugendhilfe. Kinder und tätige Personen in Tageseinrichtungen und in öffentlich geförderter Kindertagespflege am 01.03.2019 https://www.destatis.de/DE/Themen/Gesellschaft-Umwelt/Soziales/Kindertagesbetreuung/Publikationen/Downloads-Kindertagesbetreuung/tageseinrichtungen-kindertagespflege-5225402197004.pdf

85 https://ad.hominem.info/de/rhetorik/scheinargumente/dammbruch

86 https://afd-fraktion-hamburg.de/2019/03/06/hamburger-kita-verbietet-indianerkostueme-nockemann-politische-korrektheit-ist-politisches-narrentum/

87 https://www.bild.de/regional/hamburg/news/um-niemanden-zu-diskriminieren-erste-kita-verbietet-indianer-kostueme-60498194.bild.html

88 https://www.bild.de/politik/inland/politik-inland/csu-chef-nennt-diskussion-um-indianer-kostuem-quatsch-60511780.bild.html

89 Bild, 7. März 2019

90 Gerret von Nordheim, Jonas Rieger: Im Zerrspiegel des Populismus. Eine computergestützte Analyse der Verlinkungspraxis von Bundestagsabgeordneten auf Twitter, 2020. Auch bei Facebook werden Bild-Posts von AfD-Accounts stark verbreitet, siehe z. B. https://uebermedien.de/30565/asyl-nicht-mehr-ohne-irrsinn-denken/

91 Bild, 17. Juli 2017

92 https://twitter.com/AfDBerlin/status/8868 97047831498752

93 https://twitter.com/AfD/status/8869 75827593879552

94 https://twitter.com/uwe_junge_mdl/status/ 886946738547896321

95 z. B. https://www.bild.de/politik/inland/politik-inland/kommentar-ist-die-afd-eine-historische-schande-59796478.bild.html

96 z. B. https://www.bild.de/regional/bremen/bremen-aktuell/afd-magnitz-peinlich-panne-in-interview-61355118.bild.html

97 https://www.bild.de/bild-plus/politik/inland/politik-inland/sachsen-und-brandenburg-afd-erfolg-hier-bekam-die-partei-besonders-viel-64365404.bild.html

98 https://web.archive.org/web/202011290405 08/http://www.sprengsatz.de/?m=201809

99 https://www.horizont.net/medien/nachrichten/bild-chefredakteur-julian-reichelt-verlogenheit-ekelt-mich-an-172110

7. »Wie soll man bei so einem Urteil nicht wütend werden?«

1 https://www.facebook.com/bild/posts/ 10159136266775730

2 https://www.bild.de/regional/thueringen/thueringen-aktuell/pfleger-aus-gera-vergewaltiger-18-von-100-jaehriger-bleibt-frei-68557138.bild.html

3 Bild Thüringen, 3. Februar 2020

4 Bild, 3. Februar 2020

5 https://www.otz.de/regionen/gera/100-jaehrige-vergewaltigt-amtsgericht-gera-verurteilt-pflegehelfer-id228297489.html

6 https://www.gesetze-im-internet.de/ stgb/__177.html

7 https://www.focus.de/politik/gerichte-in-deutschland/die-wahrheit-hinter-einer-auf-reger-nachricht-100-jaehrige-vergewaltigt-darum-verurteilte-der-richter-den-taeter-nur-auf-bewaehrung_id_11628340.html

8 https://www.degruyter.com/view/journals/mks/102/1/article-p65.xml

9 Elisa Hoven: Strafzumessung und Medienberichterstattung, in: Monatsschrift für Kriminologie und Strafrechtsreform, Band 102, Heft 1

10 https://kripoz.de/2018/09/20/die-oeffentliche-wahrnehmung-von-strafzumessungsentscheidungen-anlass-fuer-reformen/

11 https://www.spiegel.de/panorama/justiz/kandel-messerstecher-zu-acht-jahren-und-sechs-monaten-verurteilt-a-1226208.html

12 https://www.bild.de/regional/frankfurt/frankfurt-aktuell/urteil-im-kandel-prozess-mias-moerder-muss-fuer-8-5-jahre-in-den-knast-57029472.bild.html

13 https://twitter.com/jreichelt/status/ 1036555409908289537

14 https://www.spiegel.de/panorama/justiz/kandel-tatverdaechtiger-vermutlich-20-jahre-alt-a-1194462.html

15 https://www.spiegel.de/panorama/justiz/kandel-gericht-will-prozess-nach-jugendstrafrecht-fuehren-a-1206277.html

16 https://www.gesetze-im-internet.de/juschg/ BJNR273000002.html

17 https://www.gesetze-im-internet.de/ jgg/__105.html. Bei einer »besonderen Schwere der Schuld« beträgt das Höchstmaß für Mord nach dem Jugendgerichtsgesetz 15 Jahre.

18 https://www.ffh.de/nachrichten/top-meldungen/detail/166249-urteil-im-kandel-prozess-85-jahre-wegen-mordes.html

19 Bild, 27. März 2014

20 Bild am Sonntag, 30. März 2014

21 https://www.bild.de/news/inland/gerichtliche-entscheidung/tote-jolin-geben-unsere-gerichte-islam-rabatt-35291480.bild.html

22 https://www.bild.de/news/standards/julian-reichelt/kommentar-von-julian-reichelt-35239698.bild.html

23 https://www.gesetze-im-internet.de/ stgb/__57a.html. Eine »besondere Schwere der Schuld« liegt beispielsweise bei einem mehrfachen Mord vor oder bei einer besonders qualvollen Behandlung des Opfers. Es gibt bisher

allerdings keine rechtliche Normierung des Begriffs.

24 https://www.gesetze-im-internet.de/stgb/__211.html

25 https://www.gesetze-im-internet.de/stgb/__211.html

26 https://www.zeit.de/gesellschaft/zeitgeschehen/2014-04/ehrenmord-debatte-islam-rabatt

27 Bild, 31. März 2014

28 https://csl.mpg.de/de/forschung/projekte/ehrenmorde-in-deutschland/ – Das Institut hat sich inzwischen umbenannt und heißt nun Max-Planck-Institut zur Erforschung von Kriminalität, Sicherheit und Recht.

29 https://csl.mpg.de/media/filer_public/e1/48/e148b8d7-f106-4a54-9d7d-011f415528c2/tmptmp0ppepbwq

30 https://www.bild.de/regional/berlin/berlin/das-skandal-urteil-von-cottbus-52141754.bild.html

31 https://www.zeit.de/gesellschaft/zeitgeschehen/2017-06/landgericht-cottbus-totschlag-strafrabatt-mordparagraf

32 So zitiert Bild.de einen Leser zum Fall der »U-Bahn-Schläger von Berlin«: https://www.bild.de/news/inland/schlaegerei/berlin-das-sagen-die-bild-leser-17572044.bild.html

33 https://www.bild.de/news/inland/schlaegerei/berlin-das-sagen-die-bild-leser-17572044.bild.html

34 https://www.justiz.nrw.de/BS/recht_a_z/D/dringender_Tatverdacht/index.php

35 https://www.gesetze-im-internet.de/stpo/__112.html

36 https://www.bild.de/news/standards/bild-kommentar/beichtstuhl-justiz-17576202.bild.html

37 https://www.bild.de/news/inland/schlaegerei/vom-gymnasiast-zum-taeter-17591714.bild.html

38 https://www.bild.de/news/inland/schlaegerei/berlin-das-sagen-die-bild-leser-17572044.bild.html

39 Ina Hunecke: Cui bono? Gerichtsberichterstattung und ihre Auswirkungen. Litigation PR und Schlagzeilenjournalismus als Gefahr für den Rechtsstaat?, in: Neue Kriminalpolitik, Nr. 3/2011

40 https://berlinkriminell.de/2_2011/gericht_akt390.htm

41 https://www.kanzlei-hoenig.de/2011/grund-zur-strafmilderung-ein-rundumschlag/?newpage=request

42 https://bildblog.de/62176/wie-bild-den-tod-einer-studentin-ausbeutet/

43 https://www.bild.de/news/inland/news-inland/haftbefehlspruefung-fuer-sanel-m-39729360.bild.html

44 https://www.bild.de/news/standards/franz-josef-wagner/schlaeger-sanel-38879452.bild.html

45 https://www.faz.net/aktuell/gesellschaft/kriminalitaet/urteil-im-prozess-tugce-albayrak-revision-der-verteidiger-13649653.html

46 Der Spiegel, Nr. 50/2014

47 https://www.bild.de/news/inland/mord/nach-der-pilgerfahrt-wurde-er-zum-killer-51277984.bild.html

48 Bild, 14. Januar 2020

49 Bild Köln, 17. Februar 2014

50 https://www.bild.de/regional/koeln/koeln/patensohn-schlaegt-liebe-oma-tot-34708418.bild.html

51 https://www.axelspringer.com/de/presseinformationen/stellungnahme-der-axel-springer-se-zum-laufenden-compliance-verfahren-in-der-bild-redaktion

52 https://bildblog.de/74474/gegen-recht-und-ordner/

53 https://www.spiegel.de/panorama/justiz/wiesbaden-missbrauchsprozess-gegen-patrick-f-im-fall-bergisch-gladbach-hinter-verschlossenen-tueren-a-0e9294a1-098d-4298-a8ef-45acfe31c64f

54 https://bildblog.de/123549/kein-schutz-fuer-den-angeklagten-kein-schutz-fuer-die-opfer/

55 http://www.oberlandesgericht-celle.niedersachsen.de/download/98767

56 https://bildblog.de/68638/bild-pfeift-aufs-gericht-und-zeigt-das-gesicht/

57 https://bildblog.de/68638/bild-pfeift-aufs-gericht-und-zeigt-das-gesicht/

58 https://www.bild.de/news/standards/julian-reichelt/angriff-auf-pressefreiheit-42050758.bild.html

59 https://bildblog.de/94487/die-sheriffs-der-bild-medien-haben-wieder-auf-rechtsstaat-gepfiffen/

60 Bild, 10. Juli 2017

61 Wobei schon das Wort »Verbrecher« falsch ist, weil es sich aus juristischer Sicht erst dann um ein Verbrechen handelt, wenn die Mindestfreiheitsstrafe ein Jahr beträgt, etwa bei Mord oder schwerer Körperverletzung, nicht aber bei schwerem Landfriedensbruch. Dort spricht man von einem Vergehen.

62 https://meedia.de/2017/09/15/selbst-inszen ierte-verbrecherjagd-presserat-missbilligt-bild-fahndungsaufruf-zu-g20-gewalttaetern/

63 https://www.lhr-law.de/magazin/medien recht-und-persoenlichkeitsrecht/fahndung-der-bild-nach-g20-krawallmachern-war-rechts widrig/

64 https://ordentliche-gerichtsbarkeit.hessen. de/pressemitteilungen/verstoß-gegen-verbot-der-bildberichterstattung-auch-bei-veränderung-des

65 https://www.spiegel.de/panorama/bundes gerichtshof-erklaert-bild-suche-nach-g20-verbrec hern-fuer-zulaessig-a-52ff6895-64e6-445e-8e68-cb19a5f51bbe

66 https://twitter.com/schertzbergmann/status/1316298192586190848

67 https://twitter.com/jreichelt/status/1316462252640350209

68 https://www.sueddeutsche.de/panorama/justiz-degowski-frei-1.3870639

69 https://www.zeit.de/news/2018-02/16/gladbecker-geiselgangster-degowski-wieder-infreiheit-180216-99-108616

70 Bild, 10. März 2018

71 Bild, 1. Dezember 2014

72 http://www.hr-online.de/website/rubriken/nachrichten/indexhessen34938.jsp?rubrik =36082&key=standard_document_53717235

73 https://www.faz.net/aktuell/gesellschaft/kriminalitaet/prozess-um-tugce-albayrak-ohne-mass-mit-ziel-13645670.html

74 https://www.sueddeutsche.de/panorama/urteilsbegruendung-im-fall-tugce-vergiftete-zeugenaussagen-1.2524002

75 https://www.kepplinger.de/files/Ergebnisse_Umfrage_V2_0.pdf

76 https://www.bild.de/news/inland/koerper verletzung/dieser-richter-schickt-u-baehn-schlaeger-nach-hause-17609720.bild.html

77 https://www.bild.de/regional/thueringen/thueringen-aktuell/pfleger-aus-gera-verge waltiger-18-von-100-jaehriger-bleibt-frei-6855 7138.bild.html

78 https://www.otz.de/regionen/gera/keine-haft-fuer-notorischen-schwarzfahrer-in-gera-id217304259.html

79 https://www.bild.de/regional/hamburg/g20-gipfel/prozess-in-hamburg-richter-johann-krieten-53028600.bild.html

80 https://www.theguardian.com/world/2020/jul/16/bild-zeitung-tabloid-julian-reichelt-angela-merkel-germany

81 Elisa Hoven: Die öffentliche Wahrnehmung von Strafzumessungsentscheidungen – Anlass für Reformen?, in: Kriminalpolitische Zeitschrift, Nr. 5/2018

8. »Bei ihr ist nicht nur der Kühlschrank prall gefüllt«

1 https://www.nsu-watch.info/2017/08/protokoll-379-verhandlungstag-1-august-2017/

2 https://www.zeit.de/gesellschaft/zeit geschehen/2017-07/nsu-prozess-anklage-ralf-wohlleben-carsten-s

3 https://www.welt.de/newsticker/dpa_nt/info line_nt/brennpunkte_nt/article167248913/NSU-Helfer-sollen-Mordwaffe-mit-Schall daempfer-besorgt-haben.html

4 Nach Kritik an dem Artikel änderte Bild später die Schlagzeile im Onlineartikel und löschte die Textpassagen, in denen es um Zschäpes Kleidung ging: https://bildblog.de/91932/beate-zschaepe-auf-dem-laufsteg-der-nebensa echlichkeiten/

5 https://www.nsu-watch.info/2017/08/liebe-bild-zeitung-ein-leserinnenbrief-zum-sommer look-der-angeklagten-im-nsu-verfahren/

6 Bild, 7. Mai 2013

7 Bild, 18. November 2011

8 Bild am Sonntag, 20. November 2011

9 Bild, 16. November 2011

10 z. B. Bild, 26. Juni 2013

11 Anna Oelhaf: Beate Zschäpe in der Bild-Zeitung: Zwischen Nazi-Braut und Nazi-Killer – Der Diskurs um Frauen im Rechtsextremismus am Beispiel des NSU, in: DISS-Journal, Nr. 23/2012

12 Die Kampagne »StopBildSexism« zählte im Jahr 2015 zwei Monate lang, wie viele Männer und wie viele Frauen in Bild abgebildet werden: Auf der Titelseite, in Politik und Wirtschaft sowie im Sport kamen Frauen deutlich seltener vor als Männer, im Bereich Unterhaltung war es einigermaßen ausgeglichen, nur bei den nackt oder leicht bekleidet abgebildeten Personen waren Frauen in der Überzahl, siehe: https://www.stopbildsexism.com/die-bild-studie/

13 Die Auszählung bezieht sich auf das Jahr 2018, siehe auch https://bildblog.de/105347/muslimische-woelfe-sofort-abschieben-das-jahr-in-bild/

14 https://www.bild.de/unterhaltung/leute/toni-garrn/und-andreas-bourani-was-wird-hier-gespielt-50815322.bild.html

15 https://bildblog.de/97491/die-frau-von/

16 Marie-Luise Klein, Gertrud Pfister: Goldmädel, Rennmiezen und Turnküken – Die Frau in der Sportberichterstattung der BILD-Zeitung, Sportsoziologische Arbeiten, Band 9, Berlin 1985

17 Bild, 11. August 1979

18 Bild, 8. Januar 1979

19 Bild, 13. November 1979

20 Marie-Luise Klein, Gertrud Pfister: Goldmädel, Rennmiezen und Turnküken – Die Frau in der Sportberichterstattung der BILD-Zeitung, Sportsoziologische Arbeiten, Band 9, Berlin 1985

21 Bild, 29. Juni 1979

22 Christian Achatzi: Mediale Geschlechterstereotype analysiert durch die Frauenfußball-WM 2011. Ein Vergleich von Boulevard- und Qualitätsjournalismus, Universität Wien, 2012

23 Bild, 23. Juni 2011

24 Bild, 26. Juni 2011

25 Bild, 13. Juli 2011

26 Bild, 30. Juni 2011

27 Bild, 13. Juli 2011

28 Bild, 16. Juli 2011

29 Bild, 12. Juli 2011

30 Marie-Luise Klein, Gertrud Pfister: Goldmädel, Rennmiezen und Turnküken – Die Frau in der Sportberichterstattung der BILD-Zeitung, Sportsoziologische Arbeiten, Band 9, Berlin 1985

31 Bild, 29. Juni 2011

32 In Einzelfällen auch männliche Sportler, das sind aber eher Ausnahmen, z. B. https://www.bild.de/sport/2013/cristiano-ronaldo/beckham-harting-mucki-parade-30890034.bild.html

33 https://www.bild.de/sport/2009/bild-hat-abgestimmt-8958564.bild.html

34 https://www.bild.de/sport/mehr-sport/leichtathletik-wm/so-sexy-ist-die-leichtathletik-wm-31810214.bild.html

35 https://www.bild.de/sport/olympia/diese-athletinnen-sind-heiss-11450226.bild.html

36 https://www.bild.de/sport/mehr-sport/top-15-die-schoensten-popos-der-wm-9477274.bild.html

37 https://www.bild.de/sport/2013/slip/hoeschen-parade-des-sports-31029064.bild.html

38 Marie-Luise Klein, Gertrud Pfister: Goldmädel, Rennmiezen und Turnküken – Die Frau in der Sportberichterstattung der BILD-Zeitung, Sportsoziologische Arbeiten, Band 9, Berlin 1985

39 https://www.bild.de/leute/2007/venus-williams-bu-sen-blitzer-2128754.bild.html

40 Bild, 12. März 2018

41 z. B. https://www.dailymail.co.uk/news/article-5490191/Germanys-biggest-selling-paper-drops-topless-models.html

42 https://www.freitag.de/autoren/der-freitag/vorne-ohne-schafft-bild-reichelt-den-sexismus-ab

43 https://www.theguardian.com/world/2020/jul/16/bild-zeitung-tabloid-julian-reichelt-angela-merkel-germany

44 https://www.bild.de/sport/mehr-sport/tennis/tennis-serena-williams-das-sind-ihre-spektakulaersten-fotos-71137118.bild.html

45 https://www.bild.de/sport/fussball/fussball-em-frauen/schoensten-seiten-der-frauen-em-52557330.bild.html

46 https://www.bild.de/sport/mehr-sport/kickboxen/kickboxen-lang-brueste-55962120.bild.html

47 Lennart Krause: Geschlechterkonstruktionen in deutschen Sportprintmedien im Jahr 2015 – Eine vergleichende Inhaltsanalyse ausgewählter visueller und sprachlicher Darstellungsformen am Beispiel der BILD-Zeitung, Freie Universität Berlin, 2018

48 https://www.bild.de/sport/fussball/flirtet-mit-bayern-manager-uli-hoeness-6439312.bild.html

49 https://www.bild.de/sport/fussball/busenwischer-bei-schiri-von-peter-niemeyer-1419 3904.bild.html

50 https://www.bild.de/sport/2011/bibiana-steinhaus/zeigt-ihre-neue-liebe-20855820.bild.html

51 https://www.bild.de/sport/fussball/fc-chelsea/das-ist-die-schoene-team-aerztin-35664726.bild.html

52 https://www.bild.de/sport/fussball/fc-chelsea/fans-beleidigen-schoene-aerztin-40084344.bild.html

53 https://www.bild.de/sport/fussball/jose-mourinho/motz-attacke-gegen-schoene-chelsea-aerztin-42117710.bild.html

54 https://www.bild.de/sport/fussball/jose-mourinho/verbannt-aerztin-von-bank-4215 3692.bild.html

55 https://www.bild.de/sport/fussball/fussball-international/fluch-der-schoenen-chelsea-aerztin-43195906.bild.html

56 https://www.bild.de/sport/fussball/shitstorm/gegen-britische-fussball-report erin-44592070.bild.html

57 https://www.bild.de/sport/fussball/joerg-wontorra/schoene-tochter-ist-jetzt-sport-reporterin-26790690.bild.html

58 https://www.bild.de/unterhaltung/tv/moderatorin/diese-tv-frauen-machen-unsere-wm-so-schoen-36423006.bild.html

59 https://www.bild.de/sport/fussball/mainz-05/ich-will-erste-bundesliga-chefin-werden-54446626.bild.html

60 https://www.bild.de/politik/2009/wer-ist-eigentlich-die-schoene-kommunistin-der-linken-10555832.bild.html

61 https://www.bild.de/regional/hamburg/aktenzeichen-xy/wer-erstach-die-schoene-anwaeltin-39925836.bild.html

62 https://www.bild.de/news/2009/frau-saegte-polizist-beine-ab-prozess-opfer-ueberdosis-beruhigungsmittel-10528846.bild.html

63 z. B. https://www.bild.de/regional/hannover/hannover-aktuell/schuelerin-im-auto-vergewaltigt-knast-fuer-sex-taeter-56901718.bild.html

64 z. B. https://www.bild.de/regional/hannover/prozess/sex-gangster-suchte-sein-opfer-bei-facebook-50792778.bild.html

65 z. B. https://www.bild.de/news/ausland/vergewaltigung/acapulco-touristinnen-vergewaltigt-mexiko-jagt-die-sex-monster-28414846.bild.html

66 https://www.bild.de/unterhaltung/leute/harvey-weinstein/aus-oscar-akademie-aus-geschlossen-53530858.bild.html

67 https://www.bild.de/news/ausland/verge waltigung/sex-mit-schueler-lehrerin-wegen-30 fach-missbrauch-angeklagt-38246762.bild.html

68 https://www.bild.de/news/ausland/sex-lehrerin/standard-vorlage-52148264.bild.html

69 z. B. https://www.bild.de/news/ausland/flotter-dreier/sex-lehrerinnen-dreier-schueler-zivilklage-trauma-45614112.bild.html

70 z. B. https://www.bild.de/news/ausland/lehrerin/die-zehn-schlimmsten-sex-lehrer innen-36603140.bild.html

71 z. B. https://www.bild.de/news/utah/vor-gericht-nicht-wieder zuerkennen-39461690.bild.html

72 z. B. https://www.bild.de/news/ausland/sexueller-missbrauch/sex-lehrerinnen-experte-fuer-frauen-ist-es-liebe-52163176.bild.html

73 https://www.bild.de/regional/leipzig/sex ueller-missbrauch/ethik-lehrer-hatte-sex-mit-schuelerin-38089338.bild.html

74 Eine Auflistung siehe: https://bildblog.de/97166/frivole-sex-spiele-an-der-schule-wie-bild-sich-am-missbrauch-durch-lehrerinnen-aufgeilt/

75 https://www.bild.de/news/ausland/sexual straftat/flotter-dreier-im-klassenzimmer-35180904.bild.html

76 https://www.bild.de/news/ausland/vergewaltigung/schon-wieder-eine-sex-lehrerin-erwischt-38263064.bild.html

77 https://www.bild.de/news/2009/verfuehren-13-jaehrigen-schueler-7640336.bild.html

78 https://www.bild.de/news/ausland/lehrerin/verfuehrt-katholischen-schueler-36549188.bild.

79 https://www.bild.de/news/ausland/sex/sex-lehrerin-verfuehrt-opfer-mit-autos-und-waffen-39640978.bild.html

80 https://www.bild.de/news/ausland/news-ausland/sex-lehrerin-wandert-zehn-jahre-in-den-knast-46023362.bild.html

81 https://www.washingtonpost.com/posteverything/wp/2015/01/20/more-teachers-are-having-sex-with-their-students-heres-how-schools-can-stop-them/

82 https://www.bild.de/unterhaltung/leute/leute/ratestar-wer-punktet-hier-mit-seinen-baeckchen-69596364.bild.html

83 https://www.bild.de/unterhaltung/leute/

leute/ratestar-dieses-foto-ist-fuer-alle-klo
papier-hamster-69661450.bild.html

84 https://www.bild.de/unterhaltung/leute/
leute/ratestar-wer-ist-diese-heisse-latex-braut-
69446312.bild.html

85 https://www.bild.de/unterhaltung/leute/
leute/ratestar-bei-ihr-ist-nicht-nur-der-
kuehlschrank-prall-gefuellt-69816334.bild.
html

86 https://www.bild.de/unterhaltung/leute/
leute/ratestar-dieses-foto-ist-fuer-alle-
klopapier-hamster-69661450.bild.html

87 https://www.bild.de/unterhaltung/leute/
cindy-crawford/cindy-crawfords-tochter-kaia-
ist-so-schoen-wie-sie-40176156.bild.html

88 https://www.bild.de/unterhaltung/leute/
cindy-crawford/das-doppelte-hottchen-
46558260.bild.html

89 https://www.bild.de/unterhaltung/leute/
cindy-crawford/kaia-ist-cindy-crawfords-next-
topmodel-49499602.bild.html

90 https://bildblog.de/85346/die-
schwitzenden-bild-de-redakteure/ Die Passage
mit den »heißen Kurven« wurde später aus dem
Artikel gelöscht.

91 https://bildblog.de/90441/heisse-bild-
altherren-koennten-finger-nicht-von-frauen-
body-lassen/

92 https://www.newsroom.de/news/aktuelle-
meldungen/vermischtes-3/bild-chefin-koch-
guter-boulevard-ist-wild-und-manchmal-
irre-849002/

93 z. B.   https://bildblog.de/88669/
zuckermelonen-die-hupend-muscheln-
sammeln/ oder Bild, 20. Februar 2018

94 https://bildblog.de/63047/maenner-die-
macher-frauen-die-objekte-ueber-sexismus-in-
bild/

95 Bundesministerium für Familie, Senioren,
Frauen und Jugend: Lebenssituation, Sicherheit
und Gesundheit von Frauen in Deutschland.
Eine repräsentative Untersuchung zu Gewalt
gegen Frauen in Deutschland, 2005

96 https://www.stopbildsexism.com/die-
kampagne/offener-brief/

97 https://www.newsroom.de/news/aktuelle-
meldungen/vermischtes-3/bild-chefin-koch-
guter-boulevard-ist-wild-und-manchmal-
irre-849002/

9. »Karibik-Klaus lacht uns alle aus«

1 Bild, 22. Januar 2018

2 https://www.bild.de/regional/berlin/flaschen
pfand/so-wird-aus-wasser-bier-54547586.bild.
html

3 https://www.facebook.com/bild/posts/
10156646897120730

4 Bild, 13. September 2012

5 https://www.bild.de/news/inland/hartz-4/
sozialhilfe-empfaengerin-kippt-wasserflaschen-
aus-26167776.bild.html

6 https://www.bundesverfassungsgericht.de/
SharedDocs/Entscheidungen/DE/2019/11/
ls20191105_1bvl000716.html

7 Bild, 6. November 2019

8 Bild, 7. November 2019

9 https://www.bild.de/bild-plus/regional/
ruhrgebiet/ruhrgebiet-aktuell/deutschlands-
faulster-hartz-iv-empfaenger-was-macht-
markus-m-den-ganzen-tag-65894070.bild.html

10 https://statistik.arbeitsagentur.de/
Statistikdaten/Detail/Aktuell/iiia7/zr-
sanktionen/zr-sanktionen-d-0-xlsm.xlsm

11 https://statistik.arbeitsagentur.de/
Statistikdaten/Detail/202001/iiia4/multi-
eckwerte/multi-eckwerte-d-0-202001-xlsx.
xlsx?__blob=publicationFile&v=1

12 https://de.statista.com/infografik/16630/
zahl-der-hartz-iv-sanktionen/

13 https://www.tagesspiegel.de/politik/
hartz-iv-urteil-sanktionen-sind-teilweise-
verfassungswidrig/25183746.html

14 https://web.archive.org/web/2004
0722212321/http://www.bild.t-online.de/BTO/
geldjob/aktuell/2004/07/20/hartz__teil1/hartz.
html

15 https://web.archive.org/web/2004
0722212321/http://www.bild.t-online.de/BTO/
geldjob/aktuell/2004/07/20/hartz__teil1/hartz.
html

16 https://web.archive.org/web/2004
0722171049/http://www.bild.t-online.de/BTO/
geldjob/aktuell/2004/07/21/hartz__schwanger/
hartz__schwanger.html

17 https://web.archive.org/web/2004
0804140850/http://www.bild.t-online.de/
BTO/geldjob/aktuell/2004/07/24/hartz__teil5/
hartz__teil5.html

18 https://web.archive.org/web/2004

1016062417/http://www.bild.t-online.de/BTO/
news/2004/08/09/hartz__ungerechtigkeiten/
hartz__ungerechtigkeiten.html

19 https://web.archive.org/web/2004
0811010924/http://www.bild.t-online.de/BTO/
geldjob/aktuell/2004/08/04/sparbuch
__kinder__hartzIV/kinder__galerie,templateId
=renderPopup.html

20 https://www.maz-online.de/Brandenburg/
MAZ-Interview-mit-Kai-Diekmann-Potsdam-
darf-sich-nicht-im-Klein-Klein-verlieren

21 Süddeutsche Zeitung, 18. September 2004

22 https://bildblog.de/195/die-geister-die-sie-
riefen/

23 https://web.archive.org/web/2004
0824151408/http://www.bild.t-online.de/BTO/
news/2004/08/24/kom/kom.html

24 https://bildblog.de/149/d/

25 https://bildblog.de/642/642/

26 Bild, 17. Oktober 2005

27 Bild am Sonntag, 6. November 2005

28 Bild, 9. Dezember 2005

29 https://bildblog.de/1230/alles-klar/

30 Bild, 8. Mai 2006

31 Bild, 20. Dezember 2006

32 Bild, 17. Dezember 2007

33 Bild, 22. Januar 2010

34 https://www.bild.de/politik/2010/bundes
agentur-fuer-arbeit-verzeichnet-mehr-
faelle-11330192.bild.html

35 Bild, 23. November 2010

36 https://www.bild.de/politik/inland/hartz-4/
ich-arbeite-aber-kriege-ich-kaum-mehr-als-
hartz-4-18223304.bild.html

37 https://www.bild.de/regional/berlin/hier-
gruesst-sie-5722996.bild.html

38 https://www.bild.de/geld/wirtschaft/so-
wird-der-staat-abgezockt-5658828.bild.html

39 https://bildblog.de/1367/wir-basteln-uns-
eine-florida-baerbel/

40 https://www.berliner-zeitung.de/kultur-
vergnuegen/bild-kampagne-gegen-florida-rolf-
hinterhofwohnung-statt-miami-beach-li.7168

41 https://www.bild.de/news/2005/sozial-
abzocke-karibik-klaus-46656.bild.html

42 https://www.bild.de/news/2006/mallorca-
karin-sozial-abzocke-203766.bild.html

43 Gianna Jansen: Feindbilder in der BILD-
Zeitung?, 2009; online abrufbar unter: http://
www.mythos-magazin.de/ideologieforschung/
gj_bild-zeitung.pdf

44 Christian Baron und Britta Steinwachs:
Faul, Frech, Dreist – Die Diskriminierung von
Erwerbslosigkeit durch BILD-Leser*innen,
München 2012

45 https://www.bild.de/politik/2010/ich-werde-
so-schnell-muede-wenn-ich-arbeite-11298700.
bild.html

46 https://www.bild.de/news/2010/so-gammelt-
der-hartz-iv-empfaenger-sich-durch-den-tag-
11312514.bild.html

47 https://www.bild.de/news/2010/arno-duebel-
kann-auf-kommando-kotzen-11450842.bild.
html

48 https://www.bild.de/regional/hamburg/amt-
streicht-arno-duebel-alle-bezuege-11581698.
bild.html

49 https://www.augsburger-allgemeine.de/
wirtschaft/Arbeitgeber-Praesident-Wir-schaf
fen-das-mit-der-Integration-id52932321.html

50 Bild, 17. Dezember 2018

51 https://www.bild.de/politik/inland/politik-
inland/zwei-von-drei-fluechtlingen-leben-von-
hartz-iv-bild-fakten-check-59065334.bild.html

52 laut Analysetool Crowdtangle

53 https://www.facebook.com/afdortenau/
posts/923890384469731

54 https://www.facebook.com/bild/posts/
10156693306680730

55 https://www.bild.de/politik/inland/fluecht
linge/familie-kassiert-7300-euro-54690742.
bild.html

56 https://www.landkreisleipzig.de/presse
meldungen.html?pm_id=3084

57 Bild, 20. November 2018

58 https://www.bild.de/politik/inland/politik-
inland/demuetigung-schikane-wie-viel-
schikane-steckt-in-hartz-iv-58526518,jsPage
Reloaded=true.bild.html

59 https://statistik.arbeitsagentur.de/Statistik
daten/Detail/201807/iiia7/kdu-kdu/kdu-d-0-
201807-xlsx.xlsx

10. Aber der Sportteil!

1 https://www.forumla.de/f-buecher-comics-
zeitschriften-97/t-bild-zeitung-eure-meinung
en-62382/page2#post1473751

2 https://www.allmystery.de/themen/pr71002-1

3 https://www.norwegen-angelforum.de/threads/das-ist-schon-traurig.34863/post-517374

4 Bild, 2. Juni 2015

5 https://www.facebook.com/179553748733372/photos/a.179567018732045.37535.179553748733372/932076060147800

6 https://www.eurosport.de/fussball/bundesliga/2017-2018/bvb-roman-weidenfeller-bleibt-nach-karriereende-erhalten_sto6708746/story.shtml

7 Bild am Sonntag, 13. Dezember 2015

8 https://www.bild.de/sport/fussball/bayerleverkusen/kiessling-bleibt-43794806.bild.html

9 https://11freunde.de/artikel/nicht-sch%C3%B6n-wundersch%C3%B6n/539271

10 Bild, 22. Juli 2017

11 https://twitter.com/BVB/status/888514827584450560

12 https://www.zeit.de/sport/2018-01/borussia-dortmund-wechsel-pierre-emerick-aubameyang-fc-arsenal

13 https://www.bild.de/sport/fussball/bayern-muenchen/doc-braun-weg-kommt-mull-zurueck-53773676.bild.html

14 https://www.facebook.com/manuel.neuer/photo9264600339.44852.143253979025868/1963495360335045/

15 https://www.bild.de/sport/mehr-sport/fabian-wiede/opfer-eines-auto-einbruchs-44532408.bild.html

16 http://video.sport1.de/video/auto-geknackt-em-held-wiede-bestohlen__0_e6hp89jp

17 Bild, 6. Februar 2012

18 Pressekonferenz Dortmund – Holstein Kiel DFB-Pokal, 6. Februar 2012, https://www.youtube.com/watch?v=q-mx3qKI3FY

19 https://www.mopo.de/sport/hsv/debakel-im-volkspark-hsv-stuerzt-brutal-ab---ausgerechnet-vor-dem-derby--31336636

20 https://www.abendblatt.de/sport/fussball/hsv/article215395019/Rotationskuenstler-Titz-will-den-Platz-an-der-Sonne-zurueck.html

21 Bild Hamburg, 24. September 2018

22 Bild Hamburg, 25. September 2018

23 Bild, 25. September 2018

24 Bild Hamburg, 1. Oktober 2018

25 Bild Hamburg, 2. Oktober 2018

26 https://www.mopo.de/sport/hsv/hsv-krise-titz-kaempft-um-seinen-job-31379928

27 https://www.abendblatt.de/sport/article215465457/Die-Titz-Debatte.html

28 https://www.bild.de/sport/fussball/fussball/5-trainer-rausschmiss-in-der-2-liga-hsv-feuert-titz-wolf-im-anflug-57990626.bild.html

29 https://www.hsv.de/news/hsv-trennt-sich-von-trainer-titz-hannes-wolf-uebernimmt

30 Bild, 3. März 2006

31 Bild, 10. Oktober 2005

32 Bild, 3. März 2006

33 Bild, 4. März 2006

34 Bild, 7. März 2006

35 Bild, 6. Juli 2006

36 Bild Ruhrgebiet, 21. September 2015

37 Pressekonferenz Arminia Bielefeld – VfL Bochum, 21. September 2015, https://www.youtube.com/watch?v=JmXUxXhYxdI

38 https://web.archive.org/web/20150924181802/http://vfl-bochum.de/site/_home/aktuelles/15812_stellungnahmedesvfl-vorstandszurgestrigenpkp.htm

39 Pressekonferenz 1860 München – VfL Bochum, 14. Dezember 2015, https://www.youtube.com/watch?v=PEHggiYlbuI

40 https://bildblog.de/74996/der-vfl-bochum-will-nicht-mit-dem-bild-reporter-sprechen/

41 11 Freunde, Nr. 171

42 https://www.dwdl.de/nachrichten/69673/im_dezember_ist_schluss_springer_stellt_fussball_bild_ein/

43 Sport Bild: Von Bochums Verbeek beschimpft – FUSSBALL BILD jetzt am Kiosk, 27. Februar 2017, https://www.youtube.com/watch?v=aUO1HjgNung

44 https://bildblog.de/87384/bild-schneidet-sich-kritik-zurecht/

45 Bild, 20. August 2016

46 https://www.bild.de/sport/olympia/olympia-2016/kackt-mitten-im-wettkampf-47406226.bild.html

47 https://www.planet-interview.de/interviews/nikolaus-blome/49383/

48 https://www.bild.de/sport/fussball/fussball/fortuna-duesseldorf-funkel-rechnet-mit-seinen-fuenf-minuten-trottel-ab-60717372.bild.html

49 https://www.bild.de/sport/fussball/thomas-kraft/wir-laufen-rum-als-wenn-wir-die-hose-voll-haetten-22877698.bild.html

50 https://www.bild.de/sport/fussball/fussball/fc-bayern-muenchen-kovac-anpfiff-fuer-freiburg-schlaffis-60994570.bild.html

51 https://www.bild.de/sport/fussball/arminia-bielefeld/arabi-auf-geheim-mission-im-ausland-50860844.bild.html

52 https://www.bild.de/sport/fotos/fg-zwischen zeugnis-15667452.bild.html

53 https://www.bild.de/bild-plus/sport/fussball /fussball/bvb-so-soll-das-debakel-beim-fc-bayern-aufgearbeitet-werden-65953116.bild. html

54 https://www.bild.de/sport/fussball/fussball/alle-bock-das-ding-zu-rocken-doll-heiss-auf-96-gegen-nuernberg-60020278.bild.html

55 https://www.bild.de/sport/fussball/hertha-bsc/luhukay-stampft-seine-stars-in-die-muelltonne-25619748.bild.html

56 https://www.bild.de/sport/fussball/hoffen heim/300-mio-euro-in-die-tonne-getreten-29252890.bild.html

57 Bild Hamburg, 2. Mai 2017

58 https://www.bild.de/bild-plus/sport/ fussball/fussball/fc-schalke-04-diese-schlaffis-koennen-als-erste-gehen-61243806.bild.html

59 Zu den Klienten der Agentur von Stefan Backs zählen auch zwei Schalke-Spieler. Keiner der beiden gehört zu den Streichkandidaten der Bild-Medien.

60 https://www.facebook.com/SiebertBacks GmbhSpielerberatung/photos/a.52820158720 7214/255424161251603/

61 https://www.sueddeutsche.de/sport/ fussball-bundesliga-noten-vielleicht-reicht-auch-mal-eine-fuenf-1.141370

62 Bild am Sonntag, 17. Januar 2010

63 https://www.bild.de/sport/fussball/gegen-hertha-bsc-11150786.bild.html

64 z. B.   https://www.bild.de/unterhaltung/ leute/hier-spricht-er-auch-einmal-ueber-seine-eigenen-fehler-13573462.bild.html oder https:// www.bild.de/sport/fussball/lothar-matthaeus/ leipzig-ist-sexy-53622486.bild.html

65 https://www.bild.de/bild-plus/sport/fuss ball/fifa-wm-2018/matthaeus-habe-das-gefueh l-oezil-will-gar-nicht-mitspielen-56047046,js RedirectFrom=conversionToLogin.bild.html

66 https://www.facebook.com/251146681 614268/posts/das-ist-nichtdeutschlandfoto-bil dsportadauer-0241/3613470548715181/

67 Bild, 29. September 2009

68 Bild, 22. August 2008

69 Bild, 29. Juni 2009

70 Bild, 16. Juni 2009

71 Bild, 4. Mai 2009

72 Bild, 15. April 2009

73 Bild, 16. Juli 2004

74 Bild, 27. Juni 2020

75 https://www.spiegel.de/sport/fussball/fuss ball-wm-2006-wurde-mutmasslich-gekauft-a-1057829.html

76 https://www.bild.de/sport/fussball/nach gehakt/das-sommermaerchen-war-nicht-gekauft-43106500.bild.html

77 https://www.spiegel.de/sport/sommer maerchen-affaere-die-schlampige-arbeit-der-ermittler-a-00000000-0002-0001-0000-000160086022

78 Bild, 15. Mai 2018

79 https://www.bild.de/sport/fussball/fifa-wm-2018/kommentar-zu-propaganda-auftritt-von-oezil-und-guendogan-55707088.html

80 https://www.bild.de/bild-plus/sport/fuss ball/fifa-wm-2018/matthaeus-habe-das-gefuehl-oezil-will-gar-nicht-mitspielen-56047046.bild.html

81 https://www.bild.de/bild-plus/sport/ fussball/fifa-wm-2018/so-deutsch-sind-oezil-und-guendogan-55707432.bild.html

82 Bild, 19. Juni 2018

83 https://www.welt.de/sport/article1778 07978/WM-2018-Mesut-Oezil-ist-nicht-Deutschlands-Staatsfeind-Nummer-eins.html

84 Bild, 29. Juni 2018

85 https://twitter.com/MesutOzil1088/status/ 1020984884431638528

86 https://twitter.com/MesutOzil1088/status/ 1021017744745226242

87 https://twitter.com/MesutOzil1088/status/ 1021093637411700741

88 https://www.spiegel.de/kultur/gesellschaft/ mesut-oezil-seine-tweets-und-die-medien-kommentar-a-1220002.html

89 Bild, 23. Juli 2018

90 Bild Chemnitz, 23. Juli 2018

91 In Bild gibt es nur wenige verständnisvolle Worte für Mesut Özil: Eine deutsch-türkische Reporterin schreibt unter der Überschrift »Ich verstehe Mesut, aber …«, dass sie Özils innere Zerrissenheit verstehen könne, aber: »Was ich nicht verstehe, ist seine Erklärung.«

92 https://www.bild.de/politik/inland/gastarbeiter/50-jahre-deutsche-gastarbeiter-heute-mit-mesut-oezil-20088056.bild.html

93 https://www.bild.de/sport/fussball/juergen-klopp/weiler-wegen-seiner-mutter-trat-mir-klopp-gegen-das-schienbein-41097734.bild.html sowie in einem inzwischen gelöschten Youtube-Video, aus dem hier zitiert wird: https://bildblog.de/65612/aus-dem-lustigen-leben-eines-bild-sportreporters/

94 https://www.bild.de/sport/fussball/borussia-dortmund/rambo-reus-33853216.bild.html

95 Pressekonferenz nach dem Spiel zwischen Dortmund und Hoffenheim am 14. Dezember 2013. Der Bild-Reporter ließ diesen Moment ein paar Monate später unter der Überschrift »BILD-Reporter verraten – So wurden wir von Fußball-Trainern beschimpft« (https://www.bild.de/sport/fussball/1-bundesliga/bild-reporter-verraten-so-wurden-wir-von-stars-beschimpft-35118258.bild.html) noch einmal Revue passieren und schrieb: »Drecksleben als BILD-Reporter? Das ist beleidigend und falsch. Mit einer Ausnahme: Wenn man Klopp eine ihm nicht genehme Frage stellen muss …«.

11. »Erste Videos aus der Terror-Nacht von Wien«

1 https://www.sueddeutsche.de/panorama/kriminalitaet-trier-amokfahrt-von-trier-taeter-macht-keine-angaben-zum-motiv-dpa.urn-newsml-dpa-com-20090101-201231-99-859598

2 Telegram-Kanal Hagen Grell am 2. Dezember 2020

3 Telegram-Kanal Gerechtigkeit für das Vaterland am 2. Dezember 2020

4 Telegram-Kanal Michael Wendler am 2. Dezember 2020, Telegram-Kanal Attila Hildmann am 3. Dezember 2020

5 Bild: »Trier: Auto fährt in Fußgängerzone – mindestens vier Tote, darunter auch ein Baby | BILD LIVE«, 1. Dezember 2020, https://www.youtube.com/watch?v=S3HuwFArrXk

6 ZAPP: »Reichelt (›Bild‹ Digitalchef): ›Wir bespielen hauptsächlich Social Media‹«, 28. September 2016, https://www.youtube.com/watch?v=ZI6-x7dH28Q

7 https://bildblog.de/115034/gefuehle-statt-fakten-bild-will-tv-sender-werden/

8 Der Spiegel, Nr. 41/2019

9 https://web.archive.org/web/2020090909 2824/https://www.zdf.de/dokumentation/37-grad/37-die-pfandjaeger-100.html

10 https://web.archive.org/web/2018083 0223546/https://www.rbb-online.de/himmel underde/reportagen/flaschensammler.html

11 https://web.archive.org/web/2020102204 5534/https://programm.ard.de/TV/Programm/Sender/?sendung=282265758574992

12 https://web.archive.org/web/2020102204 1901/https://programm.ard.de/TV/Programm/Sender/?sendung=2848710034564695

13 https://web.archive.org/web/2017091618 1112/https://www.arte.tv/de/videos/077980-000-A/deutschland-arm-in-einem-reichen-land/

14 https://www.sat1.de/tv/akte/sendungen/dienstag-22-20-uhr-die-leergut-jaeger

15 Daniel Bouhs: »Wie Julian Reichelt mit seiner Bewegt-BILD angreift«, 6. Februar 2021, https://www.youtube.com/watch?v=9Z7y82CetSo

16 Der Freitag, Nr. 51/2020

17 https://www.bundeskartellamt.de/Shared Docs/Meldung/DE/Pressemitteilungen/2006/24_01_2006_Springer_Untersagung.html

18 https://www.berliner-zeitung.de/kultur-vergnuegen/bild-live-julian-reichelt-springer-verlag-die-grossen-probleme-des-tv-angebots-der-bild-zeitung-li.123489

19 https://www.spiegel.de/kultur/gesellschaft/axel-springer-wie-die-bild-zur-tv-marke-werden-soll-a-1289323.html

20 https://www.horizont.net/medien/nachrichten/mehr-als-500.000-bezahlkunden-wie-bild-plus-digitale-abonnenten-gewinnt-187662

21 https://www.berliner-zeitung.de/kultur-vergnuegen/bild-live-julian-reichelt-springer-verlag-die-grossen-probleme-des-tv-angebots-der-bild-zeitung-li.123489

22 https://www.dwdl.de/interviews/80751/julian_reichelt_wir_machen_keine_zeitung_fuer_die_stimme_twitters/

23 https://www.berliner-zeitung.de/kultur-vergnuegen/bild-live-julian-reichelt-springer-verlag-die-grossen-probleme-des-tv-angebots-der-bild-zeitung-li.123489

24 Daniel Bouhs: »Wie Julian Reichelt mit seiner Bewegt-BILD angreift«, 6. Februar 2021, https://www.youtube.com/watch?v=9Z7y82CetSo

25 Der Spiegel, Nr. 41/2019

26 https://www.axelspringer.com/de/investor-relations/freiwilliges-oeffentliches-ueberna hmeangebot-durch-kkr

27 https://www.dwdl.de/nachrichten/71651/kogel_und_kkr_uebernehmen_jauchs_produktionsfirma_iu_tv/

28 Daniel Bouhs: »Wie Julian Reichelt mit seiner Bewegt-BILD angreift«, 6. Februar 2021, https://www.youtube.com/watch?v=9Z7y82CetSo

29 Der Spiegel, Nr. 41/2019

30 Daniel Bouhs: »Wie Julian Reichelt mit seiner Bewegt-BILD angreift«, 6. Februar 2021, https://www.youtube.com/watch?v=9Z7y82CetSo

31 https://www.bild.de/video/mediathek/die-richtigen-fragen/die-richtigen-fragen-71460354.bild.html

32 https://www.bild.de/news/ausland/news/die-isis-braut-die-verstoerende-geschichte-von-derya-aus-dem-ruhrgebiet-60378260.bild.html

33 https://www.bild.de/news/inland/news/video-doku-clans-von-berlin-kriminalitaet-in-der-hauptstadt-61908352.bild.html

34 https://www.bild.de/news/2020/news/exklusiv-so-lebte-das-folter-paar-bild-im-horror-haus-von-hoexter-72801896.bild.html

35 https://www.tagesschau.de/ausland/wien-anschlag-ermittlungen-101.html

36 Bild: »Terror in Wien: Mehrere Tote und Verletzte | BILD Live Spezial«, 2. November 2020. https://www.youtube.com/watch?v=85XD1i57Dcs

37 https://orf.at/stories/3187808/

38 https://www.mimikama.at/aktuelles/anschlag-wien-u-bahn-fake/

39 https://orf.at/stories/3187808/

40 https://www.zeit.de/politik/ausland/2020-11/terror-wien-anschlag-was-wir-wissen

41 https://www.sueddeutsche.de/politik/wien-terror-anschlag-1.5102835

42 https://www.zdf.de/nachrichten/politik/terror-wien-was-wir-wissen-100.html

43 https://apa.at/faktencheck/stammen-videos-vom-anschlag-in-wien/

44 https://www.zeit.de/politik/ausland/2020-11/terror-wien-anschlag-was-wir-wissen

45 https://www.dwdl.de/interviews/80751/julian_reichelt_wir_machen_keine_zeitung_fuer_die_stimme_twitters/

46 Erst in dem Moment, in dem geschossen wird, erscheint eine digitale dunkle Fläche über dem Mann, wodurch man ihn nicht mehr sehen kann. Wiederum etwas später sendet die Bild-Redaktion weitere Aufnahmen, in denen sich Polizisten um den inzwischen am Boden liegenden Mann kümmern. Dort ist er nicht mehr verpixelt, es gibt auch keine dunkle Fläche, die ihn vor den Blicken der Bild-TV-Zuschauer schützt.

47 https://twitter.com/LPDWien/status/1323358833377480705

48 https://twitter.com/bildblog/status/1323405116561608705

49 https://www.mdr.de/sachsen-anhalt/halle/halle/anschlag-schiesserei-synagoge-halle-100.html

50 https://www.bild.de/video/clip/bild-live/bild-live-halle-neu-65237288.bild.html

51 https://www.hessenschau.de/panorama/toter-verdaechtiger-rechtsradikaler-hinter grund-was-wir-ueber-hanau-wissen,hanau-schiesserei-tote-100.html

52 https://www.facebook.com/watch/live/?v=2592110024335925

53 https://www.zeit.de/gesellschaft/zeit geschehen/2020-03/anschlag-hanau-bka-chef-bericht-rassismus-rechter-terror

54 Ursprünglich stammt der Begriff von der Nürnberger Zeitung. Sie hatte ihn 2005 erstmals im Zusammenhang mit der Mordserie verwendet. Mehr dazu: https://www.spiegel.de/panorama/gesellschaft/doener-mord-wie-das-unwort-des-jahres-entstand-a-841734.html

55 Bild, 15. April 2006

56 https://www.tagesschau.de/ausland/ozean ien/neuseeland-christchurch-anschlag-107.html

57 https://www.bild.de/news/ausland/news-ausland/christchurch-neuseeland-terrorist-filmte-anschlag-in-moschee-live-60677536.bild.html

58 Zu dieser Zeit bat die neuseeländische Polizei bei Twitter darum, das Videomaterial nicht zu verbreiten, siehe https://twitter.com/nzpolice/status/1106402006183219203

59 https://www.zeit.de/gesellschaft/zeitgeschehen/2016-07/amoklaeufe-muenchen-wuerzburg-ursachen-praevention/komplettansicht

60 https://www.springer.com/de/book/9783658121358

61 https://www.bild.de/politik/kolumnen/kolumne/kommentar-zu-christchurch-terror-ein-feiger-niedertraechtiger-moerder-60694360.bild.html

62 https://www.deutschlandfunkkultur.de/anschlaege-in-christchurch-wider-die-attentats pornografie.2156.de.html?dram:article_id=443775

63 https://www.presserat.de/presse-nachrichten-details/christchurch-video-redaktion-hat-sich-zum-t%C3%A4ter-werkzeug-gemacht.html

64 https://bildblog.de/6413/wie-bild-den-amoklauf-in-szene-setzt/

65 https://www.bild.de/politik/ausland/isis/was-tun-gegen-isis-propaganda-im-netz-38326286.bild.html

66 https://bildblog.de/66568/die-widerliche-is-propaganda-bei-bild-de/

67 https://bildblog.de/79848/das-attentat-von-muenchen-und-die-medien/ – Das Springer-Boulevardblatt B.Z. titelt zu dem Amoklauf von München hingegen: »Dein Foto kommt nicht auf unseren Titel!« Die Redaktion schreibt über den Täter: »In seinem Zimmer fanden Ermittler Bücher und Zeitungsausschnitte über andere Amoktäter, die er sich zum Vorbild nahm. Viele dieser Taten werden aus Geltungssucht begangen.«

68 https://www.zeit.de/online/2009/20/amok-hoffmann/komplettansicht

69 https://www.dnn.de/Nachrichten/Panorama/Interview-mit-Amokexperte-Jens-Hoffmann

70 https://bildblog.de/96582/bild-de-macht-bei-amoklaeufer-inszenierung-mit/

71 https://www.bild.de/news/inland/scharia/scharia-gericht-in-deutschem-kinderzimmer-54984854.bild.html

72 https://bildblog.de/96900/ausserdem-dazu-das-video-der-schrecklichen-tat/

73 kress pro, Nr. 07/2020

74 Daniel Bouhs: »Wie Julian Reichelt mit seiner Bewegt-BILD angreift«, 6. Februar 2021, https://www.youtube.com/watch?v=9Z7y82CetSo

75 https://www.berliner-zeitung.de/kultur-vergnuegen/bild-live-julian-reichelt-springer-verlag-die-grossen-probleme-des-tv-angebots-der-bild-zeitung-li.123489

76 https://www.youtube.com/c/bild/videos

77 https://www.bild.de/politik/ausland/politik-ausland/12-stunden-lang-ab-18-30-uhr-bei-bild-de-bild-sendet-live-aus-dem-oval-office-73729728.bild.html

78 Bildblog: »Bauernwerbetheater bei ›Bild TV‹«, 25. Juni 2020, https://www.youtube.com/watch?v=rnIGCqpd9Kc

12. »Die toten Kinder von Winnenden«

1 Kurt Molzer: Schiller muss sterben! – Die irren Erlebnisse eines österreichischen Reporters der BILD-Zeitung nach dem Mauerfall, Wien 2019

2 https://nitromagazin.com/reporter-legende-wallraff-ueber-sein-undercover-leben/

3 Kerstin Dombrowski: Titten, Tiere, Tränen, Tote – Eine Boulevard-Journalistin auf der Jagd, Reinbek bei Hamburg 2008

4 Bild, 23. November 2016

5 Süddeutsche Zeitung, 6. Dezember 2016

6 https://bildblog.de/2706/geruehrt-oder-geschuettelt/

7 https://uebermedien.de/2874/als-ich-das-erste-mal-witwen-schuettelte-habe-ich-geheult/

8 Kurt Molzer: Schiller muss sterben! – Die irren Erlebnisse eines österreichischen Reporters der BILD-Zeitung nach dem Mauerfall, Wien 2019

9 Der Spiegel, Nr. 1/1995

10 Kerstin Dombrowski: Titten, Tiere, Tränen, Tote – Eine Boulevard-Journalistin auf der Jagd, Reinbek bei Hamburg 2008

11 Der Tagesspiegel, 16. Juni 2002

12 https://www.newsroom.de/news/aktuelle-meldungen/vermischtes-3/bild-chefin-koch-guter-boulevard-ist-wild-und-manchmal-irre-849002/

13 Der »BILD-Ombudsmann« Ernst Elitz in Bild, 27. Mai 2017

14 Der »BILD-Ombudsmann« Ernst Elitz in Bild, 4. Mai 2019

15 https://bildblog.de/66969/bild-versteckt-ruege-zu-germanwings-opferfotos/

16 Seine Schilderungen stammen aus einem

Gespräch mit uns, außerdem aus seinem Beitrag in: Caroline Wenzel, Ernst Kappel: System Polizei – Der Kommissar und der Amoklauf von Winnenden, Tübingen 2020 sowie aus: Der Tagesspiegel, 3. Februar 2013 und https://web.archive.org/web/20100414094913/http://www.nicht-jugendfrei-online.de/index.php?&s=aktuell_archiv&artikel=2675

17 Die Zeit, 8. April 2009

18 Bild, 12. März 2009

19 Bild am Sonntag, 15. März 2009

20 Geschrieben von der Münchner tz, zit. n. Die Zeit, 8. April 2009

21 Die Zeit, 8. April 2009

22 https://bildblog.de/108741/vom-witwenschuettler-zum-chefredakteur/

23 https://www.ndr.de/fernsehen/sendungen/zapp/medienpolitik/Zehn-Jahre-Amoklaufin-Winnenden-Lehren-aus-medialen-Uebertretungen,winnenden148.html

24 https://www.pressebox.de/pressemitteilung/studivz-ltd/Kundenmonitor-Deutschland-2009-meinVZ-ist-das-soziale-Netzwerk-mit-den-zufriedensten-Mitgliedern/boxid/283820,

25 http://www.stefan-niggemeier.de/blog/4658/niemandem-rechenschaft-schuldig/

26 Bild am Sonntag, 15. März 2009

27 https://daserste.ndr.de/panorama/panoramabildbriefwechsel100.pdf

28 https://www.presserat.de/presse-nachrichten-details/zehn-jahre-amoklauf-von-winnenden-opferschutz-weiter-thema.html

29 https://www.deutschlandfunk.de/toedlicherunfall-in-suedtirol-bild-riskiert-rechtsbruch.2907.de.html?dram:article_id=467432

30 https://www.horizont.net/medien/nachrichten/Axel-Springer-Award-Ein-Abend-fuer-Mark-Zuckerberg-139030

31 https://www.bild.de/news/standards/franzjosef-wagner/lieber-mark-zuckerberg-43639134.bild.html

32 Er sagt unter anderem:»If it's not a public photo, then someone should not be taking your photo and using it publicly. [...] If we're building a community and people are sharing stuff that they don't intend to be public, and then someone else is making it public, then that's an issue. Right? And that's going to undermine the trust that our community has in us to making sure that, you know, when you share something

with just your friends then that's actually going to only the people that you want. [...] you do own those photos and have the right to have it distributed only how you want, whether that's on our service or outside.« Vollständige Antwort im Wortlaut siehe: https://bildblog.de/77136/sein-wort-in-ihren-ohren/

33 Bild, 7. Januar 2020

34 https://www.bild.de/bild-plus/news/ausland/news-ausland/horror-unfall-in-suedtirol-diese-jungen-leben-zerstoerte-der-totraser-67127202.bild.html

35 https://bildblog.de/117431/bild-berichtetueber-den-unfall-in-suedtirol-habt-ihr-sienoch-alle/

36 https://bildblog.de/39636/bildblog-sprachals-erstes-mit-der-toten/

37 https://www.spiegel.de/lebenundlernen/uni/krautwurst-bloggerin-bild-erklaert-studentin-hannah-fuer-tot-a-839926.html

38 Bild Sachsen-Anhalt, 13. Juli 2017

39 https://bildblog.de/91354/bild-erklaertschon-wieder-falschen-mann-fuer-tot/

40 Bild am Sonntag, 17. August 2014

41 https://bildblog.de/59894/zum-killergemacht/

42 Bild, 13. März 2009

43 https://bildblog.de/6432/die-kranke-weltder-bild-zeitung/

44 z. B. muss Bild Köln am 30. Januar 2016 folgende Korrektur veröffentlichen:»Wir berichteten am 26.01.2016 in BILD Köln über die Verhaftung eines Drogen-Barons. Dabei ist uns leider eine Fotoverwechslung unterlaufen. Der Abgebildete Herr ist nicht im Rahmen der berichteten Razzia wegen Drogenhandels festgenommen worden. Wir bitten diesen Fehler zu entschuldigen.«

45 Bild, 12. Februar 2015

46 11 Freunde, Nr. 166, September 2015

47 https://www.stern.de/sport/sportwelt/christoph-harting-das-passierte-in-der-unfallnacht-wirklich-7599104.html

48 Bild, 3. August 2017

49 https://www.spox.com/de/sport/mehrsport/leichtathletik/1708/News/christoph-hartingdiskus-olympiasieger-alkohol-klage.html

50 https://bildblog.de/93467/bild-verwickeltolympiasieger-in-erfundenen-suff-unfall/

51 https://www.sat1.de/tv/fruehstuecks
fernsehen/video/1-christoph-harting-hat-das-
vertrauen-in-die-medien-verloren-clip

52 Kerstin Dombrowski: Titten, Tiere, Tränen,
Tote – Eine Boulevard-Journalistin auf der Jagd,
Reinbek bei Hamburg 2008

53 Eine Praxis, die sich bis heute offenbar
nicht groß geändert hat. Nach einem
Flugzeugabsturz Anfang 2020 etwa heißt es bei
Bild.de: »Auf der Passagierliste des abgestürzten
Jets stehen nach BILD-Informationen
Namen von Menschen, die mit deutschem
Pass an Bord waren. BILD-Redakteur Mike
Passmann: ›Wir versuchen Angehörige im
Süden Deutschlands zu erreichen.‹« Screenshot
unter https://twitter.com/HoechDominik/
status/1214957091288494088

54 https://bildblog.de/63665/absturz-des-
journalismus/

55 https://www.facebook.com/Welovehaltern
amsee/photos/811066155652041

56 https://www.emderzeitung.de/ostfriesland_
artikel,-haltern-und-die-medien-kamera-im-
blumenstrau%C3%9F-_arid,194991.html

57 Bild, 26. März 2015

58 https://bildblog.de/65371/presserat-ruegt-
bild-fuer-germanwings-opferfotos/

59 https://www.bild.de/news/standards/franz-
josef-wagner/liebe-absturz-opfer-40289834.
bild.html

60 https://www.change.org/p/bild-zeitung-
protest-gegen-die-kolumne-post-von-wagner-
kaidiekmann

61 https://www.zeit.de/gesellschaft/zeit
geschehen/2015-03/flugzeugunglueck-german
wings-flug-4u9525

62 Der Pizzabäcker ist damals eine der am
häufigsten zitierten Quellen, wenn es um den
Beziehungsstatus und den psychischen Zustand
des Co-Piloten geht. Er wird nicht nur in Bild
zitiert, sondern in etlichen deutschen und
internationalen Medien, von denen einige
es sogar fertigbringen, eine psychologische
Einschätzung vom Pizzabelag abzuleiten: »His
obsessive need to be in charge extended even
to fast food. [H.] who runs a pizza restaurant
near Lubitz's Dusseldorf home, said: ›He was
extremely particular about pizza toppings. He
wasn't interested in what was on the menu. It
was often paprika, ham, onion and broccoli. He
had to have it his way. He was compulsive about
it.‹«, siehe https://www.dailymail.co.uk/news/
article-3017961/Investigators-believe-killer-
Germanwings-pilot-crashed-jet-fears-going-
blind.html sowie https://bildblog.de/63829/
quelle-pizzabaecker/

63 Der Abschlussbericht der französischen
Untersuchungsbehörde für Flugunfälle (BEA)
erschien knapp ein Jahr später, im März
2016; abrufbar unter https://web.archive.org/
web/20160224211050/https://www.bea.aero/
en/investigation-reports/notified-events/
detail/event/accident-to-the-airbus-a320-
211-registered-d-aipx-flight-gwi18g-on-24-
march-2015/

64 Bild, 27. März 2015

65 https://www.bild.de/news/ausland/flug-
4u9525/was-steht-in-der-geheimen-kranken-
akte-des-amok-piloten-40320230.bild.html

66 Bild, 7. März 2016

67 https://www.bild.de/news/ausland/flug-
4u9525/was-steht-in-der-geheimen-kranken-
akte-des-amok-piloten- 40320230.bild.html

68 taz am Wochenende, 28. März 2015

69 https://meedia.de/2015/03/25/schon-mehr
ere-beschwerden-presserat-mahnt-medien-
im-zusammenhang-mit-4u9525-zur-zurueck
haltung/

70 Bild, 30. Juni 2015

71 https://bildblog.de/66500/bild-am-grab-
von-andreas-l/

72 https://www.bild.de/news/inland/flug-
4u9525/angehoerige-reagieren-auf-die-dank
sagung-der-lubitz-eltern-45174642.bild.html

73 abrufbar unter https://andreas-lubitz.com/
de/gutachten_zum_germanwings_absturz_
4u9525/

74 Bild, 25. März 2017

75 Bild am Sonntag, 26. März 2017

76 Bild, 25. März 2017

77 Die Zeit, 23. März 2017

78 https://andreas-lubitz.com/de/2017/09/18/
germanwings-absturz-4u9525-muss-das-nega
tive-bild-von-andreas-lubitz-neu-generiert-
werden/

79 Bild am Sonntag, 5. April 2015

80 https://meedia.de/2016/02/08/georg-
mascolo-ueber-fehlerkultur-im-journalismus-
echte-fehlleistungen-raeumt-kaum-jemand-
ein/

81 Die Zeit, 23. März 2017

82 Bild, 28. März 2015

83 https://www.bbc.com/news/world-europe-32098578

84 https://www.theguardian.com/world/2015/mar/27/germanwings-co-pilot-andreas-lubitzs-background-under-scrutiny

85 https://www.nytimes.com/2015/03/29/world/europe/pilot-andreas-lubitz-sought-treatment-for-vision-problems-before-germanwings-crash-authorities-say.html

86 Die Zeit, 23. März 2017

87 https://twitter.com/jreichelt/status/845606313468055554

88 https://www.buzzfeed.com/de/petrasorge/dieses-bild-interview-uber-germanwings-pilot-andreas-lubitz#.peK68Rggn

89 https://www.buzzfeed.com/de/petrasorge/dieses-bild-interview-uber-germanwings-pilot-andreas-lubitz#.peK68Rggn

90 https://meedia.de/2017/03/27/ein-zeit-artikel-und-die-boulevard-zeugin-viel-wind-um-das-letzte-fehlende-puzzleteilchen-im-bild-von-andreas-lubitz/

91 https://www.buzzfeed.com/de/petrasorge/dieses-bild-interview-uber-germanwings-pilot-andreas-lubitz#.peK68Rggn

92 https://www.bild.de/bild-plus/news/ausland/flug-4u9525/er-droht-eines-tages-wird-jeder-meinen-namen-kennen-40333936. bild.html

93 Christian Schertz, Dominik Höch: Privat war gestern – Wie Medien und Internet unsere Werte zerstören, Berlin 2011

94 https://bildblog.de/45839/bild-muss-schmerzensgeld-zahlen/

95 z. B. https://www.deutschlandfunk.de/toedlicher-unfall-in-suedtirol-bild-riskiert-rechtsbruch.2907.de.html?dram:article_id=467432

96 siehe z. B. Sarah Céline Tacke: Medienpersönlichkeitsrecht – Das System der Rechtsfolgen von Persönlichkeitsrechtsverletzungen durch Massenmedien, Deutsches und internationales Wirtschaftsrecht, Band 49, Berlin 2009

97 Bild, 2. Mai 1998

98 Süddeutsche Zeitung Magazin, 21. Juni 2002

99 Frankfurter Rundschau, 5. Mai 1998

100 https://bildblog.de/1679/bild-vernach laessigt-medieninteresse/

101 Bild, 4. September 2006

102 Reuters, 6. September 2006

103 Bild, 6. September 2006

104 Christoph Schultheis: Nachwirkungen der »Bild«-Berichterstattung, in: Christian Schertz, Thomas Schuler (Hg.): Rufmord und Medienopfer – Die Verletzung der persönlichen Ehre, Berlin 2012

105 https://twitter.com/GStABerlin/status/1364501761906638850

106 https://www.bild.de/bild-plus/sport/fussball/fussball/boateng-ex-startet-liebes-schlammschlacht-es-geht-um-liebe-verrat-74603828.bild.html

107 https://www.bild.de/bild-plus/sport/fussball/fussball/fc-bayern-jerome-boateng-trennt-sich-von-model-freundin-kasia-lenhardt-75174960.bild.html

108 siehe auch https://www.rnd.de/panorama/die-grenzen-des-boulevard-uber-das-leben-und-sterben-von-kasia-lenhardt-AGH4CJ3ZRZBEBMO5MFPOQPUPXY.html

109 https://www.bild.de/bild-plus/unterhalt ung/leute/leute/boateng-trennung-die-priv aten-nachrichten-von-kasia-an-rebecca-75206972.bild.html

110 siehe auch https://www.berliner-zeitung. de/kultur-vergnuegen/tv-medien/christian-schertz-interview-boateng-lenhardt-medienanwalt-instagram-li.141014

111 https://www.bild.de/bild-plus/sport/fuss ball/fussball/fc-bayern-boateng-rechnet-mit-seiner-ex-ab-sie-wollte-mich-zerstoeren-75179684.bild.html

112 Die Zeit, 25. Februar 2021

113 taz, 21. November 2005

114 Günter Wallraff: Zeugen der Anklage. Die ›Bild‹-beschreibung wird fortgesetzt, 1979; siehe auch Günter Wallraff: Ich – der andere, Reportagen aus vier Jahrzehnten, Kapitel »Bild zum Fünfzigsten«, Köln 2002

115 David Phillips: The Influence of Suggestion on Suicide: Substantive and Theoretical Implications of the Werther Effect, American Sociological Review, 1974

116 Armin Schmidtke, Heinz Häfner: The Werther effect after television films: new evidence for an old hypothesis, Psychological Medicine, 1988

117 Ulrich Hegerl et al: One followed by many? – Long-term effects of a celebrity suicide on the number of suicidal acts on the German railway net, Journal of Affective Disorders, 2013

118 https://bildblog.de/72427/sind-medien berichte-ueber-selbstmord-gefaehrlich/

119 Thomas Niederkrotenthaler et al.: Association between suicide reporting in the media and suicide: systematic review and meta-analysis, The BMJ, 2020

120 z. B. https://www.deutsche-depressionshilfe. de/presse-und-pr/berichterstattung-suizide

121 Bild Köln, 16. September 2014

122 https://deutsch.medscape.com/artikel ansicht/4908803#vp_2

123 In der Talkshow Johannes B. Kerner, 8. Oktober 2004

124 Bild, 20. Oktober 2004

125 https://bildblog.de/294/herr-pocher-hat-recht/

126 Die Zeit, 9. Juni 2005

127 Stern, Dezember 2005, zit. n. https:// bildblog.de/1043/bild-geht-gegen-bild-kritik-vor/

128 https://mitvergnuegen.com/hotelmatze/ charlotte-roche/

14. »Verbissen-verkniffene Das-darf-man-nicht-Ayatollahs«

1 Alle Eintragsänderungen und Nutzerkommentare kann man in der Versionsgeschichte nachvollziehen: https://de.wikipedia.org/w/ index.php?title=Bild_am_Sonntag &action=history

2 https://de.wikipedia.org/wiki/Benutzer: Verlagsleitung_BILD_Gruppe

3 Bild, 13. Februar 2018

4 https://www.facebook.com/helenefischer.offi cial/photos/a.223675977699680.61107.1169792 45036021/1743866182347311/?type=3&theater

5 Bild, 15. Februar 2018

6 Der Account wurde inzwischen gelöscht. Screenshot unter: https://bildblog.de/115918/ bild-kuerzt-bild-kritik/

7 https://web.archive.org/web/2019110 6183111/https://www.bild.de/unterhaltung/ leute/leute/leidet-walter-freiwald-an-krebs-sorge-um-den-moderator-65864936.bild.html

8 siehe auch: https://www.spiegel.de/kultur/ gesellschaft/bild-zeitung-simonis-erzwingt-richtigstellung-auf-seite-eins-a-426910.html

9 Bild, 19. Mai 2018

10 https://bildblog.de/59965/die-selbstkritik-der-bildamsonntag-2/

11 Bild, 14. August 2018

12 https://www.bild.de/regional/hamburg/ hamburg/abschieben-statt-strafprozess-56672670.bild.html

13 https://www.abendblatt.de/hamburg/ article215840995/14-Jaehrige-taeuscht-Verge waltigung-vor-und-bleibt-straffrei.html

14 https://www.bild.de/regional/hamburg/ hamburg-aktuell/mutmassliche-vergew altigung-am-saturn-ermittlungen-eingestellt-58609532.bild.html

15 https://www.abendblatt.de/hamburg/article 215840995/14-Jaehrige-taeuscht-Vergewalt igung-vor-und-bleibt-straffrei.html

16 https://staatsanwaltschaft-stuttgart. justiz-bw.de/pb/,Lde/Startseite/PRESSE MITTEILUNGEN/Ermittlungen+gegen+ 24_Jaehr+wegen+illegalen+Waffenhandels/ ?LISTPAGE=1235504

17 Bild, 27. November 2015

18 Bild, 28. November 2015

19 https://staatsanwaltschaft-stuttgart. justiz-bw.de/pb/,Lde/Startseite/PRESSE MITTEILUNGEN/In+Paris+eingesetzte+ Waffen+kommen+nicht+aus+Magstadt /?LISTPAGE=1235504

20 Bild, 11. Dezember 2015

21 Bild, 29. Januar 2001

22 https://www.fluter.de/ein-schlagstock-macht-schlagzeilen

23 https://bildblog.de/13097/anfaengerfehler/

24 https://taz.de/!547270/

25 https://bildblog.de/13097/anfaengerfehler/

26 https://www.faz.net/aktuell/gesellschaft/ kai-diekmann-der-blogger-ein-exzessiver-ego-trip-1912043.html

27 https://www.horizont.net/medien/nach richten/-Pimmel-ueber-Berlin-taz-Sonder ausgabe-ist-ein-Fake---von-Kai-Diekmann-88654

28 z. B. https://twitter.com/ostwestkonflikt/ status/653643753387884544

29 Bild, 17. Oktober 2015

30 CompactTV: »Jetzt redet der Galgenmann von Pegida«, 17. Oktober 2015, https://www. youtube.com/watch?v=jlpexCQgkkQ

31 https://www.presserat.de/pressekodex.html

32 https://bildblog.de/72690/galgen-und-pranger/

33 https://twitter.com/jreichelt/status/692725307871236096

34 https://twitter.com/jreichelt/status/692725635362463744

35 https://twitter.com/jreichelt/status/692743203875876864

36 https://twitter.com/jreichelt/status/692744426897145856

37 https://twitter.com/jreichelt/status/692753272269049856

38 https://twitter.com/jreichelt/status/692745857683329025

39 https://bildblog.de/68638/bild-pfeift-aufsgericht-und-zeigt-das-gesicht/

40 https://twitter.com/jreichelt/status/628219372927086592

41 https://twitter.com/jreichelt/status/629249730980257793

42 https://bildblog.de/68921/wie-bild-den-hassgegen-fluechtlinge-schuert/

43 https://www.facebook.com/bild/posts/10153677715590730

44 https://twitter.com/BILDblog/status/657592907424247808

45 https://twitter.com/jreichelt/status/658255973216354304

46 https://twitter.com/jreichelt/status/658286782694453249

47 https://twitter.com/jreichelt/status/658258250891206656

48 https://twitter.com/jreichelt/status/658597746950148096

49 https://twitter.com/jreichelt/status/966671614277111808

50 https://twitter.com/jreichelt/status/658922264570798081

51 https://twitter.com/jreichelt/status/658922575033147392

52 https://twitter.com/jreichelt/status/658597746950148096

53 https://twitter.com/jreichelt/status/660892259873898496

54 https://www.spiegel.de/spiegel/julian-reichelt-ueber-die-titanic-affaere-der-bild-a-1195047.html

55 https://twitter.com/jreichelt/status/966593516687233027

56 https://twitter.com/jreichelt/status/966951065110245376

57 https://twitter.com/jreichelt/status/966593504737624065

58 https://bildblog.de/1043/bild-geht-gegen-bild-kritik-vor/

59 https://www.facebook.com/streiter/posts/10212751949174311

60 Bild, 19. Dezember 2018

61 https://bildblog.de/105536/instinktloser-unsinn-bild-laesst-ministerin-weihnachten-abschaffen/

62 Bild, 20. Dezember 2018

63 https://www.bild.de/politik/ausland/politik-ausland/finnland-die-34jaehrige-regierungschefin-will-vier-tage-woche-im-land-einfuehren-67117144.bild.html

64 https://newsnowfinland.fi/politics/how-finlands-fake-four-day-week-became-a-fact-in-europes-media

65 https://twitter.com/FinGovernment/status/1214523278515195907

66 https://www.bild.de/politik/ausland/politik-ausland/finnland-regierungschefin-rudert-bei-vier-tage-woche-zurueck-67158354.bild.html

67 z. B. https://bildblog.de/52812/die-privaten-fotos-der-nsu-opfer/ oder https://bildblog.de/40379/keine-lieder-ueber-liebe/

68 https://www.presserat.de/pressekodex.html

69 Neben einer Rüge kann der Presserat noch zwei schwächere Sanktionen aussprechen: einen Hinweis und eine Missbilligung. Eine Missbilligung ist schlimmer als ein Hinweis, aber genauso folgenlos. Vom Presserat veröffentlicht werden jedoch nur die Rügen.

70 https://bildblog.de/118114/falscher-taeter-aber-mit-foto/

71 Margaretha Rothe fragt: »Gefahrengut Meinung?«, Podiumsdiskussion, 19. Februar 2020, https://www.youtube.com/watch?v=Nyuyxb_6Ts4

72 Bild, 7. Mai 2010

73 https://bildblog.de/18647/post-fuer-den-presserat/

74 Bild, 2. August 2011

75 https://bildblog.de/32367/ohne-gesicht-kein-bericht/

76 Bild, 2. Juni 2015

77 https://www.presserat.de/ruegen-presse-uebersicht.html

78 https://www.deutschlandfunk.de/presserat-wie-die-deutsche-presse-sich-selbst-kontrolliert.724.de.html?dram:article_id=483730

79 https://uebermedien.de/56823/bild-veroeffentlicht-keine-ruegen-des-presserates-mehr-in-der-gedruckten-zeitung/

80 z. B. https://www.spiegel.de/spiegel/print/d-14351609.html oder https://www.faz.net/aktuell/feuilleton/kino/presserat-zur-sache-kaetzchen-1305684.html

81 https://bildblog.de/68886/bild-ist-stolz-auf-presserats-ruegen/

82 https://www.deutschlandfunk.de/presserat-wie-die-deutsche-presse-sich-selbst-kontrollie rt.724.de.html?dram:article_id=483730

83 http://juris.bundesgerichtshof.de/cgi-bin/rechtsprechung/document.py?Gericht=bgh&Art=en&az=VI%20ZR%2062/17&nr=112152

84 https://www.evangelisch.de/inhalte/122694/30-06-2015/kirche-kritisiert-bild-bericht-zu-begraebnis-von-andreas-l

85 Bild, 15. August 2016

86 The Dark Knight, 2008, Regie: Christopher Nolan, Drehbuch: Christopher Nolan & Jonathan Nolan

»Neue Schmutz-Kampagne bei der SPD!«

1 Bild, 20. April 2005

2 z. B. https://www.bild.de/news/wetter/wetter/extremkaelte-in-den-naechsten-tagen-die-russenpeitsche-ist-wieder-da-75251780.bild.html und https://www.bild.de/news/wetter/wetter/wetter-in-deutschland-russenpeitsche-bringt-uns-den-bibber-knick-69462154.bild.html

3 Bild, 17. Januar 2018

4 https://www.zeit.de/politik/deutschland/2017-11/christian-lindner-sondierung-jamaika-abbruch-fdp

5 z. B. https://www.bild.de/video/clip/politik-inland/fahrt-ins-wochenende-53530188.bild.html

6 https://www.bild.de/politik/inland/grosse-koalition/spd-rebell-juso-chef-kuehnert-54517260.bild.html

7 https://www.bild.de/politik/inland/jusos/raetsel-um-namen-von-juso-chef-kevin-kuehnert-54530732.bild.html

8 Bild am Sonntag, 21. Januar 2018

9 Bild, 7. Februar 2018

10 Bild, 7. Februar 2018

11 https://www.sueddeutsche.de/politik/parteien-merkel-wir-haben-den-regierung sauftrag-dpa.urn-newsml-dpa-com-20090101-131209-99-02896

12 https://www.spiegel.de/politik/deutschland/spd-24-339-neueintritte-vor-groko-abstimmung-a-1192122.html

13 Bild, 7. Februar 2018

14 Bild, 20. Februar 2018

15 https://www.bild.de/video/clip/grosse-koalition/nikolaus-blome-huendin-lima-spd-54873236.bild.html

16 https://www.spd.de/service/pressemit teilungen/detail/news/erklaerung-zur-aktuellen-berichterstattung-der-bild/20/02/2018/

17 Bild, 20. Februar 2018

18 https://www.presserat.de/presse-nach richten-details/r%C3%BCge-f%C3%BCr-bild-bericht-schmutzkampagne-der-spd.html

19 Bild, 16. Februar 2018

20 https://www.titanic-magazin.de/news/miomiogate-juri-kuehnert-bild-und-titanic-9482/

21 https://www.presserat.de/presse-nachrichten-details/r%C3%BCge-f%C3%BCr-bild-bericht-schmutzkampagne-der-spd.html

22 Der Spiegel, Nr. 9/2018